湖南楚汉漆木器研究

聂菲 著

岳麓書社
·长沙·

前 言

不久前，聂菲同志给我寄来了一部数十万言的书稿——《湖南楚汉漆木器研究》，嘱我为其作序。

聂菲同志长期在湖南省博物馆从事古代漆器研究工作。湖南及湖南省博物馆是中国古代漆器研究的重地，尤其是在楚汉漆器研究方面更是如此，因为那里有着极为丰富的楚汉漆器考古发现资料。据聂菲同志统计，半个多世纪以来，在湖南省境内20多个县市发现了楚墓的出土漆器，其中已公开发布的就有857座楚墓，这之中尤以长沙浏城桥楚墓、湘乡牛形山楚墓、临澧九里楚墓、常德夕阳坡楚墓和寨子岭楚墓等封君、卿大夫高等级墓葬和墓葬群较为重要。这些楚墓出土漆器累计达2000多件。湖南地区考古发现出土西汉时代漆器墓葬更是多达200多座，其中有不少属于高等级贵族墓的诸侯王墓与列侯墓，如著名的长沙马王堆三座汉墓、长沙砂子塘王室墓、吴氏长沙王后渔阳墓、沅陵侯吴阳墓、风篷岭长沙王后墓、鹞子岭泉陵侯刘庆与夫人墓等，这些墓葬出土漆器逾7000件。上述楚汉墓出土的漆器品类涵盖了礼器、乐器、兵器、葬具及生活用品等诸多方面，其中西汉高等级贵族墓出土漆器中所保存的铭文，对于研究当时的漆器手工业及相关历史地理等问题十分重要。从湖南各地出土的楚汉漆器保存现状来看，由于湖南地区出土楚汉漆器所在地的地质环境条件与这些墓葬的埋葬技术，使上述楚汉墓葬考古发现漆器保存之完好，在国内其他地区是极为罕见的。楚汉漆器考古发现资料的科学性、丰富性、完整性，成为聂菲同志研究楚汉漆器的得天独厚条件。她多年来一直把中国古代漆器研究，尤其是楚汉漆器研究作为其科研工作重点，十分关注楚汉漆器考古发现与研究的学术进展，重视与古代漆器研究的相关知识的积累，努力探索与应用新的研究方法，通过艰辛刻苦的科学研究，完成了其大作《湖南楚汉漆木器研究》。这是她多年来从事楚汉漆器科学研究的丰硕学术成果，也是我近年来看到的关于中国古代漆器考古研究方面很有学术特色的一部专著。

在中国古代漆器研究史中，楚汉漆器以其学术意义重要而著称。之所以如此，一是因为楚汉漆器所处的时代是中国古代历史上的重要转折时期，而漆器又是这一“转折时期”最具时代特点的物质文化代表；二是因为楚汉漆器不仅是战国秦汉时期的具有典型意义的物质文化，楚汉漆器自身也在中国古代漆器发展史上处于最辉煌时期。

战国秦汉时代是中国古代历史上从王国发展为帝国的时代，是中国古代历史上的一个重大转折时期。从考古学观察，古代历史上的重大转折时期必将在相应物质文化载体上表现出来。承载三代的“青铜”文明，在东周时期出现的青铜礼器的“明器化”、各种质地礼器的“微型化”，“礼崩”的物质文化现象随处可见，三代“青铜”文明已经走至历史的“尽头”。代之而起的是战国秦汉时代漆器，漆器是这个时代从物质到精神发生全面变化的重要物质载体之一，反映在社会物质生活中（尤其是上层社会物质生活中），那时的漆器已经继三代青铜器之后（尤其是西汉时代），成为当时社会崇尚的“物质文化”的“代表”。这种“物质文化”的变化，不只是王国与帝国不同时代“物质文化”内容的“形而下”之不同，更为重要的是其“形而上”的区别，透过这些“不同”与“区别”，解析楚汉漆器的时空变化历史过程，是从历史的一个方面探索王国至帝国时代历史发展变化的重要途径之一。

中国古代漆器有着久远的历史，早在新石器时代漆器已经进入人们的生活，但是在漆器发展的漫长历史中，战国秦汉时代漆器应该是达到中国古代漆器发展史的“顶峰”。关于这个问题，可以从两个方面认识，其一是漆器之于战国秦汉时代，犹如青铜器之于夏商周时代、金银器之于隋唐时代、瓷器之于宋元明清时代，漆器可谓战国秦汉时代物质文化的杰出代表，战国秦汉时代漆器又以楚汉漆器最具代表性。楚汉漆器的上述特定历史特点，使其在古代漆器学术研究上具有重要学术意义。其二是战国秦汉时期漆器类型之多、质量之精、产量之大、造型之精美、图案之华丽、工艺之高超、价值之贵重、社会之推崇，是任何时代的漆器所无法与之相比的。西汉晚期，其中“三服官”与“东西织室”生产高级纺织品、服装，“三工官”的军工产品和蜀郡、广汉郡等生产的金银釦漆器，被认为是朝廷财政开支最大的三个方面，仅蜀郡和广汉郡的金银釦漆器就“岁各用五百万”（《汉书·贡禹传》）。漆器之昂贵惊人，每件逾“千钱”，一个漆杯需用“百人之力”，一件屏风需要“万人之功”（《盐铁论·散不足》）。这些从一个侧面折射出秦汉时代漆器在当时社会生活中的地位。

聂菲同志以战国秦汉时期的楚汉漆器为研究对象，这是一个难度很大的科研工作。从战国秦汉时代漆器研究学术史上来说，无论就楚汉漆器本体的考古发现数量与品类之多、漆器图案之繁复而言，还是就楚汉漆器研究涉及学术领域之广博、学术积累之厚重、创新突破之难度而言，都是相当艰巨的。聂菲同志迎着困难，勇于攀登，积数年之努力，完成了《湖南楚汉漆木器研究》。我读了书稿之后，感到与同类或相近研究领域专著相比较，该书稿有着突出特点。作者更为全面、深入地应用考古学的区域类型学方法，重视自然科学技术在楚汉漆器研究中的应用，这些都使其研究的科学性大大增强；在楚汉漆器研究，她又把楚汉漆器置于当时“社会历史”之中，从楚汉漆器探索楚汉历史，力图“透物见人”、“透形见神”。对于楚汉漆器工艺与漆器生产管理的探索，亦颇多新意。

我想《湖南楚汉漆木器研究》的出版，必将使人们更加关注、促进中国古代漆器（尤其是楚汉漆器）的学术研究，也为历史学、美术史等学术领域的研究拓展了新的视角。

刘庆柱

2012年8月16日于北京

目 录

绪论　研究范围　研究方法

在延绵数千年中国漆工艺传统文化的演化历程中，绚丽多彩的湖湘楚汉漆器无疑是最突出和最重要的一朵奇葩。那么，充满浪漫激情的湖湘楚汉漆器艺术品赖以植根的土壤是什么？鲜丽无比的漆艺珍品是沿着一条怎样的古老之路发展的？维系它们文化特征发展演变的内在文脉又是什么……这些都是一个又一个耐人寻味的问题。那么，就让我们循着这古老之路，追溯到远古时代。

第一节　缘起

如果从20世纪30年代长沙最早发现楚漆器算起，至今已在全省20多个县市发现见诸公开报道的楚汉漆器逾万件。难怪著名英国艺术史学者苏立文（Michael Sulivan）曾说过：“看了这些遗物，我们不禁会想到如果纪元前223年的战争，胜利者不是西方野蛮的秦国，而是有高度文化与自由思想的楚国，那么中国文化又将是何种面目？”的确，楚漆器艺术让世人看到的是一种与以前所见的那种宁静深远文人画派迥异的艺术风格。事实上，在中国考古学的研究中，有关漆器完整资料的整理与研究，是从非科学发掘的长沙楚墓所出漆器开始的，至今已有70多年的历史。半个多世纪以来，湖南楚汉漆器艺术一直备受世界关注，湖南楚汉漆器的研究亦是海内外学者非常感兴趣的课题。

鉴于此，本书在前贤时彦研究的基础上，尽可能广泛地汲取湖南各区域内最典型的考古资料、视觉艺术实例和文献信息，采用时间顺序、空间逻辑、地域延展等多方位探索途径，以湖南考古发掘的楚汉漆器资料为纲目，纵跨先秦与两汉数百年的历史文化，以期解读这些隐藏在文化发展的深层面的问题，重塑战国秦汉时期湖湘地望的历史原境。本书的特点是：

其一，在区域选择上尽可能考虑楚人对地理分区的意见，结合楚国对湖南的征服进程，致力于湖南楚墓所出漆器的全面梳理和分区分期的探索，从动态视角揭示漆器风格的区域特点和历史原因，还原演变历程。

其二，以湖南西汉高级贵族墓所出漆器为典型代表，结合漆器工艺史、地方史，从文化发展机制的深层面，揭示湖南汉代漆器功能、工艺发展过程中的传承与变异及其原因。

其三，尽可能广泛地汲取漆器铭文和简帛文字信息，补史之缺，致力于湖南楚汉时期官营与私营漆器生产、管理和制地诸多问题的探源，重建早期湖南手工业生产的历史原貌。

其四，利用科学检测结果，对重要制作工艺进行分析，有助于人们对这个时期漆器制作工艺的深入了解。

其五，选取典型墓葬出土的且形制差异明显的主要器物，揽取各种器物的类型与多样的艺术信息，以器形为主，兼论制作工艺和纹饰，探索漆器考古学意义上的演变轨迹。通过对器类组合、分期与年代、文字与符号、工艺与纹饰发展序列与规律的分析，勾勒出湖南楚汉漆器的总体发展脉络。

书中还对湖南盛产丰富的木、漆和朱砂资源、湖南楚汉漆器发展的历史原因和社会原因、湖南楚汉漆器在考古学上的意义、在中国艺术史上的地位等重大问题开展了讨论。

书中概述了湖南楚汉墓研究以往的研究成果，对本课题的基本思路和研究方法、时代限定、地域范围、“湖南楚汉漆器”概念等问题进行了说明。

此外，书中对每个时期漆器均注明资料来源，便于查阅。不同时代造型迥异的漆器都配有线描图或彩色照片，图文并茂，成为本书的亮点，具有较强的可读性。

此次承蒙《湖湘文库》编委会约稿，给全面梳理湖南楚汉漆器发展史提供了一个极好的机会。笔者贸然试笔《湖南楚汉漆木器研究》一书，希望通过系统梳理已有考古发掘资料，总结前人研究成果，重新讨论相关问题，为学界尽抛砖引玉之力[①]。

第二节　漆林释义与地宜制漆

何谓“漆”？中国古代对“漆”字定义很早，早在东汉时期，许慎撰写的中国第一部字典《说文解字》中就对“桼”字释曰：“桼，木汁也，可以髹物，从木象形。桼如水滴而下也。”清段玉裁注曰：“木汁名桼，因名其木曰桼。今字作漆而桼废矣。漆，水名也，非木汁也。”原来“漆”字本意在古代谓之漆水，为水名，在今陕西省的邠县。至于漆的本字，则应写作桼。“桼”字段注：“谓左右各三皆象汁自木出之形也。”“左右各三象水滴下。”史树青先生认为：“桼字，上部从木，左右各一撇，像用刀切破树皮，以竹管外导，下部从水，像木汁流出状。现在我国产漆的地方如河南、安徽、浙江、湖北、陕西、四川和

①借此，感谢刘庆柱先生在百忙中为本书写序，感谢本书在撰写过程中给予教诲和帮助的各位领导及同仁，感谢我的丈夫张清海和家人的理解与支持，感谢我们的女儿、美国芝加哥大学在读博士生张曦，抽时间为本书校稿。

贵州等地，取漆的方法，还是将漆树切口，用竹管外导，使漆液流入桶中。”“甲骨文或金文的七字，写作‘十’……它很像取漆时，中树干上所作的切口。”所以汉时多假桼为七字。史先生认为七字就是桼、桼、桼、榛、髹、漆字的初文①。

从漆字可以看出，漆就是从漆树身上割取出的一种汁液，呈灰乳色，人们一般称之为“生漆”或“天然漆”，俗语称“大漆”、“土漆”、“国漆”。漆树分布在山区，树高可达10余米，大者树干直径在30厘米以上，最大漆树有三人围，有野生和家种之别。漆树生长5~10年左右，就可割漆。割漆季节在4至8月，以三伏天割下的漆质最佳。采割生漆，用刀在树皮上割开V形或一字形，找到树皮深层的漆液沟，就会有漆液流出，人们一般用贝壳或竹筒承接流下的漆液，尤以贝壳收漆最好（图1），再将其收集到木桶内，用油纸紧贴漆面密封。所以说“漆液是漆树上的一种分泌物，是树皮经人为的割开，韧皮部流出的一种乳白色黏稠液体，它在一定的分泌间隙中蓄积着，这种分泌间隙，通常称作漆

图1　割漆

（本书作者拍摄于四川江油，2006年）

① 史树青：《漆林识小录》，《文物》1957年第7期。

汁道”[1]。漆主要成分为漆酚、漆酶、胶质和水分。漆酚是生漆的主要成分，起结膜作用，漆质好坏由其含量多少而定。漆酶含量很少，它可使漆酚快干结膜。其余少量成分各为水分和树胶质。因地区气候、土质、树龄的不同，漆液所含的成分，亦略有差异（图2）。从漆树上割取下来无色透明的漆液，即生漆，与空气接触后即起化学变化，漆液在潮润的空气中充分氧化后，表面呈赭色，干涸后变成褐黑色，有发亮光泽，非常牢固，具有独特耐酸性、耐磨性、耐热性、耐溶剂性、绝缘性和持久性等，还具有防腐蚀、防渗透、防潮和防霉性能。天然生漆必须经过加工提炼才能使用，精制漆品种有生漆、黑推光漆、红推光漆和透明漆等。天然生漆精制工序分选漆、过滤、晾制、晒制、细滤等步骤（图3）。

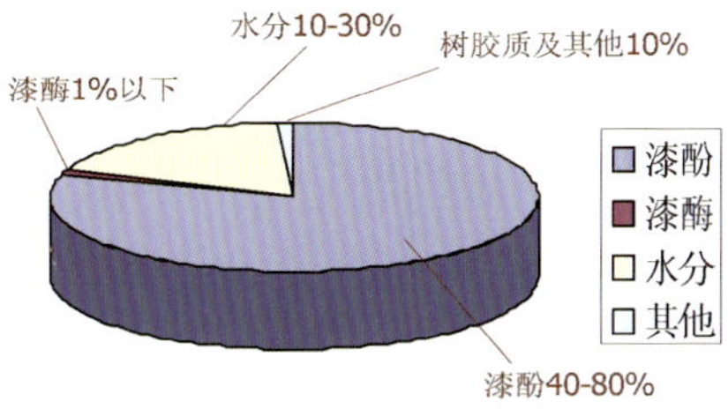

图2　天然生漆成分示意图
（本书作者绘制）

图3　本书作者考察福州厂生漆精制工艺（高振碧先生摄赠，2007年）

①乔十光：《中国艺术教育大系美术卷·漆艺》，中国美术学院出版社，2000年。

漆树主要生长在亚洲温暖湿润的亚热带地区，而以中国产量最丰富，质量最好。我国不仅是漆树的原产地，且漆林分布极广。我国漆树分布的中心区域，主要包括秦岭、大巴山、武当山、巫山、武陵山一带。尤以湖北鄂西毛坝漆和建始漆、陕西南部平利漆蜚声中外。古文献《尚书》、《周礼》、《山海经》都有漆生产及税收的记载，说明我国是最早用漆的国家。湖南地区的龙山、花垣、石门、凤凰、安化、常宁、城步、攸县和长沙也是我国主要产漆区（县），其中尤以湘西北漆树最为集中。武陵山脉生长着最古老的漆树，它是我国漆树生长的主产区之一，就横亘在湖南、湖北两省之间。湖北恩施州的来凤、鹤峰、咸丰、宣恩和利川，历史上都生长着很多漆树。宣恩为最多，然利川毛坝，则是坝漆原产地，被称为“漆源之乡”[①]。毛坝风景旖旎，土地肥沃，海拔适中，气候温润，所产之漆质地最佳，含漆酚量超过75%。而从湖南龙山到“国漆”发源地湖北恩施州的来凤、毛坝等地的距离很近，湘西北和鄂西的地貌、民族和民俗皆有相似的地方，原本就存在着太多血脉相连的关系。龙山大灵山周围的土壤与气候，同样非常适合种植漆树，如今在湘西北、

图4　湖南湘西龙山乌鸦山漆农在割漆（《寂寞山林，寻找湖南最后的漆农》，《潇湘晨报》2009年9月13日，彩色插图）

① 后德俊：《楚国的矿冶髹漆和玻璃制造》，湖北教育出版社，1995年，第203页。

鄂西海拔600~1200米山坡上仍是漆树成林（图4）。只是当下漆器受到合成涂料的冲击，漆农的经济利益受到影响，漆树种植、采割在不断萎缩[①]。

湖南湘西北地区，春秋战国时期是楚人征服“蛮濮”的战略要塞，属楚“黔中郡”范围，是楚国扼守蜀楚通津的军事重地。秦扫六合，湘西北里耶为洞庭郡下辖的迁陵县治。洞庭郡还下辖酉阳和沅陵二县，有学者认为这是秦朝将楚国的“黔中郡”改设为“洞庭郡”[②]。延至两汉，这里一直是军事要塞和行政机构所在地。2002年里耶古城古井出土的秦简公文中有关于迁陵县种植漆树的记录，1554封检：贰春乡负责漆树的种植和漆的生产官邮件的标签；“漆园”简释文（16-1105）：▨受屝陵髼（漆）园▨；迁陵库工用漆簿籍简释文（9-1138）：卌七年迁陵库工用计受其贰春乡髼▨。桼（漆）三升·歈（饮）水十一升干重八▨[③]（图5、图6、图7）。简文记载了当时的漆园以及用漆簿籍，说明了秦政府对制漆手工业的有效管理和漆树种植的重视。此外，里耶古城一号古井出土的漆刷，里耶古城壕出土的漆耳杯和漆盘，让世人再一次看到秦代湖南湘西北地区漆树种植和制漆手工业的繁荣。

然而，从漆树上割取出来的呈灰乳色的涂料，不能单独成器，将它刷涂在器物之上称之为“漆器”。未经涂过的器物俗

---

①张湘辉：《寂寞山林，寻找湖南最后的漆农——湘西北、鄂西生漆采割野外调查》，《潇湘晨报》2009年9月13日、29日。

②何介钧：《“秦三十六郡”和西汉增置郡国考证》，载《黄盛璋先生八佚华诞》，中国教育出版社，2005年。

③湖南省文物考古研究所：《里耶发掘报告》，岳麓书社，2007年。

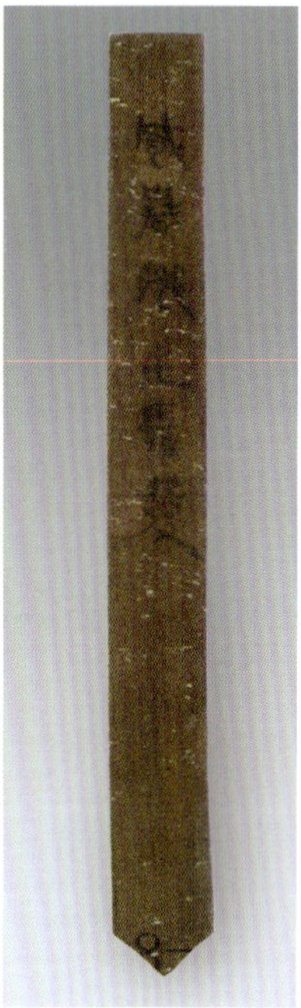

图5 里耶秦简1554封检（湖南省文物考古研究所藏品，《大秦迁陵》里耶古城秦简博物馆陈列方案插图）

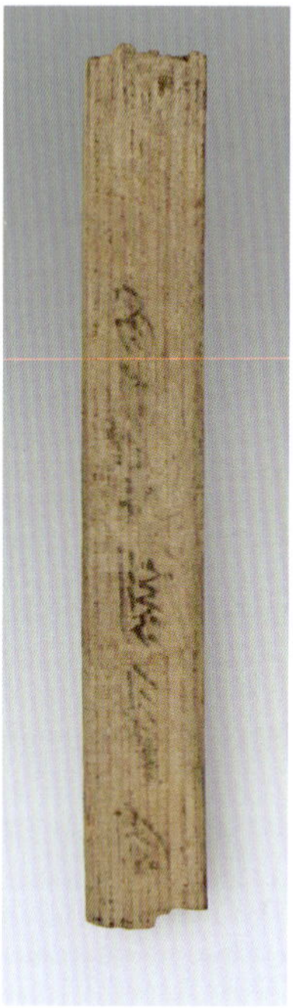

图6 里耶秦简16–1105（湖南省文物考古研究所藏品，《大秦迁陵》里耶古城秦简博物馆陈列方案插图）

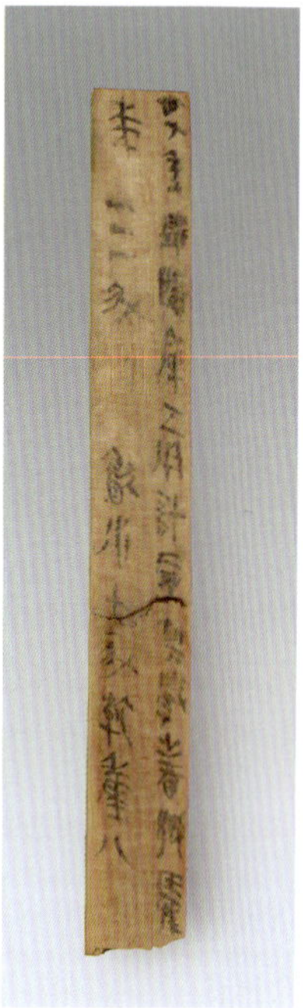

图7 里耶秦简9–1138（湖南省文物考古研究所藏品，《大秦迁陵》里耶古城秦简博物馆陈列方案插图）

称胎骨，胎骨有木胎、竹器、布胎、皮革和陶瓷等。“漆器”称谓最早见于《汉书·贡禹传》，注引如淳（魏时人）曰：“《地理志》河内怀、蜀郡成都、广汉皆有工官。工官，主作漆器物者也。”战国至汉代对夹纻胎漆器有不同称谓，经过了“革园”、“布”、“布缯”、“纻器”、“木侠纻”、“侠纻”、“木器髹者”、“釦器”不同阶段不同称谓的变化过程。

漆器的胎制好后，开始对漆器雏形进行装饰。用漆漆物谓之“髹”，寓纹饰之意谓之“饰”，合为“髹饰”，即漆器的装饰。“髹饰”一词最早见于《周礼·春官·巾车》：“駹车、雚蔽，然㮉髤饰。”郑玄注：“髤赤多黑少之色韦也。”《汉书·外戚传》：“其中庭彤朱，而殿上髤漆。”颜师古注：“以漆漆物谓之髤。”“饰”有纹饰之意[①]。所以，古人一般言漆工或漆器常用“髹饰”两字代替。郑师许《漆器考》认为“漆汁原为无色透明之液体，今兹所显彩色，乃各种颜料配合而成”[②]。现在人们所见漆器上的颜色是用熟漆和金属氧化成分色料（即矿物质）混合而成。为防止天然漆中的漆酸在调和中起化学反应，古代人们多用矿物盐基性金属化合物颜料，如银朱（朱砂）、赭石、石青、石绿、石黄（雄黄）、铅粉和煤烟等。如黑漆常加氢氧化亚铁，古代人们多加木炭兽骨灰、铁锈水、油烟、煤烟、松烟和石墨等，明代宋应星《天工开物》载油烟“凡墨烧烟凝质而为之”，松烟“凡烧松烟，伐松斩成尺寸，鞠篾为圆屋如舟中

①王世襄：《髹饰录解说——中国传统漆工艺研究》，文物出版社，1983年。明代黄成著《髹饰录》是我国现仅存最完整的一部漆工专著。王世襄先生曾在《髹饰录解说》中对“髹饰”二字进行了详尽考证，即用漆漆东西之意思。“髹”，音休，本作髹，今通作髤，或作髹。“髹饰”两字，最早见于《周礼·春官·巾车》：‘駹车、雚蔽，然㮉髤饰。”《汉书·外戚传第六十七下》：“其中庭彤朱，而殿上髤漆。”颜师古注：“以漆漆物谓之髤。”“饰”有纹饰之意。而“㮉”同“幦”，为古代车前覆盖物，常为漆布。《广韵·锡韵》：“㮉，同幦。”《说文·巾部》：“幦，髤布也。从巾，辟声。《周礼》‘駹车大幦’。”所以古人一般言漆工、漆器常用“髹饰”两字代替。

②郑师许：《漆器考》，中华书局，1936年。

图8 烧取松烟
（［明］宋应星《天工开物》，
明书林杨素卿刊本插图）

图9 研朱
（［明］宋应星《天工开物》，明
书林杨素卿刊本插图）

雨篷式……”（图8）。红色颜料，主要成分为朱砂，《天工开物》载：“取来时入巨铁辗槽中，轧碎如微尘。”（图9）白漆加合铅粉，栗壳漆加朱砂，绿漆加蓝靛及石黄混合，黄漆加镉或石黄，金银漆加金银粉末，便可成为各种颜料配合而成的彩漆。色漆中放入颜料，使其涂膜具有某种色彩和遮盖力，能提高涂膜的强度、耐久性、耐磨性与耐候性，阻止紫外线的穿透，延缓涂膜本身的老化进程和延长使用期限。

据历代典籍载，湖南辰州的朱砂质量最好，故又名辰砂，实际上我国朱砂的主要产地大部分在湖南湘西、黔东北和川东的武陵山区中。《湖南考古略》载“辰州、沅州二府出朱砂”，“辰州贡光明砂”[①]，因传说唐朝武则天钦赐万山进贡的朱砂为“光明砂”，故朱砂又有“光

①清《湖南考古略》卷十九“物产”载“辰州沅州二府出朱砂”；卷二十三“封建”载“辰州贡光明”。湖南省博物馆藏书。

明砂”的称谓。除此，湖南武陵、新晃、凤凰、麻阳、安化、永州、衡山、宁远等地区都有出产朱砂的记载，“安化县产朱砂水银。朱砂，长沙、善化、湘潭皆出”①。湖南辰州的朱砂不但质量好，而且数量多，《湘城访古录》载：“希范，作天策府……殿之成也，用丹砂涂其壁，凡用数十万斤石。”②希范乃五代楚王马殷之子，袭楚王位，控制了湖湘地区，经营割据政权③。1982年沈从文先生参观湘西文物后说：“湘西自古出产朱砂的地方很多，朱砂是古代的贡品，有朱砂的地方过去一定设有官，有文物出土。”④

总而言之，湖南所在江南地区，自古以来物产富饶，树木参天，漆树成林，光明辰砂，丰富的木、漆和朱砂资源为战国秦汉时期湖南地区漆器制作提供了优越的物质条件。

第三节　湖南楚汉漆器考古发现与研究回顾

一、考古发现

自20世纪30年代长沙发现楚汉漆器以来，至今全省已有20多个县市楚汉墓葬出土了漆器，其中见诸公开报道的就有1000多座墓葬，累积出土漆器逾万件。

---

①《广湖南考古略》卷十九“物产”：“安化县产朱砂水银，朱砂长沙善化湘潭皆出。”清光绪十四年刊。

②《湘城访古录》卷十四，善化陈运溶芸畦纂，光绪廿年甲午夏刊。

③五代楚王马殷武力控制了湖湘地区，开始经营割据政权。马殷死后，其子希声、希范、希广、希萼、希崇等相继袭楚王位。

④引自《大秦迁陵》（里耶古城秦简博物馆陈列内容设计方案），2010年。

图10 彩绘木雕双蛇座凤架鼓残件
（1949年前长沙楚墓出土。美国俄亥俄州克里夫兰艺术馆藏品，李建毛先生摄赠，2004年）

20世纪30年代末通过非科学方法出土了一批长沙楚汉漆器，“近十余年来，长沙市郊外，发现古代墓葬，不下百余处”[①]，“楚墓出漆器，有杯盘壶奁之属，花纹繁缛，细若游丝，奇禽异兽，不可名状”[②]，其中有“廿九年”漆奁、漆剑鞘、漆戈戟柲、漆弓、漆蛇、漆龙座、漆蝠、漆天平、彩绘木雕双蛇座对鹤等[③]（图10）。而通过科学考古发掘所获湖南楚汉漆器，较早应为1951—1952年在长沙发掘的一批战国、两汉墓葬所出。据《长沙发掘报告》[④]统计，随葬的漆器及木器皆出土于棺椁保存比较完整的墓葬，其中406号楚墓出土了彩绘漆盾、漆奁、漆兵器等漆器，203号和401号汉墓分别出土了漆耳

---

①蒋玄佁：《长沙楚民族及其艺术》（第一卷漆器），美术考古学社，1949年；《长沙楚民族及其艺术》（第二卷图胜遗迹、绢画、雕刻），美术考古学社，1950年。

②商承祚：《长沙古物闻见记续记》，中华书局，1996年。书中收录了《跋柯克思〈中国长沙古物指南〉》一文，载柯克思编《中国长沙古物指南》，1939年。

③商承祚：《长沙古物闻见记续记》，中华书局，1996年；《被美帝盗走陈列在美国克利夫兰城克利夫兰美术馆内的长沙出土战国彩绘木雕双蛇座对鹤》，《文物》1960年第3期。

④中国科学院考古研究所编著：《长沙发掘报告》，科学出版社，1957年。

杯、盘、奁、案等漆器和漆器铭文。此后，全省各地陆续有战国秦汉墓葬出土漆器。

东周时期，随着楚人向南扩张，湖南大部分地区成为楚人入湘经营的南楚重镇。湖南地区楚墓所出漆器数量仅次于湖北，且保存较好，独具特色。出土漆器的墓葬主要分布在长沙、湘乡、益阳、常德、临澧、里耶等地区。据1952—1994年发掘的长沙楚墓统计[①]，共2048座墓，出土漆、木、竹器1160件，分别出土于130座墓中。半个多世纪以来，考古工作者清理了长沙浏城桥楚墓[②]、长沙马益顺巷楚墓[③]、长沙茅亭子楚墓[④]、长沙三公里楚墓[⑤]、湘乡牛形山楚墓[⑥]、临澧九里楚墓[⑦]、常德夕阳坡楚墓[⑧]、常德寨子岭楚墓[⑨]等封君、卿大夫高等级墓葬和墓葬群，至今已在全省20多个县市发现了楚墓所出漆器，其中见诸公开报道的就有

---

①湖南省博物馆、湖南省文物考古研究所、长沙市博物馆、长沙市文物考古研究所：《长沙楚墓》，文物出版社，2000年。

②湖南省博物馆：《长沙浏城桥一号墓》，《考古学报》1972年第1期。

③长沙市文物考古研究所：《长沙市马益顺巷一号楚墓》，《考古》2003年第4期。

④长沙市文物考古研究所：《长沙市茅亭子楚墓的发掘》，《考古》2003年第4期。

⑤长沙市文物考古研究所：《湖南长沙三公里楚墓发掘简报》，《文物》2007年第12期。

⑥湖南省博物馆：《湖南湘乡牛形山一、二号大型战国木椁墓》，《文物资料丛刊》1980年第3期。

⑦熊传薪：《湖南临澧九里一号大型楚墓发掘简报》，载《湖南省博物馆馆刊》（第八辑），岳麓书社，2012年；熊传薪：《临澧县发掘一座大型战国木椁墓》，《湖南日报》1980年12月13日第3版；湖南省博物馆、常德地区文物工作队：《临澧九里楚墓发掘报告》，载《湖南考古辑刊》（第三集），岳麓书社，1986年。

⑧湖南省常德市文物局编著：《沅水下游楚墓》，文物出版社，2010年。

⑨常德市文物处：《湖南常德寨子岭一号楚墓》，载《湖南考古2002》（下），岳麓书社，2004年；湖南省常德市文物局编著：《沅水下游楚墓》，文物出版社，2010年。

857座楚墓，累计出土漆器2000多件。漆器品类齐全、工艺精湛，包括礼器、乐器、兵器、葬具以及各种生活日用品和杂物。饮食器具有耳杯、樽、盒、盘、钫、卮、勺、匕、豆、盆等；梳妆用品有奁、盒、梳、篦等；日常用具有俎、几、案、虎子、器座、箱、桶等；娱乐用品有虎座凤架鼓、编钟架、编磬架、琴盒、琴、竽、瑟、鼓、鼓槌、笙等；丧葬用具有棺、椁、笭床、镇墓兽、鹿、木俑等；兵器有弓、盾、戈、矛、戟、剑、剑椟、矢箙、皮甲等；车马器有车伞盖、车辕、车棚等。

秦代是中国历史上一个极为重要的转折时期，迄今为止，反映在考古学物质遗存上的湖南出土秦代漆器甚少，不过，值得庆幸的是，2002年湖南湘西里耶古城古井中出土有迁陵县种植漆树记录的秦简。在里耶古城一号古井出土了漆刷，古城壕还出土了厚胎漆耳杯、圈点纹漆盘等漆木器[①]。

西汉时期的湖南大部分地区属长沙国，其中尤以汉长沙国辖域内的长沙、沅陵、永州等地区已发掘西汉时期王、侯及其家族的高级贵族墓葬所出漆器最为精美，累计出土漆器墓葬200多座，出土漆器7000多件，且大部分保存完整。属西汉前期的墓葬有长沙马王堆三座汉墓共出漆器700余件[②]，长沙砂子塘王室墓出土完整漆器7件及大量漆器残片[③]，吴氏长沙王墓出土完整漆器3件及大

①湖南省文物考古研究所：《里耶发掘报告》，岳麓书社，2007年。

②湖南省博物馆、中国科学院考古研究所编：《长沙马王堆一号汉墓》（上、下），文物出版社，1973年；湖南省博物馆：《长沙马王堆二、三号汉墓发掘简报》，《文物》1974年第7期；湖南省博物馆、湖南省文物考古研究所编著，何介钧主编：《长沙马王堆二、三号汉墓》（第一卷·田野考古发掘报告），文物出版社，2004年。

③湖南省博物馆：《长沙砂子塘西汉墓发掘简报》，《文物》1963年第2期。

量被压坏的漆器残片[①]，吴氏某代长沙王后渔阳墓出土完整漆器约500件及大量被压坏的漆器残片4000多件[②]，长沙王后曹嫘墓出土漆器数百种之多[③]，沅陵侯吴阳墓出土大量被压坏的漆木器残片296件[④]。属西汉后期的墓葬有长沙杨家山刘氏长沙王室墓出土了带铭文漆器残片，杨家山304号贵族墓出土1件漆盒残器[⑤]，风篷岭长沙王后墓出土65件成形漆器[⑥]，长沙“12·29”被盗古墓所出漆器计152件[⑦]，鹞子岭泉陵侯刘庆墓出土漆残器数件[⑧]，泉陵侯刘庆夫人墓出土带铭文漆残器12件[⑨]，鹞子岭刘彊墓出土腐朽漆器残片[⑩]。与楚漆器以礼器为主形成鲜明对比的是西汉漆器品类

---

①湖南省博物馆：《长沙象鼻嘴一号西汉墓》，《考古学报》1981年第1期。

②长沙市文物考古研究所、长沙简牍博物馆：《湖南长沙望城坡西汉渔阳墓发掘简报》，《文物》2010年第4期；宋少华、李鄂权：《西汉长沙王室墓》，载《中国考古学年鉴》，文物出版社，1994年。

③长沙市文化局文物组：《长沙咸家湖西汉曹嫘墓》，《文物》1979年第3期。

④湖南省文物考古研究所等：《沅陵虎溪山一号汉墓发掘简报》，《文物》2003年第1期。

⑤湖南省博物馆：《长沙杨家山304号汉墓清理简报》，载《考古学集刊》，中国社会科学出版社，1981年。

⑥何佳、黄朴华、何旭红：《望城风篷岭一号汉墓简介》，载《湖南省博物馆馆刊》（第四辑），岳麓书社，2007年。

⑦长沙市文物考古研究所：《长沙“12·29”古墓葬被盗案移交文物报告》，载《湖南省博物馆馆刊》（第六辑），岳麓书社，2010年；邱东联、潘钰、李梦璋：《简析长沙市博物馆2009年度征集的一批西汉漆耳杯》，载《湖南省博物馆馆刊》（第六辑），岳麓书社，2010年。

⑧贺刚：《湖南永州鹞子岭一号汉墓的墓主及相关问题》，载《湖南省博物馆四十周年纪念论文集》，湖南教育出版社，1996年。

⑨湖南省文物考古研究所等：《湖南永州市鹞子岭二号西汉墓》，《考古》2001年第4期。

⑩零陵地区文物工作队：《湖南永州鹞子山西汉刘彊墓》，《考古》1990年第11期。

已从礼器的圈子里跳出来而广泛应用于日常生活的各个方面，其品类包括礼器、乐器、兵器、葬具以及各种生活日用品和杂物玩具。饮食器具有鼎、盒、盘、盂、锺、钫、耳杯、卮、具杯盒、勺、匕、豆形器；盥洗器皿有盆、匜、沐盆；梳妆用品有双层奁、盒、匣、梳、篦、簪；日常用具有屏风、几、案、杖、笥、箕、虎子、器座、砚台；娱乐用品有琴、瑟、筑、排箫、竽、竽律、磬、鼓、六博、骰子、筹码；丧葬用具有棺、椁、木杖、木棒、木俑、床；另有髹漆兵器和车马器等。其中一个突出特点是高级贵族墓葬中所出漆器铭文较多，这对于研究湖南楚汉漆器的生产、管理和产地诸问题具有十分重要的意义。

二、研究回顾

自从20世纪30年代末长沙发现楚汉漆器以来，就不断引起中外学者的关注，事实上，有关湖南楚汉漆器资料的整理，始于20世纪30年代商承祚先生的《长沙古物闻见记》①，迄今为止已有70多年的历史了。新中国成立后，由于大规模的考古发现，从20世纪50年代开始湖南楚汉漆器的出土数量逐渐增加，60多年来，学者们的研究成果累累，其大致划分为三个阶段。

第一阶段20世纪30年代末至50年代初。这个时期，长沙市郊古墓出土了一批楚汉漆器，主要是土夫子通过非科学发掘方法所获，《长沙古物闻见记》著录了当时所见的这批漆器，其中包括蔡季襄所藏漆器，铭文释义涉及了纪年和工匠名等问题。蒋玄佁

---

①商承祚：《长沙古物闻见记》，哈佛燕京学社，1939年；商承祚：《长沙古物闻见记续记》，中华书局，1996年。

编《长沙楚民族及其艺术》[①]和北京历史博物馆编《长沙出土古代漆器图案选集》[②]，大致精华已经选录（图11）。美国柯克思编《中国长沙古物指南》[③]记录了当时流失海外的这批漆器精品。事实上，在中国考古学的研究中，有关漆器完整资料的整理与研究，是从非科学发掘的长沙楚墓所出漆器开始的。由于前辈的渲染，学术界对湖南楚汉漆器的特征有了初步了解，让世人看到一种与以前所见的那种宁静深远文人画派迥异的艺术风格，从此，湖南楚汉漆器进入世界范围内学者们的研究视野。但是，这时期资料有限，又缺乏考古学的证据和科学的保护方法，漆器残损现象严重，学者只能利用文献的考证，著录当时所见漆器，其研究处于随笔式的初级阶段。

图11 彩绘镇墓兽
（1949年前长沙楚墓出土。蒋玄佁著：《长沙楚民族及其艺术》第一卷漆器，美术考古学社，1949年，图版第32页）

第二阶段20世纪50年代中期至60年代末。新中国成立后，由于大规模的考古发现，湖南楚汉漆器的出土数量明显增加，获得

① 蒋玄佁著：《长沙楚民族及其艺术》（第一卷漆器），美术考古学社，1949年；《长沙楚民族及其艺术》（第二卷图胜遗迹、绢画、雕刻），美术考古学社，1950年。

② 北京历史博物馆编：《长沙出土古代漆器图案选集》，人民美术出版社，1954年。

③ 商承祚：《长沙古物闻见记续记》，中华书局，1996年。书中收录了《跋柯克思〈中国长沙古物指南〉》一文，载柯克思编《中国长沙古物指南》，1939年。

了很多新的信息，引起了国内考古工作者的关注，并进行了一些基础性研究。除出版了《湖南汉代漆器图案录》[①]等图录外，还有发掘报告中漆器的介绍文章，如《长沙发掘报告》[②]、杨家湾6号墓简报[③]、左家公山15号墓简报[④]、仰天湖战国墓发现彩绘木俑和雕刻花板简报[⑤]、常德德山楚墓报告[⑥]；长沙战国漆器工艺图案的初步研究，如漆器花纹与帛画的讨论[⑦]、漆器工艺图案的讨论[⑧]、长沙楚墓所出漆器[⑨]；还有“雕刻花板”定名考释[⑩]；也有学者对长沙出土楚汉漆器进行综合研究[⑪]。经过学者们的努力，使得漆器研究状况大为改观，人们开始涉足漆器专题的初步探索，学术界对湖南楚汉漆器有了新的认识。但仍苦于资料和宏观理论引导的匮乏，漆器研究仍在很大程度上局限于器物描述性的窠臼之中。

①湖南省博物馆编：《湖南汉代漆器图案录》，湖南人民出版社，1963年。

②中国科学院考古研究所编著：《长沙发掘报告》，科学出版社，1957年。

③湖南省文物管理委员会：《长沙杨家湾M006号墓清理简报》，《文物参考资料》1954年第12期；湖南省文物管理委员会：《长沙出土的三座大型木椁墓》，《考古学报》1957年第1期。

④湖南省文物管理委员会：《长沙左家公山的战国木椁墓》，《文物参考资料》1954年第12期；湖南省文物管理委员会：《长沙发现保存完整的战国木椁墓》，《文物参考资料》1954年第6期。

⑤湖南省文物管理委员会：《长沙仰天湖第25号木椁墓》，《考古学报》1957年第2期；《长沙仰天湖战国墓发现大批竹简及彩绘木俑、雕刻花板》，《文物参考资料》1954年第3期。

⑥湖南省博物馆：《湖南常德德山楚墓发掘报告》，《考古》1963年第9期。

⑦杨宗荣：《战国漆器花纹与战国绘画》，《文物参考资料》1957年第7期。

⑧徐则林：《试谈长沙出土战国漆器工艺图案》，《文物参考资料》1957年第7期。

⑨吴铭生：《长沙楚墓出土的漆器》，《文物参考资料》1957年第7期。

⑩叶定侯：《长沙楚墓出土“雕刻花板”名称的商讨》，《文物参考资料》1956年第12期。

⑪陈直：《两汉纺织漆器手工业》，《西北大学学报》(人文科学版)1957年第2期。

第三阶段20世纪70年代以后至今。为了配合大规模基本建设，湖南全省各地展开了大规模的考古发掘工作，特别近几十年间，考古发现日新月异，考古工作者清理了长沙浏城桥楚墓①、湘乡牛形山楚墓②、临澧九里楚墓③、常德夕阳坡楚墓④和寨子岭楚墓⑤等封君、卿大夫高等级墓葬和墓葬群；还清理了长沙马王堆汉墓⑥等一大批西汉时期王、侯和高级贵族墓葬，在这些墓葬中出土了大批保存完好的漆器，可资比较的楚汉漆器资料越来越丰富，同时参与讨论的学者范围扩大，研究方法逐渐改进，使得漆器研究的广度和深度不断加大成为可能。人们利用考古发掘信息和跨学科领域资料研究湖南楚汉漆器，从而大大丰富了有关中国古代漆工艺史的知识，湖南楚汉漆器的探讨也由此成为中国古代漆工艺史研究不可或缺的组成部分，其研究成果主要有：

①湖南省博物馆：《长沙浏城桥一号墓》，《考古学报》1972年第1期。

②湖南省博物馆：《湖南湘乡牛形山一、二号大型战国木椁墓》，《文物资料丛刊》1980年第3期。

③湖南省博物馆：《湖南临澧九里一号墓发掘简报》，油印本，1981年；熊传薪：《湖南临澧九里一号大型楚墓发掘简报》，载《湖南省博物馆馆刊》（第八辑），岳麓书社，2012年；熊传薪：《临澧县发掘一座大型战国木椁墓》，《湖南日报》1980年12月13日第3版；湖南省博物馆、常德地区文物工作队：《临澧九里楚墓发掘报告》，载《湖南考古辑刊》(第三集)，岳麓书社，1986年。

④湖南省常德市文物局编著：《沅水下游楚墓》，文物出版社，2010年。

⑤常德市文物处：《湖南常德寨子岭一号楚墓》，载《湖南考古2002》(下)，岳麓书社，2004年；湖南省常德市文物局编著：《沅水下游楚墓》，文物出版社，2010年。

⑥湖南省博物馆、中国科学院考古研究所编：《长沙马王堆一号汉墓》（上、下），文物出版社，1973年；湖南省博物馆：《长沙马王堆二、三号汉墓发掘简报》，《文物》1974年第7期；湖南省博物馆、湖南省文物考古研究所编著，何介钧主编：《长沙马王堆二、三号汉墓》（第一卷·田野考古发掘报告），文物出版社，2004年。

1. 考古学研究成果。众多出土漆器是湖南考古学研究的一个重要组成部分，学者们利用发掘资料讨论楚汉漆器的发展谱系、地望、年代、墓主身份与其他标型器关系等问题。出版了《长沙楚墓》[①]、《沅水下游楚墓》[②]、《益阳楚墓》[③]、《长沙马王堆一号汉墓》[④]、《长沙马王堆二、三号汉墓》[⑤]等重要的发掘报告。然而，最早充分利用考古资料和信息深入研究湖南出土的成批楚汉漆器，首推马王堆汉墓漆器出土后，一大批国内外顶级考古学家的加盟讨论。

马王堆汉墓刚发掘不久，在海内外引起了强烈的反响，这个时期马王堆汉墓漆器的研究云集了夏鼐、唐兰、于省吾、裘锡圭、孙作云、李家浩、高明、李纯一等国内知名学者[⑥]，对马王堆汉墓的棺椁制度、漆器制地、棺饰、用鼎制度、音乐文物等进行了详尽的考古学研究。如夏鼐先生的《长沙马王堆一号汉墓的棺椁制度》[⑦]、俞伟超先生的《马王堆一号汉墓棺椁的

---

①湖南省博物馆、湖南省文物考古研究所、长沙市博物馆、长沙市文物考古研究所：《长沙楚墓》，文物出版社，2000年。

②湖南省常德市文物局编著：《沅水下游楚墓》，文物出版社，2010年。

③益阳市文物管理处、益阳市博物馆编著：《益阳楚墓》，文物出版社，2008年。

④湖南省博物馆、中国科学院考古研究所编：《长沙马王堆一号汉墓》（上、下），文物出版社，1973年。

⑤湖南省博物馆、湖南省文物考古研究所编著，何介钧主编：《长沙马王堆二、三号汉墓》（第一卷 · 田野考古发掘报告），文物出版社，2004年。

⑥高明：《长沙马王堆一号汉墓"冠人"俑》，载《马王堆汉墓研究》，湖南人民出版社，1981年；李纯一：《汉瑟和楚瑟调弦的探索》，载《马王堆汉墓研究》，湖南人民出版社，1981年；熊传薪：《马王堆汉墓的漆器》，载《马王堆汉墓研究》，湖南人民出版社，1981年。

⑦夏鼐（笔名史为）：《长沙马王堆一号汉墓的棺椁制度》，原载《考古》1972年第6期；后载湖南省博物馆编《马王堆汉墓研究》，湖南人民出版社，1981年。

推定》[1]、于省吾先生的《关于长沙马王堆一号汉墓内棺棺饰的解说》[2]、孙作云先生的《马王堆一号汉墓漆棺画考释》[3]等文，根据一号汉墓出土漆器和有关文献记载对古代棺椁制度进行了辨析，各抒己见。俞伟超先生的《马王堆一号汉墓用鼎制度考》[4]，俞伟超和李家浩先生的《马王堆一号汉墓出土漆器制地诸问题——从成都市府作坊到蜀郡工官作坊的历史变化》[5]，裘锡圭先生的《从马王堆一号汉墓"遣策"谈关于古隶的一些问题》[6]，朱德熙和裘锡圭先生的《马王堆一号汉墓遣策考释补正》[7]，唐兰先生的《长沙马王堆汉轪侯妻辛追墓出土随葬遣策考释》[8]等，利用出土简牍和漆器铭文，结合文献进行了考证，众说纷纭。

---

①俞伟超：《马王堆一号汉墓棺椁的推定》，载《湖南考古辑刊》(第一集)，岳麓书社，1982年。

②于省吾：《关于长沙马王堆一号汉墓内棺棺饰的解说》，原载《考古》1973年第2期；后载湖南省博物馆编《马王堆汉墓研究》，湖南人民出版社，1981年。

③孙作云：《马王堆一号汉墓漆棺画考释》，载湖南省博物馆编《马王堆汉墓研究》，湖南人民出版社，1981年。

④俞伟超：《座谈马王堆一号汉墓关于用鼎制度问题》，原载《文物》1972年第9期；后载湖南省博物馆编《马王堆汉墓研究》，湖南人民出版社，1981年，收录时编者加标题为《马王堆一号汉墓用鼎制度考》，作者略作修改。

⑤俞伟超、李家浩：《马王堆一号汉墓出土漆器制地诸问题——从成都市府作坊到蜀郡工官作坊的历史变化》，载《马王堆汉墓研究》，湖南人民出版社，1981年。

⑥裘锡圭：《从马王堆一号汉墓"遣策"谈关于古隶的一些问题》，载《马王堆汉墓研究》，湖南人民出版社，1981年。

⑦朱德熙、裘锡圭：《马王堆一号汉墓遣策考释补正》，载《文史》(第十辑)，中华书局，1980年，第69页。

⑧唐兰：《长沙马王堆汉轪侯妻辛追墓出土随葬遣策考释》，载《文史》(第十辑)，中华书局，1980年。

由于知名学者的极力推介，使得湖南西汉漆器进入当时学者们的研究视野，在马王堆汉墓发掘20~30周年讨论会之际及此后的几十年间，学者们开展的马王堆汉墓漆器研究，带动了整个湖南楚汉漆器相关问题的讨论。又逢《湖南省博物馆馆刊》创刊，给各地漆器研究专家提供了一个讨论的平台，相关知名学者纷纷撰写论文，对马王堆汉墓漆器及湖南出土楚汉漆器的胎质制作、髹饰工艺等进行了考释，其研究更加专业化和系统化。湖南楚汉漆器的考古学研究还得益于楚文化研究会的多次召开，学者们各抒己见，诸多新观点相继出现。

其一，器类的辨析。考察一类器物的时间、空间、文化内涵和分布情况。如漆博具的研究①、漆奁和漆樽的研究②、漆虎子的研究③、漆“笭床”的研究④、漆案和漆几的探讨⑤、九子奁的研究⑥、丧葬用漆鼎的研究⑦、木俑与木雕的研

---

①傅举有：《论秦汉时期的漆博具、博戏兼及博局纹镜》，《考古学报》1986年第1期。

②黄纲正：《湖南楚墓出土的漆奁和漆樽研究》，载《楚文化研究论集》（第三集），湖北人民出版社，1994年。

③黄纲正：《长沙出土的战国虎子及有关问题》，《文物》1986年第9期。

④贺刚：《楚墓出土“笭床”研究》，载《楚文化研究论集》（第三集），湖北人民出版社，1994年；高至喜：《论楚笭床》，《中国文物世界》2002年第195期。

⑤聂菲：《楚系墓葬出土漆案略论》，《南方文物》1996年第1期；《“木辟邪”应为凭几考》，《文物》2006年第1期；《楚式俎研究》，《文物》1998年第6期；《楚系墓葬出土漆豆及相关问题的探讨》，载《楚文化研究论集》（第六集），湖北教育出版社，2005年；《楚系禁研究》，载《楚文化研究论集》（第七集），岳麓书社，2007年。

⑥林巧玲：《从马王堆一号墓之双层九子奁到汉代妇女梳妆》，《故宫文物月刊》（台北）2001年第214期。

⑦郑曙斌：《试论马王堆汉墓丧葬用鼎》，载《湖南省博物馆文集》（第四辑），《船山学刊》杂志社，1998年。

究[①]、楚汉家具及陈设的研究[②]。

其二，文化因素及礼俗的分析。结合所出漆器和铭文及其他器物综合考察一个墓葬群的文化属性和族属问题。如马王堆汉墓巫风楚俗的分析[③]、马王堆汉墓秦文化因素的分析[④]、马王堆汉墓

① 高明：《长沙马王堆一号汉墓"冠人"俑》，原载《考古》1973年第4期，后载湖南省博物馆编《马王堆汉墓研究》，湖南人民出版社，1981年；张明华：《长沙马王堆汉墓桃人考》，《文史》(第七辑)，中华书局，1979年；张广立：《漫话西汉木俑的造型特点》，《文物》1982年第6期；傅举有：《东方"维纳斯"——马王堆汉墓出土的木俑》，《学习导报》2005年第7期；李建毛：《楚汉木雕》，《美术史论》1995年第3、4期。

② 王立华：《试论楚墓木椁中的门窗结构及反映的问题》，载《楚文化研究论集》(第三集)，湖北人民出版社，1994年；聂菲：《马王堆汉墓家具论述》，载《马王堆汉墓研究文集——1992年马王堆汉墓国际学术讨论会论文选》，湖南出版社，1994年；聂菲：《先秦家具与汉代家具的比较研究》，载《湖南省博物馆文集》(第四辑)，《船山学刊》杂志社，1998年；聂菲：《中国古代家具鉴赏》，四川大学出版社，2000年；聂菲：《楚风汉韵 绚丽神奇——马王堆汉墓家具汉初家具造型的缩影》，《历史文物月刊》（台北）2001年第6期；聂菲、姚湘君：《从汉画看汉代家具及陈设》，《南方文物》2002年第3期。

③ 高至喜：《马王堆汉墓的楚文化因素分析》，后德俊：《马王堆汉墓出土漆器与楚国漆工艺的关系》，载《马王堆汉墓研究文集——1992年马王堆国际学术讨论会论文集》，湖南出版社，1994年；聂菲：《马王堆汉墓艺术品与巫文化》，载《湖南省博物馆文集》，岳麓书社，1991年；郑曙斌：《楚墓帛画、镇墓兽的魂魄观念》，《江汉考古》1996年第1期；邱东联：《"镇墓兽"辨考》，《江汉考古》1994年第2期。

④ 郭德维：《试论马王堆汉墓中的秦文化因素》，载《马王堆汉墓研究文集——1992年马王堆国际学术讨论会论文集》，湖南出版社，1994年；刘彬徽：《马王堆汉墓文化源流与相关问题的研究》，载《湖南省博物馆馆刊》（第一期），《船山学刊》杂志社，2004年。

葬俗的研究[①]、漆器功能与风俗的讨论[②]、永州鹞子岭一号墓主及相关问题的讨论[③]、渔阳王后墓偶人及相关问题的讨论[④]、沅陵虎溪山一号汉墓葬制的研究[⑤]、漆器分区及相关问题的探讨[⑥]。

其三，制作工艺与装饰艺术的研究。根据造型和纹饰考察漆器装饰艺术特点，结合科学检测手段和文献资料，考察漆器制作工艺的特征。如漆器装饰艺术的研究[⑦]、漆器功能与工艺的

---

①郭学仁：《马王堆汉墓葬俗研究》，《四川文物》1995年第2期。

②聂菲：《马王堆汉墓漆器与汉初长沙地区风俗习惯》，陈爱平：《从马王堆文物看汉代饮食文化》，载《马王堆汉墓研究文集——1992年马王堆汉墓国际学术讨论会论文集》，湖南出版社，1994年。

③贺刚：《湖南永州鹞子岭一号汉墓的墓主及相关问题》，载《湖南省博物馆四十周年纪念论文集》，湖南教育出版社，1996年。

④邱东联：《长沙西汉"渔阳"王后墓"偶人"及相关问题》，载《湖南省博物馆四十周年纪念论文集》，湖南教育出版社，1996年；宋少华：《长沙西汉渔阳墓相关问题刍议》，《文物》2010年第4期。

⑤郭伟民：《沅陵虎溪山一号汉墓葬制及出土竹简的初步研究》，载《新出简帛研究》，文物出版社，2004年。

⑥聂菲：《湖南楚墓出土漆器分区及相关问题探讨》，载《湖南省博物馆馆刊》（第六辑），岳麓书社，2010年。

⑦李正光：《长沙马王堆一号汉墓黑地彩绘棺的艺术成就》，载《湖南考古辑刊》(第一集)，岳麓书社，1982年；刘敦愿：《论长沙马王堆一号汉墓黑地彩绘图象及有关问题》，载《湖南文物》1986年第一辑；李晶寰：《马王堆一号汉墓漆器的装饰艺术及文化内涵》，《考古与文物》1996年第3期；傅举有：《汉代漆器的装饰手法》（上），《中国文物世界》1995年第12期；傅举有：《汉代漆器装饰》（中）、《汉代漆器装饰》（三）、《汉代漆器装饰》（四），《中国文物世界》1997年第137、139、142期；傅举有：《中国漆器的巅峰时代——汉代漆工艺综论》，载《中国历史暨文物考古研究》，岳麓书社，1999年；傅举有：《中国古代漆器的锥画艺术和戗金艺术》，《故宫博物院院刊》2007年第4期；陈松长：《汉初神仙信仰、艺术风尚的形象图示——马王堆汉墓文物艺术特色扫描》，《故宫文物月刊》（台北）2000年第11期。

研究[①]、漆器制作工艺的研究[②]、“𣲗”字铭文的研究[③]、“君幸酒”与“君幸食”等漆器铭文的研究[④]、漆器保护与修复的

---

①聂菲：《从湖南西汉贵族墓出土漆器审度汉初漆器功能工艺的传承与变异——兼论湖南汉初漆器产地问题》，载《湖南省博物馆馆刊》（第一期），《船山学刊》杂志社，2004年。

②傅举有：《中国古代漆器研究》，载《湖南省博物馆馆刊》（第三期），岳麓书社，2006年；孙机：《关于汉代漆器的几个问题》，《文物》2004年第12期；陈振裕：《西汉漆器的制作工艺综论》，载《湖南省博物馆馆刊》（第三期），岳麓书社，2006年；聂菲：《先秦两汉夹纻胎漆器考述》，载《湖南省博物馆馆刊》（第四辑），岳麓书社，2007年。

③聂菲：《“𣲗”字铭文研究述略——马王堆汉墓漆器研究综述之一》，载《湖南省博物馆馆刊》（第四辑），岳麓书社，2007年；朱德熙、裘锡圭：《马王堆一号汉墓遣策考释补正》，载《文史》(第十辑)，中华书局，1980年，第69页；唐兰：《长沙马王堆汉轪侯妻辛追墓出土随葬遣策考释》，载《文史》(第十辑)，中华书局，1980年；陈振裕、李天虹：《“洀”与“洀工”探析》，载《于省吾教授百年诞辰纪念文集》，吉林大学出版社，1996年；陆锡兴：《“汧”与有关的秦汉漆器工艺问题》，载《湖南省博物馆馆刊》（第四辑），岳麓书社，2007年；后德俊：《“𣲗”及“𣲗工”初论》，《文物》1993年第12期；后德俊：《“𣲗工”的性质及秦汉漆器制造工序的形成》，载《湖南省博物馆馆刊》（第一期），《船山学刊》杂志社，2004年；周世荣：《汉代漆器铭文“𣲗工”考》，《考古》2004年第1期；周世荣：《汉代漆器铭文“𣲗工”质疑——兼谈马王堆汉墓漆器“髹𣲗”的主要特点》，载《湖南省博物馆馆刊》（第四辑），岳麓书社，2007年；何豪亮：《汉代漆器“𣲗工”再说》，载《湖南省博物馆馆刊》（第四辑），岳麓书社，2007年；傅举有：《中国古代漆器研究》，载《湖南省博物馆馆刊》（第三期），岳麓书社，2006年；傅举有：《中国漆器的鼎盛时代——汉代漆工艺综论》，载《中国漆器全集》（3），福建美术出版社，1998年，第45~46页。

④陈直：《长沙马王堆一号汉墓若干问题考述》，《考古》1972年第9期；傅举有：《汉代的“家”和家吏》，《考古与文物》1984年第3期；符钰：《汉代漆器文字综述》，载《湖南省博物馆四十周年纪念论文集》，湖南教育出版社，1996年；杜迺松：《对“君幸酒”、“君幸食”的解释》，《文物》1973年第9期；吴松庚：《关于〈新书〉的整理者及“君幸食”、“君幸酒”铭文释义两个问题的考辨》，《船山学刊》2007年第4期。

研究[①]。

其四，生产、管理和产地问题的讨论。根据漆器铭文和简帛文字，结合文献资料，考察湖南地区楚汉时期官营和私营漆器生产和管理情况，由此论及漆器产地问题。如马王堆一号汉墓出土漆器制地问题的讨论[②]、湖南漆器产地诸问题的研究[③]。

其五，漆器的整体研究[④]，也有在综合性研究中涉及湖南楚汉

① 王宜飞：《马王堆一号汉墓朱地彩绘棺白色颜料变色问题探析》，载《湖南省博物馆馆刊》（第三期），岳麓书社，2006年；王宜飞：《国内饱水竹木漆器类文物脱水技术综述》，载《湖南省博物馆馆刊》（第四辑），岳麓书社，2007年；王宜飞：《马王堆汉墓漆器颜料分析测试研究报告》，载《湖南省博物馆馆刊》（第六辑），岳麓书社，2010年。

② 俞伟超、李家浩：《马王堆一号汉墓出土漆器制地诸问题——从成都市府作坊到蜀郡工官作坊的历史变化》，《考古》1975年第6期；陈振裕：《试论楚墓出土漆器的产地问题》，载《楚文化研究论集》（第二集），湖北人民出版社，1991年。

③ 聂菲：《从湖南西汉贵族墓出土漆器审度汉初漆器功能工艺的传承与变异——兼论湖南汉初漆器产地问题》，载《湖南省博物馆馆刊》（第一期），《船山学刊》杂志社，2004年；聂菲：《关于湖南地区楚汉漆器的生产、管理和产地问题的再讨论——马王堆汉墓漆器研究之三》，载《湖南省博物馆馆刊》（第五辑），岳麓书社，2008年；湖南省博物馆、常德市文物处：《湖南常德寨子岭一号楚墓》，载《湖南考古2002》，岳麓书社，2004年；杨启乾、李文涓：《常德楚墓出土的两件战国漆器考》，载《湖南省博物馆馆刊》（第四辑），岳麓书社，2007年；龙朝彬：《湖南常德出土“秦十七年太后”扣器漆盒及相关问题探讨》，《考古与文物》2002年第5期；何旭红：《对望城县风篷岭汉墓发现铭文的初步认识》，载《湖南省博物馆馆刊》（第五辑），岳麓书社，2009年；何旭红：《对长沙谷山被盗汉墓漆器铭文的初步认识》，载《湖南省博物馆馆刊》（第六辑），岳麓书社，2010年。

④ 周世荣：《湖南的战国漆器》，载《楚文化研究论集》（第一集），荆楚书社，1987年。

漆器相关问题的讨论[①]，其中尤以著名的考古学家刘庆柱先生指导的博士论文、洪石先生著《战国秦汉漆器研究》备受瞩目，该书首次从考古学的角度对战国秦汉漆器（包括湖南楚汉漆器）进行全面系统的研究和论述，具有极大的创新性，为学界所推崇[②]。

2．传统研究方法的反思与拓展。有关马王堆汉墓漆器研究的重大突破得益于中外艺术史学者的参与研究，中外艺术史学者用全新的方法研究湖南楚汉漆器，突破了对楚汉漆器的基本史实考证和简单描述的俗套，也就是说不仅仅回答了“是什么”的问题，而且采用联系和比较的方法，进行“文本的”和“文脉的”的研究，即形式的和社会的两方面的分析，并在此基础上对其所体现的社会文化意义加以阐释，正面回答“如何是”和“为何是”等问题[③]，可以说这是传统研究方法的重要拓展。“西方的中国艺术史学把汉学与西方艺术史研究方法完美结合起来，不断做出新的贡献”[④]。

①李正光编绘：《汉代漆器艺术》，文物出版社，1987年；傅举有：《中国漆器的巅峰时代——汉代漆工艺综论》，《中国历史暨文物考古研究》，岳麓书社，1999年。傅举有主编：《中国漆器全集3·汉》，福建美术出版社，1998年；张荣：《古代漆器》，文物出版社，2005年；皮道坚：《楚艺术史》，湖北教育出版社，1995年；何介钧：《马王堆汉墓》（20世纪中国文物考古发现与研究丛书之一），文物出版社，2004年；胡玉康：《战国秦汉漆器艺术》，陕西人民美术出版社，2003年；聂菲：《中国古代家具鉴赏》，四川大学出版社，2000年；聂菲：《中国古代漆器鉴赏》，四川大学出版社，2002年。

②洪石：《战国秦汉漆器研究》，文物出版社，2006年。

③赖德霖：《从宏观的叙述到个案的追问：近15年中国近代建筑史研究评述——献给我的导师汪坦先生》，《建筑学报》2002年第6期。

④尹吉男：《开放的艺术史丛书总序》，载巫鸿著《礼仪中的美术：巫鸿中国古代美术史文编》，三联书店，2005年。

以往人们对马王堆汉墓的研究多集中在墓葬年代、墓主身份、墓葬结构和随葬品等方面，成就斐然。但“这种传统的将墓葬各部分分开讨论的方法一直是学界研究的主要方法，而这种方法的缺陷则是研究到一定程度出现会停止不前的状况”[①]。著名艺术史学家、美国芝加哥大学教授巫鸿著《礼仪中的美术——马王堆再思》[②]一反以往的研究方法，从新的视角并以历史发展的眼光综合人类学、考古学和历史学，将马王堆汉墓作为一个有机联系整体进行研究，以动态的角度来讨论柩（即尸体、内棺、铭旌）、外棺和椁等丧葬礼仪的全过程及其联系。作者认为“三重外棺为死者营造了一系列不同的空间”，最外一重黑漆棺“把死者与生者分离开来”；第二重彩绘棺“代表了她正在进入受到神灵保护的地府”；第三重红漆彩绘棺“一变而为不死之仙境”。“殡之后，葬礼转移到坟墓进行”，通过对椁的作用和建造步骤的分析，作者指出椁实际上是为“死者专门设计和建造的‘阴宅’”，即“永恒家园”。作者在结语中将马王堆汉墓与年代早于或晚于它的墓葬作比较，“看看哪些方面是古代传统的继续和变异，哪些是创始性的，而哪些将发展为新的艺术形式”。作者结合文献对三重外漆棺颜色和图像的分析，其研究方法的多视角性和学术思维的广阔性，为中国古代漆器的研究树立了一个新的典范，为我们反思过去的研究树立很好的范例。

---

①刘敏：《读巫鸿先生〈马王堆再思〉札记》，天涯社区“四川博物院典藏部”博客，2010年11月16日。

②巫鸿：《礼仪中的美术——马王堆再思》，载《礼仪中的美术——巫鸿中国古代美术史文编》，三联书店，2005年。

美国哈佛大学教授汪悦进著《“引魂升天”何为“天”——马王堆汉墓棺绘与帛画新论》一文，对马王堆一号汉墓“漆棺纹饰：合气复苏”和“T形帛画：生阴阳致神明”问题作了很好的阐释，作者认为“作为墓葬一部分，马王堆棺绘帛画首要功能可能并不在于丧葬时向生人展示，而是入葬后的虚拟的演示功用，为死者规划出一个出生入死的步骤与过程。图像自生自演，完成一个出生入死的过程”，“‘天’与‘地’只不过是一聚气成精出死入生的生理状态的空间比附，也就不难理解为何套棺的‘升天’序列是由外向内的演进，越往内越接近这虚拟‘天界’”[①]。作者的观点备受学界的关注。

美国路易维尔大学教授赖德霖著《是葬品主导还是棺椁主导的设计——从马王堆汉墓看战国以来中国木构设计观念的一个转变》一文，作者运用大量考古信息和文献资料，从建筑学的角度论述了从战国楚墓到马王堆汉墓的棺椁结构以及棺、葬品、棺室和边箱之间的关系变化问题。由于战国是中国社会重要的转型时期，所以墓的设计和布置从战国到汉初有一个变化过程，作者认为马王堆一、三号汉墓“在设计过程中一定考虑到了棺室结构和每一具木棺在尺寸上的相配关系，甚至遵循了一套可以将棺与椁相统一的尺寸体系”，进而论证了“马王堆汉墓趋于标准化的整体设计是战国以来墓葬设计原则演变的一个结果，这个原则便是从以葬品为主导转变为以棺椁为主导。伴随这种演变的是作为墓主社会地位象征的青铜礼器在葬礼中的重要性的下降，而与此趋

①汪悦进著：《“引魂升天”何为“天”——马王堆汉墓棺绘与帛画新论》，载《马王堆汉墓：长沙国的艺术与生活》，岳麓书社，2008年。

势相反，墓的建筑要素——如墓的相对规模、椁室数目、套棺层数，甚至木板厚度——本身的重要性却被提高，逐渐成为新的等级象征”。作者的观点让学界耳目一新。

法国学者卡科·C（Karkow C.）的论文《马王堆一号墓三件彩绘漆棺》（*Three Decorated Lacquer Caskets from Tomb No 1, Mawangtui*）[①]，将马王堆一号墓三重彩绘漆棺与同墓出土T形帛画比较研究，作者认为黑地彩绘漆棺在环绕的云气纹中绘满的各种奇异混合生物，体现了当时人们对宇宙的理解和生命的遐思，而内棺上覆盖的T形帛画，其绘画内容反映了死者灵魂由现实世界通往幽灵世界的路径。

国内学者也开始运用综合的研究方法，在图像资料中尽可能地挖掘并阐释湖南楚汉漆器的文化内涵和历史语境。陈松长先生的《汉初神仙信仰、艺术风尚的形象图示——马王堆汉墓文物艺术特色扫描》[②]一文认为，那些绘在T形帛画和黑地彩绘棺上的众多神灵怪兽形象，“渗透着一种很虔诚的神仙崇拜和信仰”。而在《马王堆锥画漆奁盒上的狩猎纹图像解读》[③]一文中，作者通过对漆奁上神人乘龙、飞马、奔鹿和虎豹等与有关汉墓漆画和壁画图像比对研究，认为其主题并非“狩猎”，而是“神人羽化升仙”。贺西林先生的《从长沙楚墓帛画到马王堆一号汉墓漆棺画

---

①［法］卡科·C（Karkow C.）：《马王堆一号墓三件彩绘漆棺》（*Three Decorated Lacquer Caskets from Tomb No 1, Mawangtui*），纽约《东方艺术》（*Oriental Art*）1989年第1期，第22～34页。

②陈松长：《汉初神仙信仰、艺术风尚的形象图示——马王堆汉墓文物艺术特色扫描》，《故宫文物月刊》（台北）2000年第11期。

③陈松长：《马王堆锥画漆奁盒上的狩猎纹图像解读》，《江汉考古》2008年第3期。

与帛画——早期中国墓葬绘画的图像理路》[①]一文，将楚帛画、马王堆一号墓漆棺画与T形帛画进行串联比较，其结论是，实现完全意义上的永生，“不仅是马王堆一号墓墓葬绘画的图像理路和象征旨归，而且也是西汉前期南楚故地丧葬信仰的核心与本质所在”。

近年来，湖南楚汉漆器的研究视野开始转向了艺术史、思想史和社会史的层面，学者们尝试在繁复的漆画中探讨当时的社会风尚、思想观念和信仰习俗等，打破原来对古代艺术品孤证的研究方法。“消解原境”（adecontextualization）的研究方式本身是对“历史原境”（historical context）的误读[②]，这一观点被许多学者所接受。随着多样化探索方法的采用，学界对湖南楚汉漆器的研究取得了进展，促使了传统研究方法向前拓展。如果将这些研究成果转换到博物馆陈列展览中的话，相比按照玉器、青铜器、漆器和绘画等不同材质孤立展览而言，观众将会看到“由一组不同的器物按照特定的礼仪和建筑空间进行展示”[③]的陈列。

多少年来，就在人们感叹无情的岁月可以使灿烂的楚汉文明从地球上灰飞烟灭数千年之时，人们又不得不赞美，多情的岁月也可以使埋藏地底数千年却依然目眩神迷的古代艺术品突然重现于世，使世人惊叹不已，湖南楚汉墓葬出土的漆器艺术品就是这样。在中国古代漆工艺文化遗存中，湖南楚汉漆工艺可以说是极小的部分，但对古代艺术史的研究具有极其重要的意义，在中国

① 贺西林：《从长沙楚墓帛画到马王堆一号汉墓漆棺画与帛画——早期中国墓葬绘画的图像理路》，载《艺术史研究》(第五辑)，中山大学出版社，2003年。

②③ 巫鸿：《时空中的美术：巫鸿中国美术史文编二集》，三联书店，2009年，第164页。

艺术史上占有重要地位。半个多世纪以来，学者们用他们执著的精神勤奋探索，取得了丰硕成就。

但是，目前湖南楚汉漆器研究在方法上仍有许多不足，随着以往将墓葬各部分分开研究方法的深化，尚需反思的是，作为一种资料整理的基础方法虽不无道理，但用于分析湖南楚汉漆器发展史则会造成简单化的结果，从而忽视对楚汉漆器发展的原因、它与古代湖南现实条件的关系等问题的综合分析。因此，研究湖南楚汉漆器还需要跳出以往传统研究的框架，重新了解和评价先秦两汉时期湖南地区漆工艺发展的成就。因为在地域上有一定范围、时间上有一定限定的湖南楚汉漆器，它的形成和发展与那个时期湖南地区的政治、经济、文化的联系密不可分，是当时社会生活的一个缩影。研究湖南楚汉漆器必须以历史发展的眼光综合人类学、考古学和历史学，将湖南楚汉漆器作为一个有机联系的整体进行形式和社会两方面的分析，不能只是回答“是什么”的问题，而是要在此基础上对其所体现的社会文化意义进行诠释，即回答“为何是”的问题。所以说，湖南楚汉漆工艺发展的研究仍任重而道远。

第四节　本书研究范围与研究方法

一、选题说明

正如刘庆柱先生序中所言：“战国秦汉时代是中国古代历史上从王国发展到帝国的一个重大转折时期”，“漆器是这个时代从物质到精神发生全面的变化的重要物质载体之一”。换言之，在中国古代漆器工艺史上，战国秦汉时期漆器工艺正好处于一个承前启后、空前繁荣的时期。这个时期漆器的出土情况呈两大倾向：

一是春秋战国时期是中国漆器早期发展的黄金时期，或由于地处南方，有漆源的地利；或由于地下水丰富，有保存的条件，先秦时期漆器实物遗存，主要出自楚文化地域墓葬。楚国南镇湖南区域楚墓所出漆器数量仅次于湖北，且保存较好，独具特色；

二是西汉时期漆器主要出土于大型贵族墓葬之中，且王、侯及其家族的高级贵族墓葬居多。西汉时期的湖南大部分地区属长沙国，这时期的王、侯及其家族的高级贵族墓葬出土了大量漆器，尤以马王堆等大批汉代墓葬所出最为精美，除部分明器外，大部分为实用器，且数量大，保存完整，具有代表性。因此，对湖南楚汉时期的漆器进行类型学的整理研究与年代分期的探讨，在客观上已具备比较成熟的条件。本书选题，有鉴于此。

并在此冒昧地提出“湖南楚汉漆器”这一概念，是基于以下几点：

其一，湖南楚墓和汉墓所出漆器本身已具规模，具有明显的南楚地域特点和汉代长沙诸侯国地方性特征，自成一系；

其二，数量众多，品类齐全，几乎囊括了战国秦汉时期漆器的所有种类，具有典型代表性；

其三，在制作方法和使用流行上有一定的地域范围和时代限定；

其四，造型、纹饰、色彩和铭文独具特色，其上承先秦漆器之风骚，下启后世漆器之绚丽，具有明显的传承性与变异性，代表着这个时期漆器工艺发展的最高水平，是形成东方漆工艺体系的主要源头之一。

然而，需要避免的是，“以当今行政区划作为区域界定的标准”[①]而确定“古代湖南”的界定，忽略中国历史文化的空间单元。本文所要做的是，还原战国秦汉时期湖南所属疆域的“历史原境”，将楚汉漆器作为一个时间段来进行综合研究。需要说明的是，本书所论的“湖南楚汉漆器”指广义漆器，即除髹漆物外，还包括部分与丧葬礼仪有关的木器和竹器。

二、时代限定

先秦时期，楚国拓土开疆，春秋初年“楚蚡冒于是乎始启濮”[②]，成为蚡冒经营湖南地区最早的文献记载，史称“蚡冒伐濮”。但是，湖南地区不断出土的考古资料证明，楚人大概早在西周晚期已经越过长江到达澧水流域[③]，春秋早、中期，楚人已大举南下。岳阳境内发现的被楚国兼并、灭亡的罗、麇国遗民的城址、遗址和墓葬，说明湘北的洞庭湖地区，这时已是楚国的势力范围[④]。在楚国统治下，湖南经济以前所未有的规模发展，楚文化包括漆工艺也日趋兴盛。岳阳凤形嘴1号楚墓所出髹漆兵器及残片是目前湖南地区所出最早的楚漆器，“墓葬年代当在春秋中期后段”[⑤]。至湘中地区楚墓所出战国晚期漆器[⑥]，时间大约开

---

①杨哲峰：《汉墓研究中的七种区域选择类型》，《中国文物报》2004年11月19日；徐苹芳：《中国历史考古学分区问题的思考》，《考古》2000年第7期。

②《国语·郑语》。

③何介钧：《湖南商周时期古文化的分区探索》，载《湖南考古辑刊》(第二集)，岳麓书社，1984年。

④高至喜：《楚文化的南渐》，湖北教育出版社，1996年，第30~39页。

⑤郭胜斌：《湘江下游楚文化早期遗存探索》，载《湖南省博物馆四十周年纪念论文集》，湖南教育出版社，1996年。

⑥湖南省博物馆等：《长沙楚墓》，文物出版社，2000年。

始于公元前620年至公元前570年，至楚国被秦国灭亡（公元前223年）之前数年为止，前后共经历近400年之久。秦代只有15年，时间很短，湖南所出秦代漆器很少。西汉时期的湖南大部分地区属长沙国，长沙国建于西汉高帝五年（前202），废于新莽居摄二年（7），后刘秀曾复立长沙国，存11年，中经吴氏、刘氏二姓，十四代，存续时间221年。这时期的王、侯及其家族的高级贵族墓葬出土了大量漆器。东汉以后，由于木椁墓被拱形砖室墓所取代，漆木器无法保存，又因青瓷日臻成熟，逐渐取代了漆器在日常生活用品中的地位，所出漆器十分罕见。那么，本书研究的年代范围，上迄春秋中期后段，下止西汉晚期，属春秋战国秦西汉时期，也可称其为"湖南楚汉时期"。具体年代从公元前620年至公元7年前后，年代跨度600多年。

三、地域范围

楚国时期的湖南地区，物产富饶，隔长江和洞庭湖与楚文化中心江汉地区毗邻，随着楚国势力日渐强大，这块肥沃之地就成为楚国向南蚕食的主要目标。进入春秋战国之后，楚国的军事和政治势力越过长江、洞庭，逐步由北而南，征服整个湖南地区。因此，本书研究楚漆器的地域范围为狭义的南楚范围，指楚国时期的整个湖南地区，其实南楚还包括湖北东南部和赣江流域以西地区，同时两广也发现了楚文物遗存，限于篇幅，本书将不予重点论及。

长沙国共存二百多年，长沙国地望主要在今天湖南地区，但吴氏长沙国版图最大的时候，"北至汉水以北，即今湖北与河南交界处；南至九嶷山以南，即今广东的连县一带；东至鄱阳湖东岸的番阳县，即今江西的波阳县以东；西至都庞岭以西的桃阳、观阳，即今广西的全州、灌阳县以西。地跨湖南、湖北、江西、广东、广西等五个省份，面积约三十多万平方公里，约相当于今天一个半湖南省的面积”[①]，而刘氏长沙国的疆域“大部分在湖南湘水和资水流域，小部分在江西省。面积约六万平方公里，不及吴氏长沙国的五分之一”[②]。但是，迄今为止，有关长沙国疆域问题学术界仍有争论。况且漆器出土最多和保存完整的高级贵族墓葬，尤以长沙国的都城临湘（即今长沙）最为集中。有鉴于此，西汉时期长沙国漆器研究也只是狭义的长沙国范围，只限于湖南地域所出西汉时期的漆器。

四、基本思路和方法

当下很多研究中国古代漆器发展史的学者们重视考古材料的使用，湖南楚汉漆器的讨论亦如此。但是，如何在研究方法和基础理论上有所提升，在广泛的基础性研究层面上，将湖南楚汉漆器放回到“历史原境”的时代背景中去进行客观的分析和综合性的研究，揭示这个时段漆器工艺发展与变化的外在形式和内在原因，从而得出一个较全面的正确结论，这些都是学者们极亟待解决的问题。有基于此，本书拟采用的基本思路和方法有以下几个方面：

其一，运用传统的考古学研究方法，对湖南地区楚墓和西汉墓葬所出漆器进行系统的整理和分析。对湖南楚汉漆器的研究，首先就涉及漆器的类别和功用、器具演变的序列和年代分期等问题。以往人们对湖南战国秦汉时期器物的年代分期研究，主要是依据陶器和青铜器的组合、器形与纹饰等特征的演变规律进行分析，这是因为其易保存，器形的变化较敏感，且有数量上的优势。相比之下，漆器一旦被发掘出来，暴露于空气之中，其色彩与

①② 傅举有：《长沙国述略》，《求索》1984年第3期。

造型很难保存原状，随着时光的流逝，其破损程度就会日益加剧，这也是人们不将漆器作为年代分期的依据的理由之一。然而，湖南出土的楚汉时期漆器的数量和器类并不少见，从年代来说，上自战国早期，下至西汉晚期，只是至今未予系统整理研究，使人们忽略了它也是作为器物分期断代的重要依据。所以，本书将利用考古发掘资料，对楚墓所出漆器进行分区研究，对西汉高级贵族墓葬所出典型漆器进行比较研究，进而对湖南典型墓所出漆器的年代分期及器形与纹饰的演变规律作些探讨，提出更详细的分期与年代，为我们辨识楚汉墓葬所出同类器提供“标准器”，还为湖南其他楚汉漆器的类型、纹饰的演变规律提供更准确的年代序列依据。

其二，借鉴文化因素分析、文化进化论和文化传播理论等国内外常用的理论方法，并与历史文献、漆工艺史和地方史相结合，全方位考察湖南楚汉漆器的文化内涵和时空变化规律。传统的物质文化研究中的弊端，是对物质文物进行孤立、片面化的研究。湖南楚汉战国秦汉时期漆器的产生和演变不是诞生于孤立的、单一的文化环境和地域中，而是产生于先秦和两汉时期诸多文化元素的相互交融之中，是当时“社会、政治、文化、宗教、技术和艺术综合发展的结果”[①]。所以，本书将从文化发展机制的视角，揭示湖南楚汉漆器功能与工艺的发展文化内涵及其动态历史过程中的传承与变异，并进而辨析它在适应既定文化环境中，通过自我调整所产生的功能转化，认识它在新文化环境中继续完善制作工艺与装饰艺术中所产生的变化，探求它们之间的内在联系。

其三，借助铭文、遣策和帛书等古文字学对湖南地区楚汉时

①杨晓能：《另一种古史：青铜器纹饰、图形文字与图像铭文的解读》，三联书店，2008年。

期漆器生产和管理情况进行探讨。因为有关湖南地区楚汉时期漆器生产和管理情况在文献中记载甚少，而漆器铭文和简帛文字为研究这一时期的漆器生产与管理情况提供了宝贵材料。所以，本书拟从这两个方面对湖南地区楚汉时期官营和私营漆器生产和管理进行论述。同时，对湖南西汉漆器产地问题提出质疑。

其四，实地考察现代漆工艺，为深入了解古代漆工艺打下基础。因为对湖南楚汉漆器的研究，不仅涉及漆器的类别和器具的规律演变与年代分期问题，漆器工艺的本身也是一个技术性很强的问题。为此，笔者已经做了大量调研工作，近十年来，为深入了解制漆工艺流程，曾行程二百余里险路到四川江油深山考察生漆采割工艺，到福州脱胎漆器厂、南京金线金箔厂及苏州、扬州、成都等地漆器厂，考察金箔制作、生漆精制和漆器制作的工艺流程（图12、图13、图14）。美国召开的“亚洲漆器国际学术讨论会”上，观摩日本、韩国漆艺家制作戗金与螺钿漆器工艺。会上，笔者作“先秦两汉夹纻胎漆器考述”主旨发言[①]（图15）。为了解战国秦汉时期区域性漆器特点，先后到北京、南京、河南、湖北、江苏、浙江、山东、安徽、福建、甘肃和青海等地博物馆和考古所观摩和考察古代漆器藏品，甚至到美国和加拿大等数十家博物馆库房观摩中国古代漆器；为了掌握湖南本地区楚汉漆器分布情况和文化内涵，参与负责的《马王堆汉墓漆器整理与研究》国家社会科学基金资助课题，已于2008年立项，目前各项整理与研究工

①2013年5月在美国布法罗召开了“亚洲漆器国际学术讨论会”，由纽约州立大学水牛城分校承办（“The Asian Lacquer International Symposium” to be held at SUNY Buffalo State, Buffalo, New York, USA May 2013）。来自美国、德国、俄国、英国、日本、韩国、缅甸、中国近百名学者与会。

图12　制金箔

（本书作者拍摄于南京金箔厂，2006年）

图13　雕漆工艺

（本书作者拍摄于扬州雕漆厂，2006年）

图14　描绘漆工艺（左图）和锥画漆工艺（右图）

（本书作者拍摄于福州脱胎漆器厂，2007年）

作正在进行[①]。力图通过考察现代漆器的工艺去还原古代漆器工艺流程，进一步探索战国秦汉时期髹涂、描绘、镶嵌、刻填、堆塑等髹漆技法，科学地反映其用材、工艺制作的真实状况，为研究楚汉漆器提供科学的依据。

①陈建明主持2008年度国家社会科学基金资助项目《马王堆汉墓漆器整理与研究》（08BKG006）。

图15　本书作者参加美国召开的“亚洲漆器国际学术研讨会”，并在会上作“先秦两汉夹纻胎漆器考述”主旨发言

（德国海德堡大学博士罗梅和乔十光工作室宁保平摄赠，2013年）

其五，利用现代的科学技术和先进的仪器设备对湖南所出楚汉漆器残片标本进行科学分析，开展楚汉漆工艺制作的模拟研究。如采用X射线透视漆器无损检测法、红外光谱漆膜分析法、光学显微镜树种分析法、便携式X荧光元素分析仪(Bruper)等方法，进一步了解古代漆器的内部结构和髹饰工艺的用材情况，开展古代漆工艺制作的模拟研究，从而获得了楚汉漆器工艺制作过程中的宝贵数据，为楚汉漆器文物的保护和研究提供科学的依据。借助科学检测与分析方法，拟对湖南周边地区与四川地区的漆树分布、种群开展比较调查，为论证漆器铭文“成市草”漆器产地等诸多置疑问题提供重要的参考资料。

总之，本书的研究旨在人们未涉及的领域探索，运用现代知识，以整个古代漆器工艺研究的大背景为参照系，选择湖南楚汉漆器为切入点作为研究对象，从文化发展机制的深层面，对湖南楚汉漆器功能、工艺发展过程中的传承与变异及其原因进行全方位的剖析，并对湖南楚汉漆器产地等其他问题进行多学科的综合分析，以达到对湖南楚汉漆器进行全面系统研究的目的。

第一章　南楚历程　区域特征

地处长江中游、洞庭湖以南的湖湘大地，东邻江西，南毗两广，西接黔、川，北连湖北。湖南素以人杰地灵著称于世，它有着悠久的发展历史和独特的区域文化。“惟楚有材，于斯为盛”，楚文化是湖湘文化的源头。本章旨在尽可能广泛地汲取湖南各区域内最典型的考古资料、视觉艺术实例和文献信息，致力于湖南区域楚墓所出漆器的全面梳理和分区分期的探索，结合楚国对湖南的征服进程，从文化发展的深层面，揭示漆器风格的区域性特点，从动态视角探讨区域漆器中所反映的文化特征及原因，重建其演变的大致历程。

第一节　追溯漆木遗迹

漆器工艺作为一门实用造型艺术，是一种看得见摸得着的物质实体，它的起源比任何其他门类的艺术都要较早地来到人间，早在原始先民们用劳动的双手制作石器工具、获取生活资料的时候，木头就与石头为伍成为人类征服自然的强有力的工具。因为木材来自大自然，比石头更容易采集和制作，而漆本身就是从漆树身上割取的一种液汁，在那漆树茂密的原始森林里随处可得，人们在长期劳动实践中发现漆液涂在木头可起到防腐、抗酸的保护作用，所以人们将其广泛地运用到生活领域的各个方面，随处可见使用它的踪迹。

漆器起源于中国已成为不争的事实，台湾学者潜斋先生说："探讨古器物之起源，是为一易致争论之话题，如史前之石器、陶器，新石器时代之铜器，其后之铁器，此在不同民族间所共有之产物，其渊源发展之先后，众说纷纭，迄今尚无定论；唯漆器是乃我国土生土长之独家发明，迨无疑义。"[①]《韩非子·十过》曰："尧禅天下，虞舜受之，作为食器，斩山木而财之，削锯修之迹，流漆墨其上，输之于宫以为食器。诸侯以为益侈，国之不服者十三。舜禅天下而传之于禹。禹作为祭器，墨染其外而朱画其内。"[②]这是我国古籍关于漆器起源的最早记载。事实上，据考古资料表明，我国漆器出现的时代更早。在南方，江苏和浙江的新石器时代遗址的发掘中，多次发现木胎与陶胎漆器，其中1977年在浙江余姚河姆渡遗址发现了7000多年前的漆碗，是目前我国发现年代最早的漆器。

湖湘大地上，距今7000~8000年湖南澧县八十垱新石器早期遗址出土了大量珍贵木耒、木铲、木锥、木杵、木钻和木牌等木制工具，其中木耒末端利用树杈加工成斜柄扶手，木铲刀上部有数道便于捆缚的系槽，木钻略用火烧烤呈圆锥形，木杵可用于加工食物，木牌上钻有小孔估计用于记事或占卜。淤土中还出土了大量留有砍、凿等加工痕迹的木料与树干。八十垱遗址的发掘对深入研究中国新石器早期文明提供了重要的资料[③]。1997年在湖南邻近省份湖北荆州阴湘古城址大溪文化壕沟内出土了距今5000

①潜斋：《试从考古资料探窥先秦之漆工艺》，《故宫学术季刊》（台北）1988年第3期。

②［战国］韩非子：《韩非子》卷三《十过》，上海古籍出版社，1989年。

③裴安平：《洞庭湖地区新石器早期文化研究又获重大突破》，《中国文物报》1998年2月8日。

年左右的漆钺柄、漆皮、木器等，时代为屈家岭文化早期[①]。2009年至2010年在湖南澧县优周岗新石器遗址，揭示出一大批分属大溪文化、屈家岭文化和石家河文化的遗存，另有少量汤家岗文化遗存。这批遗存时代跨度大，文化内涵丰富，是研究澧阳平原新石器时代社会面貌的重要资料。其中木浆出土于H61，木构件与芦席出土于H78，皆属屈家岭文化中期，距今约5000年。尤其木雕傩面、木锥及木骨皆出自大溪文化灰坑H87，时代当属大溪文化二期，距今6000年左右（图16、图17）[②]。

图16　木雕傩面

（2010年澧县优周岗新石器时代大溪文化遗址H87出土。赵亚峰先生摄赠，2011年）

图17　木锥

（2010年澧县优周岗新石器时代大溪文化遗址H87出土。赵亚峰先生摄赠，2011年）

考古发现的商周时期漆器比新石器时代明显增多，这个时期漆器长江中游地区也有发现。由于保存原因，湖南境内没有发现这个时期漆器，但在湖南邻近省份，如湖北黄陂盘龙城商

①湖北荆州博物馆研究员刘德银提供，另见《考古年鉴》1997年。

②澧县优周岗遗址发掘者赵亚峰先生提供资料。

代中期墓葬中，发现10余块内外壁髹漆的木椁，外壁雕刻饕餮纹和斜角云雷纹，并填以黑红两色漆①。湖北圻春毛家嘴发现了西周时期漆杯②。进入春秋战国时期以后，楚国髹漆工艺有了很大的发展，华丽浪漫的漆器艺术风格成为这个时期的时代标志。南楚地区，气候温和，雨量充足，湿度较大，适宜漆树、油桐和其他树木的生长，这为南楚髹漆工艺的发展提供了丰富的物质资源。

毋庸置疑，人类从诞生那天起就与木头和漆器结下不解之缘，史前漆艺的曙光已在湖湘大地上冉冉升起，商周漆工艺也初显端倪，成为湖湘古代物质文明的象征。

第二节　湖南楚墓所出漆器分区

春秋战国时期是中国漆器早期发展的黄金时期。然而，或由于地处南方，有漆源的地利；或由于地下水丰富，有保存的条件，先秦时期漆器实物遗存，主要出自楚文化地域墓葬。湖南楚墓所出漆器数量仅次于湖北，且保存较好，独具特色。

从20世纪30年代长沙楚墓发现漆器算起，至今已在全省20多个县市发现了857座楚墓出土了漆器，累计出土漆器2000多件。目前湖南楚墓所出漆器因其发掘数量较多、品类齐全、有些品类时代序列清楚，而使其成为整个春秋战国时期漆工艺发展史的重

---

①湖北省博物馆等盘龙城发掘队：《盘龙城一九七四年度田野考古纪要》，《文物》1976年第2期。

②中国科学院考古研究所湖北队：《湖北圻春毛家嘴西周木构建筑》，《考古》1962年第1期。

要研究内容。但是，由于湖南地区地域广阔、地理环境多样，以及各地文化背景的差异，其境内楚墓所出漆器呈现出较为复杂的区域性特征。所以说，利用现有考古资料，致力于探明区域性漆器的特点及异同，探讨区域内漆器所反映的文化特征及原因，探寻区域性漆器品类和装饰工艺起源的各个方面是非常必要的。

20世纪90年代，有学者对湖南各地累计发现的4000余座楚墓进行了分区探讨[①]，20世纪80年代有学者对湖南战国漆器进行过研究[②]，取得了阶段性成果。然而，近20年来湖南省内不断有新的考古发现，一批有明确层位关系且有漆器出土的楚墓被发掘，并有研究成果陆续面世，如《长沙楚墓》、《益阳楚墓》、《沅水下游楚墓》、《里耶发掘报告》等大型发掘报告相继出版，各地楚墓简报也有陆续发表，这些资料为湖南楚墓漆器研究提供了可靠的器类演变相对年代序列，使得对楚墓所出漆器进行分区探讨成为可能。

就目前湖南楚墓所出漆器的实物资料进行分析比较，大致可以分为四个区域，即澧水流域地区、湘江流域地区、沅水中下游地区、资水下游地区（图18）。

澧水流域地区：包括石门、临澧、澧县、津市、安乡、慈利、大庸，也包括沅水和澧水上游之间的里耶等湘西北部分地区。

①郭伟民：《湖南楚墓分区探索》，载《楚文化研究论集》（第四集），河南人民出版社，1994年。

②周世荣：《湖南的战国漆器》，载《楚文化研究论集》（第一集），荆楚书社，1987年。

图18　湖南楚墓出土漆器地点分布图

（本书作者绘制）

湘江流域地区：包括岳阳、汨罗、华容、长沙、浏阳、湘潭、湘乡、株洲、衡阳、郴州、宜章等。

沅水中下游地区：包括常德德山、常德武陵区、常德鼎城区、桃源、汉寿、溆浦及湘西南部分地区等。

资水下游地区：益阳、桃江等地区。

然而，在“研究中国历史考古学文化分区时”，当下考古界最反对的是“以当今行政区划作为区域界定的标准”，而主张“一定要考虑到当时人们对地理分区的意见”①。因为忽略中国历史文化的空间单元，由此总结出来的所谓区域特征应该说只是现行行政区划下的某类文化区域特征，并不能等同于当时的墓葬区域特征。具体到湖南楚墓所出漆器的区域性研究，在区域选择上自然也应考虑楚人对地理分区的意见。事实上，直至楚蚡冒时，始开濮地而有之②。据考证，“楚国势力进入湖南是分东西两路。西路自郢都（今湖北江陵）一带越江南下，进入洞庭湖西部的澧水流域和沅江下游地区；东路自鄂地一带沿洞庭湖东岸南下，进入岳阳地区”③。湖南各地区累计发现的数千楚墓以及墓中所出的众多漆器，成为这段历史的最好见证。

本章选择湖南四条主要水系作为区域范围，并将楚墓所出漆器作为研究对象，是基于：

其一，墓葬所出漆器在使用流通上具有一定的时间限定，以楚人入湘的先后和进入本区域时间大约一致为依据；

其二，漆器在制作风格上具有相近的地域范围，有相似的早期文化背景和接近的地理位置；

其三，所出漆器的墓葬相对集中，有出土漆器的典型墓葬，漆器群所呈现的整体文化特征相似，有自身发展序列和体系。

---

①杨哲峰：《汉墓研究中的七种区域选择类型》，《中国文物报》2004年11月19日；徐苹芳：《中国历史考古学分区问题的思考》，《考古》2000年第7期。

②《国语·郑语》。

③伍新福：《湖南通史》，湖南出版社，1994年。

第三节　各区域内漆器发现概况

事实上，进入春秋战国时代之后，楚军事和政治势力越长江、入洞庭，由北而南地征服了整个湖南地区，考古资料也表明，“西周末期楚人已进入黔中一带活动，春秋中期已越过了洞庭湖，春秋晚期已进入益阳、湘乡、长沙一带”[①]。但是，由于楚人入湘的年代和历程不同，各区域内出土的漆器多寡不一，所出漆器仍存在一定差异性（表1）。

表1　湖南各区域楚墓出土漆器概况

区域名称	出土漆器墓葬数	漆木竹器物数	残片数
澧水流域地区	111	259	28
湘江流域地区	230	1526	61
沅水中下游地区	473	430	14
资水下游地区	43	69	24

一、澧水流域地区

（1）出土区域范围。澧水位于湘西东北地区，中上游为丘陵山冈，水流湍急，包括上游区的慈利、桑植和大庸等地区；河水出石门进入澧阳平原后水流平缓，属下游地区，地涵临澧、澧县、津市、安乡等地区，也包括沅水与澧水上游之间的里耶、龙山等湘西北地区。大约在两周之际，楚国军事和政治势力最早从西路自郢越江南下进入澧水流域地区，因为该地

①高至喜：《楚人入湘的年代和湖南越楚墓葬的分辨》，《江汉考古》1987年第1期。

域与楚都江陵相距不过百余公里，是楚人经略江南、征服“蛮濮”的南楚北方门户。考古发现早在“西周中期，江南的澧水流域已经有了楚文化的线索”，“澧县澧东乡斑竹和文家山两处遗址中发现有楚文化特点的一些器物”[①]。由于其特殊的地理位置，该地区已成为湖南楚墓的一个重要分布区，其下游楚墓集中在临澧、澧县、津市靠近澧水及其支流道水、涔水两岸的丘陵和澧阳平原上，据统计大约400多座，津市以下属洞庭湖冲积平原，未发现楚墓[②]。中上游地区包括湘西北地区的慈利、大庸、古丈、保靖、里耶也发现楚墓有数百座[③]。此外，考古人员在此发现和勘探了许多楚城址和文物遗存，如鸡叫城、城头山城、古城岗城、宋玉城、申鸣城、古城堤城、白公城、索县城、张若城、司马错城、黄楚城、黔中故城、五方城、义陵城等。

（2）出土漆器概况。澧水流域地区发现的上述楚墓中，特别是贵族墓葬，基本上都随葬了数量不等的精美漆器。经清理发掘的楚墓群有数十处，但发表的正式资料较少。其中临澧九里墓群是湖南境内分布最广、规格最高的楚国贵族墓地，现可见大小封土堆近百个，其中大封包底径超过30米的就有近20个，多为夫妻异穴合葬墓。发掘的25座楚墓中有五六座大型墓葬出土了150多件漆器和残片，但因早年被盗，加之火烧，绝大部分器物有不同程

①③高至喜：《楚文化的南渐》，湖北教育出版社，1996年。

②湖南省文物考古研究所：《临澧九里双峰包南包大墓发掘简报》，载《湖南考古辑刊》（第六集），《求索》（增刊），1994年；谭远辉：《澧水下游楚墓论述》，载《湖南考古2002》，岳麓书社，2004年；国家文物局主编：《中国文物地图集·湖南》，湖南地图出版社，1997年。

度的残毁[①]。其中尤以80临九1号墓所出漆木器色彩最为鲜艳，部分器形保存完整，约计83件，属战国中期偏早墓葬[②]。其他如79临九1号墓出土漆木器41件，81临九4号墓出土漆器24件，属战国早期至中期前段墓葬。澧县皇山岗1号春秋晚期墓出土矛、戈木柲2件[③]。此外，太山庙墓群发掘楚墓29座，有3座墓出土漆器11件和漆器痕迹[④]。澧县新洲1号战国晚期墓出土漆皮痕迹[⑤]，金鱼岭墓群22座墓，其中2座墓出土漆器6件及漆器痕迹[⑥]。慈利9座楚墓出土60件漆器。湘西地区里耶共有17座战国墓葬，出土漆器17件及漆器残件。

二、湘江流域地区

（1）出土区域范围。湘江流域地区地处长江之南，南岭以北，湘江流域大都为起伏不平的丘陵与河谷平原和盆地，下游地区长沙以下冲积平原是全省最大的滨湖平原。下游岳阳地区地处湘东北，所辖地区为洞庭湖西北岸和东北岸的大部平原和丘陵地

①湖南省博物馆：《临澧九里楚墓》，载《湖南考古辑刊》（第三集），岳麓书社，1986年；熊传薪：《湖南临澧九里一号大型楚墓发掘简报》，载《湖南省博物馆馆刊》（第八辑），岳麓书社，2012年；湖南省文物考古研究所：《临澧九里双峰包南包大墓发掘简报》，载《湖南考古辑刊》(第六集)，《求索》（增刊），1994年；楚文化研究会：《楚文化考古大事记·临澧九里1号墓发掘简报》，文物出版社，1984年。

②熊传薪：《湖南临澧九里一号大型楚墓发掘简报》，载《湖南省博物馆馆刊》（第八辑），岳麓书社，2012年。

③澧县博物馆：《湖南澧县皇山岗楚墓发掘报告》，载《湖南考古辑刊》(第七集)，《求索》（增刊），1999年。

④常德地区文物队：《临澧太山庙楚墓》，载《湖南文物》1988年第三辑。

⑤湖南省博物馆：《澧县新洲一号墓发掘简报》，《考古》1988年第5期。

⑥谭远辉：《澧水下游楚墓论述》，载《湖南考古2002》，岳麓书社，2004年。

区。自20世纪60年代以来，在岳阳境内发现了大量的楚系墓葬，如“岳阳凤形嘴M1与高泉山M1的墓主为楚国贵族，墓葬年代当在春秋中期后段”[①]，所以说“楚国政治势力在春秋中期已入主湘江下游则是确凿无疑的了”[②]，该地区发掘楚墓约200多座[③]，楚墓分布集中地方主要在汨罗江下游，包括平江县芦溪河附近、岳阳县新墙河流域、华容县丰家山一带、临湘市桃林河一带以及长江东岸市郊等地[④]。

楚人在岳阳地区取得统治地位后，并未在湘北地区驻足，很快溯江而上入主湘中地区。早期入湘开发长沙的楚人中，地位最高者莫过于浏城桥1号墓墓主。墓主人为楚国大夫一级的官员，应为当时进入长沙楚人的首领，其墓葬年代为战国早期[⑤]。至战国中期，长沙地区已成为楚人开发江南的重要基地，并以此“抚有蛮夷，奄征南海”[⑥]，长沙成为战国楚墓分布密集区。长沙共发掘楚墓近3000座[⑦]，这些墓葬非常集中，基本上都是成批地分布在长沙旧城区附近，即战国长沙楚城的周围，现湘江东岸，“其界线大概是东起小吴门经浏城桥至天心阁一线，南至南门口，北至兴汉门”[⑧]，此范围内的古代地形主要是河谷平地，此外则是连绵低矮山冈。因此，古城建在河谷平地，墓葬就分布于其周围的岗丘。

①郭胜斌：《湘江下游楚文化早期遗存探索》，载《湖南省博物馆四十周年纪念论文集》，湖南教育出版社，1996年。

②郭胜斌：《岳阳先秦考古概述、巴陵古文化探索》，华夏出版社，2003年。

③此数据由岳阳市考古所郭胜斌先生提供。

④郭胜斌：《岳阳先秦考古概述》，载《巴陵古文化探索》，华夏出版社，2003年。

⑤湖南省博物馆：《长沙浏城桥一号墓》，《考古学报》1972年第1期。

⑥《左传·襄公十三年》。

⑦⑧黄纲正：《湘城沧桑之变》，湖南文艺出版社，1997年。

湘乡地区共发掘楚墓400多座[①]，从20世纪60年代韶山灌区湘乡境内清理楚墓起，到20世纪80年代在湘乡市郊枫树仑发掘打破关系的3座楚墓，可知湘乡地区楚墓年代最早至春秋晚期[②]。湘乡地区级别最高的墓葬为牛形山1、2号楚墓，墓主为大夫一级的贵族，时间为战国中期。此外，在湘中、湘南地区，如衡阳地区发掘楚墓800余座[③]，浏阳、湘潭、湘乡、株洲、邵阳、资兴、郴州、宜章等地区发现楚墓数百座[④]。

（2）出土漆器概况。湘江流域地区楚墓也出土有一些精美漆器。岳阳地区所出漆器的墓葬时代偏早，保存不好，有岳阳凤形嘴山1号墓所出髹漆兵器及残片，汨罗司法局建设工地1号墓出土漆兵器3件，华容县丰家山8号墓出土漆器2件。时间多在春秋中期至春秋战国之际。

长沙楚墓出土漆器的墓葬共有177座，其中2座战国早期楚墓出土漆器97件，18座战国中期楚墓出土漆器306件，78座战国晚期楚墓出土漆器485件及残片21件。其典型墓葬有浏城桥1号墓出土84件，属战国早期墓葬；马益顺巷1号墓出土42件，左家公山15号墓出土125件，属战国中期墓葬；杨家湾6号墓出土134件，属战国晚期墓葬，可见长沙楚墓随葬漆器之丰富。

湘乡牛形山2座大型楚墓出土漆器103件[⑤]，其他7座墓出土漆器27件及残片，湘潭、株洲、衡阳、郴州、宜章5座楚墓出土漆器7件及残片[⑥]。

---

①④⑥高至喜：《楚文化的南渐》，湖北教育出版社，1996年。

②袁建平：《略论湘乡枫树仑三座有打破关系的楚墓》，载《湖南省博物馆文集》，岳麓书社，1991年。

③此数据由衡阳市博物馆郑均生先生提供。

⑤湖南省博物馆：《湖南湘乡牛形山1、2号大型战国木椁墓》，《文物》1997年第3期。

三、沅水流域地区

（1）出土区域范围。沅江源出贵州流经黔东、湘西，至黔城以下始称沅江，入洞庭湖，沅江下游多丘陵河谷平原，所辖区域有常德桃源县、鼎城区、武陵区及汉寿县。沅水下游也是楚人较早从西路进入的地区之一，因而在这一带有着丰富的楚文化地下遗存，楚墓广泛分布在著名的采菱城、索县城、张若城等东周楚城一带。自20世纪50年代至2005年的半个世纪以来，考古人员在沅水下游地区发掘东周墓葬的总数已逾3000座。《沅水下游楚墓》所收楚墓1500多座，这些墓地大多分布在沅水两岸距沅水较近的丘岗台地上，以沅水两岸10公里范围内分布较密集①。沅水中上游地区也发现了许多楚墓，如溆浦地区发现楚墓160多座，黔阳地区发现楚墓30多座②。

（2）出土漆器概况。沅水流域地区出土漆器以下游楚墓所出较为丰富，下游共有56座墓出土漆器391件（另有残木器1件、残漆器6件、残漆皮2件），其中常德德山20座楚墓出土漆器218件（另有残木器1件、漆皮痕迹1件），常德武陵区5座楚墓出土漆器13件（另有残漆器2件），常德鼎城区9座楚墓出土漆器57件（另有残漆器1件），桃源7座楚墓出土漆器69件，汉寿12座楚墓出土漆器40件（另有残漆器1件）。溆浦有3座楚墓出土漆器1件（另有残漆器2件、残漆皮1件）③。典型墓葬有常德德山的夕阳坡常德棉纺厂工地2号墓出土了20件漆木器，该墓出土了两支楚历纪月、干支纪日的记事竹简，时代为战国中、

①③ 常德市文物局：《沅水下游楚墓》，文物出版社，2010年。

② 高至喜：《楚文化的南渐》，湖北教育出版社，1996年。

晚期之际。常德德山寨子岭1号墓出土漆器78件[①]。

四、资水下游地区

（1）出土区域范围。资水下游河谷开阔，两岸地貌低缓，益阳以下全属冲积平原。益阳地处湘中偏北，资水自西而东流经全市注入洞庭湖，益阳是资水下游楚墓的集中地区。考古资料表明，楚人以澧水、沅水下游地区和岳阳地区为据点，分东、西两路向湖南地区推进，楚人沿西路将势力扩张到怀化、湘西等地后，东取资水流域，进入益阳、宁乡等地。桃江腰子仑春秋中期楚墓表明，楚人在春秋中期就到了资水中下游桃江一带，与越人的生活方式相互融合[②]，至春秋末期楚人完成了对整个资江流域的占领，楚人大举进入资水流域是在战国初期。益阳已发掘楚墓近2000座，主要分布在市区周围20公里范围内。从西南部丘陵山地一直延伸到东北部河湖平原地带均有发现[③]。

（2）出土漆器概况。资水下游楚墓出土了一定的漆器。资水下游有38座墓出土漆器61件（另有漆片、漆盒痕、残漆器等17件），其中益阳有35座楚墓出土漆器58件（另有漆片、漆盒痕、残漆器等16件），桃江有3座楚墓出土漆器3件（另有残漆器1件）。典型代表有益阳羊舞岭农机厂3号墓出土的18件漆器。

---

① 常德市文物处：《湖南常德寨子岭一号楚墓》，载《湖南考古2002》，岳麓书社，2004年。

② 益阳市文物管理处：《湖南桃江腰子仑春秋墓》，《考古学报》2003年第4期。

③ 益阳市文物管理处、益阳博物馆：《益阳楚墓》，文物出版社，2008年。

第四节　区域性漆器的特点及异同

湖南地区由于地域广阔、各区域内地理环境的差别和早期文化背景的差异，其漆器风格既有楚文化的共性，又呈现出较为复杂的区域性特点。

一、品类齐全

澧水下游地区的漆器大多出自大夫一级高级贵族楚墓，漆器品类包括大型礼乐器、兵器、葬具以及各种生活日用品，按其用途可分为四大类：第一类生活器具，有高柄耳杯、高柄方形豆、瓒、俎、五边箱、几、案、圆桶、奁、长弧形盒（图19）、梳、篦等；第二类娱乐用器，有虎座凤架鼓、编钟架、编磬架、琴盒、瑟、竽、鼓（图20）、笙；第三类丧葬用具，有棺、椁、镇墓兽、单虎座、鹿角、木俑、木璧；第四类兵器，有兵器架、弓、盾牌把手、剑椟、矢箙、皮甲等。其中尤以1980年临澧九里

图19　彩绘长弧形漆盒

（1980年临澧九里1号墓出土。熊传薪：《湖南临澧九里一号大型楚墓发掘简报》，载《湖南省博物馆馆刊》第八辑，岳麓书社，2012年，第115页）

图20　彩绘漆鼓

（1980年临澧九里1号墓出土。熊传薪：《湖南临澧九里一号大型楚墓发掘简报》，载《湖南省博物馆馆刊》第八辑，岳麓书社，2012年，第118页）

1号墓所出高柄方形豆（图21）、漆俎等成套漆木礼器，以及虎座凤架鼓、编钟架、编磬架、五边箱、高柄豆杯（图22）、镇墓兽、单虎座（图23）等最具特色，为湖南其他地域楚墓罕见的典型楚国漆器，与江陵雨台山和天星观楚墓所出漆器风格一致。

与澧水下游所出漆器以礼乐器为主形成鲜明对比的是，湘江中游地区所出漆器，特别是战国中晚期漆器，各阶层墓葬都有，其品类逐渐从礼器的圈子里跳出来而广泛应用于日常生活的各个方面，且实用器更加精致，新型器皿不断涌现，成为湘江中游地区所出漆器品类的一大特点。据《长沙楚墓》一书收录40多年来长沙近郊发掘的2048座楚墓统计①，发现1万多件随葬物品中有1160件漆木、竹、皮革器，笔者在整理这批楚墓所出漆器时，发现其品类齐全、工艺精湛，其品类包括礼器、乐器、兵器、葬具

图21　高柄方形漆豆
（1980年临澧九里1号墓出土。熊传薪：《湖南临澧九里一号大型楚墓发掘简报》，载《湖南省博物馆馆刊》第八辑，岳麓书社，2012年，前彩第7页）

图22　勾方连纹高柄漆豆杯
（1980年临澧九里1号墓出土。熊传薪：《湖南临澧九里一号大型楚墓发掘简报》，载《湖南省博物馆馆刊》第八辑，岳麓书社，2012年，前彩第6页）

① 湖南省博物馆等：《长沙楚墓》，文物出版社，2000年。

以及各种生活日用品和杂物。饮食器具有耳杯（图24、图25）、樽、盒、盘、钫、卮、勺、匕、豆、盆等；梳妆用品有奁、盒、梳、篦等；日常用具有俎、几、案、虎子、器座等；娱乐用品有虎座凤架鼓（图26、图27、图28）、琴、瑟、鼓、鼓槌等；丧葬用具

图23　漆虎座
（1980年临澧九里1号墓出土。熊传薪：《湖南临澧九里一号大型楚墓发掘简报》，载《湖南省博物馆馆刊》第八辑，岳麓书社，2012年，前彩第6页）

图24　漆耳杯
（1954年长沙左家公山15号墓出土。湖南省博物馆等：《长沙楚墓》下册，文物出版社，2000年，第109页）

图25　漆耳杯
（1970年长沙道坡山1号墓出土。陈建明主编：《凤舞九天——楚文物特展》，湖南美术出版社，2009年，第178页）

图26　漆鼓复制品
（1971年长沙浏城桥1号墓出土。湖南省博物馆等：《长沙楚墓》下册，文物出版社，2000年，第123页）

图27　漆鼓槌
（1971年长沙浏城桥1号墓出土。湖南省博物馆等：《长沙楚墓》下册，文物出版社，2000年，第124页）

图28　漆虎座

（1992年长沙马益顺巷1号墓出土。湖南省博物馆等：《长沙楚墓》下册，文物出版社，2000年，第44页）

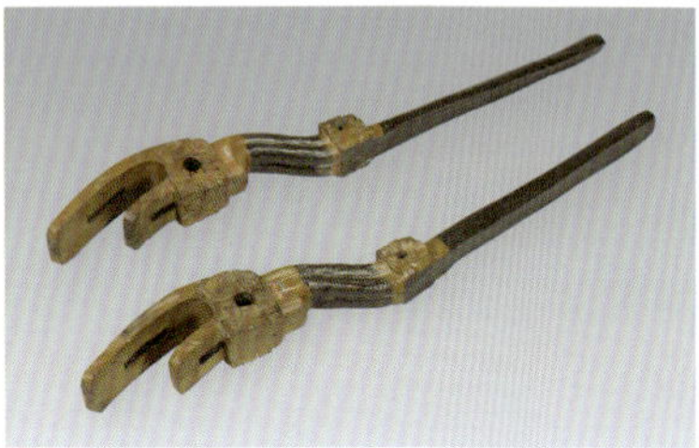

图29　漆木车辕

（1971年长沙浏城桥1号墓出土。湖南省博物馆藏楚墓资料）

图30　彩绘狩猎纹漆樽和局部纹饰

（1952年长沙颜家岭乙35号墓出土。陈建明主编：《凤舞九天——楚文物特展》，湖南美术出版社，2009年，第174页、175页）

有棺、椁、笭床、镇墓兽、鹿、木俑等；兵器有弓、盾、戈、矛、戟、剑、剑椟、矢箙、皮甲等；车马器有车伞盖、车辕（图29）、车棚等。其中狩猎纹樽（图30）、云凤纹漆虎子（图31）、木钫（图32）、蛋形杯（图33）、龙凤纹漆盾等均为其他区域墓葬所未见。而镇墓兽、虎座凤架鼓等最具楚文化特色的漆器在长沙楚墓中并不多见，出现的持剑、击鼓、吹笛、鼓瑟、炊厨等木俑也是其他楚墓少见的器具。

沅水下游地区所出漆器大部分保存不好，其品类仍以生活器具居多，生活器具有方耳杯、圆耳杯、盒、樽、斗、匕、钫、盆、俎、几、案、梳、篦等；娱乐用器有琴、瑟、鼓、鼓槌等；丧葬用具有棺、椁、镇墓兽、木俑等；以及剑、戈、矛、镞、盾、剑盒、剑珌等兵器。出土的“十七年”铜釦夹纻胎漆器盒、活动便携式漆琴尤为突出，为其他墓葬所未见。

图31　云凤纹漆虎子
（1980年长沙五里牌3号墓出土。邱东联先生摄赠，2011年）

图32　木钫
（1954年长沙杨家湾6号墓出土。湖南省博物馆等：《长沙楚墓》下册，文物出版社，2000年，第131页）

图33　蛋形漆杯
（1992年长沙马益顺巷1号墓出土。湖南省博物馆等：《长沙楚墓》下册，文物出版社，2000年，第130页）

资水下游地区所见漆器较少，器类以小型生活器具为主，按用途可分为生活用器、丧葬用具、乐器、兵器等。漆木器大部分残破，仅少数较完整。但益阳楚

图34　镇墓兽（正视、侧视）

（1980年湖南益阳羊舞岭农机厂楚墓出土。潘茂辉：《也说楚式“镇墓兽”》，载《湖南省博物馆馆刊》第七辑，岳麓书社，2011年，前彩第2页）

墓所出木板座双飞鸟、吐长舌镇墓兽（图34），在南方楚墓中均十分罕见[①]。

二、工艺精湛

（1）澧水下游所出漆器制作工艺精湛，其胎骨以木胎为主，兼有竹胎、皮革胎等，积竹胎仅见于兵器木柲的制法。木胎制法主要有斫制、雕刻、挖制等。许多漆器兼采多种制作工艺。漆器造型硕大，制作精良。如1980年临澧九里1号墓所出6件镇墓兽通高均在90厘米以上，形体高大，头部呈虎头形，口吐髹红彩的长舌，面目狰狞，头施鱼鳞状纹，身绘变形云纹，这是湖南地区所

---

①益阳地区文物工作队：《益阳羊舞岭战国东汉墓清理简报》，载《湖南考古辑刊》（第二集），岳麓书社，1984年。

见造型最大、雕刻最精、彩绘最美的镇墓兽（图35）。所出五边箱通高64厘米，榫卯结构合理，这种大体积漆器也不见于湖南其他楚墓。

（2）湘江中下游地区漆工艺制作有如下特点：

其一，传统木胎制作越来越娴熟，有用斧砍刀削成型的斫木制，有先将整木块内空部分挖制成型再砍削其外形的挖木制，还有简易木制旋床加工成型的旋木制。如长沙楚墓出土漆案采用的是斫木制法，即用斧砍刀削成型，其工艺十分精湛。

其二，长沙战国晚期楚墓出土了卷木胎漆樽，这是制漆工艺中的一种新工艺，即用薄木板卷成筒形，在衔接处用漆液黏合、木钉榫接，再装上把手，粘贴厚木胎底，这种漆器既轻巧又牢固，反映

图35 彩绘木雕单头镇墓兽和头部

（1980年临澧九里1号墓出土。熊传薪：《湖南临澧九里一号大型楚墓发掘简报》，载《湖南省博物馆馆刊》第八辑，岳麓书社，2012年，前彩第6页）

图36 漆樽（1954年长沙杨家湾6号墓出土。湖南省博物馆等：《长沙楚墓》下册，文物出版社，2000年，第114页）

图37 龙凤纹错银饰革制漆盾（1951年长沙五里牌406号墓出土。陈建明主编：《凤舞九天——楚文物特展》，湖南美术出版社，2009年，第77页）

了南楚娴熟的制漆工艺，如长沙杨家湾6号墓出土漆樽等（图36）；

其三，其胎质除木胎、竹胎、皮革胎外，还出现了夹纻胎漆器。如长沙晚期楚墓出土了5件夹纻胎漆器，仰天湖14号墓、黄土岭魏家大堆1号墓、杨家湾6号墓出土了夹纻胎漆樽等。从漆器制作发展趋势看，胎质由厚胎向薄胎发展。到了战国晚期，由于铁制工具普遍使用，薄胎漆器开始出现，胎质变薄后，虽轻巧但不结实，为了耐用，人们常在薄胎上蘸漆液，贴上层层麻布，再刮灰、打磨、髹饰，成为传统意义上的夹纻胎漆器。夹纻胎漆器以胎质轻巧、结实耐用等特点而明显优于其他漆器，它的出现无疑是漆器制胎史上一次巨大的技术革命。江陵一带楚中心地区夹纻胎漆器都实属罕见；

其四，皮革漆器制作精湛华丽。如长沙五里牌406号墓出土龙凤纹错银饰革制漆盾，有镶嵌的铜盾鼻，两端错银铜饰，上绘云纹、变形鸟纹和龙纹，构成了流云飞动、龙飞凤舞的生动图案（图37）。岳阳楚墓所出早期髹漆皮革胎兵器也十分精致（图38）。这说明楚人具有高超的髹漆工艺水平；

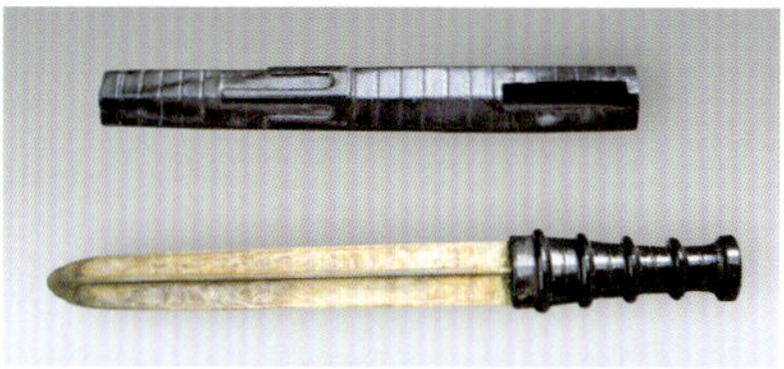

图38　带鞘青铜剑（2005年汨罗司法局建设工地1号墓出土。王立华主编：《长沙馆藏文物精华》，湖南美术出版社，2007年，第37页）

其五，漆器雕刻工艺十分精湛，如浏城桥1号墓所出镇墓兽和雕花漆几（图39），马益顺巷1号墓所出双头镇墓兽和单头镇墓兽都是长沙楚墓中的精品（图40、图41）。

（3）沅江下游所出漆器的制作工艺与其他地区相似，但工艺制作十分精细，夹纻胎漆器上加铜釦，出现了可调节的漆琴。如1983年常德德山夕阳坡2号墓出土活动便携式漆琴，结构复杂，造型奇特。器体如船形，两足两端各有一圆雕虎头，两眼圆瞪，张嘴向下衔住固定的矮足支座，矮足内侧安活动高足一对，可根据使用者的需要升高或降低器体高度①。此器制作精巧轻便。常德寨子岭1号战国晚期楚墓出土两件嵌金铭文铜距末，应是漆木弓两端

图39　雕花漆几面和局部（1971年长沙浏城桥1号墓出土。陈建明主编：《凤舞九天——楚文物特展》，湖南美术出版社，2009年，第162页、163页）

①杨启乾、李文涓：《常德楚墓出土的两件战国漆器考》，载《湖南省博物馆馆刊》（第四辑），岳麓书社，2007年。

图40 彩绘双头漆镇墓兽（正视）（1992年长沙马益顺巷1号墓出土。湖南省博物馆等：《长沙楚墓》下册，文物出版社，2000年，第121页）

图41 彩绘双头漆镇墓兽（侧视）（1992年长沙马益顺巷1号墓出土。湖南省博物馆等：《长沙楚墓》下册，文物出版社，2000年，第44页）

的装饰件，铜釦漆盒口沿铜釦箍上镶嵌的纹饰，以及残存的其他几件漆器和60多件木俑，都说明镶嵌、髹饰、制胎及其雕刻工艺技术的水平已发展到了一定的高度。

（4）资水下游地区所见漆器均为木胎，其他制作工艺类似上述地区。

三、装饰华美

澧水下游所出漆器装饰纹样具有明显的楚文化特征：其一，色彩以褐黑、朱红为主调，对比强烈，如1980年临澧九里1号墓所出虎座凤架鼓以深褐色漆为底，用朱红、黄彩绘羽状纹和云纹，纹饰华丽，色彩鲜艳，如此高大华美的虎座凤鸟架鼓很少出土于湖南其他地区；其二，装饰图案以云纹、勾连云纹、方形回纹、三角形纹、凤鸟纹为主，如1979年临澧九里1号墓所出漆案，案面写实的凤鸟与云纹、几何纹混为一体，似将凤鸟的目、羽、爪之类拆开变形后重新组合的一种新图案；其三，图案构图多采用适合纹样、独立纹样、二方连续式、四方连续式，写实与夸张相结合，图案变化万千；其四，彩绘与雕刻相结合，如临澧九里1号墓彩绘木雕龙纹饰件，龙身雕成卷曲S形，或作回首状，或作左顾右盼状，形态极为生动（图42）。

图42 彩绘龙纹漆木雕饰件

（1980年临澧九里1号墓出土。熊传薪：《湖南临澧九里一号大型楚墓发掘简报》，载《湖南省博物馆馆刊》第八辑，岳麓书社，2012年，前彩第7页）

湘江流域中下游所出漆器装饰艺术也很有特点，器表以髹深褐色漆为主，器内一般髹朱红漆，图案使用朱、黑、黄、金、白、褐红、灰白、深绿等色彩；图案以云纹、凤鸟纹、变形S形凤鸟纹、花草几何纹为主，其中狩猎纹图案最具特色；构图多采用单独纹样和连续纹样，排列有序而又富于变化。如长沙颜家岭乙35号墓所出狩猎纹樽，在褐色漆地上朱绘三道二方连续变形凤鸟纹，将纹饰分成上下两个部分。上部分反映猎人勇斗野牛的情景，下部分则绘有老者牵狗、猎犬追鹿、凤鸟飞奔和两鹤啄食等图案。此器纹饰构图生动活泼，主题鲜明，给人以一种惊心动魄的视觉冲击效果。狩猎纹最早出现在春秋晚期铜器上，主要流行于北方地区，南楚地十分罕见。此外，长沙楚墓漆器的戳印和针

图43 “十七年”夹纻胎漆盒
（1999年常德德山寨子岭1号墓出土。杨启乾、李文涓：《常德楚墓出土的两件战国漆器考》，载《湖南省博物馆馆刊》第四辑，岳麓书社，2007年，前彩第3页）

刻铭文都很有特色[①]。

沅江下游地区所出漆器装饰手法与上述地区相似，一般通体髹褐漆，用黑色、赭色、红色和铅灰色等漆色绘花纹。纹饰以草叶纹、卷云纹、花草纹、变形鸟纹、勾连纹为主，其中针刻铭文漆器独具特色。如常德德山寨子岭1号战国晚期楚墓，墓主人为“鄂大夫”，其珍贵文物有铜釦夹纻胎漆盒，底针刻铭文“十七年太后詹事丞𢊁（髟）工师歂，工季”，记录了当时生产者、监造者的分工情况，成为战国漆器“物勒工名”的实证，但有铭文的漆器在南楚并不多见，所以弥足珍贵（图43）[②]。1985年桃源三元村1号墓所出漆耳杯，有一件耳背面刻有“巳一”、“雷巳”，另一件耳杯下底刻“□工□”铭文，应为制造者铭文。

资水下游地区所出漆器装饰手法基本上与其他地区一样，色彩以红、黑、黄色为主，纹饰有几何形方连纹、三角纹、变形云纹等。

①聂菲：《关于湖南地区楚汉漆器的生产、管理和产地问题的再讨论》，载《湖南省博物馆馆刊》（第五辑），岳麓书社，2009年。

②常德市文物处：《湖南常德寨子岭一号楚墓》，载《湖南考古2002》，岳麓书社，2004年。

第五节 区域内漆器所反映的文化特征及原因

楚国疆域最鼎盛时，半个南中国悉归其所有，然而，楚国对湖南地区的占领却是逐步由北而南不断吞食征服的过程，在这一过程中，楚文化必然会和各地区民族文化相互交融、相互渗透，从而导致不同时期、不同区域所出漆器呈现出不同的文化特征。

一、文化特征

1.澧水流域地区

澧水下游是湖南地区早期楚墓所出漆器最为集中的地区，且全部漆器都出自临澧九里高级贵族墓葬之中，时代属战国中期偏早。据《汉书·地理志》、《鄂君启节》舟节西南路载：春秋战国时澧水直接注入长江[①]。临澧九里正位于澧水之畔，九里是楚人从西水路进入的最早地区，“80九里Ml的规模与江陵天星观一号墓等大，M17出土有‘君’字的车害，车害形式与‘君’字字体均和天星观所出接近”[②]，此墓“与湖北江陵天星观一号墓邸阳君番勳墓的规格相同。因此，该墓的墓主人其地位应大体相当”[③]。距

① “春秋战国时澧水不是注入洞庭湖，而是直接注入长江的”，见熊传薪：《湖南临澧九里 ·号大型楚墓发掘简报》，载《湖南省博物馆馆刊》（第八辑），岳麓书社，2012年；据《汉书·地理志》载，澧水东至下隽入江（隽县治在今湖北通城县西北）；《鄂君启节》舟节西南路载：“自鄂往，上江、入湘、入资、沅、澧、油。”

②湖南省博物馆：《临澧九里楚墓》，载《湖南考古辑刊》（第三集），岳麓书社，1986年。

③熊传薪：《湖南临澧九里一号大型楚墓发掘简报》，载《湖南省博物馆馆刊》（第八辑），岳麓书社，2012年。

墓地约5公里以外的澧县南岳和临澧丘湖均发现了楚城址，大多数学者认为九里墓地为楚国派到长江以南的一个封君世袭的家族墓地。

临澧九里楚墓所出虎座凤架鼓、编钟架、编磬架、木五边箱、高柄耳杯、镇墓兽等具有典型楚文化因素。虎座凤架鼓是流行于楚国中心地带包括南楚部分地区的一种寓意性极强的乐器，凤鸟被雕饰得华美非常，而猛虎却被小小地雕刻蜷卧在凤鸟脚下。与楚人崇凤传统有关，楚人认为凤鸟是至高无上的神鸟，整体造型别致典雅，设计巧妙，融声、色、形于一体，是楚国崇凤传统的真实写照，也是楚文化中最具有象征性器物（图44、图45、图46）。五边

图44　虎座凤架鼓复制品

（1980年临澧九里1号墓出土。陈建明主编：《凤舞九天——楚文物特展》，湖南美术出版社，2009年，第122页）

图45　彩绘木雕漆凤鸟残件

（1980年临澧九里1号墓出土。熊传薪：《湖南临澧九里一号大型楚墓发掘简报》，载《湖南省博物馆馆刊》第八辑，岳麓书社，2012年，前彩第5页）

图46　彩绘漆双虎座

（1980年临澧九里1号墓出土。熊传薪：《湖南临澧九里一号大型楚墓发掘简报》，载《湖南省博物馆馆刊》第八辑，岳麓书社，2012年，前彩第5页）

箱通高64厘米，这种漆家具只见于楚系曾侯乙墓中，此类家具生活中也仅实用于楚国高级贵族家庭（图47），其价格十分昂贵，直到汉代仍“一屏风就万人之功”[①]。

图47　五边箱漆盖

（1980年临澧九里1号墓出土。熊传薪：《湖南临澧九里一号大型楚墓发掘简报》，载《湖南省博物馆馆刊》第八辑，岳麓书社，2012年，第116页）

80九里M1所出漆俎也是楚国中心区域高级贵族家庭经常使用的器具。该墓出土了方豆2件、木俎19件等成套漆木礼器。据简报称：“一种形体较小，17件形制似现在南方小木凳，两端有向外撇的两足……另一种形体较大，板面两端各有安足的方榫眼，板面挡头各伸出二个长圆形棍棒。”[②]大小二种形制的俎，应是楚简所称的“梡俎”和“房俎”。这种现象还见于湘江中游长沙浏城桥1号战国早期楚墓所出7件梡俎和1件房俎。如前所述，俎虽属置物类家具，也为重要的礼器，并用于各种礼仪活动，如《仪礼》等古代文献中对俎的使用有详细记载。因为俎、豆是先秦祭祀活动中配套使用的重要礼器，故而“俎豆之事”被用作祭祀的代名词。因所葬之俎是为载牲之器，所以葬数为奇数。天子、诸侯之礼应有大牢九鼎九俎。《仪礼·公食大夫礼》记载卿或上大夫之礼，应为七鼎七俎，下大夫用五鼎五俎。《仪礼·士昏礼》曰士礼用三鼎三俎。楚人是非常谙熟西周以来的中原礼制的，这方面文献也多有记

①［汉］桓宽：《盐铁论·散不足》。

②熊传薪：《湖南临澧九里一号大型楚墓发掘简报》，载《湖南省博物馆馆刊》（第八辑），岳麓书社，2012年。

载。然而，考古资料证明，澧水流域地区早期高级贵族，甚于湘江流域地区早期贵族，与楚中心地区的王公贵族一样用俎之制亦是遵从周礼的。

其一，从数量来看，楚墓中俎随葬数多为奇数，如“荆门包山M2随葬7件木俎，正好与所葬大牢七鼎六簋相配。长沙浏城桥M1出土7俎，也可与所葬七鼎六簋相配。曾侯乙墓出土10俎，3俎在东室，7俎在中室，该墓所葬大牢九鼎一套，大牢七鼎一套，中室7俎也可与大牢七鼎相配。信阳长台关M1出土木俎50件，Ⅰ式25件，Ⅱ式25件，该墓所出铜少牢五鼎一套，两式木俎均为少牢五鼎之倍数。这些现象绝非偶然，应当反映了楚人用俎之制亦是遵从周礼，正合‘鼎俎奇’之数”[①]。而80临九M1出土了方豆2件、木俎19件等成套漆木礼器也符合礼制。

其二，从楚式漆俎形态发展来看，受中原文化的影响十分强烈。如湖北当阳赵家塝2号墓春秋早期漆俎[②]，当阳金家山9号墓[③]、当阳赵家塝4号墓[④]、当阳曹家岗3号墓[⑤]、当阳赵家塝3、4号墓春秋中期漆俎[⑥]，特别是当阳赵巷4号墓出土了保存完整的春秋中期漆俎，更可以看出其形态的细微变化[⑦]，甚至河南下寺2号墓出土的春秋晚期俎和长沙浏城桥战国早期楚墓出土的木俎[⑧]，其形态上

---

①高崇文：《楚器使用礼制考》，载《楚文化论集》（第四集），河南人民出版社，1994年；聂菲：《楚式俎研究》，《文物》1998年第6期。

②⑤⑥湖北省宜昌地区博物馆：《当阳赵家湖楚墓》，文物出版社，1992年。

③湖北省宜昌地区博物馆：《当阳金家山春秋楚墓发掘简报》，《文物》1982年第11期。

④⑦湖北省宜昌地区博物馆：《湖北当阳赵巷4号春秋墓发掘简报》，《文物》1990年第10期。

⑧河南省博物馆：《淅川下寺春秋楚墓》，文物出版社，1991年；湖南省博物馆：《长沙浏城桥一号墓》，《考古学报》1972年第1期。

与商、西周时俎均有明显承接关系，可以看出春秋楚式俎中常见的曲尺形足俎，应该是从商、西周时俎足间壶门装饰的形制演变而来，有明显模仿痕迹。战国中期以后的楚式漆俎与春秋中、晚期漆俎相比，才形成了自身特点。

其三，从墓葬规格来看，楚墓中有鼎并不一定有俎，只有士以上加牲之祭才设俎。楚地士墓很少见俎，多见于楚系墓葬的地位在大夫、上卿诸侯之列的墓内。如临澧九里楚墓属封君一级高级贵族墓葬，长沙浏城桥战国早期楚墓为大夫级贵族墓葬。楚墓中用俎在形制上、质地上、数量上都有区别。用铜俎的墓规格比较高，如楚幽王墓、下寺M2。数量上也有区别，如当阳赵家湖甲类墓出土俎的数量比乙类墓的数量相对多。特别是“房俎”，在湖北楚墓中也只见于包山楚墓、九连墩楚墓等高规格的贵族墓中，据包山楚墓简266和望山楚墓简45记作“一大房”，此俎器形较大，通常一墓一件[①]。陈鼎设俎在先秦是极为重要的礼仪过程，必须体现等级制度，湖北大型楚墓所出俎的组合通常一墓有数目不同或等级相邻的两套俎。而在临澧九里楚墓和浏城桥楚墓中，可以看到俎数仍依奇数递差表示身份等级，以偶数豆表示荣华富贵，体现了“鼎俎奇而笾豆偶”的周礼等级制度。这在一定程度上反映了早期南楚上层贵族恪守周礼，具有中原文化因素。

其四，楚人信巫为大家所共认，信巫好祀尤其在临澧九里封君世袭家族墓所出漆木礼器中得到充分的体现。楚式俎作为一种祀器，楚人更是注重借助俎的巫术力量，尽量在俎的装饰上或造

①湖北省荆沙铁路考古队：《包山楚墓》，文物出版社，1991年；湖北省文物考古研究所：《江陵望山沙塚楚墓》，文物出版社，1996年；湖北省文物考古研究所：《湖北枣阳市九连墩楚墓》，《考古》2003年第7期。

型上表达某种心意和愿望。从楚系墓中俎的存放位置来看，俎在墓葬中具有重要的地位。主要放置在墓葬中的头箱或头向一端椁内空隙处，一般与鼎同出。如临澧九里楚墓和浏城桥楚墓俎的存放位置靠近头箱。楚人迷信灵魂升天将从这里开始，所以重要器物一般放置在靠头向的一端。其次利用俎这种祀器，达到人神沟通的目的。楚人祭神一般都有具体对象，如包山M2墓所祭祀的“五神”和卜筮祭祷简，具有很强的针对性。包山M2俎上部为云气，下部为一种抽象的神灵形象。楚人借助这些精灵来进行人神间的沟通。

周礼的核心在于等级制度，在楚系墓葬中，特别是春秋时期楚王、卿、上大夫一级贵族墓里以奇数的列鼎和俎表示身份、地位。除“鼎俎奇”之制外，还有合于周制的墓地制度、饰棺制度及夫妻、父子均不同制等。这也是楚人称霸中原、南统越人等需要所致，显然是为了维护他们的统治。进入春秋晚期和战国以后，由于中原各国礼崩乐坏现象日趋严重，对楚国也有影响，出现异用礼制的情况。如常德战国晚期“鄂大夫”高级贵族楚墓中不见俎，这与进入战国以后各国僭风日炽现象日趋严重有关。

总而言之，以上九里楚墓群出土的大型漆器无论在器形还是在纹饰上，均与湖北江陵一带的楚墓出土漆器造型风格相似，与湘中战国中晚期楚墓所出漆器风格相比，这一带楚墓所出漆器风格与江陵楚墓所出漆器风格更为贴近。以楚式俎为例，它的形成和发展与楚国政治、经济、文化的联系是密不可分的。楚式俎从中原文化的孕育中脱颖而出，创造出现一种带有鲜明地域性特色的风格，湖南战国早期楚墓所出漆俎见证了这一发展历程。临澧地区所出漆器具有典型楚文化因素，与楚在当地军事力量的存在及部分楚人早期迁徙有关。春秋中晚期之际，楚墓就有漆器出土。至战国中期偏早，该地区是楚人在澧水流域的统治中枢，楚文化因素越来越加强，各种文化因素更加趋向融合，高级贵族墓出土漆器较多，其区域性特点明显。这个时期是澧水下游地区漆器发展的极盛时期。

澧水中游地区和慈利地区所出漆器的楚墓以战国中期居多，但级别不高。沅水和澧水上游之间的里耶等部分湘西北地区，西临巴蜀，北接荆楚，是楚人征服“蛮濮”的军事要地，当地居民接受了强势楚文化的影响，导致当地原有土著文化在楚文化的强烈影响下发生变化，但仍部分保留传统习俗。如里耶战国古城壕所出漆耳杯厚胎、平底，漆盘饰圈点纹（图48、图49），与四川荥经曾家沟战国墓群和青川战国墓所出耳杯风格十分相似[①]。从湘

图48 漆耳杯

（2002年里耶古城壕出土，G11③。湖南省文物考古研究所：《里耶发掘报告》，岳麓书社，2007年，彩版第9页）

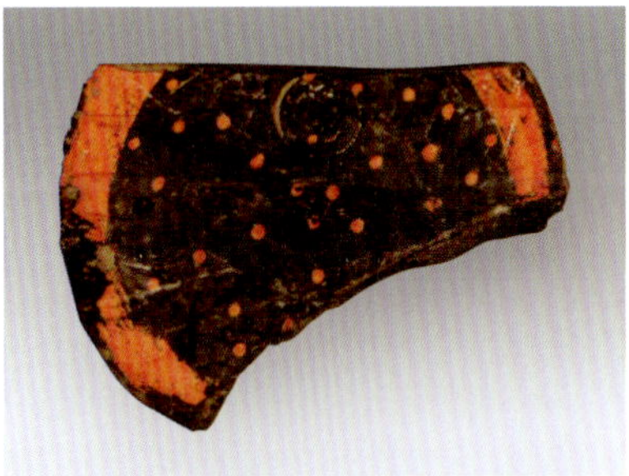

图49 漆盘

（2002年里耶古城壕出土，G11③。湖南省文物考古研究所:《里耶发掘报告》，岳麓书社，2007年，彩版第9页）

①湖南省文物考古研究所：《里耶发掘报告》，岳麓书社，2007年；四川省博物馆等：《青川县出土秦更修田律木牍——四川青川县战国墓发掘简报》，《文物》1982年第1期；四川省文管会等：《四川荥经曾家沟战国墓群第一、二次发掘》，《考古》1984年第12期。

西北里耶战国墓葬所出漆器整体风格看，既有楚文化因素，又融合了土著、巴蜀等多种文化的某些因素。

至战国晚期该地区楚墓所出漆器数量减少，与楚人重心南移有关。澧水下游地区，包括湘西北地区所出漆器风格中可见到典型楚文化、中原文化、巴蜀文化、土著文化的影响。

2.湘江流域中下游地区

湘江流域中下游地区春秋时期所出漆器数量少，主要有岳阳春秋时期楚墓所出土漆兵器，墓主“既有可能是芈姓贵族，也有可能是楚人赐封的异姓贵族，当然也有可能为罗姓贵族”[①]。战国时期以来，湘江中下游地区发现大量出土漆器的楚墓。

（1）战国早期。进入战国早期以来，该地区发现所出漆器的楚墓，以长沙楚墓的等级和数量均居各区之首。发现最早、级别最高的贵族墓葬所出漆器当属浏城桥战国早期楚墓，为大夫级墓葬。墓中所出土漆木礼器说明楚文化早期受中原文化的影响，具有中原文化的因素。该墓出土7件漆俎，1件形体较大的“房俎”（图50），6件“棕俎”（图51）。该墓出土1件雕花云纹几，几面浅刻有云纹，为两端窄中间宽的腰鼓形，两端则有浮雕饕餮兽面纹。出土的木雕单头镇墓兽，首雕凿成卷云雷纹状等（图52）。从中可见商周青铜文化造型

图50　漆木“房俎”
（1971年长沙浏城桥1号墓出土。湖南省博物馆藏楚墓资料）

①郭胜斌：《岳阳出土三件铭文铜器的相对年代与文化性质兼及高泉山M1墓主的族属》，载《湖南省博物馆馆刊》（第四辑），岳麓书社，2007年。

图51　漆木“梡俎”
（1971年长沙浏城桥1号墓出土。湖南省博物馆等：《长沙楚墓》下册，文物出版社，2000年，第131页）

图52　单头木雕漆镇墓兽和头部
（1971年长沙浏城桥1号墓出土。陈建明主编：《凤舞九天——楚文物特展》，湖南美术出版社，2009年，第226页、227页）

的古拙特点，又可见战国早期楚国精美轻巧艺术特色的端倪。

其一，《周礼·春官宗伯·司几筵》曾记载先秦的所谓“五几”之制，“司几筵，掌五几、五席之名物，辨其用，与其位。凡大朝觐、大飨射，凡封国命诸侯，王位设黼依……左右玉几。祀先王昨席亦如之。诸侯祭祀席……右雕几……筵国宾于牖前，亦如之左雕几。甸役则设熊席，右漆几。凡丧事，设苇席，右素几。”文中指出先秦礼仪活动中不同场合以五席与玉几、雕几、彤几、漆几、素几五种古几相配使用。天子用玉几，诸侯、卿、大夫等根据级别和场合使用不同的几，并与五席相配使用，色彩也要符合礼制的规定。如《春秋·谷梁传》有“天子丹（朱红色），诸侯黝垩（黑白色），大夫苍（青色）”等记载。总之，这时期几的材质、色彩、纹饰、使用都要严格按照等级与名分行事，不可僭越礼制。对于五几之名，汉儒学士认为多与古几的装饰与颜色有关。有学者对近年来战国时期楚墓中出土的漆几进行统计，并从装饰、绘色上分析了这五种几的区别[①]。浏城桥1号雕刻兽面纹漆几该为《周礼》所言雕几。

周礼中凭几使用时的授受礼都十分讲究。如在《仪礼》中对“士冠礼”、“士昏礼”、“乡饮酒礼”等进行中的许多繁缛的规定，有升阶、铺筵、布席、授几、升席、降席等细节。《仪礼·士昏礼》：“主人拂几授校，拜送。”注：“拂，拭也，拭几者尊宾新之也。校，几足。”又《仪礼·聘礼》：“公升，侧受几于序端。宰夫内拂几三，奉两端以进。公东南乡，外拂几三，卒，振袂，中摄之，进，西乡。”（图53）从浏城桥1号墓所出“鼎俎奇”和雕几来看，说明该地区早期上层贵族是遵从周礼的，仍循中原文化的影响。楚人非常谙熟西周以来的中原礼制，这方面文献也多有记载。如楚人用俎之制亦是遵从周礼，从楚系墓葬出土的五几统计数字看，其墓葬多见于楚系墓葬均在大夫、上卿诸侯之列的墓内，说明楚人使用几时是遵从周礼中的五几之制。

图53　依几执翣

（成都百花潭中学10号战国墓铜壶上刻纹。陈建明主编：《凤舞九天——楚文物特展》，湖南美术出版社，2009年，第167页）

其二，楚国从公元

① 王育成：《楚“几”研究》，《中国历史文物》1993年第1期。聂菲：《楚系墓葬出土漆木几研究》，《中国历史文物》2004年第5期；《“木辟邪”应为凭几考》，《文物》2006年第1期；《楚式俎研究》，《文物》1998年第6期。

前1010年熊绎受封立国时，“号为子男”，号卑号微，楚国仍是一个弱小的国家，但楚人很早就与中原地区的华夏族人民有着密切的往来。“楚国漆器工艺的兴起可能是在由蛮夷开化之后，受到了中原先进文化的影响，这个时代，大约在西周中晚期到春秋初期。之后又发挥了楚地多竹木、多漆源的自然条件的优势，使漆器工艺兴旺发达，并在发展中形成了有楚国自身特征的漆器工艺系统。”[①]值得注意的是，北京琉璃河出土西周漆罍肩部的彩绘图案，与湖北圻春毛家嘴西周漆杯的彩绘十分相似，“彼此相距千里之遥的这两处西周遗址所出土的漆器，其图案竟如此相似，是颇为耐人寻味的”[②]（图54、图55）。另外，“楚

图54　漆罍
（北京琉璃河1043号西周墓出土。殷玮璋：《记北京琉璃河遗址出土的西周漆器》，《考古》1984年第5期，图版第2页）

①阮文清：《楚与秦汉漆器的几个问题》，《江汉考古》1987年第3期。
②殷玮璋：《记北京琉璃河遗址出土的西周漆器》，《考古》1984年第5期；中国科学院考古研究所湖北队：《湖北圻春毛家嘴西周木构建筑》，《考古》1962年第1期；中国社会科学院考古研究所琉璃河考古队等：《1981—1983年琉璃河西周燕国墓地发掘简报》，《考古》1984年第5期。

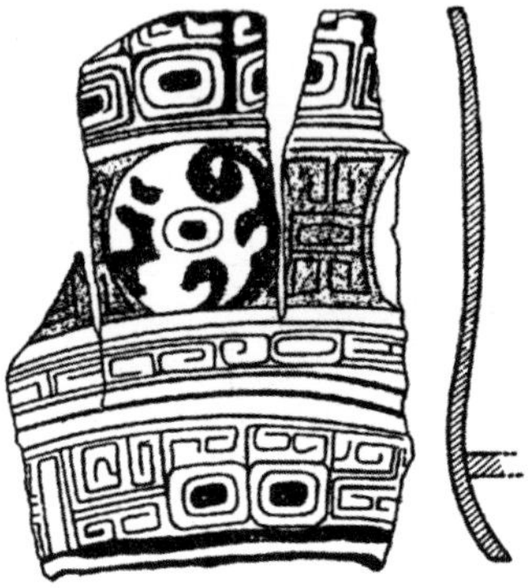

图55　漆杯线描图

（1958年湖北圻春毛家嘴西周墓出土。中国科学院考古研究所湖北发掘队:《湖北圻春毛家嘴西周木构建筑》,《考古》1962年第1期, 第7页）

国所在的长江中游地区，就青铜礼器而言，基本是在仿效周式器的基础上演变成独特的楚式系统”[①]。事实上，商周时期漆器的艺术风格、制作方式、使用方法以及在人们生活中的地位等对后世漆器都产生了深远的影响，同时也深深地影响着楚漆器，如果楚漆器追溯其源头文化的话，可以上溯到早期的中原文化因素。

其三，在制作漆木几过程中，南楚的工匠们又善于运用楚人的情感和欣赏习惯，运用楚民族长期形成的各种艺术表现手法来反映社会的物质文化生活面貌以及人们的思想倾向。如长沙楚墓漆木几足部和两端基本上均刻有兽面，最突出是似饕餮纹也似镇墓兽的眼睛。事实上，镇墓兽的造型是从青铜器饕餮纹发展而来的，楚人迷信死者的灵魂升天，为了保护死者的灵魂，“镇妖辟邪”，就仿造神秘威严的饕餮纹，是楚国贵族墓中最常见的一种最富神秘意味的镇墓辟邪用具，最能反映楚人信巫鬼的习俗。在漆木几上雕刻怪兽，还有雕刻双头怪兽（图56），反映了楚人迷信死后升天的思想意识，通过神秘诡异的巫术力量保护死者的灵魂。楚几工艺很大程度体现

①中国社会科学院考古所山西队等：《1978—1980年山西襄汾陶寺等墓地发掘简报》，《考古》1983年第1期。

了楚民族的思想意识特征。

（2）战国中晚期。湘江流域中下游地区成为楚墓所出漆器最为密集的地区，而且集中了第一类、第二类高级贵族墓葬，第三类墓葬数量也可观。

图56　木雕双头漆镇墓兽
（1975年湘乡牛形山1号墓出土。湖南省博物馆藏楚墓资料）

其一，这一现象说明，随着春秋末期到战国早期楚人入湘，至战国中期，长沙已成为楚人开发江南的重要基地，长沙是楚人在南楚政治、经济、文化的一个中心。到战国晚期，该地区仍有高级楚墓出土漆器，居多数的是士、庶人一类的墓葬，漆器风格表现出与前期延续发展的特征，许多器类不论造型还是纹饰都表现出序列变化。

如长沙楚墓所出24件漆樽，战国中晚期均有出土，其形制序列变化大致是：Ⅰ式较早没有铜箍，较晚出现铜箍，且由窄变宽。纹样早期多写实，如狩猎纹、车马人物等，凤鸟纹早期具象图案诸多，以长沙颜家岭乙M35狩猎纹漆樽最具代表性；Ⅱ式晚期漆樽口沿和器底都有铜箍，纹样多以云凤纹、凤鸟纹和几何纹为主，晚期凤鸟纹与云纹连为一体，成为变化多端的云凤纹，集中地体现了楚文化的特征，尤以长沙杨家湾M6漆樽最具特色。

再如彩绘笭床，主要流行于楚文化分布中心区域的湖北及湖南一带，迄今为止共出土50多件，其中长沙楚墓出土16件，湘乡出土2件，常德出土4件。有学者研究，笭床可划分为“凤鸟图案系统”、“龙纹图案系统”、“龙凤图案混合系统”，凤鸟图案只在湘乡出土2件，而主要出土于江陵一带。13件龙纹图案中有10件出自长沙和常德楚墓，7件龙凤混合图案均出自长沙楚墓[①]，主要为C型龙纹笭床，根据早晚又可分为：Ⅰ式为圆唇龙纹笭床。如长沙仰天湖M25出土笭床。主纹为两条双身龙纹，正面形象，圆唇，有角有须，龙身卷曲缠绕近“8”字形，双龙之间有双椭圆相连。两端各有“8”字形小龙两条，大小龙之间有圆环相连。全器共有龙六条，均透雕。Ⅱ式为尖唇龙纹笭床。如长沙仰天湖M26出土笭床。龙首为三角形，夹唇，角已简化，无须，其余同Ⅱ式。髹漆彩绘，周边在黑地上绘红色菱形纹，大小龙身上及相连龙纹之环均涂红、黑、灰三色，以黑色为主，居中。从而可以看出，与江陵一带楚墓所出以凤鸟图案为主的笭床不同，龙纹图案占据重要地位，这与长沙楚墓所出“人物龙凤帛画”和“人物御龙帛画”中龙与凤地位相当具有异曲同工之妙。长沙楚墓笭床多出自战国晚期墓葬，说明楚文化在南渐过程中，与不同文化融合，逐渐形成了自身的特色文化。

其二，湘乡牛形山2座大型楚墓所出漆器也具有代表性。据牛形山一带的考古调查表明，牛形山除1、2号墓外，还有规模更为宏大的土冢十余个，如“鼓雷峰”、“金刚坨”等。过去考古界一直认为楚国南境的重要城镇是长沙，但随着楚人对江南的开发，至战国中期，除长沙之外湘乡也是楚人在南楚政治、经济、

①贺刚：《楚墓出土“笭床”研究》，载《楚文化研究论集》（第三集），湖北人民出版社，1994年。

文化的又一个中心。湘乡位于涟水下游，涟水为湘江一大支流，后魏郦道元《水经注》记载涟水，历史沿革上溯到西汉中期，可见战国时期的历史记载在后魏则已失传。另湘江自涟水入口以下，皆多冲积平原，其海拔均在30米左右，因此，牛形山为湘浦之地，它北入江（长江），南经湘江通粤桂之地。可见古代湘乡地理位置的重要性。牛形山1、2号墓的发掘，为我们研究楚国南境的政治、经济、文化的发展提供了全新的资料。

湘乡牛形山2座墓年代相差不远，属于三期四段战国中期偏早的墓葬。两墓在墓葬形制上采用高大封土、台阶和覆斗形的墓室，使用青膏泥，在棺椁结构上使用二椁三棺，中棺为弧形棺。一号墓中使用了二套列鼎，每套五个。列鼎是代表当时等级观念的一个象征。墓中使用五鼎，说明墓主人身份应属于大夫一级。两座墓紧连，当是同茔并穴夫妇合葬。由于时代偏早，所出漆器与长沙浏城桥1号墓、河南信阳长台关和湖北江陵早期楚墓所出漆器有相似之处。如木雕虎座凤架鼓、木雕方座镇墓兽、弧形细长足漆几、矮蹄足圆涡旋纹漆案、彩绘高足豆、彩绘方形或圆形漆耳杯、圆形彩绘漆盒、长方形镂孔木枕等。但在器形和花纹上，两者有不同之处。如长台关、望山、藤店楚墓出土的虎座凤架，凤虎相连，凤为整木雕削而成；漆几，作长方形，几面下弯，两端刻眼圈形云雷纹；漆案，为铜质蹄足，两边各有铜环，案面绘四行共三十六个圆涡旋纹，每朵圆涡纹中心有一小圆圈，外绘四朵云雷纹。出土的车马器也具有特点，车伞帽有方眼20个，制作精良。

而牛形山楚墓出土的木雕虎座凤架鼓，凤头、冠、翼和足皆可拆合，翼长而翘尾，足细长，姿态生动。漆几面半弧形，两端有三条细长的蹄足。几面以黑漆为地，上以棕、红、黄漆绘龙凤

图57 彩绘漆几
（1975年湘乡牛形山1号墓出土。湖南省博物馆藏楚墓资料）

图58 彩绘圆涡纹漆案和局部纹饰
（1975年湘乡牛形山1号墓出土。陈建明主编：《凤舞九天——楚文物特展》，湖南美术出版社，2009年，第171页）

相交的纹样两组，四周以三角形云雷纹陪衬，云雷纹中填金色。几足绘龙凤颈首，下饰漆绘三角形云雷纹。整个漆几造型秀丽精致，色彩鲜艳，线条流畅（图57）。漆案案足为木质蹄足，边无环，案面绘三行共二十四个圆涡纹，圆涡纹用六朵云雷纹组成，整个图案整齐朴素（图58）。1号墓二椁三棺，棺、椁皆用梓木。棺内髹朱漆，棺外以黑漆为地，用朱、黄等色绘夔凤纹、三角形云雷纹等纹饰，十分精致。总体而言，湘乡牛形山楚墓出土漆器造型艺术，更多体现了楚文化崇凤的文化特点，但与荆楚漆器上凤纹相比，纹饰的写实风格特色突出，与龙纹成双成对相配，纹饰图案更娴熟，更具有南楚地方特色。

（3）战国晚期以后。该地区楚墓可见到秦文化因素的漆器。如20世纪30年代长沙三眼塘发现了一件“廿九年”漆樽（现藏美国旧金山艺术博物馆），其铭曰：“廿九年大（太）后□告（造），吏丞向，右工币（师）象，工大人台。”所刻铭文亦在一长方框内。铭左朱书一“长”字。裘锡圭先生认为“铭文为秦国文字，‘廿九年’应为秦昭王二十九年，即公元前278年，这时秦的统治尚未到达长沙”。裘锡圭先生还认为“铭文中的‘太后’是秦昭王之母宣太后，她是楚人，入秦后仍与楚国有一定联系”。李学勤先生认为“樽底上朱书的‘长’字，系‘长沙之省’，是漆樽的置用地点，这是一件秦国工匠的杰出产品。樽的出土，说明了战国晚期秦与南楚之间的联系”①。

换言之，该地区漆器风格既包含中原文化、楚文化因素，又蕴含了秦文化等因素，这正是不同文化因素交汇融合的结果。值得一提的是，长沙地区即便到了汉初，原有楚文化对汉初漆器影响比其他地域更为强烈，马王堆汉墓漆器就是最好的例证。

3. 沅江流域和湘西南地区

楚平王时楚国占领沅水下游地区，并在这里建立城市。常德是该区发现战国时期楚墓出土漆器较多的地区，常德战国时属楚黔中郡，这一时期楚文化在湖南已得到较大的发展，德山等地可能已成为楚人的重要军事驻地。至战国中晚期一类、二类楚墓所出漆器数量增多，也有三类墓葬出土漆器。常德地区春秋战国时期贵族墓出土的漆器及该地区战国楚文化遗址的发现表明，沅水下游地区是楚国在江南的又一制漆中心，所出漆器包含着典型的楚文化因素，如常德德山夕阳坡2号墓出土的云凤纹漆方耳杯。云凤纹一直是楚人擅长的主流纹饰，其口沿和两耳处满绘卷云纹和变形凤鸟纹，暗含插羽催饮之意，与荆州楚墓出土漆方耳杯竟有构意同工之妙，均突出了凤鸟的主题，体现了楚人对凤鸟的尊

① 裘锡圭：《战国文字中的“市”》，《考古学报》1980年第3期；李学勤：《论美澳收藏的几件商周文物》，《文物》1979年第12期。

图59　漆方耳杯
（1983年常德德山夕阳坡常德棉纺厂工地2号墓出土。湖南省博物馆藏楚墓资料）

崇，堪称楚器中的精品之作（图59）。

战国晚期以后，漆器中出现秦文化因素。常德寨子岭1号战国晚期楚墓出土了“十七年”铜漆盒，其器底刻画的铭文之多，记载制器之详细，在楚墓所出的漆器中不多见。铭文中的“詹事丞”，据《汉书·百官公卿表》载：“詹事，秦官。掌皇后太子家。”颜师古曰：“皇后、太子各置詹事，随其所在，以名官。”所以此漆盒有可能为秦宫之物，后成为楚人战利品而随葬于“鄂大夫”墓中，但学界也有不同看法，认为该器为具有秦文化因素的楚漆器[①]。尽管如此，其精湛的工艺，显示了楚文化在往南推进的同时，给南楚地区漆工艺的发展带来了质的变化。此外，沅江中上游地区包括湘西南地区，如溆浦、麻阳等地都发现了战国早中期楚墓所出漆器。

4.资水下游地区

资水下游地区地处湖南南北地理通道，为湘北、湘南交汇之处。资水下游地区以益阳地区所出漆器比较集中，时代以战国中晚期的下大夫、富庶平民墓居多，其等级较低。楚人入湘以前，资水下游益阳及其周边一带应属越人聚居之地，这一点已因相邻

①聂菲：《关于湖南地区楚汉漆器的生产、管理和产地问题的再讨论》，载《湖南省博物馆馆刊》（第五辑），岳麓书社，2009年。

的桃江腰子仑春秋越人墓地的大面积发掘得到确认[1]，益阳战国楚墓中出现了其他地区楚墓不常见的口吐长舌、造型怪异的镇墓兽、连座飞鸟等（图60），当是楚人南进过程中楚文化与土著文化相互交融和渗透的结果，体现了资水下游地区楚漆器特有的风格。益阳楚墓中楚、越文化共存的现象，“同时也反映了该地区作为中介地带的文化属性”[2]。

图60　连座飞鸟

（1980年湖南益阳羊舞岭农机厂楚墓出土。潘茂辉：《也说楚式“镇墓兽”》，载《湖南省博物馆馆刊》第七辑，岳麓书社，2011年，前彩第3页）

二、形成的原因

上述四个地区的楚墓漆器，由于政治、经济、文化交流各方面的因素，使得各个区域楚墓所出漆器各自呈现出不同的特点，其大致原因是：

其一，楚人进入各区域的时间先后不一致，楚国施于该区域

---

①益阳市文物管理处：《湖南桃江腰子仑春秋墓》，《考古学报》2003年第4期。

②郭伟民：《湖南楚墓分区探索》，载《楚文化研究论集》(第四集)，河南人民出版社，1994年。

内的政治、军事及其管理方式也不尽相同。楚文化影响程度不同，使得各个区域内漆器艺术风格呈现出的历史文化整体上有差异。

其二，区域内原住民生活习俗的影响，如湘西北地区的“荆蛮”和“百濮”，湘东南、湘中地区的“杨越”的早期文化背景有差异，使漆器风格呈现出较为复杂的区域性特征。

其三，各区域内漆工艺的基础不一样，各地区商品经济发展不平衡，特别是铁工具的使用有先后，使得制漆工艺发展水平不一致。如长沙楚墓出土的铁器，不但质量好、时代早，而且数量居楚系墓葬之首，由于工具的改进，带来了长沙地区制漆业的繁荣。

其四，湖南地区由于地域广阔，各区域内地理环境有差别，气候环境对漆树生长影响较大，如湘西北地区适宜漆树生长，至今还是湖南产漆中心。制漆需要荫室，湘江中游地区的潮湿和梅雨季节为制漆提供了优越的条件。所以说地理环境的多样性也会给制漆生产带来不同的影响。

从以上湖南楚墓所出漆器分布情况看，四个地区都有漆器出土，分布极其广泛。各地区发现的楚漆器造型、制作工艺、装饰纹样等方面既有差异又有共性，所以说对楚墓所出漆器进行分区研究是十分必要的。事实证明，在漆器分区的基础上，我们能够清晰地看到各地区不同时期漆器的发展状况和规律以及它们的相互关系，了解楚墓漆器与各地区古代文化的关系以及漆器文化内涵的多元性特征。

当我们重新从区域性文化特征角度审视湖南楚墓所出漆器时，不难发现它不单单在一般意义上指涉某个历史时期、某个地理区域，还意指中国漆器工艺史上的一个特殊时代、一个承前启后的重要时期，所以说，湖南楚墓所出漆器的分区研究是湖南楚文化研究、中国漆工艺史研究的一个重要组成部分。

第六节 湖南楚墓漆器反映南楚地区习俗问题的讨论

一、反映了南楚地区信巫好祀习俗

信巫好祀习俗为整个楚族之大俗，昔日南楚之地巫风更盛，为史家所公认。王逸《楚辞章句》云：“昔楚国南郢之邑，沅、湘之间，其俗信鬼而好祠。”楚人认为鬼神是人死之后脱离了人体的灵魂，他们确信存在一个“神鬼世界”，这些神鬼除给人降落灾害外，还会造福于人，所以要驱鬼除邪、尊奉祖先，因而，众多湖南楚墓的随葬器物充分反映出南楚地区信巫好祀之盛。

1.随葬品类齐全器物是南楚地区信巫好祀的直接反映

如果说早期的鬼魂观念孕育在更早一些的灵魂观念的土壤之中，那么从灵魂观的流行到鬼魂观的脱胎独立，是灵魂观念演进史的长足发展，而尸体崇拜又是鬼魂观念的一种表现形式。所以导致了人们对具体死者尸体进行特殊处理和随葬大量物品。人们确信阳世之人与阴间之鬼因某种媒介，如坟墓、祭祀而会产生矛盾，会招其鬼为厉作祟，楚人更是确信无疑。不少湖南楚墓都随葬着品类齐全的漆器及其他物品，衣食住行几乎无所不有。如长沙、湘乡、常德等地较大的楚墓中，工具、兵器、车马器、漆器等都有出土，长沙浏城桥1号墓就是如此[①]。湖南楚墓中还常随葬食物，一些鼎内还盛着猪、羊的骨头，当是祭祀所用的器物。如长沙烈士公园3号墓出土了肉脯26条，属

①湖南省博物馆：《长沙浏城桥一号墓》，《考古学报》1972年第1期。

猪肉类[①]。长沙广济桥5号战国木椁墓出土了数量相当多的肉脯，每块脯肉夹有细小的篾片，这些可能都是死者的“祭菜”[②]。

古人所用的随葬器物，常常包括祭器与明器。《礼记·檀弓》曰：“孔子谓为明器者，知丧道矣。备物而不可用也……其曰明器，神明之也。”又曰：“曾子曰：夏后氏用明器，示民无知也。殷人用祭器，示民有知也。周人兼用之，示民疑也。曾子曰：其不然乎，其不然乎。夫明器，鬼器也；祭器，人器也。”

祭器、人器、生器意义相同，皆与明器、鬼器相对而言；前者是实用器，后者则专为随葬而准备的。湖南楚墓中随葬品明器与实用器也常常并存。丧礼用明器，是为了使神、人异道互不相伤。明器则是为随葬而专门制造的，为“鬼器”，是死者带到幽都阴世去的礼器，因人肉体已死，仅存魂魄，故器物不必实用，聊表尊心而已；所谓实用器即日常用具与装盛祭品用来祭奠的一些器类，如漆鼎、漆豆、漆簋等，不仅奠祭时用它，即阳世之人祭祀死者之器，就是日常生活也要用它的，实用器为“人器”。这些反映了楚人对生与死、阳与阴两世界的不同认识。随葬器物在埋葬之前，写成清单，将物品品名、件数逐一写在竹简及木牍上。写好以后还要用丝带将竹简编束成册。长沙五里牌406号墓、长沙杨家山6号墓、长沙仰天湖25号墓分别出了三批竹简，上面多是写着随葬物品、件数等[③]。这种葬俗到西汉时期南楚地区还流

①高至喜：《长沙烈士公园 3 号木椁墓清理简报》，《文物》1959年第10期。

②湖南省文物管理委员会：《长沙广济桥第五号战国木椁墓清理简报》，《文物参考资料》1957年第2期。

③仰天湖出土竹简可参考史树青《长沙仰天湖出土楚简考释》。五里牌出土竹简在《长沙发掘报告》中有摹本。

行，马王堆汉墓就出土了大量遣策(清单)。

总之，从湖南楚墓随葬品的种类看，说明楚人确信人死之后，其灵魂还会到另一个世界继续生存，因此要为之随葬必要的生活用品以及象征其生命的物质。另外为了防止鬼灵作祟，祈求安宁和幸福，还要随葬各样驱鬼辟邪的象征物。然而随葬物品祭祀祖先、驱鬼辟邪正是巫术的主要表现形式，也是南楚地区信巫好祀的直接反映。

2.出土部分漆木雕的巫术含义

（1）镇墓辟邪的镇墓兽

楚人亡故之后，在墓的头箱随葬着多种形状的木雕镇墓兽。湖南境内所出土的几十座大中型楚墓，大多数都出土了镇墓兽。有关镇墓兽的造型，《说文》云："虎，山兽之君。"取虎首，长舌，面目狰狞，象征雄威，鹿角，设方座，并刻饕餮纹，形制庄严。对其源流和作用众说纷纭：①认为是古代山神造像；②认为是地神土伯造像；③"黑人"说，因《山海经·海内经》曰："南方……又有黑人，虎首鸟足，两手持蛇，方之。"楚巫以为这样的"黑人"有除祟辟邪的神性，于是做成木雕像，置于墓中[①]。另外就其位置而言，镇墓兽一般都随葬在头箱正中，只有极个别的随葬在后中室。因为头箱象征着前朝（堂），棺室象征后寝，左右边箱象征左右房，后室象征下室等。前堂本是宫室中祭祀、宴请的重要地方，由此可以肯定镇墓兽在墓中的地位非同一般，是据楚人敬奉鬼神的迷信所制作的一种偶像（表2）。

①顾丞峰：《镇墓俑兽形制演变析》，载《楚文艺论集》，湖北美术出版社，1991年。

表2　湖南楚墓随葬镇墓兽一览表

出土墓号与器号	数量	出土位置	是否有角	资料来源	备注
1971年长沙浏城桥M1：21	1	头箱	有孔	湖南省博物馆：《长沙浏城桥一号墓》，《考古学报》1972年第1期	
1985年长沙留芳岭M3：11	1	靠近头箱	有孔	长沙市文物工作队：《长沙留芳岭战国墓发掘简报》，《湖南文物》1986年第一辑	
1979年临澧九里M1	2		有孔	湖南省博物馆、常德地区文物工作队：《临澧九里楚墓发掘报告》，载《湖南考古辑刊》（第三集）,岳麓书社,1986年	
1981年临澧九里M4	1		有孔	湖南省博物馆、常德地区文物工作队：《临澧九里楚墓发掘报告》，载《湖南考古辑刊》（第三集）,岳麓书社,1986年	
1980年临澧九里M1	1		有孔	湖南省博物馆、常德地区文物工作队：《临澧九里楚墓发掘报告》，载《湖南考古辑刊》（第三集）,岳麓书社,1986年	
1987年湖南慈利石板村M23	2	边箱	有孔	湖南省文物考古研究所、慈利县文物保护管理研究所：《湖南慈利县石板村战国墓》，《考古学报》1995年第2期	
1987年湖南慈利石板村M33	1	头箱	有孔	湖南省文物考古研究所、慈利县文物保护管理研究所：《湖南慈利县石板村战国墓》，《考古学报》1995年第2期	
1986年汉寿县株木山乡周家冲M35	1		有孔	常德市文物局:《沅水下游楚墓》, 文物出版社, 2010年	

续表

1996年长沙茅亭子M1	1		有孔	长沙市文物考古研究所：《长沙市茅亭子楚墓的发掘》，《考古》2003年第4期	双头镇墓兽
2002年长沙三公里M1	1		有孔	长沙市文物考古研究所：《湖南长沙三公里楚墓发掘简报》，《文物》2007年第12期	
1975年湘乡牛形山M1	2		有孔	湖南省博物馆：《湖南湘乡牛形山一、二号大型战国木椁墓》，《文物资料丛刊》1980年第3期	
1976年湘乡牛形山M2	1		有孔	湖南省博物馆：《湖南湘乡牛形山一、二号大型战国木椁墓》，《文物资料丛刊》1980年第3期	
1957年长沙子弹库M17：9	1		鹿角	周世荣、文道义：《57长·子·17号墓清理简报》，《文物》1960年第1期	镇墓兽已被盗，仅有器座
1992年长沙马益顺巷M1：56	1			长沙市文物考古研究所：《长沙市马益顺巷一号楚墓》，《考古》2003年第4期	双头镇墓兽
1999年常德跑马岗M21	1			常德市文物局：《沅水下游楚墓》，文物出版社，2010年	
1980年益阳地区农校M3	1		有孔	益阳市文物管理处、益阳博物馆：《益阳楚墓》，文物出版社，2008年	
1954年长沙杨家湾M6：42	1	靠近头部		湖南省文物管理委员会：《长沙杨家湾M006号墓清理简报》，《文物参考资料》1954年第12期	半身人面镇墓兽
1986年长沙荷花池M1：52	1	靠近头部		长沙市文物工作队：《长沙市荷花池1号战国木椁墓发掘报告》，载《湖南考古辑刊》（第五集），《求索》增刊，1989年	器座，残

续表

2002年常德德山寨子岭M4	1		有孔	常德市文物局：《沅水下游楚墓》，文物出版社，2010年	
1987年湖南慈利石板村M36	1	头箱	有孔	湖南省文物考古研究所、慈利县文物保护管理研究所：《湖南慈利县石板村战国墓》，《考古学报》1995年第2期	
1973年长沙留芳岭M1：1	1		有孔	湖南省博物馆库房	残
1956年长沙子弹库M23：6	1			湖南省博物馆库房	残
1959年长沙诰子岭M4：10	1			湖南省博物馆库房	器座
1980年长沙五一路邮局M3：30	1			长沙市文物工作队：《长沙市五里牌战国木椁墓》，载《湖南考古辑刊》（第一集），岳麓书社，1982年	器座
1953年长沙烈士公园BM1：2	1			湖南省博物馆库房	
1958年长沙烈士公园M3：16	1		有孔	高至喜：《长沙烈士公园3号木椁墓清理简报》，《文物》1959年第10期	据熟悉此墓的人说曾出土过1件
长沙出土	9		鹿角	蒋玄佁：《长沙楚民族及其艺术》（卷二），美术考古社，1950年	
长沙出土	1		鹿角	《考古》1960年第4期图版柒	被雅礼学院美国人柯斯盗走

从湖南楚墓出土的镇墓兽看，战国早期其形制简单，中期形制复杂，晚期有拟人化趋势，出现了人面式镇墓兽。其主要有三种类型，一是兽面式，二是人面式，三是操蛇和噬蛇式。其中亦兽亦人的镇墓兽，这可能与昔日湖湘之地蛮、越土著民族信奉众神庞杂、神与鬼混淆不清有关。因为湖湘先民“相信有一个与人间现实世界相对应的天上神仙世界和阴间鬼灵世界，他们是有区别的，但神与鬼有时却混淆不清，特别是山川之神与鬼灵相似”①。这在1942年出土于长沙子弹库楚墓的《帛书》中得到体现，《帛书》共分《四时》、《天象》、《月忌》三个部分。《四时》、《天象》两篇书写于帛书中部。其中二大段叙述着星辰运行、四时变化、山川变动、人生祸福和神话传说，“楚帛书所绘十二月神，与其说是神，不如是一种鬼怪，南楚人这种鬼神不分的宗教观念显然是来自于蛮、越民族，至今湖南苗族的语言中，还只有鬼，没有神”②。战国时期湖湘地区居民信奉众神庞杂，有日、月、星、辰、山、河等自然神和祖先崇拜，其中“《楚辞》中湘灵、湘君、湘夫人是地道湘人土特产”③。而将不同动物长处及特征集于一身，把人和动物综合成“人首蛇身”、“虎首人身”之类的镇墓兽，甚至让它们都长着坚硬的鹿角，在雕刻的木鹿上也插置鹿角，如长沙浏城桥1号墓卧鹿头上有两个插鹿角的孔，这些都是楚人特有的信巫好祀习俗。而益阳战国楚墓中出现了口吐长舌、造型怪异的镇墓兽，应是多神的结合体，是楚人南进中楚文化与土著文化相互交融和渗透的结果，体现了资水下游地区楚漆器特有的风格。

---

①②③伍新福：《湖南通史》，湖南出版社，1994年。

湖南楚墓还出土了一种操蛇、噬蛇状的镇墓兽造型。如湘乡楚墓出土镇墓兽作噬蛇状，长沙颜家岭乙35号墓出土漆樽有大鸟觅蛇之形，长沙出土有双蛇座对凤鼓架。蛇为楚墓中一种常见的形象，《山海经·海外经》中所提到的许多神灵，都是口中衔蛇，或双手操蛇，可见其中必有浓烈的巫文化色彩。因江南楚地，蛇类很多，对人畜常有伤害，所以为人们所厌恶。湘乡楚墓双首镇墓兽其一为蛇类，另一镇墓兽作噬蛇状，蛇似乎已被镇住不能动弹。在这里，蛇已作为一种被制服的对象。楚人常常通过这种巫术来表达自己的愿望与爱恶。

楚人相信镇墓兽对坟或死者起到某种保护作用，这种浓厚的巫文化色彩在西汉初年马王堆汉墓中得到延续，马王堆2、3号汉墓斜坡道两旁均有两个“偶人”跪坐，头上插鹿角。偶人设置应是用以镇墓避邪、保护死者，这正是湖南楚墓常见的镇墓兽发展演变而来的。

以上种种迹象表明，镇墓兽在墓中不是一般殉葬品，而是受到楚人特别崇拜的神灵偶像。对于从北方引进的神灵偶像，昔日南楚之地的先民们再按照自己的理解和方式进行再改造，将镇墓辟邪之神想象成奇形怪状，用木雕彩绘而成置于墓中，认为它对坟或死者会起到某种庇护作用，所表现出的巫文化色彩是不言而喻的。

（2）具有一定寓意的虎座凤架鼓

湖南楚墓随葬品中数量仅次于镇墓兽的是虎座凤架鼓（表3）。

表3　湖南楚墓随葬虎座凤架鼓和飞鸟一览表

墓号	数量	器形	特征	资料来源
1981年临澧九里M4	1	虎座	彩绘髹漆	湖南省博物馆、常德地区文物工作队：《临澧九里楚墓发掘报告》，载《湖南考古辑刊》（第三集），岳麓书社，1986年
1980年临澧九里M1	1	双凤双虎鼓架	彩绘髹漆	熊传薪：《湖南临澧九里一号大型楚墓发掘简报》，载《湖南省博物馆馆刊》（第八辑），岳麓书社，2012年
1987年汉寿县株木山乡周家冲M24	1	方座凤架悬鼓	彩绘	常德市文物局：《沅水下游楚墓》，文物出版社，2010年
1996年长沙茅亭子M1	1套	虎座凤鸟架鼓（由1件鼓、2件虎座、1件相连的双凤鸟及附件组合）	彩绘髹漆	长沙市文物考古研究所：《长沙市茅亭子楚墓的发掘》，《考古》2003年第4期
2002年长沙三公里M1	1	虎座凤鸟架鼓	彩绘	长沙市文物考古研究所：《湖南长沙三公里楚墓发掘简报》，《文物》2007年第12期

续表

1975年湘乡牛形山M1	1	虎座凤鸟架鼓	彩绘	湖南省博物馆：《湖南湘乡牛形山一、二号大型战国木椁墓》，《文物资料丛刊》1980年第3期
1992年长沙马益顺巷M1	1	虎座凤鸟架鼓	彩绘髹漆	长沙市文物考古研究所：《长沙市马益顺巷一号楚墓》，《考古》2003年第4期
1980年益阳地区农校M3	3	木飞鸟	彩绘	益阳市文物管理处、益阳市博物馆编：《益阳楚墓》，文物出版社，2008年。
长沙出土	1	双蛇座对凤鼓架	彩绘木雕双蛇座对凤鼓架	《文物》1960年第3期
1964年长沙砂子塘M5：3	1	仅存双虎器座	虎座背上有双孔	湖南省博物馆库房
1953年长沙烈士公园BM1：1	1	仅存双卧虎器座	虎座背上有双孔	《文物》1959年第10期

楚人以为飞禽、爬虫、走兽，无论善恶，都有与人相通的灵性。出于图腾崇拜的遗风，楚人莫不尊凤。《艺文类聚》卷九十《鸟部上》引《庄子》云：“老子叹曰：‘吾闻南方有鸟，其名为凤’。”楚人深信祝融是自己的先祖，而祝融正是凤的化身。

吴人和越人的图腾是龙，巴人的图腾是虎，凤战胜龙、虎，意味着楚人战胜吴人和越人，可见楚人表现这种题材的深刻寓意。虎座鸟架鼓亦应如此，虎的华美，虽不在凤之下，但在这里凤却被雕刻得形体高大，雄姿英发，凌踏于虎身上，二者形成鲜明的对比。巴人是崇虎的。而楚人与巴人是宿敌，这就形成了楚人贱虎的心理，凤虎相斗也是楚国美术作品中一个屡见不鲜的主题，结局自然是凤胜虎败。让大凤把小虎踩在脚下，这是楚人心态的露骨表现。凤龙相斗，鸟蛇相斗，其意蕴与其近似。一般有图腾信仰的民族，无不有巫术信仰，而且图腾信仰总是与巫术信仰交织在一起的。他们惯于用象征借代用法，来表达自己的观念、欲望和理想。当他们利用形象使自己的图腾战胜邻族的图腾时，他们相信其中必定有某种魔力，使邻族永世臣服。

虎座凤架鼓还有一种解释，认为其为"飞廉"像。楚人视之为风神。如果精魂要登天，须有风神相助，方能高飞远行。在《离骚》中，屈原假想自己作巡天之夜游，有句曰"前望舒使先驱兮，后飞廉使奔属"，把飞廉做成木雕像，置于墓中，可以引导死者灵魂到天界去[1]。"楚人以为：魂——无论其为生者之魂或者死者之魂，既可能升到天界去，也可能降到冥界去。升到天界去当然再好不过了，可是非有道术不可，凡夫俗子恐难存此奢望。降到冥界去前程险恶，稍一不慎，就会被邪祟扰害，乃至被土伯噬吞。因此，一般的贵族下葬时要做双重安排，既争取升到天界去，又准备降到冥界去。以飞廉雕像随葬，是争取升到天界去；而以土伯雕像和'黑人'雕像随葬，则是准备降到冥界

---

① 张正明、滕壬生等：《凤斗龙虎图象考释》，《江汉考古》1984年第1期；郭德维：《楚墓出土虎座飞凤图象考释》，载《楚艺术研究》，湖北美术出版社，1991年。

去。”[①]不论何种说法，其中都蕴藏着深刻的巫术寓意。

值得一提的是，湖南楚墓出土的虎座凤架鼓与荆州地区所出区别较大。荆州地区天星观楚墓出土的虎座凤架鼓，造型厚重谲怪，给人一种成熟有余、威慑神秘之感，色彩富丽，宛如高不可攀的楚国王室贵族。而湖南临澧九里楚墓和长沙马益顺巷楚墓所出虎座凤架鼓，造型轻盈，线条流畅，色彩斑斓，体现出楚文化与蛮、越土著艺术相结合形成的古朴拙幼的风格。

（3）以娱诸神的法器、乐器和乐俑

“巫”，《说文解字》云：“巫，祝也。女能事无形，以舞降神者也。象人两袖舞形。”这是对“巫”字确切的解释，可以说“巫”字是由“舞”变化而来，人死之后，“舞”还可娱于神，“巫”仿照“舞”姿来娱鬼神。《周礼·春官·大司乐》记载，传为黄帝之乐的《云门》，尧之乐的《咸池》，舜之乐的《大磬》，禹之乐的《大夏》，商汤之乐的《大濩》，武王之乐的《大武》，都曾经是娱神的手段。至于楚人如何以“巫”娱于鬼神？《汉书·地理志》说：“楚地信巫鬼，重淫祀。”王逸《楚辞章句》云：“其祠，必作歌乐鼓舞以乐诸神。”湖南楚墓出土很多这方面的材料。长沙浏城桥1号墓所出仪仗，应是巫师所用的法器，该法器柄为长方形，断面近方形，上端尖削；髹黑漆，并绕有丝线；距尖端嵌一蝙蝠形薄板，并用两个小钉钉牢；翅膀两端竖钻小孔。这可能是巫师用的一种礼仪用器[②]。楚人以此为媒介而娱诸神，乞求鬼神的“保佑”。

---

①张正明：《巫、道、骚与艺术》，《文艺研究》1992年第2期。

②湖南省博物馆：《长沙浏城桥一号墓》，《考古学报》1972年第1期。

湖南楚墓中常常随葬乐俑和乐器。长沙杨家湾6号墓出土的49个木俑中有一部分为乐俑，同时出土的还有鼓、槌、瑟的明器[①]；常德德山楚墓出土了圆状的木鼓、圆杆形的棒[②]；长沙子弹库17号墓清理出了木鼓两个、木鼓槌两根[③]；长沙浏城桥1号墓也出土了鼓2件，一大一小[④]。长沙荷花池1号墓出土鼓和鼓槌[⑤]；长沙五里牌3号墓出土琴1件[⑥]；楚人将这些东西作为墓主人的随葬器，主要是起娱神乐鬼的作用，以求安宁，除了供奉食品外，还要奏乐相奉。楚人把瑟随葬于墓中，其含义更为深刻。《山海经》："帝俊作瑟。"因此，瑟成了上帝、诸神所适之物，将这样的神物放置在墓中，无非想借助神瑟声音传敬声于鬼神，欲想多福安宁。假如击鼓弹瑟奏乐，巫则翩跹起舞，那么，神随即降于身，加之妖艳而奇特的服饰，优美而神秘的舞姿，徐歌相合，心诚则巫而通神，神鬼视之，自然欣喜，进而保佑之。这是一个理想化的充满着巫术观念的神秘世界。《楚辞·九歌》中也有记载："扬枹兮拊鼓，疏缓节兮安歌，陈竽瑟兮浩倡。灵偃蹇兮姣服，芳菲菲兮满堂，五音纷兮繁会，君欣欣兮乐康。"其意是说举桴击鼓使巫缓节而舞，以乐于神。今日南楚故地民间仍有遗迹可寻，人亡

①湖南省文物管理委员会：《长沙杨家湾M006号墓清理简报》，《文物参考资料》1954年第12期。

②湖南省博物馆：《湖南常德德山楚墓发掘报告》，《考古》1963年第9期。

③周世荣、文道义：《57长子17号墓清理简报》，《文物》1960年第1期。

④湖南省博物馆：《长沙浏城桥一号墓》，《考古学报》1972年第1期。

⑤长沙市文物工作队：《长沙市荷花池1号战国木椁墓发掘报告》，载《湖南考古辑刊》(第五集)，《求索》增刊，1989年。

⑥长沙市文物工作队：《长沙市五里牌战国木椁墓》，载《湖南考古辑刊》(第一集)，岳麓书社，1982年。

后邀请道人高歌舞蹈，有所谓《跳丧鼓》，为三人，前两人持乐器，边跳边唱，后一人击鼓合拍，词大意是追悼亡人。湘楚民间这种遗风随处可见。

（4）特殊含义的鹿角

镇墓兽、虎座飞鸟等均为楚人想象而塑造出来的神，并让它们都长着坚硬的鹿角。墓中放置真鹿角是楚人的一种重要习俗。最常见的是将修饰庄重的鹿角对称插置在木质镇墓兽头顶上。长沙浏城桥1号墓出土的木鹿头有两个插鹿角的孔。楚人喜欢用鹿角，也有木雕的，但其中大多数为真鹿角，所以容易腐朽，像长沙浏城桥1号墓、长沙烈士公园3号墓、长沙马益顺巷1号墓等墓出土的镇墓兽头上有孔但不见角，很可能为真鹿角。鹿性格温顺，象征着安乐美好，楚人以示吉祥、正气和长寿。楚人以鹿为瑞兽，《楚辞·天问》说："惊女采薇，鹿何祐？北至回水，萃何喜？"《春秋》哀公十四年"西狩获麟"，杜注："麟者，仁兽，圣王之嘉瑞也。"《说文解字》："麟，大牝鹿也"，"麒，仁兽也"。因鹿与人类关系十分密切，它不但不会给人类造成威胁，相反它总是为人类提供吃、穿、用，鹿便逐渐被神化，成为楚人所崇敬的神灵偶像。这就是镇墓兽、飞鸟等插上鹿角的原因所在。大约是所谓以正气、吉瑞压邪之意。鹿，华美吉祥，鹿角有飞升的态势，被楚人用作神性的象征，不论什么生灵，只要插鹿角，就表示有了神性。《诗经》毛传："麟角所以表其德也。"在宜昌伍相庙周代文化层中曾发现完整的鹿角与完整的磨光暗纹陶罐、豆共存[1]。可见，鹿角不但用于墓中，而且

①《中国考古学年鉴》，1985年，第180页。

还出现在日常生活的祭祀礼仪活动中，种种现象表明，鹿角为灵物，本身可作为一种单独存在的器物，属礼器。无论单独使用，还是安插在神人、动物身上，都表示着楚人某种精神寓意，表示吉祥、美好，把它放置于墓中还具有镇妖避邪之意。楚人认为如果不这样，神似乎就显示不出它超自然的魔力。因为有角的反刍动物，给人威武之感，它那坚硬刚挺的角就是主要武器，是其战斗力之所在。鹿角作为勇敢力量象征也被运用于《周易》中，用它表示阳刚。《大壮·九三》："羝羊触藩，羸其角。"这段爻辞意在说明：阳刚过盛必遇挫，以公羊撞伤暗示。楚人对插鹿角重视崇敬的习俗，一直延续到西汉时期，昔日南楚之地的马王堆3号汉墓墓道就出土有头插鹿角的跽坐"偶人"。

3.引魂升天的龙凤图案

在楚人心目中，只要借助龙与凤的力量，才无所不达。楚人对凤的钟爱已如前所述，对于龙，楚人受中原文化影响，也很崇尚。屈原《九歌》中的诸神祇中，大司命"乘龙兮辚辚，高驼兮冲天"，东君"驾龙辀兮乘雷，载云旗兮委蛇"；湘君"驾飞龙兮北征，邅吾道兮洞庭"。可知龙是楚人赖以登天入地的神物，可导引人的灵魂飞向天界。《大招》云："魂乎归来，凤皇翔只。"其意也是引魂升天。湖南楚墓中出土的器物很多是以龙凤为题材，比较有特殊含意是笭床。笭床是一种形制华丽的长方形雕花木板，为楚墓棺底所习见，多镂刻成几何纹。湖南楚墓出土的笭床已见于报道的就有10多件，其图案多以龙、凤为题材。笭床木雕的龙、凤形象抽象而古朴，极富想象力。在墓主人躺卧的"笭床"上刻绘龙、凤图案，无疑具有一定的巫术意义，它旨在乘龙凤导引死者的灵魂升天。湖南其他地区楚墓出土的器物中也常有龙凤图案。尊凤崇龙反映在南楚墓中随葬的许多器物上，如湖南临澧出土彩绘凤鸟漆案、凤鸟漆奁、凤嘴耳杯、凤鸟车辕、回首凤鸟纹车马器和蟠螭纹漆盒、蟠龙纹漆瑟等。桃源出土高浮雕凤鸟纹铜戈和蟠螭纹铜壶、铜剑等[①]。长沙出土人物龙凤帛画、人物御龙帛画，龙凤纹漆盾、凤纹耳杯、龙凤纹木琴、凤纹尊、龙凤纹棺、飞仙龙纹铜镜等[②]。如“人物御龙帛画”，画面上一中年男子头戴高冠侧身持缰立于龙身，龙奋首扬尾作龙舟状。此画的主题亦为“引魂升天”。“人物龙凤帛画”，中年贵妇侧身立于地上，面向左上方的龙凤合掌作虔诚祈祷状。凤居其右，两足奋力犹登云直上，龙在其左，龙头奋起两眼朝天，为龙凤紧相呼应一齐飞天之势。从画面的构图可清楚地看出，此画的构思当为“龙凤引魂升天”。只是第一画在于希望“乘龙升天”而已，后者则是祈祷“龙凤引魂升天”。

4.以红色为主调的随葬品所具有的象征意义

颜色在楚人心目中是有明确象征意义的，他们崇尚某些颜色，忌讳某此颜色，并确信其中具有某种魔力。南楚墓葬所随葬的物品，不论服装、漆器、内棺，大抵图案繁缛、色彩斑斓，以红色为主调。楚人尚红色，以红色为贵。因南方多山林沼泽，而古代又流行火耕水耨。火在古代南方民族的生产、生活中，起着莫大的作用。另外太阳是一个神圣而又神秘的火球，对火的崇拜，往往与对太阳的崇拜骈生而行。生息在南方地区的楚族先

---

①常德地区文物工作队、桃源县文化局：《桃源三元村一号楚墓》，载《湖南考古辑刊》(第四集)，岳麓书社，1987年。

②孙作云：《长沙战国时代楚墓出土帛画考》，《开封师范学院学报》1960年第5期；熊传薪：《对照新旧摹本谈楚国人物龙凤帛画》，《江汉论坛》1981年第1期；萧兵：《引魂之舟——楚帛画新解》，载《湖南考古辑刊》（第二集），岳麓书社，1984年。

民，可能因此而信奉炎帝即神农氏。火是红色的，所以炎帝又称赤帝，对赤帝的崇拜，即对火的崇拜，以红色为贵，以赤帝为尊。《荆楚岁时记》曰：正月一日“鸡鸣而起，先于庭前爆竹、燃草，以辟山臊恶鬼”。“正月末日夜，芦苣火照井厕中，则百鬼走。”火的作用竟如此之大，也许和楚人崇尚火和红色不无关联。至今楚人崇火的遗风尚存，南楚之地民间认为夜间梦见火，第二天会发财，失火以为吉。民谚云：“三十的火，十五的灯。”灯不仅是火，也是神火，可用它驱逐害虫，可用它照亮通向鬼神的大路。如今昔日南楚之地，还认为红色属阳，寿衣必用红色，认为人死后要上剥衣亭，穿上红衣，剥衣鬼见到红色，就以为剥出了血，而信手不剥。另一种说法，鬼魅、神灵都怕红色。如原始社会周口店山顶洞人的遗骨旁撒有赤色粉末遗迹。所以说以红色为主调的随葬品具有丰富的巫术意义。

5.《帛书》的巫术观念

（1）用以占凶吉的《天象》

1942年出土于长沙子弹库楚墓的《帛书》，共分《四时》、《天象》、《月忌》三个部分。《四时》、《天象》两篇书写于帛书中部。其中两大段叙述着星辰运行、四时变化、山川变动、人生祸福和神话传说。李学勤先生在《论楚帛书中的天象》一文中阐述得很清楚[1]。《天象》是据日月星辰变化来占验吉凶的书。巫师们通过星辰出没，牵强附会用来占验四时变化和人事福祸。与原始社会巫师基本活动的形式以及长沙马王堆汉墓出土的《天文气象杂占》用意相同，均是通过神秘巫术形式提出“理想”，

① 李学勤：《论楚帛书中的天象》，载《湖南考古辑刊》（第一集），岳麓书社，1982年。

预卜未来。

（2）禁忌与《月忌》和《四时》

帛书《月忌》篇用朱、绛、青三色绘出十二个神像于帛书四周，十二神即十二个月，每个月神像为怪头怪脑、似人非人的相貌，每种神像都附记有神名、职司和每个月人们如何行事等，具有日历性质。李学勤先生在《再论帛书十二种》一文中也阐述得很清楚[①]。《论衡·讥日篇》云："世俗既信岁时，而又信日。举事若病死灾患，大则谓之犯触岁月，小则谓之不避日禁。岁月之传既用，日禁之书亦行。"《月忌》就属此类书籍，也可称岁时禁忌之书。所谓禁忌本身就是一种巫术，即消极巫术。在生产力落后情况下，人们往往把严格遵守某种禁忌想象为改善环境、避难呈祥的特殊有效手段。由于日、月、星辰周期性的显隐，风、雷、雨、电季节性的变化，花、草、树木节令性的荣枯等，大自然的变化使人们逐渐认识到其中时间性规律的存在，进而使人意识到时间是与各种事物的发展、变化有着密切的联系。人们在实践中进一步形成一些时间方面的禁忌习俗。这些禁忌习俗仅仅把某一时刻或某一时间阶段看成是一种禁忌物、一种危险的信号、灾难的征兆，不宜作何种行为的禁制等。时间在这里成了重要的甚至是唯一的禁忌，其中有天干、地支，五行中相生相克的忌日、忌月、忌年等。旧时皇历上举凡婚娶、丧葬、战争等，必择吉日方可行动，如遇凶日则禁忌之。否则，便以为会遭厄运。在这里楚人将某月份或某季节看成一种危险和灾难的象征，成为一种禁忌的根据。这种习俗在《荆楚岁时记》中也有记载，如"一

①李学勤：《再论帛书十二种》，载《湖南考古辑刊》（第四集），岳麓书社，1987年。

日不杀鸡，二日不杀狗……七日不行刑”等。可以说《月忌》为每月禁忌，《四时》为四季之禁忌，为一种岁时禁忌之书。《月忌》中某些语句还类似《周易》卦爻辞。

以上列举湖南楚墓出土的漆器和部分文物，无非是想说明南楚地区建筑墓室木椁、随葬大量器物，完全是“昔楚国南郢之邑，沅、湘之间，其俗信鬼而好祠”的真实反映。他们无意于在墓葬中反映阳世，而要建构一个理想的、舒适的“另一个世界”即“神鬼世界”。随葬日常用品，死者亡灵就能丰衣足食；随葬镇墓兽，就能镇墓辟邪，以期制服鬼魅，保持亡灵阴间生活的宁静；以龙凤为图案，可以引导死者灵魂升天；随葬舞乐百戏，可以取悦诸神……他们认为墓葬中所随葬的一切物品，每件东西都能给亡者带来一种利益，体现了一种断绝墓主人阴间与鬼魅纠缠、防止四方厉鬼侵扰灵魂的巫术意义。楚墓作为一种精神的物化体现，反映了楚人信鬼好祀的思想意识。

二、反映了南楚地区丧葬习俗

世间一切生物皆有生死，远古的先民相信灵魂的存在和不灭，楚民族更是如此，认为死不是生命的结束而是生命的转移，是向另一个世界的过渡，死之后可获得一种超自然力量，其灵魂既可造福于活人，也可降灾于生者，所以对死亡充满了神秘、恐惧、敬畏感。因此，丧葬就成为他们社会生活中的重要事宜。久而久之逐渐形成了形形色色神秘、隆重的仪式，而且其中相当一部分传留到后世。人们从湖南楚墓出土漆器及其他器物中可以窥见南楚地区丧葬习俗的缩影和文化内涵。

1.髹漆棺束葬俗

高崇文先生曾对楚墓中40多座楚墓棺束现象进行过统计和论

述，其中就有10多座墓葬出土地点在湖南[①]。其中尤以长沙楚墓所出棺束最为集中。从而说明南楚地区棺束葬俗比较流行。目前所见湖南楚墓棺束用料主要为麻绳髹漆棺束、麻布髹漆缄封、丝帛髹漆缄封等。其捆束形式有三横二竖和三横，也有的在丝帛缄封上面再绕绳三圈。例如：

1951年长沙五里牌406号墓：用葛布缄封，内棺棺身横缄三道，纵缄二道，棺周又缄二道，外面髹漆。

1952年长沙陈家大山124号墓：用葛布三横缄封，外面髹漆。

1954年长沙杨家湾6号墓：棺外用长条丝帛围三道，每道三重。棺外髹黑漆，内髹朱漆。

1953年长沙仰天湖25号墓：帛束三横。

1954年长沙左家公山15号墓：木棺三道绳子捆住，每道绳子绕七圈，绳子由三股搓成，粗细均匀，质料似丝，腐朽严重。

1958年长沙烈士公园3号墓：棺身捆绕丝帛三道，每道三层，丝帛上面再绕绳三圈，绳已腐，为麻织物。

1971年长沙浏城桥1号墓：棺外用粗绳直捆二道，横捆三道。棺盖上面的两侧边沿各凿三个缺口，两端边沿各凿两个缺口，捆棺的绳索就是从这些缺口经过，以便捆缚紧牢，捆棺绳还用木塞拧紧。

1985年长沙留芳岭3号墓：棺壁板的底部距东西两端各30厘米处各有一个高4、宽8厘米的缺口，用以勒紧捆棺的麻绳。棺盖上有竹帘，下有五道麻绳紧紧捆缚住木棺，其中三道是四股绳，两道是二股绳。每道四股绳下都插有三个木楔。

---

①高崇文：《浅谈楚墓中的棺束》，《中原文物》1990年第1期。

1992年长沙马益顺巷1号墓：棺身用麻绳捆扎，棺盖和墙板每边各有三个对称的捆槽，横三道，每道四根，另用两根锥形木楔楔紧棺盖与挡板，有二个对称的捆槽，但未捆缚(表4)。

表4　湖南楚墓棺束表

墓号	时代	棺椁层数	棺束形式	棺束质地	资料来源
71长浏M1	战国初	一椁二棺	三横二竖	麻绳棺束髹漆	《考古学报》1972年第1期
85长留M3	战国中期	一椁一棺	五横	麻绳棺束髹漆	《湖南文物》1986年第一辑
92长马M1	战国中期		三横	麻绳棺束髹漆	《考古》2003年第4期
51长沙五里牌M406	战国中期	一椁二棺	三横二竖	葛布棺束髹漆	《长沙发掘报告》第18~22页
52长沙陈家大山M124	战国中期	一椁一棺	三横	葛布棺束髹漆	
53长仰M25	战国中期	二椁二棺	三横	丝帛棺束髹漆	《考古学报》1957年第3期
58长烈M3	战国中期	一椁二棺	三横	丝帛棺束髹漆外捆麻绳	《文物》1959年第10期
54长左M15	战国中期	一椁一棺	三横	丝帛棺束髹漆	《文物参考资料》1954年第12期
54长杨M6	战国中期	一椁一棺	三横	丝帛棺束髹漆	《文物参考资料》1954年第12期

从表中可以看出，从战国早期到战国晚期均很流行。并且一改当阳赵家湖楚墓春秋早中期棺束形式（即五横组和三横组），不论麻绳束、麻布束或帛束，其横向均为三道。长沙浏城桥1号墓属大夫一级的墓，葬具为一椁二棺，墓内出土了众多的皮甲片及多种兵器、陶礼器、乐器、车马器及漆木器、竹器等，内棺却为三横二竖。长沙仰天湖25号墓葬具为二椁二棺，出土了大量彩绘木俑、漆器和雕花笭床，其主人身份应属大夫一级。其内棺帛束为三横。长沙楚墓棺束基本上代表着大夫和士一级两种墓主的身份。但是在长沙地区有棺无椁的墓未见棺束，应当为庶民墓。

先秦“三礼”和汉代文献对棺束使用制度有记载。《释名·释丧》曰：“棺束曰缄，缄函也。”《礼记·丧大记》曰：“君盖用漆，三衽三束；大夫盖用漆，二衽二束；士盖不用漆，二衽二束。”文献对君、大夫、士三个不同等级的阶层使用棺束多少均有记载，但楚墓棺束制度与文献记载的周制不尽相同，楚墓棺束在用料、形式、等级等方面有自己一套与周制不完全相同的制度和变化途径。另外“三礼”对棺束的用途做了记载，为固棺、连柳（即帷荒、褚、池等棺饰）、设披（即送葬之时，人居柩车两旁执着系于棺上的带子）、悬棺下葬等作用①。

2.随葬竹席、竹帘葬俗

席在湖南楚墓中是一种常见的随葬品，在保存有木棺椁的墓中几乎每座楚墓都出土有席子，一般用于裹尸，铺于棺底或盖于棺上有竹帘、席子，还有竹片。以长沙楚墓所出竹席、竹帘保存较好。如长沙浏城桥 1 号墓、长沙广济桥5号墓、长沙烈士公园3

①高崇文：《浅谈楚墓中的棺束》，《中原文物》1990年第1期。

号墓、长沙柳家大山33号墓等均发现铺于椁盖板上的竹席和部分裹尸的竹席。长沙马益顺巷1号墓出土了竹帘（表5）。

表5　湖南部分楚墓随葬竹席、竹帘一览表

墓号	竹席	数量	用途	资料来源
71长浏M1	竹席		铺于椁盖板上	《考古学报》1972年第1期
85长留M3	竹帘 竹席	1 1	裹尸	《湖南文物》1986年第一辑
54长左M15	竹席	1	裹尸	《文物参考资料》1954年第12期
57长子M17	竹席	1	裹尸	《文物》1960年第1期
92长马M1	竹席		铺于棺盖上	《考古》2003年第4期
56长广银M5	竹席	1	铺于外椁盖板上	《文物参考资料》1957年第2期
59长柳M33	竹席	1	垫尸	《文物》1960年第3期
80长五邮M3	竹席	1	裹尸	《湖南考古辑刊》（第一集），岳麓书社，1982年
58长烈M3	竹席	5	椁上4块，裹尸1块	《文物》1959年第10期
59长诰M2	竹席	1		
长沙识字岭M345	竹席		铺于椁上	《长沙发掘报告》，科学出版社，1957年
长沙五里牌M406	竹席	4	铺于椁盖板上	《长沙发掘报告》，科学出版社，1957年

《仪礼·既夕礼》曾叙述陈置木椁的顺序，曰："折横覆之，抗木，横三缩二，加抗席三，加茵用疏布，缁剪有幅，亦缩二横三。"文中所记载的也可以说是椁的四部分，即折、抗木、抗席、茵。折为盖在棺及壁的横板，郑注云："加之圹上，以承抗席。"抗木为围在盖板四周的框木，使盖板密合。抗席是铺在盖板上的。茵是椁底板及其下面的二横垫木。所谓加茵用疏布的布，多半是用来覆盖在茵木上的[①]。

湖南楚墓出土的铺在盖板上的抗席也很多。如长沙五里牌406号墓的木椁上面，即铺有竹席四张，是拼合起来铺平的。发掘时刚拨去席上的泥土时，竹席尚呈绿色，但一与空气接触立刻就变成了黑色。

湖南楚墓棺盖上往往残留有绳编或竹编的竹帘。据研究，有的学者认为这种竹帘就是文献记载中的"池"，即一种饰棺。《礼记·丧大记》郑注云："池，以竹为之，如小车笭。"孔疏云："池，谓织竹为笼衣。"如长沙马益顺巷1号墓出土的竹帘长190、宽46厘米，经篾23根，宽1. 5、厚0.3厘米，用四道细麻绳编串。长沙留芳岭3号墓出土的竹帘由十一根直径约为1.5厘米的竹条编成。

楚墓中广泛使用竹席、竹帘的葬俗，反映了楚人的植物崇拜观念。楚人崇拜的植物不止一种，包括茅、桃、芦苇、竹子等。因为他们发迹于山野、创业于草莽，对于身边盛产的某些草木、竹林容易产生特殊的认识和感情是很自然的。《离骚》云："索藑茅以筳篿兮，命灵氛为余占之。"王逸《楚辞章句》释：

①陈公柔：《士丧礼、既夕礼中所记载的丧葬制度》，《考古学报》1956年第4期。

“筳，小折竹也。楚人名结草折竹以卜曰篿。”意思是说串上瑗（琼）茅和竹片，唤灵氛为我占卜。楚墓棺盖上放置竹片，如湖北鄂城钢铁厂53号、106号墓棺盖上均放置30根或15根竹片，想必是占卜之用。这种占卜方法，在《荆楚时岁记》说：秋分“掷教于社神，以占来岁丰俭。或折竹以卜”。如今江南楚地民间仍用两片判竹，以细绳系其端，掷地，根据阴阳俯仰来占卜凶吉。楚墓中椁、棺之上常常盖有芦席和竹席，或用其裹尸、垫尸且在其上放置竹片，看来与楚人崇拜芦、竹等植物有关，均为“万物有灵”的远古产物。在楚人看来，这些东西是一种神物，具有某种魔力，用它随葬，特别是裹尸，可以借此禳灾除祸，保佑死者。

3.死者盖衾习俗

南楚墓葬中有盖衾习俗。衾就是被，是盖在死者身上的。《仪礼·士丧礼》中记载的衾有好多种，曰：“缁衾，赪里，无紞。”紞是被识，被上有紞可以看出前后倒正来。《礼记·丧大记》曰：“小敛……君锦衾，大夫缟衾，士缁衾。”《礼记·丧大记》曰：“小敛，君、大夫、士皆用複衣複衾。”複衾是絮有丝绵的被子。1951年长沙五里牌406号墓死者身上有绵被，因在水中浸泡太久，膨胀并呈黑色。在发掘当时尚可看出针缝合的痕来。1958年长沙烈士公园3号墓内棺出土了丝被，残长36、宽27厘米。从出土位置判断，是盖在死者身上的。丝被有一定的厚度，显然里面包含着其他物质。丝被的织纹为平纹，上面绣有花纹与朱色彩绘。

总之，丧葬礼俗是对死者的一种安置，其仪式贯彻着崇拜主义精神。由于中国古代信仰一直是以祖先崇拜作为中心的，在这种观念笼罩下，丧葬意义得到格外强调。对于楚民族而言，丧葬更有其独特的重要性。从湖南楚墓出土的遗物看，这些物质的存在负载着精神的内容，它可以帮助我们进一步认识南楚人们的思想和观念。

三、反映了南楚地区生活习俗

习俗，即社会上长期形成的风尚、礼节、习惯等的总和。古代生活习俗是古代礼俗的一个部分。其内容十分广泛，涉及婚嫁、衣食住行、祭祀、保健等方面。《周礼》、《仪礼》、《礼记》等均为专门研究礼俗的经典著作。其中的衣食住行反映的是不同时期的生活习俗。生活习俗作为一种社会文化现象，成为不同历史时期的重要标志和传统文化的主要表现。然而湖南楚墓作为一种精神的物化载体，积淀着南楚传统文化要素，出土的珍贵文物再现了先秦南楚地区丰富多彩的生活习俗。

1.饮食习俗

《礼记·王制》曰："中国戎夷五方之民，皆有性也，不可推移。东方曰夷，被发文身，有不火食者矣。南方曰蛮，雕题交趾，有不火食者矣。西方曰戎，被发衣皮，有不粒食者矣。北方曰狄，衣羽毛穴居，有不粒食者矣。"可见饮食内容和饮食方法是为划分族类的重要依据，因为它最能反映一个民族生活习俗的地域特点。众所周知，楚人在饮食习俗上有"饭稻羹鱼"、嗜食野味、讲究味料、喜食水果、嗜酒等习俗。湖南楚墓出土的部分容器内残留禽兽骨、水果、调料和食物以及马王堆汉墓出土的大量食物可以作为佐证。

第一，湖南楚墓出土兽骨、残留食物和调料反映了南楚地区喜食家畜野味、腌制鱼肉和羹食习俗。南国楚地雨水充沛，温暖湿润，土地肥沃，适宜于各种家畜野生动物的生活和繁殖。自然，家畜野生动物就成了人们主食之一，这在《吕氏春秋》、

《左传》、《国语》、《战国策》、《史记》及屈原的《招魂》、《大招》中均有记载。据考古发现，早在新石器时代南方的畜牧业就非常发达。如湖北京山屈家岭中期遗址内曾发现“猪、狗残骨遗骸和陶塑动物陶鸡、陶羊”[①]。家畜和野生动物在春秋战国时期楚墓中时有发现，湖南楚墓更是如此，如长沙浏城桥1号墓、长沙荷花池1号墓、长沙烈士公园3号墓、长沙左家公山15号墓的鼎内和其他处均发现鸡、猪等禽、兽骨的遗骸。荷花池1号墓铜鼎内发现的是猪月骨板，特别是在荷花池1号墓大陶鼎内的猪骨中，发现类似猪蹄的骨头和肉皮。现在湖南人仍喜食猪蹄，看来湖南人喜吃猪蹄的历史已有2000多年。据考古发现，楚墓中的兽类、鸟类、鱼类等野生动物有一二十种之多，但湖南楚墓中迄今未发现野生动物的骨骸，出土的木雕梅花鹿其头上很可能为真鹿角，但已腐朽。马王堆1号汉墓遣策记载的佳肴中除牛、鸡、羊羔、狗、猪等为家畜家禽之外，其余的均为捕猎获得的野味。湖南楚墓出土兽骨的墓葬与湖北地区的楚墓相比自有其特点：（一）出土地点较多；（二）出土零散的兽骨遗骸，而湖北楚墓出土的动物骨骸为较完整的猪、羊或半牲羊、半牲牛等；（三）出土禽、兽骨的墓葬葬具均为二椁二棺、二椁一棺，墓主人地位为大夫以上的贵族。又据《从湖南楚墓看楚国的葬制》一文分析[②]，至少也在上士一级的墓葬中才出土兽骨。

宰割的家畜野兽，部分制作成熟食，还有一部分制成干肉。长期以来，湖南人喜欢吃熏腊、风干制品，熏腊和风干制品可以

---

①王劲：《江汉地区新石器时代文化综述》，《江汉考古》1980年第1期。

②高至喜：《从湖南楚墓看楚国的葬制》，载《湖南考古辑刊》(第四集)，岳麓书社，1987年。

说是湘菜中最为常见的食物。所谓干肉就是腊肉。《周礼·腊人》曰："腊人：掌干肉，凡田兽之脯、腊、膴、胖之事。"注曰："薄析曰脯，棰之而施姜桂曰锻脩，腊小物全干。""脯"是不加香料晒干的肉，"锻脩"为加姜、花椒等香料晒干的肉。"因楚地盛产香料作物，故楚国的干肉一般都是加了香料的。"[①]湖南楚墓曾出土过香料，如长沙砂子塘5号墓、长沙杨家湾6号墓出土了花椒。马王堆1号汉墓漆案上的漆杯内盛有豆豉姜酱之类调味品，1号汉墓遣策记载小具杯"其二盛酱盐"，应为染杯。我国古代称调味品为染。《吕氏春秋·当务篇》说："齐之好勇者……卒然相遇于途。曰：'姑相饮乎？'觞数行，曰：'姑求肉乎？'一人曰：'子肉也，我肉也，尚胡革求肉而为？'于是具染而已（高注：'染，豉、酱也'）。"豆豉拌姜和花椒，可口生津，防寒去风湿，可补南方气候潮湿之不足。楚人常以酱、豉、盐、姜、花椒等佐料为肉食品调味，腌制后制成干肉。湖南楚墓就出土了许多腌制的干肉条。如长沙烈士公园3号墓出土了干猪肉26条，长沙广济桥5号墓、长沙仰天湖26号墓等出土了许多干肉条，呈长条形。这些干肉条很像现在湖南人喜欢吃的腊肉。楚地鱼类资源丰富，楚人还将吃不完的鲜鱼制成腊鱼。马王堆汉墓出土书有腊制品木牌和遣策，大量腊制品和肉脯（风干）的出现，具有湖南特色。

第二，湖南楚墓出土水果反映了南楚地区喜食水果的习俗。由于南楚地区气候适宜，所以盛产水果。据《吕氏春秋·本味》曰楚有"江浦之橘，云梦之柚"。在1952年长沙颜家岭乙35号

---

①宋公文、张群：《楚国风俗志》，湖北教育出版社，1995年。

墓、1954年长沙杨家湾6号墓、1955年长沙魏家大堆10号墓陶鼎内和他处发现了杨梅核和残果皮。马王堆1号墓出土了许多水果。马王堆1号、3号汉墓竹简和帛书中记载了枣、柿和石榴等。说明南楚地区人们不仅喜食水果，而且好将吃不完的水果制作成果糗或蜜糗。

2.梳妆习俗

楚人在日常生活中注重梳妆打扮。妇女对发式、面颊的装饰极为讲究。湖南楚墓反映了这一风俗习惯。如出土漆奁的墓葬，不论男女，彩绘漆奁内都有一整套梳妆用具，如铜镜、木梳、木篦、假头发等梳妆用品。长沙左家公山15号墓、长沙杨家湾6号墓、长沙魏家堆1号墓、长沙五里牌3号墓、长沙柳家大山33号墓出土彩绘漆奁内均有齐全的梳妆用品。出土梳妆用品的墓葬达30多座。

因为南楚地区人们注重梳妆，所以梳篦比较发达。湖南楚墓出土梳篦特别多，一墓同出数件。许多梳篦制作非常精美，长沙浏城桥1号墓出土了彩绘木梳和雕刻精细的木篦。据《礼记》记载，角质梳与木质梳用途不同，木梳用于梳理湿发，角梳用于梳理干发。因梳的疏密不同，齿疏为梳，齿密为篦，梳发时往往梳、篦合为一套，称为一具。长沙马王堆1号汉墓简文称："疏比一具。"1号汉墓出土了双层九子奁和单层五子奁，奁内有小漆盒，盛有镜擦、镊、梳、篦、胭脂、铅粉等梳妆用品。同时还出土了一面铜镜，基本上保持了战国楚式铜镜的风格。一般奁内都置有铜镜。此奁即《说文》称"镜籢"。镜子也属奁中重要妆具，湖南楚墓出土的铜镜达584件。南楚妇女梳妆时手持镜上纽系，且照且妆。

南楚妇女化妆极为讲究，有眉黛、红粉、白粉、口脂、香膏等。如长沙杨家湾6号墓漆奁中出土白粉，长沙魏家堆1号墓出土了铅质化妆粉，长沙仰天湖25号墓木俑基本上都施白粉、涂口脂、描细长的墨眉。胭脂为红花（又名红蓝）汁和米粉制作而成。人们一般用米粉擦面后施胭脂，《释名》：“粉，分也，研米使分散也。”当时男子亦有敷粉者。胭脂自古以来就是女性美的一种象征。难怪乎《大招》云：“粉白黛黑，施芳泽只。”王逸注曰：“言美女又工妆饰，傅著脂粉，面白如玉，黛画眉鬓，黑而光净，又施芳泽，其芳香郁渥也。”由此可见，薄施红粉确为楚人化妆习尚之一。《大招》言宫女“稚朱颜只”，也是说美女“颜色赤白”，由此可见，薄施红粉确为楚人化妆习尚之一。古代妇女化妆眉部亦为重要之处，当时妇女仍以黑色描眉。《招魂》言宫女“蛾眉曼睩”，注曰：“漫，轻细也。”《离骚》亦有“众女嫉余之蛾眉兮”之句。到了汉代，有《盐铁论》所谓“敷白黛青者众”。黛青即画。这种细眉是用墨黛勾勒出来的。除细曲眉外，楚女还崇尚另一种眉法，即《大招》提到的“青色直眉”。《释名》：“黛，代也。来眉而去之，以此画代其处也。”在画眉之前，要“灭眉”，即拔去部分眉毛，拔眉的工具就是马王堆1号汉墓中出土的镊子。《释首饰》：“镊，摄也，摄取发也。”

湖南楚墓出土假发也不少，如长沙杨家湾6号墓、长沙丝茅冲20号墓、长沙左家塘44号墓、长沙柳家大山33号墓都出土了假发。假发的发式一般多数为单个一束或辫子股式，如长沙杨家湾6号墓、长沙丝茅冲20号墓出土的发式就为股式。另外还有盘桓髻，其形先将发组成辫子，然后在头边缘盘住，如长沙左家塘44号墓、长沙柳家大山33号墓出土了此头发。另外可以从湖南楚墓出土的木俑中看到这种发式。发式除了美化外观效果外，还是民族识别的最重要标志。《招魂》对楚女发式作过如下描述：“长发曼鬋，艳陆离些。……《激楚》之结，独秀先些。”发式讲究，束发用的簪也自然非常精美。《士丧礼》曰：“鬠笄用桑，长四寸，纋中。”郑注云：“长四寸，不冠故也；纋，笄之中央以安发。”将发束好以后，用木簪绾住。《既夕礼》曰：“其母之丧，则内御者浴，鬠无笄。”郑注云：“内御，女御也；无笄，犹丈夫之不冠也。”似乎男者用木笄，而女者反不用笄。长沙左家公山15号墓墓主为男性，该墓木簪出土时位置“在死者的头部，木簪上存腐朽的丝带”。另外楚国妇女还注重头部的其他装饰，如长沙黄泥坑20号墓出土的雕刻女俑两耳上各有一细小的木插，应为耳饰。该俑头上还着一块丝帛，周围有较长的丝须下垂。木俑手腕关节上还戴有一对丝手圈，体态优美，装饰华丽。

以上说明，南楚人是一个非常爱美的民族，从中可以窥视到南楚地区贵族梳妆装饰风俗习惯。

3.起居习俗

中国古代，人们席地起居习俗由来久远，延续的时间很长，战国时期人们仍保留着这种习惯。湖南楚墓中出土的低矮型家具反映了当时人们席地而坐的起居习俗。湖南楚墓出土的低矮型漆几、漆案、榻等家具与当时人们席地而坐的习俗有关。早在原始社会，人们就在简陋的室内铺垫一些纺织物“席”，日常将器皿放于“席上”。进入青铜时代，以木构架和抬梁式构架为主的建筑形式已初步完善，室内也日渐增高加宽，这时仅供铺地和坐卧的席已不能满足生活需要，随着生产力的提高，特别是在南方楚地，建筑构房和制作棺椁时所形成的木工技术，为制作大量楚式家具提供了技术手段。南方丰富的生漆又为家具提供了保护和装饰条件。楚人对房屋求高广，而室内摆设却求低矮，所以说传统的席地起居习俗仍是新家具适应的基本条件，湖南楚墓中出土漆几、漆案均为矮腿，是依楚人席地而坐的习惯设计制作的。几是古人倚凭顿颡而用的小桌，《说文·几部》：“几，踞几也。象形。”段注：“……古人坐而凭几……象其高而上平可倚，下有足。”《尚书·顾命》中的“皇后凭玉几”的凭几，即古人倚凭顿颡休息而用的小桌，该几面长条形，足不高，适宜于“席地而坐”凭倚靠几。如长沙浏城桥1号墓出土的雕刻漆木几，几面刻云纹，两挡刻变形兽纹，整个雕刻技法简练，刀法娴熟。如湘乡牛形山1号墓出土彩绘龙纹漆木凭几，临澧九里1号墓彩绘漆几，常德德山10号墓漆凭几，常德德山25号墓漆几等都十分精美。先秦时期，人们在床、榻及室内就座处铺席，底席之上再另铺席，或草席或竹席。湖南不少楚墓都出土竹席，这与当时人们坐于席上有关。中国古代“席地而坐”的起居习俗源远流长，影响深远，直至汉唐。日本也深受影响，至今日本民族还保留着“席地而坐”的习俗。

4.爱细腰习俗

爱细腰是整个楚族的一大习俗，难怪乎有“楚王爱细腰”之说法。湖南楚墓出土帛画上人物，漆器上人物，以及大量铜带钩和细腰木俑出土都反映了这一习俗。如长沙仰天湖25号楚墓出土了许多舞俑、乐俑、侍俑和武士俑，不论男女均为细腰；长沙楚墓出土的“人物龙凤帛画”中的一侧身女子，女子腰束宽带，腰极细，表明她是一位身材苗条的贵妇人，使人联想起“楚王爱细腰”的情景。楚俗以细腰为美，而灵王更甚。《韩非子·二柄篇》说：“楚灵王好细腰，而国中多饿人。”楚辞《大招》所谓“小腰秀颈，若鲜卑只”，即可为证。“鲜卑”除作族称之外，古代亦用为带钩之名。湖南楚墓常有束腰用的带钩出土。楚国女子束腰带皆为大带，长沙楚墓出土漆卮图案上绘舞女腰系白色宽带，湖南楚墓出土的女俑腰系锦带。长沙颜家岭乙35号墓出土了宽皮带。由于楚王崇尚细腰，使得楚人甚于南方广大地区与北方的诸夏审美意识大不一样，男子以威严精悍为美，女子以苗条纤柔为美，由此可联想到楚礼器青铜鼎其足皆细而高，且有棱有角，同时期中原的青铜鼎足粗而短，敦实浑厚，体现了楚人与中原诸夏不同的审美心理。直至今日南北地区审美观点仍有区别。

5.民俗之器——虎子

虎子俗称仰天尿壶，属民间便器用具，为汉族溺器，流行于全国大部分地区。一般为腹深，有长形、圆形、椭圆形等形状。有陶制、瓷制、漆木制等，上有口，因形如伏虎，故名。《周礼·天官·玉府》："掌王之燕衣服衽席床笫凡亵器。"汉郑玄注："亵器，清器，虎子之属。"汉刘歆《西京杂记》："汉朝以玉为虎子以为便器……"唐时避讳，更名为"马子"。因其类壶状，民间俗称尿壶，又因多夜间使用，故又有夜壶之称。然而这种民俗之器早在2000多年以前南楚地区人们就开始使用此物。长沙五里牌3号墓出土了一件现存唯一最早的漆绘虎子，全器用一整木雕成，由口向内将腹镂成空腔，其外貌为一虎昂首匍匐，双眼圆睁、两唇张开而不露内腔。四肢丰满，臀部肥圆，尾反卷连接后脑而成把手。整体雕刻线条流畅圆浑。器内外皆髹黑漆，器外通体用黄、褐二色绘云凤纹，眼、耳及臀部以褐线衬托，眼球用褐彩勾勒。形态如生，在威猛中略带温顺之感。由此可见，南楚地区是最早喜欢使用"虎子"的区域之一。

当我们沿着湖南楚墓出土漆器及其他文物所反映的各种礼俗思路探微时，不得不为南楚地区传统文化而感到骄傲和自豪。的确，南楚地区各种习俗源远流长，千姿百态，涉及社会生活的方方面面。但愿探究南楚地区各种习俗这样的命题，能引申出更多新的题目，新的讨论。

第二章　传承迄汉　文脉春秋

楚文化作为湖湘文化的源头，且一脉传承迄汉，传统的观念和文化一方面依稀或明显地留在西汉时期漆器工艺创作形式中，另一方面则反映在人们进行漆器工艺创作行为时的心理上，作为一种古老的情感因素被人们自然传袭和接受。本章将以湖南西汉高级贵族墓所出漆器作为典型代表，致力于立体的观察和思考，结合漆器工艺史、地方史，从文化发展机制的深层面探讨，以期揭示湖南汉代漆器功能、工艺发展过程中的传承与变异及其原因。

第一节　湖南西汉王、侯及其家族的高级贵族墓葬出土漆器概述

在中国古代漆器工艺史上，西汉漆器工艺处于一个承前启后、空前繁荣的时期。迄今为止，西汉时期漆器的出土情况呈三大特点：一是主要出土于大型贵族墓葬之中，且王、侯及其家族的高级贵族墓葬居多；二是出土西汉前期漆器的墓葬以长江中上游地区居多，出土西汉后期漆器的墓葬以长江下游地区居多；三是大型贵族墓葬出土的漆器除部分明器外，大部分为实用器，且数量大，保存完整。

西汉时期的湖南大部分地区属长沙国，这时期的王、侯及其家族的高级贵族墓葬出土了大量漆器，尤以马王堆等大批汉初墓

葬所出最为精美。湖南汉初漆器保存之完整，工艺之精湛，代表了汉初漆器工艺发展的最高水平；其数量之众多，品类之齐全，几乎囊括了汉初漆器的所有种类；其上承先秦漆器之风骚，下启西汉后期漆器之绚丽，为研究汉初漆器工艺提供了珍贵的材料。故此，本篇特以其作为典型代表，结合漆器工艺史、地方史，从文化发展的深层面，揭示汉初漆器工艺的发展内涵及其在动态历史过程中的传承与变异。并进而辨析它在适应既定文化环境中，通过自我调整所产生的功能转化；认识它在新文化环境中继续完善制作工艺与装饰艺术中所产生的变化。

一、出土地点

目前在湖南长沙、沅陵、永州等地区已发掘了西汉时期王、侯和家族墓10多处，尤以长沙地区最为集中，与这里曾是长沙国都城所在地有关。据文献记载，汉高祖五年（前202）设置长沙国，定都城为临湘（即今长沙），历经吴氏（5代）和刘氏（8代）长沙王的更替，存续时间221年（图61）。长沙国与西汉王朝几乎是同始终共命运，它是西汉历史上一个非常重要的诸侯国之一（表1）。迄今为止，长沙地区出土诸侯王及王后级墓5座，列侯及其家族墓葬4座。湖南西南的沅陵地区，地处湘西沅水流域中游，据文献记载，战国属楚黔中郡，汉高祖五年（前202），改黔中郡为武陵郡，始置沅陵县。高后元年（前187）长沙王吴臣之子吴阳受封为第一代沅陵侯。1999年，发掘吴阳墓，并在紧邻该墓的南侧发现可能是吴阳夫人的墓葬（暂未发掘）。湖南南部的永州地区，属汉武帝分置的零陵郡，《史记·建元以来王子侯者年表》记载，汉武帝元朔五年（前124）曾分封长沙定王之子刘贤为泉陵侯，地在零陵郡之泉陵，

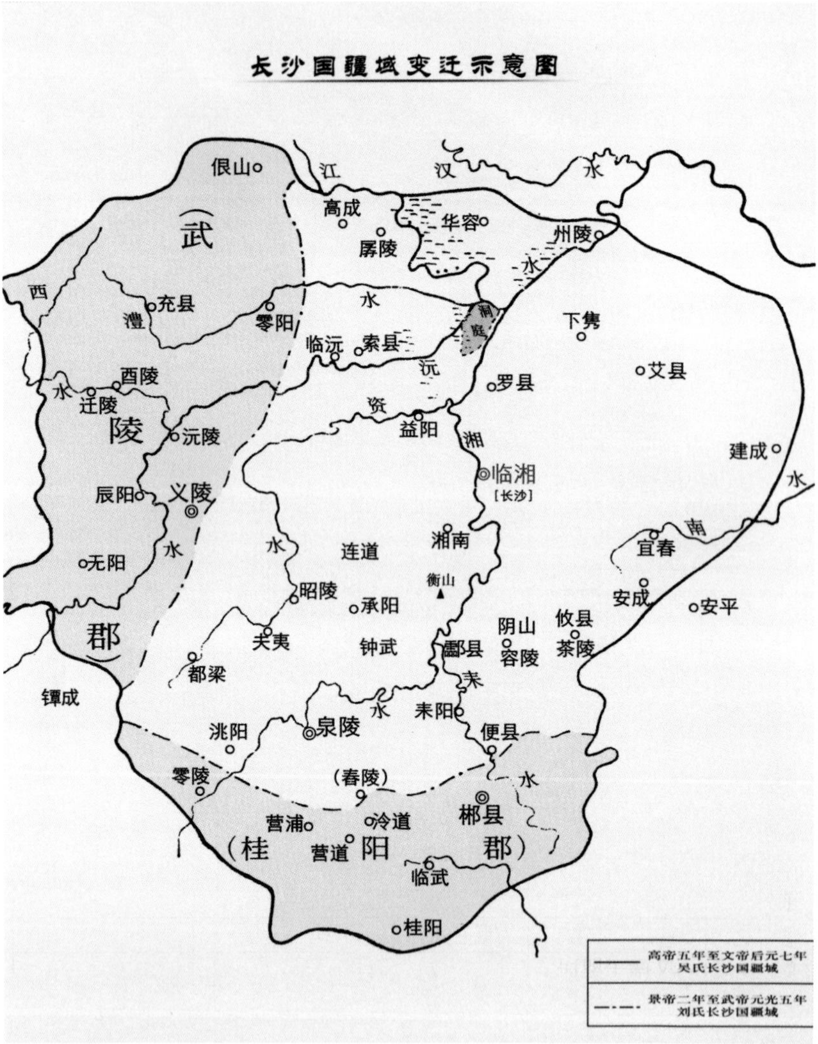

图61　西汉长沙国疆域变迁示意图

（曹学群先生绘制）

表1　长沙国年表

年代	汉朝	长沙国	轪侯
吴氏长沙国年表			
前202年	高祖五年	文王吴芮（前202年）	
前201年	高祖六年	成王吴臣（前201—前194年）	
前193年	惠帝二年	哀王吴回（前193—前187年）	利苍（第一代）（前193—前186年）
前186年	高后二年	共王吴若（前186—前178年）	
前185年	高后三年		利豨（第二代）（前185—前165年）
前178年	文帝前元二年	靖王吴著（前178—前157年）	
前164年	文帝前元十六年		利彭祖（第三代）（前164—前141年）
前157年	文帝后元七年	吴氏长沙国除	
刘氏长沙国年表			
前155年	景帝前元二年	定王刘发（前155—前129年）	
前140年	武帝建元元年		利秩（第四代）（前140—前110年）
前128年	元朔元年	戴王刘庸（前128—前101年）	
前110年	元封元年		利秩犯罪，轪侯爵位被废除
前100年	天汉元年	顷王刘鲋鮈（前100—前84年）	
前83年	昭帝始元四年	剌王刘建德（前83—前50年）	
前49年	宣帝黄龙元年	炀王刘旦（前49—前47年）	
前45年	元帝初元四年	孝王刘宗（前45—前43年）	
前42年	永光二年	缪王刘鲁人（前45年—6年）	
7年	汉孺子婴居摄二年	长沙王刘舜（7—9年）	
26年	汉光武帝建武二年	长沙王刘兴（26—37年）	
37年	汉光武帝建武十三年	刘氏长沙国除	

注：东汉光武帝建武十三年后略。

即今永州。此外，定王的其他几个儿子被分封在零陵的还有春陵侯买、都梁侯定、洮阳侯狩燕和夫夷侯义等。由此看来，永州地区的西汉列侯级墓葬当为数不少，目前已被发掘者有两座，墓主可能是第三代泉陵侯庆及其夫人，其附近还发掘出墓主为刘彊的一座贵族墓葬，当是泉陵侯家族中的成员。

二、出土漆器概况

湖南出土的上述西汉高级贵族墓大都随葬了数量众多的精美漆器（详情见第五章表1《典型墓葬分期表》），据各墓葬发掘报告的年代推断及所出漆器的基本特点，大抵以汉武帝太初元年（前104）发布诏令“改正朔，易服色”为界，可分为前后两个时期。属西汉前期的墓葬有8座，其中马王堆2号汉墓出土漆器200多件[①]，马王堆3号汉墓出土完整漆器316件[②]，马王堆1号汉墓出土完整和带铭文漆器184件[③]（图62、图63、图64），长沙咸家湖望城坡渔阳墓出土完整漆器约500多件及大量被压坏的漆器残片4000多件[④]（图65、图66、图67），长沙砂子塘1号汉墓出土完整漆器7件及大量漆器残片[⑤]，沅陵虎溪山吴阳墓出土大量被压坏的漆木器残片约296件[⑥]（图68），长沙咸家湖象鼻嘴吴著墓出

①② 湖南省博物馆等：《长沙马王堆二、三号汉墓发掘简报》，《文物》1974年第7期。
③ 湖南省博物馆等：《长沙马王堆一号汉墓》，文物出版社，1974年。
④ 宋少华、李鄂权：《西汉长沙王室墓》，载《中国考古学年鉴》，文物出版社，1994年；长沙市文物考古研究所、长沙简牍博物馆：《湖南长沙望城坡西汉渔阳墓发掘简报》，《文物》2010年第4期。
⑤ 湖南省博物馆：《长沙砂子塘西汉墓发掘简报》，《文物》1963年第2期。
⑥ 湖南省文物考古研究所等：《沅陵虎溪山一号汉墓发掘简报》，《文物》2003年第1期。

土完整漆器3件及大量被压坏的漆器残片[①]，长沙咸家湖陡壁山曹嫘墓出土漆器数百种之多等[②]。这批漆器不但数量众多、纹饰华美，且器类丰富，保存甚好，反映了汉初漆器工艺发展的真实状况。

图62　长沙马王堆三座汉墓外景
（陈建明主编：《湖南省博物馆》，湖南美术出版社，2003年，第32页）

图64　长沙马王堆3号墓边厢漆器出土情况
（湖南省博物馆等：《长沙马王堆二、三号汉墓发掘报告》，文物出版社，2004年，后彩第8页）

图63　长沙马王堆3号墓椁厢器物出土情况
（湖南省博物馆等：《长沙马王堆二、三号汉墓发掘报告》，文物出版社，2004年，后彩第15页）

①湖南省博物馆：《长沙象鼻嘴一号西汉墓》，《考古学报》1981年第1期。
②长沙市文化局文物组：《长沙咸家湖西汉曹嫘墓》，《文物》1979年第3期。

图65　长沙望城坡渔阳墓外椁盖板揭开后情况（长沙市文物考古研究所等：《湖南长沙望城坡西汉渔阳墓发掘简报》，《文物》2010年第4期，第9页）

图66　长沙望城坡西汉渔阳墓北藏室底层漆器出土情况（长沙市文物考古研究所等：《湖南长沙望城坡西汉渔阳墓发掘简报》，《文物》2010年第4期，第11页）

图67　“渔阳”漆耳杯
（1993年长沙望城坡渔阳墓出土。湖南省文物考古研究所编：《湖南考古漫步》，湖南美术出版社，1999年，第58页）

图68　漆盘
（1999年沅陵虎溪山1号墓出土。湖南省文物考古研究所等：《沅陵虎溪山一号汉墓发掘简报》，《文物》2003年第1期，第43页）

属西汉后期的墓葬共6座，其中，长沙望城风篷岭1号墓[①]（图69）、永州鹞子岭刘彊墓出土腐朽漆器残片[②]，永州鹞子岭一号汉墓出土漆残器数件[③]，永州鹞子岭二号汉墓出土带铭文漆残器12件[④]，长沙杨家山汉墓出土了带铭文漆器残片[⑤]，长沙杨家山304号汉墓出土1件漆盒残器[⑥]。这批漆器不以数量取胜，而以高难度的工艺见长，体现了西汉后期漆器工艺日益精湛的发展水平。

图69　长沙望城风篷岭1号墓葬俯视全景照（何佳等：《望城风篷岭一号汉墓简介》，载《湖南省博物馆馆刊》第四辑，2007年，前彩第4页）

---

①长沙市文物考古研究所、望城县文物管理局：《湖南望城风篷岭汉墓发掘简报》，《文物》2007年第12期；何佳、黄朴华、何旭红：《望城风篷岭一号汉墓简介》，载《湖南省博物馆馆刊》（第四辑），岳麓书社，2007年；何旭红：《湖南望城风篷岭汉墓年代及墓主考》，《文物》2007年第12期。

②零陵地区文物工作队：《湖南永州鹞子山西汉刘彊墓》，《考古》1990年第11期。

③贺刚：《湖南永州鹞子岭一号汉墓的墓主及相关问题》，载《湖南省博物馆四十周年纪念论文集》，湖南教育出版社，1996年。

④湖南省文物考古研究所等：《湖南永州市鹞子岭二号西汉墓》，《考古》2001年第4期。

⑤湖南省博物馆资料。陈直：《汉书新证》，天津人民出版社，1979年，第312页。

⑥湖南省博物馆：《长沙杨家山304号汉墓清理简报》，载《考古学集刊》，中国社会科学出版社，1981年。

第二节　西汉时期漆器功能与工艺的传承和变异

秦代和汉初是中国历史上一个极为重要的转折时期，迄今为止，反映在考古学物质遗存上的秦代铜器和陶器制品已在全国各地出土甚多，并已显示出鲜明的时代特点。而秦代的漆器制品，虽然在湖北云梦睡虎地、江陵凤凰山等秦墓中均有发现，但资料仍十分零散，我们很难对其进行科学的评估和讨论。不过，值得庆幸的是，上文所征引的一大批汉初漆器资料，在很大程度上弥补了这一缺憾。需要说明的是，这一大批漆器资料主要出于楚旧地的湖南，这里受秦中央王朝统治时间不长，即便到了汉初，原有楚文化对汉初漆器的影响或许比其他地域更为强烈，但仍不失为解读汉初漆器工艺发展状况的上好材料。

当我们对这批汉初漆器资料进行研究时，不难发现与这一历史转折时期相适应的漆器工艺，同样经历了一个承上启下、继往开来的发展与变化的过程，既有先秦遗风的传承，又显现了其受外界环境诸多因素影响而发生的变异。这一文化现象倒是与托马斯·哈定的文化进化论的观点是一致的[①]。一种文化在调整或适应的过程中，由于惯性和自律限制，不可避免地产生相对的文化稳定性，即文化的传承性，而维系稳定过程中起适应性作用的，是中华文化发展的延续。汉初漆器功能与工艺的传承正是在这种稳定化机制因素引导下的产物。但是，从文化发展的历史进程来

---

①托马斯·哈定在《文化进化论》中说道：“文化是人类的适应方式。它是人类为攫取自然能量，对自然界的适应而造就一种文化的技术，以及相应的社会结构和意识方法。”托马斯·哈定等：《文化与进化》，浙江人民出版社，1987年。

看，稳定化过程中必然还潜在超机体的环境因素，它必然导致文化的持续变化，并常伴随着文化稳定性并存，从而形成文化的变异。汉初社会结构、观念意识等发生的变化都属于超机体环境因素，它使得这时期的漆器功能与工艺也会相应地产生变异。诚然，某种文化在一个朝代更替初期所显现出的传承与变异性更加突出。这就使我们有可能对这一历史转折时期漆器工艺的发展与变化进行客观的评价和探索。

具体说来，汉初漆器工艺在这一历史转折时期所体现出来的传承与变异，主要体现在两个方面：其一是功能，其二是制作工艺与装饰艺术。下面分别予以讨论。

一、漆器功能的传承与变异

所谓漆器的功能，是指其所发挥的有利作用或效用，它表达了使用者的某些目的和愿望，是漆器工艺的主要因素之一。在讨论汉初漆器功能的传承与变异时，我们将从最能体现漆器功能的器类和器形这两个主要因素来考察，由此而得出的初步结果是，礼教含义退却、实用功能渐强。其主要依据是：

1．汉初漆礼器的品类和数量骤减，实用器日益增多

先秦时期器服制度的一个最大特点是，各阶层的人们都要按礼制的规定来执行，并规定了一套专门的器具来作为礼仪用器。诸如用鼎制度，在先秦礼制中是有严格限制的。按西周制度，“礼祭：天子九鼎，诸侯七，卿大夫五，元士三也”[①]。东周时代的宗法制度出现了衰落，诸侯已越制使用天子之制，据《仪礼》

---

①《公羊传·桓公二年》何休注。

图70　云纹漆鼎
（1972年长沙马王堆1号墓出土。2008年度国家社会科学基金项目《马王堆汉墓漆器整理与研究》资料）

的记述，此时的诸侯已用大牢九鼎，卿、上大夫用大牢七鼎，下大夫用小牢五鼎，士用牲三鼎或特一鼎。秦王朝的专制虽对先秦礼制冲击不小，但也并非是全盘否定。直到汉初，用以鼎为代表的器具区别等第的先秦遗风仍在不同程度地因袭和继承。如马王堆一号墓遣策记载漆（陶）鼎制仍沿用了先秦的上卿之礼[①]，说明至少在汉初的上层贵族仍部分保留原来的礼制。但马王堆一号墓遣策中记载的用鼎数为九、七三牢，另有陪鼎三套，而随葬实物则为七个漆鼎（图70），说明遣策所记为大祭时的实用礼器，只用于祭祀不用于随葬。随葬鼎体现了汉初的明器制度，则更能准确地反映墓主人的等级身份，说明汉代在承传先秦礼制的同时出现了变异。到汉武帝以后，漆器品类上就发生了根本的变化，西汉后期墓葬根本不见漆鼎。

汉初漆器组合也仍有一定礼教含义。如漆匜、盘同出，说明完全继承了先秦沃盥之礼。《仪礼》各篇均有设洗、沃盥、祭祀等礼，进行沃盥是一项重要礼节。自上浇水器是匜，下面接水器为盘。所以先秦墓葬中盘、匜常成套出土。马王堆1号汉墓东边箱和北边箱共出土了2件漆匜（图71），东边箱也出土了平盘2件，

①俞伟超：《马王堆一号汉墓用鼎制度考》，载《马王堆汉墓研究》，湖南人民出版社，1979年。

北边箱出土了漆盘（图72）。沅陵侯汉墓中的漆盘、漆匜同出也说明至少在汉初仍沿用先秦沃盥之礼。西汉后期对此种盥洗方式加以简化，匜、盘并不同出，如西汉后期泉陵侯墓只出漆盘，不出漆匜。再如先秦贵族墓葬常见几杖，通常是凭几设于座侧以凭倚身体，杖为依托人身之物，二物皆为礼器，故《三礼》中常“几杖”连文，《礼记·曲礼》：“大夫七十而致事，若不得谢，则必赐之几杖。”马王堆一号墓北边箱几杖同出（图73），望城坡一号汉墓、陡壁山一号汉墓几杖同出。说明汉初墓中几杖同出的情形确实是继承了先秦遗制，而在西汉后期墓葬中，已再无几杖同出的现象。此外，笭床为楚墓中常用的一种丧葬用具，楚人信它有吉祥避邪之意。到汉初人们仍沿用这种观念和习俗，如砂子塘一号汉墓和陡壁山一号汉墓的内棺底板上均置雕花漆笭床，图案复原似为“祥云拱璧”，与长沙楚墓漆竿笭床十分相似。

汉初高级贵族墓葬中出土的上述漆器用具，表明根深蒂固的先秦礼制在经历了改朝换代和血与火的洗礼以后，依然生生不

图71　云纹漆匜和铭文

（1972年长沙马王堆1号墓出土。2008年度国家社会科学基金项目《马王堆汉墓漆器整理与研究》资料）

图72 “轪侯家”漆平盘

（1972年长沙马王堆1号墓出土。2008年度国家社会科学基金项目《马王堆汉墓漆器整理与研究》资料）

图73 云纹漆几

（1972年长沙马王堆1号墓出土。陈建明主编：《马王堆汉墓陈列》，第38页）

息，代代相因。然而，若从这些墓葬所出漆器制品的整体情况看来，倒也不难发现，这些与先秦礼制相承的器类在与之共存的漆器总量中却已显得无足轻重，它们无论在器类和数量上与日益增多的实用漆器相比确已相形见绌。而更为突出的是，先秦墓葬中常见的某些漆礼器制品在此时已荡然无存。如：禁，在先秦时期的贵族祭祀、宴享时常将其作为陈置酒器和食器的案形器具，是礼器。天星观楚墓、信阳楚墓、曾侯乙墓皆出土过无足或有足禁①（图74）。又如，俎，为先秦贵族祭祀、宴享时陈载牲体的器具，亦为礼器。当阳楚墓曾出土过祭祀用的礼俎②，信阳楚墓出土了50件木俎③，长沙浏城桥一号楚墓出土7件木俎与所葬7鼎6簋

①③湖北省荆州地区博物馆：《江陵天星观一号墓》，《考古学报》1982年第1期；河南省文物研究所：《信阳楚墓》，文物出版社，1986年；湖北省博物馆：《曾侯乙墓》，文物出版社，1980年。

②湖北省宜昌地区博物馆：《当阳金家山春秋楚墓发掘简报》，《文物》1989年第11期。

图74　透雕漆木禁
（1978年湖北随县曾侯乙墓出土。陈建明主编：《凤舞九天——楚文物特展》，湖南美术出版社，2009年，第159页）

相配[①]，包山二号楚墓随葬7件木俎与所葬大牢7鼎6簋相配[②]，组合特点符合“鼎俎奇”之周礼。再如，豆，在先秦时是放置腌菜、干果和肉酱等食物的器皿，《尔雅·释器》郭璞注：“豆，礼器也。”漆豆是漆器中出现最早的品类之一，在陶寺新石器遗址晚期墓葬中出土了漆豆[③]，当阳赵巷四号春秋墓和战国楚墓中出土了很多漆豆[④]。《礼记·郊特牲》：“鼎俎奇而笾豆偶，阴阳之义也。”当阳赵巷四号墓漆豆为6，湖北望山一号墓无盖豆为8[⑤]，其数量组合基本符合礼制。然而，楚墓中习见的禁、俎和豆这些漆礼器，在经历了秦文化的冲击后，似乎再没有得以延续，

①湖南省博物馆：《长沙浏城桥一号墓》，《考古学报》1972年第1期。
②湖北荆沙铁路考古队：《包山楚墓》，文物出版社，1991年。
③中国社会科学院考古研究所山西工作队等：《1978—1980年山西襄汾陶寺墓地发掘简报》，《考古》1983年第1期；高天麟、张岱海、高炜：《龙山文化陶寺类型的年代与分期》，《史前研究》1984年第3期；高炜：《陶寺龙山文化木器的初步研究》，载《中国考古学研究——夏鼐先生五十年纪念论文集》（二），科学出版社，1986年。
④湖北省宜昌地区博物馆：《湖北当阳赵巷4号春秋墓发掘简报》，《文物》1990年第10期；湖北省宜昌地区博物馆：《湖北当阳赵巷楚墓第二次发掘简报》，《江汉考古》1991年第1期。
⑤湖北省文物考古研究所：《江陵望山沙塚楚墓》，文物出版社，1996年。

湖南众多汉初高级贵族墓葬中没有发现一件漆俎、禁、豆等。此外，先秦楚墓中所常见的漆木虎座飞鸟、漆鹿等同样不见于汉初墓葬中。

与先秦时期漆器以礼器为主形成鲜明对比的是：汉初漆器品类已从礼器的圈子里跳出来而广泛应用于日常生活的各个方面，且实用器更加精致，新型器皿不断涌现，成为这时期漆器品类变化的一大特点。其品类包括礼器、乐器、兵器、葬具以及各种生活日用品和杂物玩具。饮食器具有鼎、盒、盘、盂（图75）、锺、钫、壶（图76）、耳杯、盘、卮（图77）、具杯盒、勺（图78）、匕、豆形器；盥洗器皿有盆、匜、沐盆；梳妆用品有双层奁、盒、匣、梳、篦、簪；日常用具有屏风、几、案、杖、笥、箕（图79）、虎子、器座、砚台；娱乐用品有琴（图80）、瑟（图81、图82）、筑（图83）、排箫、竽（图84）、竽律、磬、鼓、六博、骰子、筹码；丧葬用具有棺、椁、木杖、木棒、木俑、笭床，以及髹漆兵器和车马器等。其中的双层漆奁、漆枕、漆砚盒（图85）、漆盂、漆锺（图86、图87）、漆钫（图88）、沐盆、兵器架（图89）、具杯盒（图90）、漆箸等均为先秦墓葬所未见的新产品。如漆箸，即漆竹筷，先秦人们进餐时大部分用手取，秦汉时开始用竹筷。马王堆一号墓漆案出土时，上置小漆盘、漆卮、漆耳杯、竹串和漆箸，为贵族日常进餐时的摆设。可见漆箸的出现与汉初进餐用箸习俗形成有关（图91、图92）。至西汉时期成为博戏的全盛时代，《史记·滑稽列传》曰："若乃州闾之会，男女杂坐，行酒稽留，六博投壶。"可见博戏是汉代重要的娱乐项目，长沙马王堆3号汉墓出土了一套完整的博具，内置博茕（图93）。

先秦时期有些器类多为权贵的象征，到汉初已广泛运用于民间。以屏风为例，文献记载西周斧纹屏风是天子名位与权力的象

图75 云凤纹漆盂
（1973年长沙马王堆3号墓出土。2008年度国家社会科学基金项目《马王堆汉墓漆器整理与研究》资料）

图76 云纹漆壶
（1973年长沙马王堆3号墓出土。2008年度国家社会科学基金项目《马王堆汉墓漆器整理与研究》资料）

图77 云纹漆卮
（1973年长沙马王堆3号墓出土。2008年度国家社会科学基金项目《马王堆汉墓漆器整理与研究》资料）

图78 雕镂龙纹竹胎漆勺
（1972年长沙马王堆1号墓出土。傅举有、陈松长编著：《马王堆汉墓文物》，湖南出版社，1992年，第61页）

图79 云凤纹漆箕
（1973年长沙马王堆3号墓出土。2008年度国家社会科学基金项目《马王堆汉墓漆器整理与研究》资料）

图80 七弦琴
（1973年长沙马王堆3号墓出土。陈建明主编：《马王堆汉墓陈列》，第16页）

图81　二十五弦漆瑟

（1972年长沙马王堆1号墓出土。陈建明主编：《马王堆汉墓陈列》，第16页）

图82　鼓瑟图

（1972年长沙马王堆1号墓出土黑地彩绘棺纹饰。湖南省博物馆等：《长沙马王堆一号汉墓》，文物出版社，1974年，上册插页）

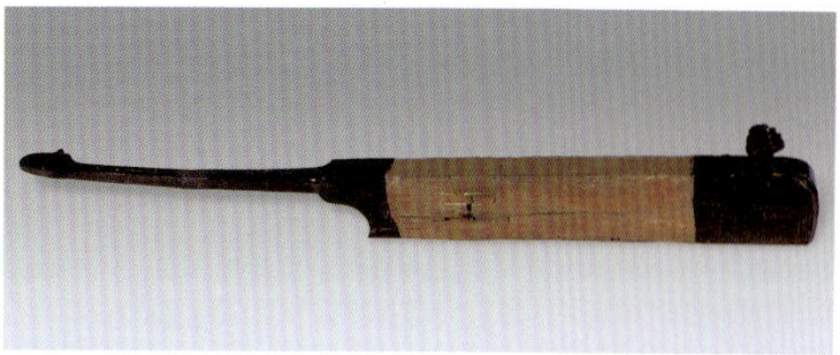

图83　漆筑

（1993年长沙望城坡渔阳墓出土。长沙市文物考古研究所等：《湖南长沙望城坡西汉渔阳墓发掘简报》，《文物》2010年第4期，第15页）

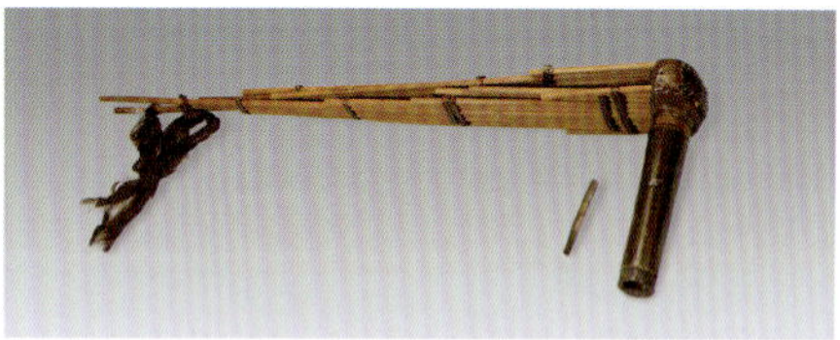

图84　漆竽

（1973年长沙马王堆1号墓出土。陈建明主编：《马王堆汉墓：古长沙国的艺术和生活》，岳麓书社，2008年，第11页）

图85　漆砚盒

（1993年长沙望城坡渔阳墓出土。长沙市文物考古研究所等：《湖南长沙望城坡西汉渔阳墓发掘简报》，《文物》2010年第4期，第16页）

图86 云纹漆锺
（1972年长沙马王堆1号墓出土。2008年度国家社会科学基金项目《马王堆汉墓漆器整理与研究》资料）

图87 漆锺铭文
（1972年长沙马王堆3号墓出土。2008年度国家社会科学基金项目《马王堆汉墓漆器整理与研究》资料）

图88 云纹漆钫
（1972年长沙马王堆1号墓出土。2008年度国家社会科学基金项目《马王堆汉墓漆器整理与研究》资料）

图89 云纹漆兵器架
（1973年长沙马王堆3号墓出土。陈建明主编：《马王堆汉墓陈列》，第10页）

图90 漆具杯盒
（1972年长沙马王堆1号墓出土。2008年度国家社会科学基金项目《马王堆汉墓漆器整理与研究》资料）

图91 漆案、漆盘、漆耳杯、漆卮组合照片
（1972年长沙马王堆1号墓出土。2008年度国家社会科学基金项目《马王堆汉墓漆器整理与研究》资料）

图92　漆耳杯、漆盘、漆卮、箸组合照片
（1973年长沙马王堆3号墓出土。2008年度国家社会科学基金项目《马王堆汉墓漆器整理与研究》资料）

图93　锥画纹漆博具
（1973年长沙马王堆3号墓出土。2008年度国家社会科学基金项目《马王堆汉墓漆器整理与研究》资料）

征，考古发现最早的先秦屏风实物为楚墓中随葬的小型雕屏风。汉初出现了大型实用漆屏，如马王堆一、三号汉墓出土明器漆屏风，但一号墓遣策记载："木五菜（彩）画并（屏）风一，长五尺，高三尺。"简文所记尺寸为当时实用屏风尺寸，汉尺五尺约合1.2米（图94）。汉初南越王墓出土的屏风，为形体高大多扇拼合屏风[①]。

汉初与先秦墓葬随葬漆器数量比较，其数量之大前所未有，且生活器皿占绝大多数。如马王堆三号墓出土的316件漆器中，耳杯竟然有174件（图95），盘68件（图96），卮29件（图97）。马王堆一号墓出土的漆器184件，耳杯达90余件。马王堆二号墓出土的漆器200多件，盘70余件（图98）。咸家湖陡壁山一号墓漆器数百种之多，盘就有55件。沅陵虎溪山一号墓出土的漆器296件，耳杯101件，盆56件，盘60件，卮7件（图99）。而先秦时期出土漆器最多的楚墓，如长沙浏城桥一号楚墓属大夫一级贵族墓，漆木

①广州市文物管理委员会：《西汉南越王墓》，文物出版社，1991年。

图94　云龙纹漆屏风
（1972年长沙马王堆1号墓出土。2008年度国家社会科学基金项目《马王堆汉墓漆器整理与研究》资料）

图95　漆耳杯
（1973年长沙马王堆3号墓出土。2008年度国家社会科学基金项目《马王堆汉墓漆器整理与研究》资料）

图96　漆盘
（1973年长沙马王堆3号墓出土。2008年度国家社会科学基金项目《马王堆汉墓漆器整理与研究》资料）

图97　漆卮、漆盘、兽骨组合照片
（1973年长沙马王堆3号墓出土。2008年度国家社会科学基金项目《马王堆汉墓漆器整理与研究》资料）

图98　小漆盘
（1973年长沙马王堆2号墓出土。2008年度国家社会科学基金项目《马王堆汉墓漆器整理与研究》资料）

图99　漆卮
（1999年沅陵虎溪山1号墓出土。湖南省文物考古研究所等：《沅陵虎溪山一号汉墓发掘简报》，《文物》2003年第1期，第42页）

器只有10多件。包山一号楚墓出土的漆器33件，包山二号楚墓出土的漆器81件。雨台山558座楚墓中出土的漆器才达800余件[①]。

---

①湖北省荆州地区博物馆：《江陵雨台山楚墓》，文物出版社，1984年。

图100　云纹漆匕
（1972年长沙马王堆1号墓出土。2008年度国家社会科学基金项目《马王堆汉墓漆器整理与研究》资料）

2．器形演变日趋世俗化

一种器形的演变与器物功能紧密相连，不可否认，器物形态的演变与变异，主要是取决于人们的生产、生活需要，但意识形态方面的影响，仍是不可忽视的因素。汉初世俗化演变的器具是与当时漆器的礼器功能减退、实用性功能不断加强相适应的，马王堆一、三号汉墓出土的漆匕的器形演变正好说明了这一点。先秦时期，人们不论祭祀还是食用，其牲解习俗有一套严格的礼制规定，这过程匕是重要的用具。《仪礼·士昏礼》郑注："匕，所以别出牲体也。"用匕自鼎中取出置于俎，以备进飨，即所谓享镬、升鼎、载俎。因为在正式场合，鼎内肉块很大，匕兼用其在俎上切肉。所以商和西周时期的匕体呈桃叶形，叶边比较薄和锋利。到春秋晚期，如下寺二号楚墓出土的Ⅰ、Ⅲ式匕与商和西周时期匕器形相同[①]。随着宗法制社会解体，特别是用鼎制度式微，战国时期匕的功能向实用化转变。至汉初匕的器形演变也日趋世俗化，人们常用漆匕在鼎内盛羹和米食，前扁平的匕不便舀取，于是匕叶凹度加深，成为匙，《说文·匕部》："匙，匕也。"马王堆一、三号墓漆匕叶片已经明显加深，斗作簸箕形，很像现在的匙（图100）。

①河南省文物研究所：《淅川下寺春秋楚墓》，文物出版社，1991年。

汉初许多新型漆器都是从先秦某些漆器品类中演变而来的，其目的是为了适应实用功能不断加强的需要。如马王堆三号汉墓活动漆几是从先秦矮足几演化而来，其矮足有16厘米，高度适用于“隐几而卧”，高足40.5厘米适宜于读书论义，可称“庋物”几，一几二用，可谓结构巧妙，设计合理（图101）。再如先秦时期只见小漆盆，不见大浴盆。沅陵侯墓出土了1个大漆盆。马王堆三号墓出土了6个云龙漆盘，大小套合，最大口径达73.5厘米，为浴盆（图102）。此外，先秦时期已有筑，呈棒状，形似筝，主要流行于东方六国，早期只有五根弦，弦少奏出曲子较单调。筑在汉代非常流行，相传汉高祖刘邦曾自己击筑伴奏，演唱“大风歌”。汉初对这种乐器作了改进，使之更加完美。《史记·高祖本纪》正义引应劭曰筑“状似瑟”，可见其外形与瑟靠近。望城坡西汉王室墓出土了三件大中小相配套的实用五弦筑，马王堆3号墓出土了明器筑，有十三弦，弦下设柱，与马王堆1号汉墓黑地彩绘棺的神兽击筑图中的筑相似（图103）。

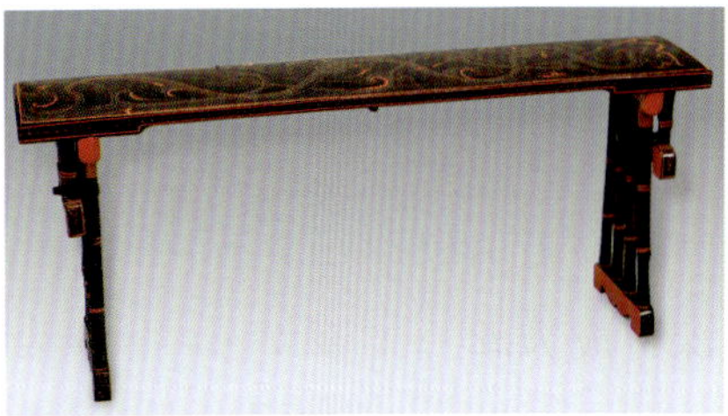

图101 活动漆几复制品
（1973年长沙马王堆3号墓出土。“马王堆汉墓陈列”展品）

图102 漆沐盘
（1973年长沙马王堆3号墓出土。崔蕊满：《湖南省博物馆藏西汉“轪侯家”彩绘云龙纹漆沐盘初探》，载《湖南省博物馆馆刊》第五辑，岳麓书社，2009年，前彩第12页）

为了实用功能的需要，汉初工匠常将过去的一些器形进行改进使之更加精致和实用。如先秦单层漆奁到汉初已被改造为实用的双层漆奁。马王堆3号汉墓出土15件漆奁中，圆形双层奁有5件，长方形双层奁有2件。马王堆1号汉墓出土了双层九子奁和单层五子奁（图104）。咸家湖陡壁山一号汉墓出土九子奁和十一子长方形奁，制作精致，内置胭脂、铅粉、丝绵扑、铜镜、梳篦等齐全的化妆用品。当然，世俗化演变的器具在其他质地的器物中亦有体现，如泉陵侯墓出土的铜“长颈壶”，内含“投矢”五根，这是由先秦“乡射礼”演变而来的游戏，后为汉士大夫欢宴时一种娱乐活动。

图103　击筑图
（长沙马王堆1号墓出土黑地彩绘棺纹饰。湖南省博物馆等：《长沙马王堆一号汉墓》，文物出版社，1974年，上册插页）

图104　彩绘双层九子漆奁
（1972年长沙马王堆1号墓出土。2008年度国家社会科学基金项目《马王堆汉墓漆器整理与研究》整理资料）

二、漆器制作工艺与装饰艺术的传承与变异

起源于新石器时代绵延至汉代的漆器工艺，在中国传统的文化环境中，经历了龙飞凤舞的远古图腾时代，“受天有天命”等级森严的青铜时代，儒道互补、“天人合一”的先秦理性时代和与之相交织的荆楚浪漫时期。至此，以孔子为代表的儒家美学，以庄子为代表的道家美学和具有深奥哲学思想的《周易》美学成为贯穿这一时期的总思潮，由此奠定了中华民族文化的心理结构。中国传统漆器就是在这百家争鸣的文化环境中以漆器文化的自律性，造就了一种独特的艺术风格。汉初漆器工艺，在继承先秦和秦代制漆工艺的传统上发展成熟，力求把工艺制作要素达到最高值，将装饰艺术提升到更高的水平。在这种审美观念的推动下，漆器工艺通过自我调节，在原有文化圈内部，呈延续性地自我完善化地变异。汉武帝以后，通西域，丝绸之路更加畅通，促进了中西文化的交流，西汉漆器工艺在社会经济环境和外来异质文化的激发下，出现了一些新的因素①，使得制漆工艺在传承中发生了某种变异，漆器文化的内涵更为扩大。就总体而言，汉初漆器制作工艺和装饰艺术的传承与变异主要体现在以下几点：

1．胎质制作的变化

湖南地区的考古资料表明，汉初漆器胎质及制作在继承先秦时期漆器工艺的基础上有较大的改进。其一，木胎制作沿用前代斫、雕、挖、凿制成器的方法，并加以改进，较多的运用轮制成器的方法。如马王堆汉墓漆器盘、盂等圆形器底部中央有小孔，

---

①据《西京杂记》记载，在漆床、漆榻上装置云母、琉璃屏风等，它可能与西亚等古典漆家具有着某种深层含义的联系。

图105 “漆布小卮”
（1972年长沙马王堆1号墓出土。傅举有、陈松长编著：《马王堆汉墓文物》，湖南出版社，1992年，第56页）

是轮制留下的痕迹。其二，少部分为竹胎。如长沙马王堆一号汉墓竹胎髹画勺，系以竹节为斗底，削长竹片为勺柄，接榫处用竹钉与斗相联结，外髹漆。这种竹胎漆器楚墓中很少发现。其三，薄木片卷成筒木钉榫卯而成，其制法比战国楚墓漆器更为精美。以漆卮为例，用薄木板卷成筒形，其衔接处很薄，用漆液粘合后，再在接缝处安上一个把手，使之牢固，整体造型轻、精、巧。其四，楚墓中昙花一现的夹纻胎漆器，到汉初才崭露新风。笔者在整理长沙楚墓漆器时发现夹纻胎漆器极少，且制作不精致。而从咸家湖象鼻嘴一号汉墓、砂子塘一号汉墓、马王堆汉墓出土的夹纻胎漆器看，其制法与战国时期相似，先做内胎，后用麻布或帛若干层上漆糊裱，等干后去掉内胎模，故称“脱胎”，但其制作较以前精致，裱糊层数也多于楚墓夹纻胎漆器层数，同时还出现了在夹纻胎漆器上锥画花纹和镶嵌金银的新工艺。如马王堆一号汉墓出土的“漆布小卮”，为锥画纹漆卮，漆卮的纽、耳上镶有鎏金铜环，即《盐铁论》所云的“银口黄耳”，为汉初十分珍贵的器物（图105）。

2．装饰工艺的传承与变异

汉初漆器的装饰工艺十分精美，在继承先秦漆器装饰技艺的基础上，出现许多新工艺：

（1）继承传统的漆绘艺术，并推陈出新。汉初的漆绘，通常是用生漆制成半透明的漆液并拌入各种颜料，绘描于髹涂过的器物上，或用油彩（大约为桐油料）图绘于涂漆过的器物上。如马王堆汉墓出土狸纹漆盘、凤鸟纹漆盒上的漆绘图案就是用此方法绘制而成的（图106）。当时画师运用三足鼎立的构图方法，使三凤、三狸组合成优美的平衡式装饰纹样，其间绘以其他花纹，使其达到对称中有变化、变化中有规律的艺术效果（图107）。这种方法早已运用于楚式漆器漆绘艺术之中。马王堆汉墓“君幸酒”龙纹漆耳杯，杯里经漆为地，黑漆绘四条藤蔓式龙纹，上唇和下颔是用植物的两片叶子构成，龙舌为细长而卷曲的植物的丝，嘴大开，头有眼睛，龙身呈藤蔓形，两耳绘几何纹，内底隶书“君幸酒”（图108）。这种呈四方连续纹样发展的图案，与楚漆器一脉相承。

图106　凤鸟纹漆盒
（1972年长沙马王堆1号墓出土。2008年度国家社会科学基金项目《马王堆汉墓漆器整理与研究》资料）

图107　狸纹漆盘
（1972年长沙马王堆1号墓出土。2008年度国家社会科学基金项目《马王堆汉墓漆器整理与研究》资料）

图108 “君幸酒”漆耳杯
（1973年长沙马王堆3号墓出土，2008年度国家社会科学基金项目《马王堆汉墓漆器整理与研究》资料）

图109 长方形粉彩漆奁
（1973年长沙马王堆3号墓出土。2008年度国家社会科学基金项目《马王堆汉墓漆器整理与研究》资料）

（2）堆漆工艺初显端倪。堆漆是在漆器表面堆出花纹作为装饰，用漆或其他物质调制，是汉初漆工艺中一种新的装饰方法。马王堆3号汉墓出土的粉彩云气纹长方形漆奁（图109）、1号汉墓出土的黑地彩绘棺等就采用了这种堆漆手法进行装饰。对粉彩云气纹长方形漆奁进行科学检测分析，红色颜料含银5.5%，铜11.3%，汞（朱砂）30%，铅（铅白）44.7%，铬5.2%，由此说明红色颜料主要成分是朱砂，其中加了铅的成分，所以变成了粉红[①]。其堆漆方法，用适当的挤压用具挤压漆液形成凸起线条，再用颜色填充纹饰，具有立体装饰效果。汉初出现的堆漆工艺，后来发展成为我国传统漆工艺的主要装饰方法之一，明代黄成所著《髹饰录》中将其称之为“阳识”、“堆起”，并归为18种重要漆器工艺之一。

①王宜飞、聂菲运用便携式X荧光元素分析仪(Bruper)对漆盘铜釦鎏金口沿部分进行检测得出数据。

（3）细如游丝的锥画纹饰。马王堆三号汉墓出土的部分漆器用锥镌刻花纹作雕饰，同墓随葬的遣策记载这种技法为“锥画”，纹饰细如游丝。汉初锥画漆器是从战国针刻纹漆器发展而来，但战国针刻纹粗糙、纹饰简单。汉初锥画纹在此基础上进行了改进，如沅陵虎溪山1号汉墓出土的锥画纹漆卮，器壁及器内细刻有云气纹，锥画纹耳杯细刻有云气神兽纹。尤其是马王堆3号汉墓出土的锥刻狩猎纹漆奁，外表锥画云气、仙人、异兽，线条纤细飘逸。汉初锥画髹漆工艺开后世戗金漆器之先河。

至西汉中晚期以后，髹漆工艺中出现了戗金工艺。戗金是在漆面上用刀刻画出阴文，再填入金、银或彩漆的技法，即《髹饰录》中所云“戗金”，这是一项继锥画髹漆工艺之后的又一新工艺。湖南考古发现最早是鹞子岭2号汉墓出土的漆盘，其底及器壁锥画戗银几何纹饰。此为后世盛行的戗金银漆器之鼻祖。后世称花纹露出金色的阴文，谓之“戗金”，花纹嵌以银色的称之“戗银”，嵌以各色漆的是为“戗彩”。

图110 嵌象牙漆博局

（1973年长沙马王堆3号墓出土。2008年度国家社会科学基金项目《马王堆汉墓漆器整理与研究》资料）

（4）类似“百宝嵌”和“金银平脱”的工艺手法。使用多种材料作为漆器上的嵌饰称之为镶嵌漆器，最早可上溯到商代，但先秦镶嵌漆器并不多见。汉初漆器开始出现象牙（图110）、金箔片、螺钿等嵌饰。如马王

图111　铜釦漆卮
（1995年永州鹞子岭2号墓出土。湖南省文物考古研究所等：《湖南永州市鹞子岭二号西汉墓》，《考古》2001年第4期，第48页）

堆3号汉墓出土的漆博局上镶有象牙片，马王堆一号汉墓出土的九子漆奁上嵌贴金箔片，再施油彩绘。马王堆二号汉墓个别器物上饰有螺钿。陡壁山一号汉墓出土的部分漆奁、盒、案上有平脱金银箔贴花，其风格同马王堆汉墓所出漆器基本一致。

至西汉后期漆器镶嵌工艺更加精湛，并出现镶嵌金银、玛瑙、云母和玳瑁等多种材质的装饰手法，为后世漆器"百宝嵌"之鼻祖。如鹞子岭2号墓出土的夹纻胎漆卮，饰银釦、银箍和金银箔贴画等（图111），在柿蒂形铜釦嵌玛瑙的漆盖上，用金、银箔制成人物、流云、飞禽和走兽作为装饰，呈现出类似唐、五代时期"金银平脱"的效果，这种装饰手法常见于西汉晚期墓葬。

（5）华丽无比的"釦器"工艺。这是战国晚期出现的一种新工艺，战国中、晚期以后，漆器胎骨朝轻薄方向发展，为了加强牢度，开始在器物口沿、底部边缘加上铜箍，起加固防护作用，故釦器的出现是漆器工艺的一个重大进步。汉初继承战国"釦器"工艺并有所改进，制作技术日臻成熟，在盘、樽、盒、奁等漆器的口沿上镶有镀金或镀银的铜箍，在漆杯双耳上镶有镀金的铜壳。鹞子岭2号汉墓出土4件铜釦鎏金漆耳杯和1件铜釦鎏金锥画纹漆盘，即所谓"铜釦黄耳"漆器（图112），在汉代亦为较昂贵的高档漆器，对铜釦鎏金部位进行科学检测分析，其成分比重含量为金38.4%，铜24%，锡31.2%，铅1.68%，银1.08%[①]，可以说明其金的成分占的比重相当高。此耳杯器内髹红漆，器外为黑底朱彩，沿外及耳下饰勾连卷纹，器腹绘四对凤鸟纹，均锥刻铭文为汉成帝元延年间广汉郡工官造等字样。考古发现汉初银釦和鎏金釦漆器较多，金釦漆器较少，仅在南越王墓发现2件金釦漆器[②]。纯金釦、银釦漆器，更显珍贵价值，“釦器”工艺从始于加固防护作用，而移情于高贵和财富的象征意义，说明漆器工艺审美价值内涵在不断扩大。

3. 色彩风格的传承与变异

早在河姆渡新石器遗址中就出土了目前考古发现最早的红色漆碗，这里所谓的“红”色，主要蕴含着特定的巫术礼仪用意，是将人的观念凝结在漆器这种物质上，这种观念往往大于审美

图112　“铜釦黄耳”凤鸟纹漆耳杯和局部纹饰
（1995年永州鹞子岭2号墓出土。湖南省博物馆藏汉墓资料）

① 王宜飞、聂菲运用便携式X荧光元素分析仪(Bruper)对漆盘铜釦鎏金口沿部分进行检测得出数据。
② 广州市文物管理委员会：《西汉南越王墓》，文物出版社，1991年。

含义。楚墓漆器仍保留着绚丽的远古遗风，楚人尚红色，以红色为贵，以赤帝为尊，对祖先崇拜奠定了楚漆器尚赤的鲜明主调，以红色为主调的漆器具有丰富的巫术意旨。汉初尚赤，则大约与刘邦自认为是“赤帝之子”有关。汉初漆器仍以红色为主调，艳丽的红与黑相配，光亮照人，它是否袭用了楚人尚红的风习已不得而知，但它与楚系漆器的主色调大同小异确是一目了然的。如马王堆汉墓漆器色彩，一般以黑色作地，或者在黑地加红色作衬色，用朱红、赭色、灰绿等色作画。汉初漆器纹饰色彩除红、黑之外，还发展为青、黄、白、绿、灰、金和银等多彩作画，这些色漆主要是用丹砂、石黄、雄黄、红土和铅粉等矿物颜料与漆和油调和而成。但从总的发展趋势看，时间越早，越与战国楚墓出土的漆器风格接近，如马王堆2号墓主人下葬年代早于1、3号墓主人，死于吕后年间，墓中出土的漆器色彩、纹饰风格更与长沙战国晚期楚墓出土的漆器风格相近（图113）。至汉武帝理政以后，接受五德终始说，于太初元年（前104）发布诏令，宣布“改正朔，易服色”。《史记·孝武本纪》载，太初元年“夏，汉改历，以正月为岁首，而色上黄”。于是，就以法令的形式确立起尚黄的制度。东汉时，在五行中特别突出了“土居中央”的地位，《集解》张晏曰：“汉据土德……”而土德为黄色，尚黄

图113　漆盘
（1973年长沙马王堆2号墓出土。2008年度国家社会科学基金项目《马王堆汉墓漆器整理与研究》资料）

图114 漆盘

（2006年长沙望城风篷岭1号墓出土。何佳、黄朴华、何旭红：《望城风篷岭一号汉墓简介》，载《湖南省博物馆馆刊》第四辑，岳麓书社，2007年，前彩第7页）

更具有了理论根据和神秘色彩，因而尚黄的观念愈加牢固，中国人以黄为尊贵思想意识确立于汉代。这种思想观念的改变也影响到漆器装饰上的变化，汉武帝以后便出现了以黄为主色调的漆器。

与西汉早期常用对比强烈的正红、正黑色相比，西汉中晚期漆器光滑、细腻、腴润，很少用正黑、正红色，而是大量采用酱紫、褐、黄褐、黑褐等为底色绘制图案，或是在朱色地上绘黄漆，或在黑地上绘褐漆，彩绘色与底色色阶跨度不大，如望城风篷岭1号墓出土的彩绘漆盘，盘蕊中黄褐漆色上朱、黑绘云龙纹，在褐漆底上朱绘卷云纹，色阶跨度较小（图114）。这时期的漆绘，宛如一个云的世界，曲线、长线、细线的世界，云纹不再是具体的形象，而是由抽象线条构成，成为西汉中晚期漆绘中一个显著特点。

4. 纹饰图案的传承与变异

云气纹是汉初的主流纹饰。云纹和变形云纹在战国中期以后就已流行，到战国晚期，青铜器也采用了流云纹样。究其原因，或许是对天人关系的态度发生转变所致，春秋以前那种“畏天命”的意识渐为“天人相与”（孟子）、“天人合一”（庄子）、“天人相分”（荀子）的观念意识所替代，思想自由开放。加之楚人好鬼神，俊逸飘洒，依附于漆器上的云气加凤鸟纹正好成为楚人浪漫激情抒发的对象。汉初云气纹得到了更大的张扬，汉人好神仙，云气纹中加画各种神兽、神禽和神仙，构成了一种称为“云虚纹”的新装饰纹样，组合成寓意吉祥如意、辟除邪厉的图案，为汉初漆器上的主体纹饰。云气纹还与动物、植物纹结合成各种半抽象装饰的纹样，如云龙纹、云鸟纹、云气纹、卷云纹、云凤纹、火焰纹、几何云纹、花叶云纹等，一般采用二方连续的构图方法，点线结合，疏密有致。鸟头几何云纹是汉初漆器上最常见的一种纹饰，但比战国时的凤鸟纹更加图案化。马王堆汉墓、沅陵虎溪山1号汉墓、望城坡1号汉墓出土的云气纹漆器是这个时期的代表作，据统计，马王堆汉墓漆器上的云气纹就有十几种之多，各种云气纹犹如行云流水，具有强大的动感，流云飞动的装饰成为了这个时期漆器纹饰最明显的标志。此外，壁纹、舞蹈纹（图115、图116）、羽化升仙、狩猎纹、人物故事纹等也各具时代特点，代表性的纹样见于马王堆汉墓出土的彩绘漆棺（图117）、云纹漆奁、针刻流云神禽漆卮等器具上。砂子塘1

图115　彩绘舞蹈纹漆樽和局部纹饰

（1961年长沙砂子塘1号墓出土。徐湖平主编：《中国古代漆艺》，南京博物院，第1页；李正光：《汉代漆器艺术》，文物出版社，1987年，第108、109页）

图116　人物车马漆卮局部纹饰
（1961年长沙砂子塘1号墓出土。李正光：《汉代漆器艺术》，文物出版社，1987年，第108、109页）

图117　黑地彩绘棺和局部纹饰
（1972年长沙马王堆1号墓出土。2008年度国家社会科学基金项目《马王堆汉墓漆器整理与研究》资料）

号汉墓出土的外棺绘有黄色拱璧（图118）、凤鸟、流苏璎珞、虎豹、神人之类的图案，而凤鸟衔磬、豹背上坐羽翼神人等则为汉初常见纹饰。相比之下，汉高祖、惠帝、吕后时期的漆器纹饰同战国晚期墓葬出土的漆器纹饰十分相似。如马王堆2号汉墓出土的漆盘与长沙杨家湾6号楚墓出土的漆器纹饰具有异曲同工之妙（图119）。

汉武帝以后，漆器纹饰出现了变化，一改汉初艺术风格，

图118　朱地彩绘棺头挡纹饰
（1961年长沙砂子塘1号墓出土。李正光：《汉代漆器艺术》，文物出版社，1987年，第99页）

图119　漆盘
（1973年长沙马王堆2号墓出土。2008年度国家社会科学基金项目《马王堆汉墓漆器整理与研究》资料）

出现了宣扬孝子、义士、圣君、四灵、五灵和富有生活气息故事题材的图案，反映了当时人们尊崇儒家、信奉道教、“三纲五常”、“忠孝仁义”的伦理道德观。这时流行青龙、白虎、朱雀、玄武“四灵”纹。四灵又称四神，本是指方向的星辰，人们以四灵为吉祥守护神，常作漆器装饰。白虎、龟、龙、麒麟、凤凰为“五灵”纹，即“五德嘉符”传统吉祥图案，它是谶纬五行说在艺术上的具体反映。战国时期形成的五行学说，到汉代经过董仲舒之后经师们的发展，膨胀成为一个包罗万象的体系。与汉初神秘主义盛行的漆器装饰风格相比，这时期装饰图案精巧，以写实或虚实相交错的艺术表现手法为主，花枝摇曳或对鸟双禽之类的清新构图成为主流审美旨趣。如长沙杨家山304号汉墓出土的银釦贴花漆盒，上有金箔贴花纹饰，有红袍盘腿老者、拂袖起舞杂技者（图120）、玉兔、飞雁，还有飞禽走兽和几何卷云纹等图案，色泽上有浓、淡之别，代表着一种新型艺术风尚。长沙望城风篷岭1号王室墓出土的金箔银釦漆盒，贴画用金箔制成凤、虎、兔、马、飞鸟、草叶等图案，拼贴有序，装饰华丽，尤其是金箔上再细刻图案局部，生动直观，为西汉晚期艺术珍品（图121）。长沙杨家山1号汉墓出土夹纻胎贴金箔漆奁盒，褐漆地上贴几何纹和动物纹金箔图案，流光溢彩的贵金属与褐漆相配，交相辉映，更显富丽堂皇（图122）。长沙杨家山304号墓出土漆盒上的金箔局部纹饰刻画精细。

5．铭文变化

湖南发现最早的漆器铭文见于战国楚墓之中，如二十世纪三十年代出土于长沙楚墓的“二十九年”漆樽，樽底刻铭文四行，全文为：“二十九年大（太）后□告（造），吏丞向，右工市（师）象，工大人台。”共十八字，记录当时生产者、监造者

图120　银釦金箔漆盒纹饰（左图：红袍盘腿老者；右图：拂袖起舞杂技者）
（湖南省博物馆藏汉墓资料）

图121　贴金箔银釦漆盒和局部纹饰
（2006年长沙望城风篷岭1号墓出土。何佳、黄朴华、何旭红：《望城风篷岭一号汉墓简介》，《湖南省博物馆馆刊》第四辑，岳麓书社，2007年，前彩第8页、9页）

图122　贴金箔漆奁盒和局部纹饰
（1975年长沙杨家山1号墓出土。湖南省博物馆藏汉墓资料）

及分工情况，成为战国漆器“物勒工名”的实证，但这样有铭文的漆器并不多见。而至汉初，物勒工名却成为了漆器的一大特点，且占的比例较大，漆器上一般刻有主管官吏、制作年代、地点和工匠名，以示对此产品质量负责。如马王堆1号汉墓出土的漆器中有朱漆或黑漆书写文字的占149件，文字内容分物主标记、用途和容量等三类。可知汉初的漆器生产是由所在地方政府管理，其漆器铭文中常见“护工卒史”、“长”、“丞”、“令史”、“啬夫”、“佐”等名称，其中护工卒史为中央少府派到各工官中的督察员，其他为各级地方工官中的官吏。马王堆汉墓出土的部分漆器铭文用“成市草”、“市府饱”等戳记，说明长沙国的部分漆器产品是由蜀都成都市府地方政府管辖的作坊生产的。

至汉武帝时，为了增加国库税收，将地方管辖的漆器生产收归中央管理，蜀成都市府也改为中央管理，蜀郡和广汉郡工官成为最重要的官营漆器生产机构。由于汉代漆器制作分工更加明确，所以铭文内容发生了变化，其文字比战国漆器文字更长，越到后期文字越长。如鹞子岭2号汉墓出土的6件漆器上有锥刻铭文共371字，一漆耳杯上的铭文达72字之多，实属罕见。出土盘1件，自铭为“旋”，夹纻胎，口沿铜釦涂金，下有三乳状鎏金铜足。盘底及器壁锥画戗银几何纹饰。外沿下部锥刻铭文63字，为“建平五年，广汉郡工官造乘舆髹𤘽画纻黄釦旋，径九寸。髹工福、上工恩、铜釦黄涂工伟、画工武、𤘽工忠、清工立、造工章造。护工卒史显、守长竟、丞尚、掾宗、令史梦主”（图123）。这些铭文

图123 “建平五年”鎏金铜釦漆盘和铭文
（1995年永州鹞子岭2号墓出土。湖南省博物馆藏汉墓资料）

不仅标明了产地和工场，如“广汉郡工官”，还将制胎、髹漆、绘纹诸程序和制作者、器名、容量、时间等交代得一清二楚。另1件漆樽上还书有“考工”、“供工”、“右工”、“大官”等铭文。这些漆器均为少府属下的工官，考工室中的“右丞”负责分管漆器生产的机构，说明所出漆器分别来自少府工官。鹞子岭一号汉墓出土的1件漆豆底部朱书“泉陵家官第三河平二年……”与漆卮内底朱书“大官”的字样，说明漆器当年的使用者为泉陵侯家族。2008年长沙“12·29”古墓葬被盗漆器，最大特点是铭文较多，铭文方式可分为漆书、刻画、烙印戳记三大类，漆书或烙印戳记“门浅库”、“长沙郡仓”、“仓”、“东官”等，代表着一定级别的机构名称。

三、湖南西汉时期漆器发展的原因

如前所述，湖南地区是我国天然生漆产地之一，湖南西北部是中国漆树分布中心区。近邻湖北省居全国产漆量排名第二位，其中靠近湖南西北地区的恩施“毛坝漆”最为有名。两湖地区盛产生漆和漆器制品的历史，由来已久。据考古发现，湖南及其周边地区早在新石器时代就有诸多木器出土。如澧县八十垱新石器早期遗址[①]、澧县梦溪三元宫遗址[②]、安乡划城岗遗址[③]、华容车轱山遗址[④]、澧县优周岗新石器遗址[⑤]、岳阳对门山商代遗址等都

①裴安平：《洞庭湖地区新石器早期文化研究又获重大突破》，《中国文物报》1998年2月8日。

②湖南省博物馆：《澧县梦溪三元宫遗址》，《考古学报》1979年第4期。

③湖南省博物馆：《安乡划城岗新石器时代遗址》，《考古学报》1983年第4期。

④湖南岳阳地区文物工作队：《华容车轱山新石器时代遗址第一次发掘简报》，载《湖南考古辑刊》(第三集)，岳麓书社，1986年；另见作者当时考古工作记录。

⑤澧县优周岗遗址发掘者赵亚峰先生提供资料。

发现了许多木器[①]，这些木器上不排除髹漆的可能性。此外，在靠近湖南的湖北荆州阴湘古城址大溪文化壕沟内出土了漆器[②]。湖南及其周边地区的新石器和商、周遗址中出土的漆器对深入研究中国早期漆器的发展提供了重要的史料。说明湖南及其周边地区，在新石器时代早期，髹漆工艺就已崭露头角，至商周时期，漆器工艺技术已趋成熟。

东周时期，湖南是漆器发现最为集中的省份之一，但以战国漆器最多，春秋漆器发现较少，见诸报道者仅一例，为岳阳凤形嘴山一号墓，随葬的漆器放置在铜盘与匜之间，木胎已残朽，此墓年代为春秋中期[③]。战国时期，湖南地区特别是长沙地区已成为楚人开发的江南重地。楚威王七年（前333），楚威王击败越王无疆的进犯，越国从此灭亡。"从楚灭越至前223年秦灭楚100多年的时间，长沙处于一个相对和平稳定的时期，虽然在公元前278年，位于湖北江陵的楚国都郢城被秦攻占，楚王室全部东迁至安徽的寿春，但因为秦军主要是追击楚的王室，无暇顾及楚国南陲的长沙，长沙的发展和繁荣，并未由于楚都城被占领而受到影响，反而因郢城内不能随王室东迁的大批工匠和商贾纷纷南下而更加繁荣，他们偏安一隅，在滨临湘水的这块沃土上兴建起了古城长沙"[④]，这是长沙战国晚期漆器手工业发展一个重要历史原

---

①何介钧等：《湖南商周时期古文化的分区探索》，载《湖南考古辑刊》(第二集)，岳麓书社，1984年。

②湖北荆州博物馆研究员刘德银提供；另见《考古年鉴》，文物出版社，1997年。

岳阳文物工作队：《湖南省岳阳县凤形嘴山一号墓发掘简报》，《文物》1993年第1期。

③黄纲正等：《湘城沧桑之变》，湖南文艺出版社，1997年。

④湖南省博物馆等：《长沙楚墓》，文物出版社，2000年。

因。长沙是战国楚墓分布较集中的地区之一，据《长沙楚墓》一书收录四十多年来长沙近郊发掘的2000多座楚墓统计[①]，发现在近1万多件随葬物品中就有1160件漆器，笔者在整理这批楚墓出土的漆器时，发现其胎质精致华美，装饰工艺精湛。

战国时期湖南地方性的制漆业为汉初长沙国漆器制造业奠定了基础。至汉初，高祖五年（前202）置长沙国，定都城于临湘（即今长沙），长沙首次成为诸侯国的都城，历经吴氏和刘氏长沙国共计221年。文献记载，吴氏长沙国疆域大致相当于今湖南省一半的面积，刘氏长沙国疆域约为吴氏长沙国的五分之一面积。在西汉王朝统治的近二百年间，长沙国始终居于控制湖南地区政治、经济、文化诸多方面的中心地位。长沙国的政治稳定带来经济上的繁荣，随着铁制工具的广泛应用，地方性制漆手工业也随之发展起来。据马王堆汉墓医书记载，汉代漆行业的崇拜神漆王已出现，这是因为长沙国都府髹漆业兴旺发达，居住在长沙国都城的撰书者才能身临其境，将其描绘得有声有色，从侧面说明长沙国都府的漆器手工业已相当繁荣。换言之，马王堆汉墓、砂子塘一号汉墓、咸家湖象鼻嘴一号汉墓出土的形体硕大的棺椁绝不可能来自千里之外的成都，而为当地产品。马王堆汉墓出土的圆形漆器中间都有一个小孔，表明大批漆器是轮制生产的，漆器生产规模之大可想而知。从湖南楚汉墓葬出土漆器数量对比也可以看到其中的变化，迄今为止，全省20多个县市发现有明确层位关系且有漆器出土楚墓共计857余座，才出土漆器2000多件，而出土漆器的湖南西汉墓葬共计200多座，累计出土漆器就有7000多件，

①湖南省博物馆等：《长沙楚墓》，文物出版社，2000年。

说明汉代制漆业的繁荣。

汉代漆器工艺的发展在中国漆工艺史上处于一个兴旺发达的历史阶段，它不仅继承了先秦漆器制造工艺的优良传统，又开拓了新的漆器工艺领域，形成了独特工艺特征。湖南西汉高级贵族墓出土的漆器，正好折射出这段时期漆器功能和工艺的传承与变异的发展历程，是西汉漆器工艺空前繁荣的缩影。

第三节　马王堆汉墓漆器反映汉初长沙地区生活风俗问题的讨论

一、饮食漆器与饮食习俗

1. 漆食奁、漆盒等与“饭稻羹鱼”习俗

马王堆汉墓属于西汉早期墓葬，地处昔日南楚，出土文物和遣策记载反映了汉初长沙地区延续了先秦南楚人的饮食习俗，具有浓厚的南方特点，为“饭稻羹鱼”习俗，主食仍以稻米为主，鱼类也很丰富。其农产品有稻、鲜（籼）、秫（秫，粘稻）、大麦、小麦、黍、粟、大豆、赤豆、麻籽（当时是食物）等。其中稻类又有多种种类。有粳型和籼型，有粘稻和糯稻，有带芒的，无芒的，长粒的，中粒的，短粒的等。黍也有不同的品种。主食主要为饭和粥，用稻、麦、粟烹成。同时还有未烹的粮食和酒麹等，盛在麻袋中，亦为湖南饮食文化的物质基础。1号墓遣策记载的稻米品种众多，简文记载的主食名称有“稻”、“稻白鲜（籼）米”、“稻白秫”（秫，粘稻)、“麦”、“黍米”、“黄粢”(黄粟)、“白粢（白粟）”、“菽”（豆类）、“麻种”（麻籽）等，这些粮食均用布囊装好。马王堆汉墓出土的食品花色品种繁多，出土的饼制品以稻米为原料，将稻米捣制或磨成米粉，加水团成饼状、蒸熟而成的粢为主。今日南方食物中的糍粑大约就是由此发展而来。有的配以瓜果、糖、肉等，与今天的家制糕点相似。1号墓漆食奁、漆盒等出土的稻饼反映了这一风俗习惯。彩绘漆食奁出土时，内盛饼状食物。简212记载“䰍（髹）𦓮食检（奁）一合盛稻食”。漆盒4个，出土于东边箱，盖与器身作子母口，朱绘鸟形图案，器内墨书“君幸食”，底“六升半升”，盒内盛有饼状食物，类似目前南方农村流行的糯米糍粑饼。说明当时长沙地区稻米很丰厚，此外，还加工成点心，也反映了长沙地区米食加工业的发达。

南方人以稻食为主，鱼类为辅。汉初长沙国地处南国，湖泽棋布，云蒸霞蔚，大江浩瀚，乃鱼米之乡。马王堆汉墓随葬的肉食品有猪、羊、牛、狗、鸡、鸭，鱼类有鲤鱼、鲼（鲫）鱼、鳡鱼、刺鳊、鳠（鳠）鱼、鲂鱼、鲅鱼、白鱼（鲰）、鮠鱼、鲴鱼、银鲴和鳜鱼等。珍稀动物如梅花鹿、鹤、锦鸡、小鸮、斑鸠、天鹅、鸳鸯等皆有。1号墓一件竹笥中出土了6件盛食物的小漆盘，盘内全部髹红漆，外髹黑漆朱绘卷云纹，黑书“君幸食”。其中一漆盘盛有鳜鱼骨。鳜鱼，是生长在南方的一种鱼类，肉嫩味鲜，至今仍是长沙人喜爱的佳肴之一。《史记·货殖列传》记载：“楚越之地……饭稻羹鱼，或火耕而水耨。”《汉书·地理志》：“江南地广，或火耕水耨。民食鱼稻。”史书记载也生动地反映了这一习俗。另有一漆盘盛有雉骨，为家畜野味。汉代湖南人还特别爱吃狗肉。至今湖南人在冬季时节，仍有喜食狗肉进补的习俗。

总之，由于农产品及加工业的发展，以及鱼类、肉类业的扩大，反过来又促进了饮食漆器的发达。

2．漆鼎与羹食习俗

先秦至汉代饮食主要是煮和蒸，而且以煮为主，所以食物多为羹食。据马王堆汉墓遣策记载，仅肉羹就有酹羹（大羹）、白羹、巾羹（堇羹）、逢羹、封羹、苦羹等5种数十款之多。

据有关学者统计，1号汉墓遣策分类简文记有酹羹、白羹、巾羹、逢（封）羹、苦羹共五种羹二十四鼎，小结简文记为“右方酹羹九鼎”、“右方白羹七鼎”、“右方巾羹三鼎”、“右方逢（封）羹三鼎”、“右方苦羹二鼎”。与漆器类简文同记有“髹（漆）画木鼎七皆有盖盛羹”，小结简文称“右方髹（漆）画木鼎七”。遣策所记的鼎全部加起来是37鼎，实际随葬的鼎仅见漆鼎7件。

3号墓遣策分类简文记酹羹九鼎、白羹九鼎、巾羹四鼎、逢（封）羹三鼎、苦羹二鼎，另有鹿隽（臇）一鼎、兔羹一鼎、强鲜鲼一鼎，不知属何种羹鼎。共计30鼎。实际随葬的漆鼎6件，与遣策记载的“漆画木鼎六”质地与数量相符[①]。

白羹七鼎或九鼎，是一种以米屑为糁的肉羹；巾羹实为加堇菜或芹菜做成的肉羹；苦羹二鼎，当是指加苦荼的肉羹。从记载看，此墓似用了九、七三牢及三套陪鼎，但大牢七鼎中出现了“鹿肉鲍鱼笋白羹”之类异味，与先秦礼制规定有些不符，一方面反映了墓主人生前的奢侈生活，先秦的“器以藏礼”(《左传·成公二年》)传统趋于消失；另一方面反映了汉初人们饮食继承了先秦的羹食习俗。1号墓东边箱还出土了一个漆鼎，鼎内水上漂了一层藕片。藕，是一种水生植物，它是南方的特产。它的出

①郑曙斌：《试论马王堆汉墓丧葬用具》，载《湖南省博物馆文集》（第四辑），《船山学刊》杂志社，1998年。

土，说明早在两千多年前，长沙人就将其用为羹食。

3. 漆案与进餐习俗

先秦至汉代，人们进餐往往跪坐于席上，面前摆放的餐桌通常很矮，称之为“案”，这种进餐习俗可以从画像砖、画像石上看到，“举案齐眉”反映这种习俗。当时贵族用餐多采用分食制，即根据宾客身份、地位、官职和年龄不同，每人面前摆放一张独立的案，案上分列成套的餐具，如耳杯、盘、盒等，但供食的内容却各有丰简，这在一定程度上反映了当时的食礼和等级制度。

最能反映当时进餐习俗的要属1号汉墓出土的一件漆案。该案出土时上置放了五个小漆盘，两件漆卮，一件耳杯，盘上放一件竹串，耳杯上放有一双箸。这种摆设，表明当时贵族进餐时情形。五个小漆盘盛有不同的食物；漆卮为饮酒和饮水器；箸，为竹筷。先秦，人们进餐时大部分用手取。《礼记·曲礼》郑注：“饭以手。”又说干肉“竖宜用手”。秦汉时期开始使用竹筷，东汉饮食时使用普遍。《汉书·周亚夫传》曰：景帝赐周亚夫食，不置箸，“亚夫心不平，顾谓尚席取箸”。可见当时以箸进餐已成为固定习俗。这种餐具，是中国饮食风俗中一大特色，迄今在日本、朝鲜等国广泛流行。杯内盛有豉姜酱之类调味品。1号墓遣策记载小具杯“其二盛酱盐”。应为漆染杯。我国古代称调味品为染。《吕氏春秋·当务篇》说：“齐之好勇者……卒然相遇于涂。曰：‘姑相饮乎？’觞数行，曰：‘姑求肉乎？’一人曰：‘子肉也，我肉也，尚胡革求肉而为？’于是具染而已(高注：‘染，豉、酱也’)。”马王堆汉墓遣策记载的调味品，有豆豉、豆豉姜、糖、酱、盐、姜、韭、桔皮、花椒、茱萸、豆豉等，讲究苦咸酸辛甘五味兼发并呈。反映当时湖南地区居民喜食酸、辣、香、苦的饮食习惯。豉是当时非常受欢迎的调味品，《史记·货殖列传》“蘖麹盐豉千答……比千乘之家”，豆鼓拌姜，可口生津，防寒去湿，可补南方气候潮湿之不足，如今浏阳特产豆豉仍驰名中外。此外，漆盘上放有竹串，其中有烤肉。由此可见，汉初长沙地区的贵族饮食很讲究色、香、味，进餐时有酒有菜、品种齐全、美味佳肴。在这里，汉初贵族的进餐习俗表现得淋漓尽致。

4．漆钫、漆锺、具杯盒等与饮酒习俗

马王堆汉墓出土了许多盛酒、温酒、贮酒和饮酒的漆器，有些盛酒漆器内尚存酒类沉渣。遣策记载随葬的酒有白酒、醖酒、肋酒、米酒4种。1号墓共出土白酒、米酒、温酒、肋酒各2坛，共8坛，还出土有酿酒的曲子。1号墓出土遣策：“白酒二资”（资：指硬陶或釉陶罐）；“温（醖）酒二资”（醖酒：米和酒曲发酵酿成）；“肋酒二资”（肋酒：过滤后的清酒）；“米酒二资”（米酒：即今甜酒）；“鞠（麹）一石……”（麹，即酒曲）。

1号墓漆锺2个、漆钫4个，上面分别书“石”、“四升”字样，内均有酒类沉渣，简文记载：“髹画壶二，皆有盖，盛米酒。”“髹画棰（锺）一，有盖，盛温酒。”漆耳杯90件，依漆书内容分为酒杯和食杯，酒杯共40件，杯均髹红漆，黑漆书“君幸酒”，有的耳背朱书“四升”二字；漆盂也有盛酒的功能，《仪礼·士丧礼》郑注：“杅以盛汤浆。”《史记·滑稽列传》：“酒一盂。”可证其用；漆卮，饮酒器，据遣策及器底铭记，有“斗卮”、“七升卮”、“二升卮”、“小卮”四种；漆具杯盒，内整齐套放着7个小耳杯，简文：“髹画具杯枱二合。”《汉书·何武传》颜注：“具，谓酒食之具也。”耳杯底朱写

“君幸酒”；漆长柄勺遣策称此器为“髹画勺”，汉代一般自尊中酌酒时用勺。汉时不论婚丧喜庆、往来应酬、亲朋聚会，无不举杯欢饮，难怪乎有相应“汉法三人以上不得众饮酒”，“汉律三人以上无故众饮酒罚金四两”的记载。马王堆汉墓众多的漆木酒具反映了这一习俗，可见汉代饮酒风俗之盛。

二、漆家具与起居习俗

1. 漆屏风、漆案等与席地起居习俗

至汉代人们仍保留着席地起居习俗。马王堆汉墓出土的家具反映了这一时代特点。秦汉时期，家具发展仍处初期阶段，文献记载仅见点滴所述。1号墓和3号墓各出土了1件彩绘屏风，为明器，遣策曰：“木五菜（彩）画并（屏）风一长五尺高三尺。”屏风，属古代屏蔽用具，可以用之屏障风也，可算一件独立家具。从马王堆汉墓出土的家具看，这时期家具均为单个体，比较轻巧，主要是适应当时席地起居习俗可以随时移动，起分割室内空间作用。汉代，以木构架为主的抬梁式建筑形式日益完备，帝王宫殿更加宏大华美，一般居民住房也有所改善。随着房屋建筑日渐增高和宽阔，空间随之增大，室内出现了如同今日墙壁纸的壁衣和地衣，室内满铺席，专供铺席称“筵”，并被用作计算建筑面积的单位。底席之上再另铺席，或草席或竹席。马王堆汉墓出土了四条草席，简文称“莞席”；出土了二条竹席，遣策称之为“滑辟（篾）席”，其质地较好，这种质量较好的席，也称为“簟”。《诗经·小雅·斯干》：“下莞上簟，乃安斯寝。”竹席比草席精美，但草席性湿，竹席性凉。《三国志·吴书·朱恒传》：“席以冬设，簟为夏施。”可见草席和竹席各有不同的用途。尊者有专席，卑者数人同席。《汉书·爰盎传》：“上幸上林，皇后、慎夫人从。其在禁中，常同坐。及坐，郎署长布席，盎引却慎夫人坐。慎夫人怒，不肯坐。上亦怒，起。盎因前说曰：臣闻尊卑有序……今陛下既以立后，慎夫人乃妾，妾主岂可以同坐哉!”“郎署长布席”“引却慎夫人坐”，说明铺置筵上的席可随时移动，并无固定地方，所以放在筵上的几、屏风等，随用随置，可据不同场合而作不同的陈设，不像后世家具那样一般有固定位置，我们可以从四川汉画像砖上宴饮图看到这种陈设，像屏风可以灵活地分割室内空间，其他漆家具灵活性更大。总之，这时家具可据需要随时变动位置。

2. 漆几与跪坐习俗

汉代之坐，如同现在之跪，屈其足向后，称“跪坐”。《史记·范雎蔡泽列传》：“秦王跽而请曰：‘先生何以幸教寡人!’”跪坐习俗直接影响着家具设计的高度。最能说明该问题的是3号墓出土的龙纹活动漆几。几面扁平，长90.7、宽17厘米，几面上部安高矮两对足，一长一短，短足固定于几背面，其高度为16厘米，长足为活动的，高40.5厘米，遣策称“变几”。高足41.5厘米，适宜于人们席地跪坐，其高度正好齐人胸前，短足则适宜于人们“隐几而卧”。漆几的实用尺寸是经过计算而设计出来的。如前所述的漆案足高仅有2厘米，通高5厘米，面积不大，这样便于人们跪坐托盘送食。难怪乎在封建社会中一直被视为妻子敬爱丈夫典范、孟光“举案齐眉”的举动并不难做到。人跪坐把案举至眉际距地并不算太高，且坐姿比立姿稳定，因此眼睛不往上看，也可保持案平稳而不致使上面的食物倾覆。跪坐习俗，还可从马王堆汉墓出土的乐俑、歌俑、T形帛画祭享场图中看到。至今我国北方农村和少数民族地区，以及日本仍保留了“跪坐”的习俗。由此可见一个时期的风俗习惯，与当时建筑、家具等有着紧密关系。家具的功能设计，是为了满足人们生活中某种使用要求，家具的有用性构成了对人的使用价值。马王堆汉墓漆木家具完全是按照当时人们起居习俗而设计和制造的，与人们风俗习惯息息相关。

三、漆六博与娱乐习俗

六博是汉代重要的娱乐项目，3号汉墓出土了一套迄今为止发现最完整的漆博具，恰好说明了这一习俗。该器盒内有六黑棋、六白棋共12枚，短筭30枚，长筭12枚，直食棋20枚，以及环刀和削，内还置骰子一个。《史记·滑稽列传》："若乃州闾之会，男女杂坐，行酒稽留，六博投壶。"可见六博是汉代最流行的文娱活动，它不仅在社会上通乎上下，甚至连汉画像石和汉镜纹饰中的仙人有的也在六博。政坛上的轩然大波，有些是由于行棋时互相塞道，争道所触发引起的。如：《汉书·吴王濞传》记吴太子与皇太子之间幼年争端，"博争道，不恭。皇太子引博局提吴太子，杀之。"再如《史记·宋世家》："（庄公）十一年秋，湣公与南宫万猎，因博争行……遂以局杀湣公于蒙泽。"六博在考古资料中屡见不鲜，不过像马王堆汉墓出土的漆六博如此完整，实属罕见。它的出土，为我们进一步深入研究汉代六博娱乐习俗提供了可靠的实物资料。

四、漆箙箕与粪之礼俗

先秦时已用箕扬去糖麸或清除垃圾，至汉代一直沿用。其造型大体相似。3号汉墓出土了1件漆箕，其高6.5、长26.5厘米，髹黑漆，外壁用红色油漆绘几何纹。与箕配套使用的是帚，小帚为"帚"，大帚为"篲"。汉画像石和画像砖都有这方面的生动描述。如厕，《释名·释宫室》："言至秽之处宜常修治，使洁清也。"沂南汉画像石中有一厕所为干栏式，栏外环以砖铺道，有一妇女右手持扫地，左手持器，破损之，应为箕。从3号汉墓出土的箕看，当时的箕是斫木而成，且把手短小，所以扫地时须弯腰而扫。围绕扫地还派生了许多礼俗。如《礼记·曲礼》中这样记载，"凡为长者粪之礼：必加帚于箕上；以袂拘而退，其尘不及长者"。粪，即扫地，粪而有"礼"。古代箕多为木制，扫帚多竹梢编制而成，箺又重又长，扫地时两物若各在一手，既不敬，也容易碰到长者身体。"以袂拘"者，一手持帚，另一只手伸到扫帚前用长袖口挡住尘土。"退"，指一边后退一边扫。"以袂拘"和"退"，为的是扫起的土"不及长者"。可见粪之礼俗与当时使用的漆箕之造型有很大的关系。

五、漆器中所包含的巫文化因素

1．偶人、桃枝俑等与巫术观念

巫术，即Magic，也称"魔法"。它"用符咒仪式强迫气候以及动物禾稼等遵从自己的意志"[①]。巫术观念是在"万物有灵"的观念思想基础上产生。初民们为了生存，一方面凭双手向自然界索取，另一方面向万物神灵乞求，以图得到自然界的恩赐。"巫"，就成了沟通人神的媒介，事事问卜，动辄祭祀，形成念咒文身、歌唱舞蹈、祈祷祭祀之类巫术礼仪活动。而这些恰恰为原始神话的产生提供了一种社会环境和条件。汉代是神人相交的时代，神话传说往往表现为人的种种向往和寄托，通过神话传

① ［俄］马林诺夫斯基：《巫术·科学·宗教与神话》，中国民间文艺出版社，1986年。

说达到某种神奇的巫术力量。马王堆汉墓很多文物与巫文化有着紧密相连。如马王堆2、3号汉墓斜坡墓道两旁出土了两个“偶人”，其作用如前所述为镇墓避邪、保护墓主人之作用；1号墓非衣旁还发现用绳索缚成一排长约10厘米的桃木树枝，它的顶部削尖，画以眼耳口鼻，拟人形，这种“立桃像人于门户”[①]的做法是为了压胜避邪、驱逐鬼魅，以保护死者。《荆楚岁时记》中也有“悬苇索于其上，插桃符其傍，百鬼畏之”的说法。这些大约类似“方相氏”和“镇墓兽”。《风俗通义校注》引《周礼》：“方相氏，葬日入圹，驱魍象。”古人巫术观念浓厚，认为方相氏不仅为亡灵服务，亦能为活人免灾避疫。干宝《搜神记》：武陵流行瘟疫，只有一家幸免于难，原因“此方相临也”。由此可见方相氏在巫术中为重要的驱邪镇恶之神。

而T形帛画所描绘的也是一个人神杂处、怪诞奇异、禽兽众多的巫术世界，众多的神话传说使人可以瞥见到巫术的威力；《天文气象杂占》是“占星家根据某些短暂时间里云的形态，提出了各国云的说法，牵强附会地用来占验各国命运的好坏、战争的胜败等”[②]。

2. 漆棺与巫歌巫舞

歌舞祀神是巫文化最大特点。巫歌巫舞，是其所谓“沟通人神”的主要手段。歌舞结合的目的在于祈神娱神。青海大通孙家寨出土的新石器时代舞蹈纹彩陶盆，生动地展示了原始巫术活动载歌载舞的场景。殷人巫风之盛有史可稽，“乎舞有雨”、“奏

---

①《论衡·谢短篇》。

②顾铁符：《马王堆帛书〈天文气象杂占〉内容简述》，载《马王堆汉墓研究》，湖南人民出版社，1981年。

舞有雨”的卜辞，描绘出巫者奏乐舞蹈以降神求雨的情形。秦汉之际，巫歌巫舞有了较大的发展。最不可思议的要数马王堆1号汉墓黑底彩绘漆棺舞蹈图。一组形态生动的仙人怪神随着急速成回转流动的云气翩跹起舞，有的怪神张臂摇身，双手各执朱色板状物，舞态轻盈、动势和节；有的置瑟于膝、紧拨瑟弦；还有的细腰长袖，且摇且舞，这种浪漫的想象和表现，绝不仅仅反映了我们民族童年时期的幻想、稚拙和天真。让我们看看该组画所绘的位置。舞图绘在靠死者头部的档头，古人迷信灵魂上天将从这里出发。该图正中位老妪徐徐而出已露半身，可能为死者。然而迎接她的是一个翘袖折腰之舞，振铎瑟弦之乐的五彩缤纷世界。它所反映的是一种美好夙愿，它所追求的是一个弥漫巫术观念的神秘未来世界。更令人冥思遐想的是追逐奔驰的怪兽，怪兽头戴鹿角、兽头、人立，有的屈膝弯弓而射。有的蹲坐执戈回顾，作瞭望、回顾状。其余诸神兽，皆作追逐、奔走、腾跃状。“在漫长的历史发展过程中，中国巫文化受到神仙方术、道、佛等宗教迷信影响。”后来的民俗信仰“以巫教为基础，融合佛道以及儒家，形成了多教多神的多元面貌”[①]。巫歌巫舞的形式也变成了多样化。

另外，漆器色彩、纹饰的许多方面也反映了昔日南楚人们信巫好祀的习俗，在此不再一一赘述。

3．巫文化赖以根植的土壤

先秦时期，南楚地区“信巫鬼，重淫祀”[②]，仍弥漫于炽烈

①陈瑞林：《傩面具与巫文化——兼谈对民间美术的一点认识》，《装饰》1988年第4期。

②《汉书·地理志》。

情感的原始巫术文化体系之中，正如古希腊神话是古希腊艺术的土壤一样，南国楚地，湖泽棋布，云蒸霞蔚，地域时令的不同，养育了善感而富于想象的民族，孕育了弥漫着神话色彩的巫文化，由此发展起来的楚文化是我们民族浪漫主义艺术的摇篮。而汉文化又是一个具有多源性特点的文化，文学艺术方面，直接从楚文化中得到滋养。马王堆汉墓文物在葬制随葬器物、文化艺术等方面，楚文化的因素仍占主导地位①。不论漆棺、偶人，还是桃枝俑，都彰显了楚人信巫鬼的特质。3号汉墓简牍载“楚歌者四人”，更加说明楚汉文化一脉相承，并足以证明马王堆汉墓漆器艺术品赖以植根的土壤是楚文化，这些都是楚神话色彩和巫术观念的延续和发展。所以说，在研究马王堆汉墓艺术品与巫文化时，绝不可低估曾孕育过它们的楚文化影响。

①高至喜：《马王堆汉墓的楚文化因素分析》，载《湖南省博物馆文集》，岳麓书社，1991年。

第三章　物勒工名　制地探源

湖南地区楚汉漆器的生产、管理和产地问题的讨论，是一个屡见不鲜的话题。或因为文献记载甚少，或由于实物资料有限，各家解说各不相同。本章旨在尽可能广泛地汲取漆器铭文和简帛文字信息，补史之缺，致力于湖南楚汉时期官营与私营漆器生产、管理和制地诸多问题的探源，以期重建早期湖南手工业生产的历史原貌。

第一节　湖南楚汉墓葬出土漆器铭文概述

20世纪三四十年代，长沙楚墓、长沙王后冢出土了湖南地区最早的漆器铭文。迄今为止，已有数十处湖南楚汉漆器铭文见诸公开报道，而其中10余处有关漆器产地的铭文曾引起了学者们的广泛关注。早在20世纪30年代中期，商承祚先生就在《长沙古物闻见记》一书中对蔡季襄先生收藏的长沙楚墓漆器铭文中漆器产地的问题进行了阐述。

20世纪50年代以后，随着长沙等地大规模考古发掘的开展，一些标有产地铭文的楚汉漆器陆续出土。相关学者对这些铭文进行解读，对湖南漆器产地的问题进行研究。如俞伟超和李家浩先生根据马王堆汉墓漆器上的“成市草”、“成市饱”戳印铭文，论证“漆器并非楚国故地长沙的产品，而是四川成都市府管辖的漆器手工艺作坊的产品”[①]。随着湖南近邻省份湖北江陵凤凰山大批漆器的出土，有学者依据“成市草”、“成市饱”烙印文字，认为“这些西汉文景时期的漆器，应当与长沙马王堆1号墓的漆器一样，也是成都市府漆器手工业作坊的产品”[②]。这些观点基本上否定了湖南本土自产漆器。对此，笔者曾撰文指出许多出土漆器应为湖南本土生产[③]。近来随着新的考古资料不断面世，笔者在重新整理有关漆器铭文及简帛文字的过程中，获得了更多能说明湖南本土生产漆器的材料，并就湖南楚汉漆器铭文及简帛文字所反映的漆器生产、管理和产地问题展开讨论。

一、漆器铭文出土地点及概况

目前在湖南长沙、常德、沅陵、永州等地区已发现记有铭文漆器的楚汉墓葬10多处，出土带有铭文的漆器数百件。

长沙、常德楚墓出土带有铭文的漆器12件：蔡季襄收集长沙楚墓出土漆耳杯 4 件，长沙楚墓北郊三眼塘楚墓出土漆卮 1 件，长沙杨家湾6号楚墓出土漆奁 1 件、漆耳杯1件、漆樽2件，长沙柳家大山33号楚墓出土漆樽1件，长沙沙湖桥19号墓出土漆耳杯残片 1 件，常德德山寨子岭 1 号楚墓出土漆盒 1 件。

西汉前期墓葬出土带有铭文的漆器数百件，其中有长沙马王

①俞伟超、李家浩：《马王堆一号汉墓出土漆器制地诸问题——从成都市府作坊到蜀郡工官作坊的历史变化》，《考古》1975年第6期。

②《关于凤凰山168号汉墓座谈纪要》，《文物》1975年第9期；陈振裕：《试论楚墓出土漆器的产地问题》，载《楚文化研究论集》（第二集），湖北人民出版社，1991年。

③聂菲：《从湖南西汉贵族墓出土漆器审度汉初漆器功能工艺的传承与变异——兼论湖南汉初漆器产地问题》，载《湖南省博物馆馆刊》（第一期），《船山学刊》杂志社，2004年。

堆1号汉墓出土盘、鼎、匕、卮、耳杯、食盘、小盘、匜、奁等223件，长沙马王堆3号汉墓出土451件，长沙望城坡古坟垸西汉初期墓出土漆耳杯等数百件，沅陵虎溪山1号西汉早期墓出土漆耳杯3件、漆盆1件、漆盘1件、漆式盘1件。

西汉后期墓葬出土带有铭文的漆器48件，其中如长沙王后墓出土漆盘5件，长沙杨家山401号西汉后期墓出土漆盘1件，长沙203号西汉后期墓出土漆耳杯2件，长沙汤家岭1号西汉后期墓出土漆酒杯6件，永州鹞子岭1号西汉晚期墓出土豆形器1件，永州鹞子岭2号西汉后期墓出土漆盘1件、耳杯3件、卮1件、樽1件，长沙风篷岭1号西汉后期墓出土漆盘5件、漆残片数件，长沙“12·29”谷山被盗汉墓，共出漆器151件（除1件剑椟外），均出于5号墓，这批漆木器几乎每件漆器上都有铭文，总计144件有铭文（详情见第五章表6）。

二、漆器铭文的分类及制作问题

有关漆器铭文分类问题。多数学者认为漆器铭文可分为制造者标记和物主标记两大类[①]。湖南楚汉墓葬出土漆器铭文也可分为这两大类，其中物主标记包括物主姓名、官爵等，还有容量标记、计数标记、用途标记等。从湖南楚墓出土漆器铭文看，由于湖南地处南楚，春秋末期、战国早期墓葬出土的漆器不多，没有发现铭文。到战国中晚期漆器铭文增多，发现了有明确产地标记的漆器铭文，其文字内容有长有短。至西汉时期，标有明确产地的漆器铭文明显增多，而且数量庞大，且铭文越来越长。但是，湖南楚汉漆器铭文分类是一件比较困难的事，因为“有些漆器上

---

①洪石：《战国秦汉漆器研究》，文物出版社，2006年。

集制造者标记和物主标记于一体”，有的“不能断定其文字究竟是制造者标记还是物主标记”[①]，而且释文也是一个难点。

有关漆器铭文书写形式问题。湖南楚汉墓葬出土的漆器产地铭文，有烙印戳记、刻画、漆书等书写形式，有的漆器上还集多种书写形式于一体。烙印文字是在漆器制胎时戳印或烙印上去的，后髹漆打磨，所以多数字迹模糊不清。刻画文字一般在漆器髹饰过程中，趁漆膜未干之际，用坚硬刀、锥等工具刻画出文字，其方法开西汉锥画漆器之先河。漆书一般为黑地朱书或绿书，或朱地上墨书文字。考古资料表明，标示产地的漆器铭文最早为刻画文字。如四川荥经曾家沟春秋战国之际墓葬出土的漆器上“成草（造）”制地铭文为刻画文字[②]。湖南楚墓出土的漆器铭文有烙印，也有刻画。至西汉早期，仍有用烙印、刻画文字来标示制造者的做法，但漆书文字明显增多。到西汉中晚期，烙印方式已很少见，而用刻画、漆书标示制造者的做法居多。

第二节　楚墓出土漆器铭文与产地问题的讨论

考古资料表明，春秋战国时期，随着社会生产力的显著提高，楚国的手工业生产获得了长足发展，其生产种类和生产环节都表现了很高程度的分工和协作，出现了各种类型的手工业作坊。长沙旧城区发掘了多处战国遗址，其中在中山商业大厦工地还清理出残存的战国陶器作坊遗址1处，作坊地面有竹席痕迹和陶

---

①洪石：《战国秦汉漆器研究》，文物出版社，2006年。

②四川省文管会等：《四川荥经曾家沟战国墓群第一、二次发掘》，《文物》1984年第12期。

鬲、陶豆等残片。陶器作坊比漆器作坊易保存下来，因此不排除长沙旧城区有战国漆器作坊[①]。长沙楚墓漆器铭文说明了这一点。

一、官营漆器生产

官营作坊分为中央政府直属作坊和王家、贵族、地方政府经营的手工业作坊，其中前者为楚国官营手工业的主要部分。在官营手工业作坊中，有一批官员担任行政管理和技术监督指导的角色，某些低级技术官吏甚至要亲自参加生产，所有这些官吏统称为“工官”。工官的名称、职能不尽相同。

1.出现兼管漆器生产的工官——“市工”

从漆器铭文上可以看到，漆器制造业是楚国手工业生产的一个重要部类，并且有官员专司。1954年长沙杨家湾6号楚墓出土漆耳杯20个，每个底部都有“市攻”二字戳印（图124、图125）[②]。“市”字与《鄂君启节》“市”字写法类同，裘锡圭先生释为“市”。裘先生认为“市攻”当读为“市工”，意即市所属的工官或工匠[③]。市作为一种交易场所，它的出现要早于城，古文献中就有“神农作市”、“祝融修市”的记载。城出现后，市是其中的重要组成部分。从春秋时期楚人入湘至战国末年近500年的时间里，楚人不断向江南扩张，至战国中期，长沙已成为楚人开发江南的重要基地。据东汉应劭所著《汉官仪》：“秦用李斯议，分天下为三十六郡，凡郡或以列国，陈、鲁、齐、吴

①湖南省博物馆等：《长沙楚墓》，文物出版社，2000年。

②湖南省文物管理委员会：《长沙杨家湾M006号墓清理简报》，《文物参考资料》1954年第12期；吴铭生等：《长沙出土的三座大型木椁墓》，《考古学报》1957年第1期，图版叁，5。

③裘锡圭：《战国文字中的“市”》，《考古学报》1980年第3期。

图124　“市攻”戳印（1954年长沙杨家湾6号墓出土。湖南省文物管理委员会：《长沙出土的三座大型木椁墓》，《考古学报》1957年第1期，图版第3页）

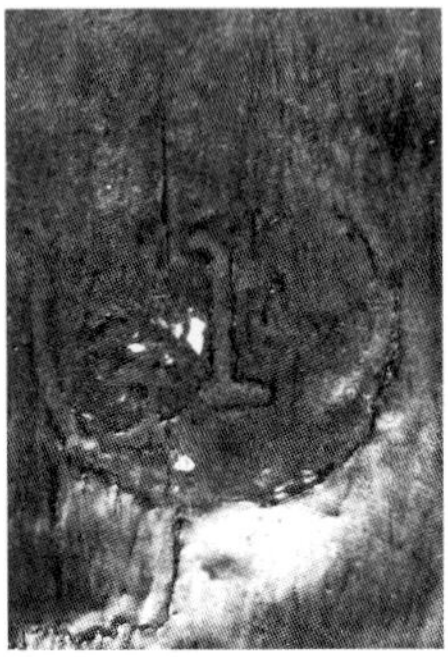

图125　“市攻”戳印（1954年长沙杨家湾6号墓出土。本书作者拍摄，2011年）

是也；或以旧邑，长沙、丹阳是也。”可知秦以前长沙就有城邑。考古发现，春秋战国时期在湖南的楚城有10多座，其中当时的长沙城已初具规模，是楚国的军事据点和手工业、商业贸易中心。《水经注》记述“湘水”沿湘江从南向北到临湘故城后，“城之西北有故市，北对临湘县之新治”。此时所言之“故市”应是汉以前的“市”。据《周礼·地官》记述：市有市门，市内有主管市官。战国时各国对其称呼不同，齐国印文称市官之长为市师，副职为市相，办公场所为市亭。而据《史记·循吏列传》记载，楚国称市官为“市令”，其应为一市的行政长官，而“市工则系一市主管手工业生产的官员”[①]。总之，从杨家湾楚墓漆耳杯上的“市攻”印文得知，南楚的官市兼营包括漆器制造业在内的手工业，而且设有兼管漆器生产的工官——“市工”。杨家湾楚墓出土的漆器应是南楚官市的产品，以此亦可印证南楚手工业尤其是官营漆器手工业发展的速度与规模。

---

①刘玉堂：《楚国经济史》，湖北教育出版社，1995年。

2.出现兼管漆器生产的技术工官——“右工师”

现藏旧金山亚洲艺术博物馆长沙楚墓出土的“廿九年”漆樽，最早著录于商承祚先生《长沙古物闻见记》。其针刻铭文释为：“廿九年，大（太）后□告（造），吏丞向，右工帀（师）象，工大人台。”裘锡圭先生认为铭文字体是秦国文字，“大后”应该是昭襄王的母亲宣太后，宣太后是楚人，廿九年是昭襄王二十九年，即公元前278年。进而认为：“楚国原来的中心地区已为秦所占有。说不定‘廿九年’漆樽就是在秦所占领的楚地制作的。”①李学勤先生认为针刻铭文说明了漆樽的制作时间、主管职官和工匠的名字。樽上的朱色书“长”字系“长沙”之省，这只能和其他秦器一样，被解读为漆樽的置用地点（图126）②。无独有偶，1999年湖南常德德山寨子岭1号楚墓出土1件有铭文的木胎漆盒，墓主人为楚国晚期官吏“鄂邑大夫”，器底正中用针刻画了一长方形框，内刻铭文四行，曰：“十七年大（太）后詹事丞𩬁（𨰉），工师歊，工季。”从右至左竖读。方框外左边刻有“上己”字样，右边刻有

图126 “廿九年”漆樽

（1936年长沙三眼塘墓出土。蒋玄佁：《长沙楚民族及其艺术》，美术考古学社，1949年，图版第9页）

① 裘锡圭：《从马王堆一号汉墓遣策谈关于古隶的一些问题》，《考古》1974年第1期。

② 李学勤：《论美澳收藏的几件商周文物》，《文物》1979年第12期。

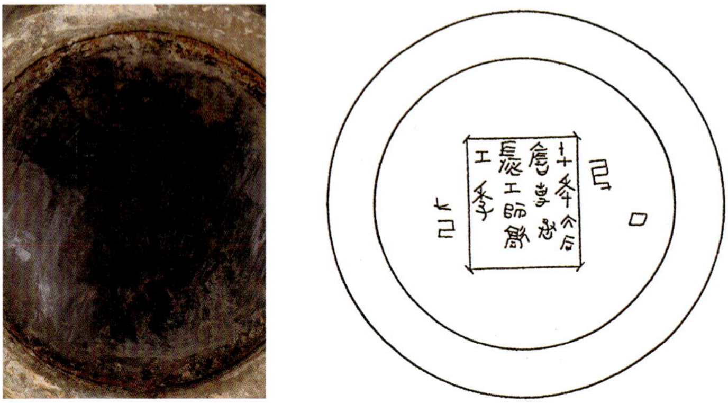

图127 “十七年”漆盒底部铭文和铭文线描图

（1999年常德德山寨子岭1号墓出土。杨启乾、李文涓：《常德楚墓出土的两件战国漆器考》，载《湖南省博物馆馆刊》第四辑，岳麓书社，2007年，前彩第3页、第266页）

“[illegible]”、“□”等符号，这些可能为产品等次或记数标记。不少学者认为“十七年”漆盒制成于秦昭王十七年（前290），属宣太后宫中之物（图127）[①]。

但有学者对此持不同观点，后德俊先生认为十七年盒晚于廿九年樽，为仿秦制的楚国漆器。刘玉堂先生也认为这是楚器[②]。笔者持相同观点，并提出新的佐证：

其一，关于铭文中的“师”字书写方式问题。据《礼记·月令》郑注“工师”乃“工官之长”。有学者做过统计，“师”

---

① 常德市文物处：《湖南常德寨子岭一号楚墓》，载《湖南考古2002》，岳麓书社，2004年；杨启乾、李文涓：《常德楚墓出土的两件战国漆器考》，载《湖南省博物馆馆刊》（第四辑），岳麓书社，2007年；龙朝彬：《湖南常德出土“秦十七年太后”扣器漆盒及相关问题探讨》，《考古与文物》2002年第5期。

② 刘玉堂：《楚国经济史》，湖北教育出版社，1995年。

字在殷墟甲骨文中有几种写法“”、“”、“”，可隶属为“𠂤”。“𠂤”除用军旅之“师”和人名外，也用为职官名。周原甲骨文和西周金文“师”字的形体及用法变化较大，除师旅之“师”为“”（班簋）外，职官之“师”多增“帀”，如毛公鼎之“师”为“”、令鼎之“师”为“”。西周晚期的“师”或省“𠂤”，如师寰簋之“师”为“”。东周时，“师”字使用情况复杂，有“𠂤”增偏旁“帀”的师，也有省“𠂤”为“帀”之师。在秦国两种都有使用，“廿七年上守戈工师”为“”，此戈为秦昭王廿七年。“□年上郡守戈师”为“”[1]。“四十年上郡守戈工师”用的“帀”，此戈为秦昭王四十年[2]。“这两者在某些诸侯国兼用并行，在楚文字中则只通行省𠂤为帀之师。”[3]从鄂君启节、包山楚简到郭店楚简看，“师”字均为帀之师，形体均为“帀”，如“”（包山简）、“”（长沙铜量）、“”（郭店楚简）[4]，可知廿九年樽“帀”字之师为楚人书写习惯，特别是与长沙铜量之“帀”字相似。十七年盒之“师”与云梦秦简之“师”相似，很可能为秦占领下的楚漆器。

其二，关于铭文中的“右工师”的置官问题。工师是负责生产管理的技术官吏，故《管子·立政》云：“使刻镂文采，毋敢造于乡，工师之事也。”而秦器铭文有称“雍工师”、“咸阳工师”等，但没有左右之分。而楚国惯常分置官职为左、右，以示

①④汤馀惠主编：《战国文字编》，福建人民出版社，2001年。

②李学勤：《战国时代的秦国铜器》，《文物》1957年第8期。

③罗运环：《论郭店一号楚墓所出漆耳杯文及墓主和竹简的年代》，《考古》2000年第1期。

尊卑，右工师地位可能相当于中原诸夏之工师[①]。如《古玺汇编》著录有楚《右斯政玺》一枚[②]，“斯政”可能是负责管理厮役等低贱奴仆的官吏[③]。斯政尚有左右之分，那么，如此重要的漆器生产部门管理官员更应有左右之分，按楚人尚左习俗，此右工师地位应当低于左工师。所以说漆奁刻铭中之“右工师”，应是楚国漆器生产部门中兼管技术的工官。

其三，廿九年樽，朱书铭文“长”字，后德俊先生认为此红色漆与漆樽的红色纹饰所用漆应该相同，它是与红色纹饰一道髹饰而成的[④]。所以说，此樽应为长沙地区楚人制造的产品。

二、私营漆器生产

楚国的王权十分强大，政府控制了生产和流通领域，私营手工业生产未能得到正常的发展。但是，到春秋晚期，楚国的手工业在生产关系上发生了变革，这种变革体现在手工业生产者身份地位的提高。至战国中期以后，楚国手工业生产者的地位进一步提高，楚“百工”开始享有一定的自由权利。自春秋末叶以来，楚国已开始出现私营手工业，漆器私营手工业也有了一定的发展，成为官营手工业的补充。从漆器铭文可以看到，漆器私营作坊制品的题铭和官营作坊不同。

1.出现了表示漆工居所和漆工人名的铭文

长沙楚墓葬出土了冠以“里”字的漆器铭文。如蔡季襄收

---

①刘玉堂：《楚国经济史》，湖北教育出版社，1995年。

②罗福颐：《古玺汇编》，文物出版社，1987年。

③吴振武：《〈古玺汇编〉释文订补及分类修订》，载《古文字论集》（初编），香港中文大学，1983年。

④后德俊：《楚国漆器与秦国漆器的关系》，载《楚文化研究论集》（第七集），岳麓书社，2007年。

集20世纪30年代楚墓出土的4件漆羽觞上皆有刻文，分别为“柬里冊”、“杜里姣”、“齒”和“舆里周”（图128）。1956年长沙沙湖桥19号楚墓出土的一件漆耳杯残片，耳杯背面漆书文字“□里周”（图129）。商承祚先生释曰：“漆觞外底多舆里某三字。舆里为地名，工艺之人聚族而居，遂以成里，如瓦豆具豆里赚里诸名也。里下为制器人姓名或仅刻名而不书地。蔡氏旧藏三觞，一作柬里冊，一作杜里姣，一作齒舆字省去上从，它器或不省，与甲骨文冊同，为册，姣为姣，齒即齿见钵文，姣为女工，尤属罕见。予后又得一觞，作舆里周，周则姓也，觞耳背必有印模，桼髹其上，殆胎工凿成后施戳记，而非文字，《淮南子》曰，古之为车也，桼者不画，凿者不断，工无二伎，士不兼

图128 “里”字铭文漆器
（长沙楚墓出土。蒋玄佁：《长沙楚民族及其艺术》，美术考古学社，1949年，图版第9页）

图129 “里”字铭文漆器残片
（1956年长沙沙湖桥19号墓出土。湖南省博物馆等：《长沙楚墓》下册，文物出版社，2000年，第111页）

官，各守其职，不得相奸，人得其宜，物得其安。媾艺媾，职责不苟，制器之精宜也。”[①]云梦睡虎地秦墓中出土的漆器，也烙印有“安里皇”、“钱里大女子”、“左里漆界”等[②]。“里”是古代民户聚居之所，《十三经注疏·诗经·将仲子》疏云：“里者，民之所居，故为居也。”“里”在先秦和秦汉时期是最小的行政单位。秦汉时，大城市和中等城市主要是设亭，亭下设市里。云梦睡虎地秦简中《盗马》爰书云：“市南街亭求盗才（在）某里曰甲。”可知城市中设有街亭，街亭之下还有里。爰书中“某里”就是“市南街亭”所辖的“里”。在秦汉遗址中，出土大量有陶工印文的陶器陶片，这些印文都有表示陶工所居住的地方。如“咸亭完里丹器”，“咸亭右里道器”。俞伟超先生认为：“‘某里’当为地名，器前一字，当为作器名。”[③]漆器铭文所刻“里”应为漆器作坊所在地名。有的只刻里名，因为古代工匠是集中居住，这些“里”的漆工集中、漆器闻名，特地刻上里名招揽顾客。

“里”后的文字，则是作器漆工的名字。妏为女工名，说明战国晚期南楚私营制漆业出现了女性漆工，足以证明私营制漆业的繁荣。有里名的是属于户籍者，也是征役对象。在秦汉简中，户籍都明注“爵里”，户籍是封建国家向人民征发兵役、徭役、征收赋税的根据。他们在服役期间，一些被征召到“市”管辖的官营手工作坊劳作。有些铭记同见不同漆器上，表明大多数

---

①蒋玄佁：《长沙楚民族及其艺术》（第一卷漆器部分），美术考古学社，1949年；商承祚：《长沙古物闻见记》，哈佛燕京学社印行，1938年。

②云梦睡虎地秦墓编写组：《云梦睡虎地秦墓》，文物出版社，1981年。

③俞伟超：《汉代“亭”、“市”陶文》，《文物》1963年第2期。

是同一作坊产品。这种表示里名和人名的题铭和官方作坊制品的题铭完全不同，而漆器制造业的复杂工序又似非个体手工业者所易于经营，所以说这种漆耳杯应该是私营手工业作坊制造的漆器。

2.出现了民间漆工匠姓名的铭文

长沙楚墓还出土一种漆器铭文，未具里名而仅用姓名作制器者标记的铭文。如长沙杨家湾6号楚墓出土的漆奁，奁底的外面与奁盖的里面都阴刻“王二”，漆器铭记十分草率，应指民间工匠。从楚墓出土的漆器铭文来看，这些工匠社会地位都不高，漆器铭记草率，是制作过程中由制器者随手刻画上去的。1985年桃源三元村1号墓所出漆耳杯，有一件耳背面刻有“巳一”、“雷巳”，此为产品等次标记。另一件耳杯下底刻“□工□”铭文，应为制造者铭文[①]。

第三节　西汉漆器铭文、简帛文字与产地问题的讨论

南楚漆器手工业的发展为西汉长沙国漆器制造业的繁荣奠定了基础。西汉长沙国的漆器除小部分产自蜀郡、广汉郡工官外，大部分是在本土生产。长沙国国内既有王侯及高级贵族经营的地方性官府漆器作坊，又有为数不少的私营漆器作坊发展迅速。考古资料表明，湖南出土的西汉高级贵族墓大都随葬了数量众多的精美漆器，楚工匠刻画和烙印铭文标示制造者的做法到这时仍沿

① 常德市文物局：《沅水下游楚墓》，文物出版社，2010年。

袭未改，其例甚多。与此同时，简帛文字也成为漆器产地的重要佐证之一。这些文字资料说明长沙国漆器制作的内部分工十分精细，有不同级别的官吏进行管理和监督。

一、长沙国官营漆器的生产与管理

“西汉前期各地重要的漆器作坊，大都由市府管辖，是一种由郡县经营、控制的地方性官府手工业。”[①]然而，出土漆器铭文和简帛文字表明，长沙国诸侯王不但有自己的漆器生产部门，而且与蜀郡、广汉郡工官生产的“乘舆”漆器和汉都城考工、供工生产的御用纪年漆器一样，长沙国生产的漆器也有自己的纪年，有专门的管理机构及生产漆器的管理工官，并形成了一定的规模。如长沙望城谷山被盗汉墓出土漆器共151件，计144件有铭文，其铭刻方式有漆书、刻画、烙印三类。据有关学者统计内容共分为五类[②]，分别为“物勒工名”、生产机构、收储机构、物主及其他等记录，大量的铭文信息为人们深入了解西汉长沙国漆器生产与管理诸问题提供了更多的文字资料。据《汉书·食货志》记载，王国和侯国漆器业的“租税之入”、“皆各为私奉养”，即为国君私有。另注“这种情况反映了汉初诸侯王国的割据势力

① 俞伟超、李家浩：《马王堆一号汉墓出土漆器制地诸问题——从成都市府作坊到蜀郡工官作坊的历史变化》，载《马王堆汉墓研究》，湖南人民出版社，1979年。

② 何旭红：《对长沙谷山被盗汉墓漆器铭文的初步认识》，载《湖南省博物馆馆刊》（第六辑），岳麓书社，2010年；长沙市文物考古研究所：《长沙“12·29”古墓葬被盗案移交文物报告》，载《湖南省博物馆馆刊》（第六辑），岳麓书社，2010年；邱东联、潘钰、李梦璋：《简析长沙市博物馆2009年度征集的一批西汉漆耳杯》，载《湖南省博物馆馆刊》（第六辑），岳麓书社，2010年。

很强、‘宫室百官同制京师’的历史事实”[①]。

1.出现了众多高级贵族官营漆器作坊

（1）吴氏长沙国某代王后“渔阳”府漆器作坊。在长沙望城坡古坟垸西汉初期墓“渔阳”王后墓中，我们可以看到黄肠题凑、梓宫、便房这一整套只有天子及获天子恩赐的少数权贵得以享用的葬具。该墓出土的漆木器种类繁多，其中漆器上的“渔阳”二字和“长沙后府”封泥是推测墓主人身份的重要依据。该墓出土的数百件漆耳杯底部和漆盘底部都针刻有“渔阳”字样（图130），“渔阳”系西汉初期吴氏长沙国某代王后。笔者推断这些漆器应是长沙王后“渔阳”府邸漆器作坊的产品。其理由如下：

图130 “渔阳”漆耳杯（1993年长沙望城坡渔阳墓出土。湖南省文物考古研究所：《湖南考古漫步》，湖南美术出版社，1999年，第58页）

其一，在漆器内阴刻铭文的做法最早出现于长沙楚墓出土的漆器上。“渔阳”王后墓出土的一种素面黑漆盘，夹纻胎，外底部锥刻“渔阳”二字。夹纻胎的做法主要是利用漆的黏性以及麻布的张力，使其层层黏合重叠而成胎骨。这种胎质的特点是胎质坚硬、体态轻盈，在“夹纻胎”上锥刻铭文难度较大，必须在胎

①洪石：《战国秦汉漆器研究》，文物出版社，2006年；另注［汉］班固《汉书·诸侯王表》（表二），中华书局，1962年，第394页。

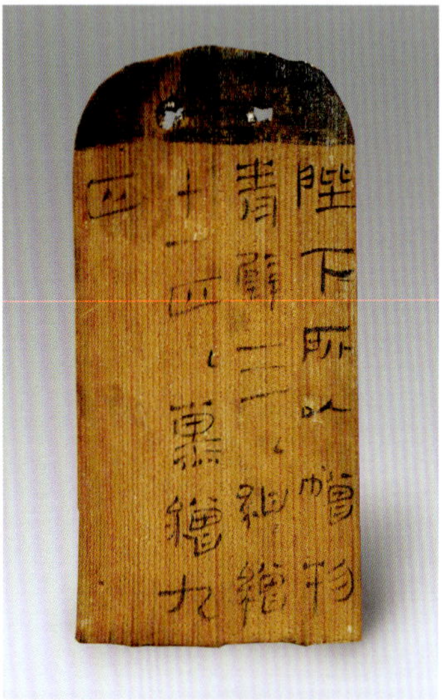

图131　“陛下所以赠物”木楬（1993年长沙渔阳墓出土。王立华主编：《长沙馆藏文物精华》，湖南美术出版社，2007年，第132页）

质和髹漆未干透之前刻上去。因此，该铭文是在制造地镌刻上去的，与一般买主漆书物主标记不一样。

其二，漆耳杯底部除针刻有“渔阳”二字外，有的外壁还刻有“五”等计数符号和烙印。针刻计数符号应为制造者所刻写，作为工匠计数标记。

其三，墓中出土有“陛下所以赠物”木楬（图131），此为西汉皇帝赐予墓主长沙国王后“渔阳”的随葬品清单，隶书四行“陛下所以赠物：青璧三、绀缯十一匹、熏缯九匹”十八字[1]。值得注意的是，随葬数量可观的漆器不在“陛下”所赐之列，这些漆器既不是蜀郡、广汉郡制作的“乘舆”之器，也不是考工、供工生产的京都御用之品，应为“渔阳”王后府漆器作坊的产品。

（2）刘氏长沙王某代王后府漆器作坊。长沙望城谷山被盗汉墓漆器大部分底部有带边框印章式烙印戳记，有4件烙印“长沙□仓”，2件漆器烙印“长沙”，工匠用形似印章的刻字烙印，烙印在成形的胎质上，后再髹漆。如果工匠用力过猛的话，器底很容

①王立华主编：《长沙馆藏文物精华》，湖南美术出版社，2007年。

易被打穿，所以人们可以看到有些耳杯被戳穿的痕迹，这种戳记肯定是制造地标记。值得一提的是，其中有三件耳杯刻画有“王后家官”铭文，1件刻有“食官中盘”，应为王后“家官”、“食官”所监制的产品。如前所述，刻画标记是工匠用锥子在未干的漆器上刻画出来的标记，也是制造地标记，这几件漆器还为锥画纹漆器。经何旭红先生考证墓主人为“定王刘发、戴王刘庸、顷王刘鲋鮈等3位长沙王之王后的可能性较大”[①]。所以说这些漆器是刘氏长沙王某代王后府漆器作坊生产的产品。“长沙□仓”应为生产机构和制造地存储机构。标本124耳杯外侧腹部朱漆书“□七年家官[illegible]中杯容二升半第卅五东官尚食”，近底部刻画“□七年家官[illegible]中杯容二升半第卅五东官尚食”，底正中还烙印戳记

图132 “东官”漆耳杯和铭文
（2008年长沙望城谷山“12·29”被盗墓出土。何佳先生摄赠）

①何旭红：《对长沙谷山被盗汉墓漆器铭文的初步认识》，载《湖南省博物馆馆刊》（第六辑），岳麓书社，2010年。

图133　漆器铭文“中永巷……”
（2006年长沙望城风篷岭1号墓出土。何旭红：《对望城县风篷岭汉墓发现铭文的初步认识》，载《湖南省博物馆馆刊》第五辑，岳麓书社，2009年，前彩第15页）

“东官”（图132），从而表明此为王后府家官监制的产品。

长沙风篷岭1号汉墓为刘氏某代长沙王王后墓，出土漆器铭文有“长沙王后家”、“长沙王后家杯”、“中永巷”（王府内的官署名）（图133）、“永巷果槃”、“家”（太子、王后、侯夫人等的官署）、“□厨”（厨官所掌之器）、“中厩”（养马或驾车派遣吏的官署）等，同时表明这些漆器是这位刘氏某代长沙王后府作坊制造的产品。

（3）杨姓长沙王后府漆器作坊。20世纪50年代长沙出土的刘骄墓，所出漆盘残片上金黄色漆书“杨主家般(盘)”。在这座墓西南方约20米附近，有长沙王后墓，该墓1936年出土，墓中出土的夹纻胎银釦彩绘漆盘近底处朱书“杨主家般”铭文，其他还有“杨子赣绪具子下元康四年治”、“今长沙王后家盘”（图134）、“杨子赣绪饭盘”、“王后家宫”（图135）等文字的漆器，特别是一件漆盘铭文“杨主家般”及“今长沙王后家般”字样与刘骄墓所出漆盘书体一样。因此，“推测长沙王后姓杨，与刘骄有一定关系”，很可能“刘骄

图134 “今长沙王后家盘”漆器和铭文（正面、背面）
（1936年长沙杨家山王后冢出土。湖南省博物馆藏汉墓资料）

图135 “王后家宫”漆盘和铭文
（1936年长沙杨家山王后冢出土。湖南省博物馆藏汉墓资料）

与长沙王后当系同一家属；该墓的规格如此庞大，墓主人系王族亦属可能”。蔡季襄先生认为此为长沙王刘发曾孙刺王刘建德之王后[1]。其中“杨子赣绪具子下元康四年治”，元康四年，应为汉宣帝元康四年。“治”为整治、修治、制作之意，《汉书·高

①中国科学院考古研究所编著：《长沙发掘报告》，科学出版社，1957年；蔡季襄：《西汉长沙王建德王后墓考》，未刊稿，存湖南省博物馆。

帝纪》："又治秦中。"注："谓都之也。""绪"即纻，《说文·纟部》："绪，丝端也。纻或从绪省。""具子"应为带子奁的奁盒。这说明刘骄墓和长沙王后墓出土的部分漆器应为这位杨姓王后府中漆器作坊的产品。

（4）沅陵侯府和沅陵县官府漆器作坊。沅陵虎溪山1号墓为西汉早期文帝后元二年（前162）墓，墓主为长沙王吴臣之子吴阳，为第一代沅陵侯，该墓出土的夹纻胎漆耳杯和夹纻胎漆盘器底分别针刻有"沅五十三"、"沅卅九"、"沅百一十五"、"沅廿六"、"沅四十六上"等字，应为沅陵侯府制造者所刻写，作为沅陵侯家漆器的计数标记[①]。望城谷山被盗汉墓所出漆器中，市博标本01漆器上刻画"六年沅陵侯相泽之丞少内辟工贤造"，记载此漆器制作于"六年"，监管官吏为"沅陵侯"丞相"泽之"、丞"眉"。标本053漆器刻画"十□□沅陵长系丞视库□工□造"，则记载沅陵侯无后国除为县时的制漆情况。

（5）澧水流域县级官府漆器作坊。望城谷山被盗汉墓所出漆器的刻画铭文除"沅陵侯"、"沅陵长"外，还有"门浅长"、"充长"、"零阳丞"、"临沅长"、"酉阳长"、"辰阳长"、"沅阳长"、"□阳长"、"义陵长"、"澧阳长"、"潕阳长"等，分别代表了充、零阳、沅陵、门浅、临沅、酉阳、义陵、澧阳、沅阳、潕阳、辰阳等县或侯国的漆器制作地名，主要分布于沅水、澧水流域。而"临沅"、"沅陵"、"零阳"、"酉阳"、"辰阳"等县名是史籍中常见的汉代武陵郡属

---

① 湖南省文物考古研究所、怀化市文物处、沅陵县博物馆：《沅陵虎溪山一号汉墓发掘简报》，《文物》2003年第1期。

县名。据沅陵虎溪山1号墓出土简牍简文“故沅陵在长沙武陵郡”[1]，“可推知第一代沅陵侯吴阳卒前某段时期（卒于公元前162年）长沙国曾下辖武陵郡”[2]。“门浅”、“澧阳”、“沅阳”、“潕阳”、“义陵”等县不见文献记载，但是考古资料证明这些县确实在历史上存在过。如1954年长沙近郊斩犯山7号汉墓出土1枚滑石印，印文为阴刻隶书白文“门浅”二字（图136），周世荣先生考释为“人名”[3]；2002年里耶秦简出土，其中有简记录：“……女五百一十人付田官女六百六十人助门浅。”陈松长先生考释为“基层官吏”[4]；谷山被盗汉墓出土刻画“门浅长”、漆书“门浅库”铭文漆器，何旭红和李鄂权先生考释为“县名”[5]，笔者持此种观

图136 “门浅”滑石印（1954年长沙近郊斩犯山7号墓出土。湖南省博物馆编：《湖南省博物馆藏古玺印集》，上海书店，1991年，第57页）

① 曹学群：《汉初长沙国地理四题》，载《湖南省博物馆馆刊》（第四辑），岳麓书社，2007年。

② 何旭红：《对长沙谷山被盗汉墓漆器铭文的初步认识》，载《湖南省博物馆馆刊》（第六辑），岳麓书社，2010年。

③ 周世荣：《长沙出土西汉印章及其有关问题研究》，《考古》1978年第4期。

④ 陈松长：《湖南古代玺印》，上海辞书出版社，2004年，第60页。

⑤ 李鄂权：《长沙出土漆器铭文“门浅”考释及相关问题探讨》，《中国文物报》2010年6月23日；何旭红：《对长沙谷山被盗汉墓漆器铭文的初步认识》，载《湖南省博物馆馆刊》（第六辑），岳麓书社，2010年。

点。根据《汉书·百官公卿表》载："县令、长，皆秦官，掌治其县。万户以上为令，秩千石至六百石；减万户为长，秩五百石至三百石。"谷山被盗汉墓漆器铭文均为"某某长"或"某某丞"，"长"是"秩五百石至三百石"县的行政长官，丞是他的副职，说明包括门浅在内的县均为小县，"所以它的管理者称长而不称令"①。"考古材料说明了沅陵、沅阳、辰阳等县于汉代曾在较长时期内生产漆器"②，这些地区在战国时期也是制漆中心。"可能上述11县系长沙国管辖之地，与长沙王有较大关系的墓主卒时而随葬长沙王封国内官营作坊生产的漆器"③。

图137　"仓"字漆耳杯
（2008年长沙望城谷山"12·29"被盗墓出土。邱东联等：《简析长沙市博物馆2009年度征集的一批西汉漆耳杯》，载《湖南省博物馆馆刊》第六辑，岳麓书社，2010年，前彩第4页）

在以上出土漆器中有1件漆盘外底刻画"库"，42件烙印戳记"仓"，42件器外底烙印戳记1字疑为"仓"。如标本015"七年临沅长□丞釦库□工乏造"刻于杯底正中，其上还烙印戳记"仓"字，是有边框印章式戳记（图137）。"仓"字为象形字，《说文》：

① 李鄂权：《长沙出土漆器铭文"门浅"考释及相关问题探讨》，《中国文物报》2010年6月23日。

②③ 何旭红：《对长沙谷山被盗汉墓漆器铭文的初步认识》，载《湖南省博物馆馆刊》（第六辑），岳麓书社，2010年。

“仓，谷藏也，仓黄取而藏之，故谓之仓。”后泛指储藏物资的建筑物。而标本109盘底部刻画有“四年辰阳长竖丞强库……”，盘底部中间印章刻画“库”字，库为会意字，《说文》：“库，兵车藏也。”后泛指贮物的屋舍。可知“库”与“仓”同义，应为生产机构和制造地存储机构。这二个字为带边框印章式烙印戳记，是施加在器物的胎体上后髹漆，应是在制作漆器过程中工匠烙印在胎体上的，为典型的制造者标记。

（6）其他贵族官府漆器作坊。1963年长沙汤家岭1号宣帝时期墓葬，墓主为张端君，该墓出土6件夹纻胎酒杯，已全部腐朽，从残形看，杯外面用绿漆书“张端君酒杯□□”。该墓还出土一次性铸成的青铜器铭文，如铜沐盘口沿刻隶书阴文“张端君沐盘一”、铜箕“官□”等。张端君墓为长沙发现西汉时期较大的墓葬，随葬品大部分是当时实用的生活用具，其铜器和漆器有铭文题记，死者应是当时统治阶级中地位颇高的人物①。据此推断张端君夹纻胎漆酒杯铭文应为制造者标记。2011年常德西汉长沙国郎中令廖福家族墓葬出土了标有漆器产地的漆器残片②。

2.出现了长沙国纪年漆器

汉初各诸侯国都有自己的纪年方式，出土资料表明，西汉长沙国也有自己的纪年系统。如长沙桂花园出土“剌庙”铜牛灯，牛腹部右侧铭文为“剌庙牛镫四，礼乐长监治”

①湖南省博物馆：《长沙汤家岭西汉墓清理报告》，《考古》1966年第4期。

②龙朝彬等：《湖南常德南坪西汉长沙国郎中令廖福家族土墩墓群发掘简报》，载《湖南省博物馆馆刊》（第八辑），岳麓书社，2012年；出土1件印章式漆器铭文残片，陈松长先生释“周（？）侯之家（？）”。

图138　“剌庙”铜牛灯腹部铭文
（1949年长沙桂花园出土。袁鑫：《汉代牛形铜缸灯小议》，《湖南省博物馆馆刊》第五辑，岳麓书社，2009年，前彩第11页）

图139　“长沙元年”铜鼎口沿部铭文
（1949年长沙桂花园出土。陈建明主编：《马王堆汉墓：古长沙国的艺术和生活》，岳麓书社，2008年，第190页）

（图138）。此灯乃主管礼乐的长官为长沙王宗庙监造的灯。出土的“长沙元年”铜鼎，口沿下一圈铭文“剌庙铜鼎一容斗五升有盖并重十五斤六两长沙元年造第三”（图139）。此鼎亦为长沙王府宗庙中的礼器，而且是成套铜鼎中的第三件。这些应该是西汉长沙剌王建德宗庙之器，剌王后人祭奠他所铸的用于祭祀的礼器。望城县风篷岭发掘的西汉晚期长沙王室成员墓葬，出土各类文物共计200余件，其中1件铜灯圈足边缘有一圈铭文，内容为“铜镫高二尺重廿二斤七两长沙元年造”。此外，还出土了“长沙元年造”铜壶和铜钭，这些均属于刘氏长沙王的纪年范围。除青铜器上有长沙王纪年外，漆器上也有长沙王纪年，而且更细，有年、月、日的记录。近年来望城风篷岭西汉墓和谷山西汉墓出土漆器纪年铭文，说明了长沙王纪年的特点。

（1）长沙望城谷山被盗汉墓共有36件漆器中有纪年。如果将其进行排列后发现，这批漆器纪年采用“四年”、“六年”、“七年”、“九年”、“十年”、“十一年”、“十□年”、“十七年”连续纪年方式。那么，这些纪年是哪位汉朝皇帝或长沙封王的纪年年号呢？对此，何旭红先生进行了如下论证[①]：

其一，标本004、027、039刻写制作时间为“七年”，沅阳县县长“平”、县丞“状”、库吏“周人”、工匠“它人”都相同；标本037、044、109记录“四年”时的辰阳县县长“竖”、县丞“强”相同；标本036、038、043、047、110、113记录“七年”、“十年”、“十一年”时辰阳县县长“尊”、县丞“延”相同；标本036、037、038、043、044、047、110记录“四年”、“七年”、“十年”、“十一年”时漆器制作主管库吏为同一人“燕”。说明“在纪年序数相同即在同一个纪年年份内或纪年序数不同而在多个纪年年份内同一个县的多个同一职官任职人均未发生变化。说明了匠籍为沅阳县、辰阳县的工匠生产的漆器上刻写的纪年是连续的且是同一位皇帝或封王的纪年”[②]。

其二，市博标本01漆器上刻画“六年沅陵侯相泽之丞少内辟工贤造”，市考古所标本053漆器刻画“十□□沅陵长系丞视库□工□造”，“十”后缺字应为“十□年”，其监管官吏为沅陵县长“系”、丞“视”。据《史记》和《汉书》载“沅陵侯”封于高后元年（前187），因“无后”而除于景帝后元三年（前141），历顷侯吴阳、顷侯吴福、哀侯吴周三代。“只有景帝或长沙定王刘发在位期间，沅陵县一度为侯国、一度为县。景帝在位16年，仅其‘十六年’沅陵一度为侯国，一度为县”，而定王

①② 何旭红：《对长沙谷山被盗汉墓漆器铭文的初步认识》，载《湖南省博物馆馆刊》（第六辑），岳麓书社，2010年。

图140　纪年铭文漆器残片
（2006年长沙望城风篷岭1号墓出土。何旭红:《对望城县风篷岭汉墓发现铭文的初步认识》，载《湖南省博物馆馆刊》第五辑，岳麓书社，2009年，前彩第15页）

刘发在位28年。漆器上纪年有“四年”至“十七年”，“景帝在位16年，其纪年不可能出现‘十七年’，因此可判断其为长沙定王的纪年”[①]。

其三，从谷山汉墓出土漆器纪年铭文的连续性来看，属长沙封王纪年的可能性较大，由此可以推测长沙国其他地区漆器生产铭文纪年亦如此。

（2）长沙风篷岭1号西汉墓出土了纪年漆器。风篷岭1号汉墓出土了“二年三月己酉”（图140）纪年漆皮残片和标有“长沙王后家”朱书文字的漆耳杯，应为某代长沙王后府中设置的官署。同墓出土了大量刻有“长沙元年”纪年铭文铜器，铭文中未见汉中央某代皇帝纪年年号，所以说漆皮残片在年序数“元年”之前有“长沙”二字。由于可以“推断此墓为炀王刘旦、孝王刘宗、缪王刘鲁人中某位王的王后”，漆皮纪年铭文“二年三月己酉”推断为某代长沙王的纪年，漆皮上铭文纪年为“二年”、纪月为“三月”、纪日为“己酉”，应为某代长沙王王后府中官吏所书[②]。

①何旭红：《对长沙谷山被盗汉墓漆器铭文的初步认识》，载《湖南省博物馆馆刊》（第六辑），岳麓书社，2010年。
②何旭红：《对望城县风篷岭汉墓发现铭文的初步认识》，载《湖南省博物馆馆刊》（第五辑），岳麓书社，2009年。

3.出现了“乡”级地方政府漆器作坊

马王堆1、3号汉墓烙印戳记说明此问题。发掘报告称马王堆1号墓漆器上烙印戳记有73件，或打印在器内或器外，打印后再上漆，故字迹模糊，除戳记有“成市草”、“成市饱”等铭文外，其中213号卮的戳记为“南乡□”铭文（图141），马王堆3号墓许多漆器上也有“南乡草”、“南乡□”、“中乡□□”等烙印戳记。而汉代文献记载全国著名漆器产地有九个郡，这些漆器产地不在其列。有学者认为此为成都城南之地[①]，笔者对此持不同观点，认为应释为长沙国都城临湘的“南乡”、“中乡”。其理由为：

图141 “南乡□”卮拓片（长沙马王堆1号墓出土。湖南省博物馆等：《长沙马王堆一号汉墓》，文物出版社，1974年，第78页）

其一，考古发现汉代著名漆器产地，远不止文献记载的蜀郡、广汉、河内、河南、颍川、南阳、济南、泰山、武都等九郡。如广州村石头岗西汉初年墓出土的漆器上有“番禺”烙印文字[②]，广西贵县罗泊湾西汉墓漆器有“布山”烙印[③]，山东临沂西汉刘疵墓漆器有“当道北里”隶书等[④]，说明汉代番禺、布山、当道等都是汉代不见记载的地方漆

---

①俞伟超、李家浩：《马王堆一号汉墓出土漆器制地诸问题——从成都市府作坊到蜀郡工官作坊的历史变化》，载《马王堆汉墓研究》，湖南人民出版社，1979年。

②傅举有：《中国历史暨文物考古研究》，岳麓书社，1999年。

③广西壮族自治区博物馆：《广西贵县罗泊湾汉墓》，文物出版社，1988年。

④临沂地区文物组：《山东临沂西汉刘疵墓》，《考古》1980年第6期。

器制造中心。

其二，汉简中记有“北乡”、“南乡”、“中乡”之名与文献记载相符合。按照汉代行政区划，县下应为乡。东汉班固《汉书·百官公卿表》等历代文献记载，秦汉时“乡”为一级地方政府，设在县城的乡称“都乡”，较大县城或城外还设有“左乡”、“中乡”、“南乡”、“北乡”等。如居延汉简中有“东乡啬夫护”、“河南郡雒阳北乡北昌里公乘□忠年”的简文，还如《武威汉简》贰释文第149页简文记有“姑臧西乡阉导里壶子梁”、“姑臧北乡西夜里女子”[①]。而湖北高台18号西汉墓木牍记得更为清晰，“七年十月丙子朔庚子，中乡起敢言之：新安大女燕，自言与大奴甲、乙，大婢妨徙安都。谒告安都，受名数，书到为报，敢言之。十月庚子，江陵龙氏丞敬移安都丞。亭手”，其大意是名为“起”的中乡长官（或啬夫，有秩）或乡下所设之亭长、亭父等小吏，替由江陵徙往安都的墓主人燕向江陵丞提出迁徙的申请，起请求江陵丞将此事告知安都，希望安都接受大女燕的“名数”，登报户籍[②]。江陵是大女燕死葬之所，安都（在今河北高阳县西南）是她的出生之地，新安（在今河南渑池县东）是燕之夫家，应为大女燕户籍所在地，“起”为江陵某县中乡长官。湖北云梦睡虎地39号秦墓出土漆杯外底记有“中乡”烙印，湖北荆州萧家草场26号西汉初年墓出土两件漆杯记有“南乡”烙印，由此可以推测这些漆器可能为江陵县下的某乡所制造。如果

①谢桂华等：《居延汉简释文合校》，文物出版社，1987年；甘肃省博物馆、中国科学院考古研究所编著：《武威汉简》（贰“释文”），文物出版社，1964年。

②湖北省荆州博物馆：《荆州高台秦汉墓——宜黄黄公路荆州段田野考古报告之一》，科学出版社，2000年。

此说成立，有学者提出“则为西汉时期湖北本地出产漆器提供了确凿证据，因为一直以来都没有文字材料能够证明战国秦汉时期出土漆器最多的湖北地区即为漆器产地”观点[1]，是正确的。

其三，汉代文献记载某郡守政绩时，往往谈到某郡的南乡、北乡、东乡等。此外，各乡户数并不相同，如《后汉书》卷三八《张法腾冯度杨列传》记载东乡为五百户，《后汉书》卷二三《宦者列传》记载东乡为五百户。

其四，对于西汉长沙国都城“临湘故城”的位置范围，历来史学界和考古界都有自己不同的看法，但大家观点一致的是：约在今五一路以南一带的老城区。近年来，在长沙市中心走马楼、五一广场、东牌楼等地出土的大量汉简[2]、2000年在东牌楼街新世纪商贸城基建工地发现战国夯土城墙、2011年东牌楼工地再次发现战国、西汉时期护城河等古代遗迹[3]都证实了这一点，该墙体大致呈南北走向，方向北偏东20度。墙体被汉代以后的文化层所破坏[4]。那么，西汉长沙国都城之城南是否为人们居住集中区呢？考古发现和1987年长沙市文物普查都证明，今劳动广场一带在西汉是人们居住集中区之一[5]。甚至有学者参考清代的《一统志》“汉时临湘县城，为长沙郡治者，在今城之南”认为西汉长沙应有两座城，一是“临湘故城”，在今长沙南门口外的碧湘街、裕

①洪石：《战国秦汉漆器研究》，文物出版社，2006年。

②王立华主编：《长沙馆藏文物精华》，湖南美术出版社，2007年。

③黄朴华、何佳：《2011年长沙东牌楼工地考古发掘情况简报》，载《湖南省博物馆馆刊》（第八辑），岳麓书社，2012年。

④邱东联等：《长沙市东周夯土城墙》，载《中国考古学年鉴》（2001），文物出版社，2002年。

⑤黄纲正等：《湘城沧桑之变》，湖南文艺出版社，1997年。

农街一带（两晋南朝时的长沙郡治），二是在东至龙伏山、西临湘江、南在织机街、北至五一路之地（西汉长沙国都城即两晋南北朝时湘州治）[①]。这里提到“城之南”应是当时较繁华的地区之一，所以说在此设置漆器作坊的可能性很大。事实上，“西汉长沙国是改秦长沙郡而立，而秦的长沙郡又是分楚地而设，所以西汉长沙国都城‘临湘故城’无疑应是秦长沙郡城，也是楚的长沙‘旧邑’”[②]。因长沙国南城的繁荣历史较长，所以至西汉长沙国灭亡后，长沙国故都作长沙郡治，西晋时分立湘州治，于是郡治移到城南之外，据《水经注》所述，这时的长沙城向南扩展。

因此，将马王堆汉墓漆器铭文“南乡”、“中乡”释为长沙国都城“南乡”、“中乡”，“南乡草”释为长沙国都城“南乡造”更为贴切。

4.出现了不同官秩的地方漆器生产管理工官

西汉时有的地方郡县设有管理手工业的机构，但文献中有关这方面的记载极少，过去一般都是从出土器物铭文来获得研究的资料。如以前认为属于地方工官所造者，仅限于蜀、广汉而已。但是随着最新考古资料的出土，说明设于地方的工官不止这些。如西安未央宫遗址中出土的几万片骨签，说明从武帝时的太初到元帝永光三年，西汉时设于地方的工官，远不止蜀郡和广汉郡[③]。长沙国漆器铭文和简帛文字也说明漆器制作有级别不同的工官进

---

①李行之：《长沙古城初探》，《湖南地方志通讯》1985年第1期；《长沙古城再探驳议》，《长沙史志通讯》1986年第4期。

②黄纲正等：《湘城沧桑之变》，湖南文艺出版社，1997年。

③中国社会科学院考古研究所：《汉长安城未央宫》，中国大百科全书出版社，1996年。此书共著录签文的释文434条。

行管理和监制。

（1）谷山被盗汉墓共有34件漆器上刻有管理与生产者的铭文。其刻画内容秩序是：制作时间、制地管理工官（官秩由低到高有长、丞、库）、工匠、计数等。如标本015“七年临沅长□丞釦库□工[illegible]造”，市博标本04“九年醴阳长尊丞徐库术工则造”（图142），标本111“四年零阳丞□库视工□造第五十一”（图143）。“长”是行政长官，丞是他的副职，他们的地位相当于县长、县丞，他们是“匠籍属县县长、县丞”[①]；何旭红先生认为“库”是工匠的直接管理者“库”吏[②]，洪石先生认为“‘女阴库’负责汝阴侯国的漆器生产”[③]。然而，笔者认为“库”吏除直接负责漆器生产之外，还有一个重要职责就是验收产品和入库保存。

图142　“九年醴阳”铭文漆耳杯（长沙望城谷山“12・29”被盗墓出土。何佳先生摄赠）

图143　“四年零阳”铭文漆耳杯（长沙望城谷山“12・29”被盗墓出土。何佳先生摄赠）

①② 何旭红：《对长沙谷山被盗汉墓漆器铭文的初步认识》，载《湖南省博物馆馆刊》（第六辑），岳麓书社，2010年。

③ 洪石：《战国秦汉漆器研究》，文物出版社，2006年，第196页。

因为西汉初年漆器制造业有国营和私营之分，国营漆器制造业主要负责对官府、皇室及地方诸侯等漆器供应。国营漆器生产有专门的管理系统和制度，为了防止主管官吏和工匠渎职，政府长期以来采取了物刻工名的制度，即在漆器产品上，刻上主管官吏及制造工人的名字，以方便管理者检验产品质量，以示对产品负责，这是继春秋以来的一种古老的“物勒工名，以考其诚”产品责任制。西汉初期漆器生产是由所在地方政府管理，汉初各地工官中的官吏，有长、丞、护工卒史、令史、啬夫、佐，其中啬夫和佐是负责具体办事的下级官吏，地位相当于乡啬夫和乡佐。有库级管理工官的漆器铭文最早见于“战国晚期河北平山M6出土1件漆器盖上刻‘廿一年左库’字样”[①]。此后，安徽双古堆汝阴侯墓漆器上有“女阴侯盂容一斗五升，库襄工延造”，“女阴侯盂容斗五升，库已工延造”等[②]，汉初按尊卑而排先后，“库”级工官是某些诸侯王地方政府具体办事的下级官吏，之后是工匠造。

（2）马王堆3号汉墓出土帛书中的《府宅图》（原称《小城图》）记有管理手工业作坊的工官。顾铁符和傅熹年先生根据《府宅图》中所注文字，计算出小城周长为174.6丈，据此可知此城是一个方约102米、面积不过一公顷的小城。但从所记城上建筑的尺寸看，这些建筑又颇为高大，多为二层以上的建筑，其中有的标明为“三层”。此图四周围布满草顶的吏舍，中部虽缺失，但估计应是主要官舍和宅邸，从第⑮号城楼使用瓦盖的情况

---

①洪石：《战国秦汉漆器研究》，文物出版社，2006年，第196页。

②安徽省文物工作队、阜阳地区博物馆等：《阜阳双古堆西汉汝阴侯墓》，《文物》1978年第8期。

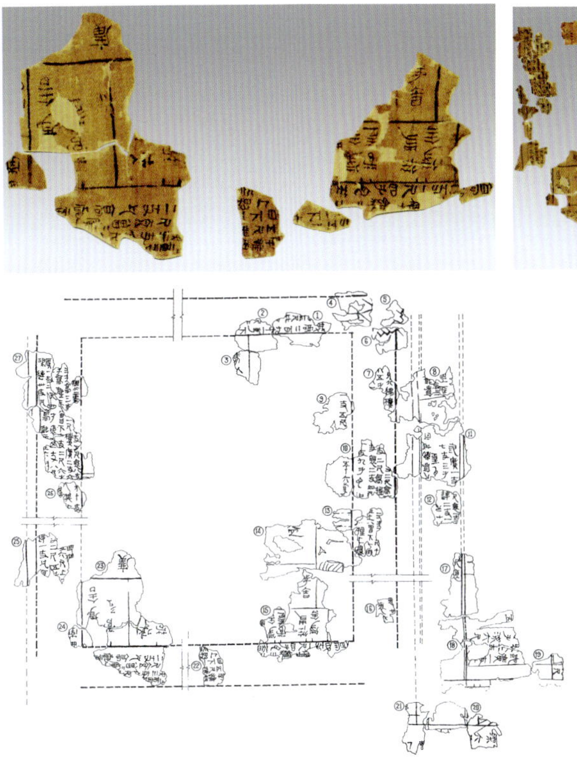

图144 《府宅图》和线描图（1973年长沙马王堆3号墓出土。聂菲：《关于湖南地区楚汉漆器的生产、管理和产地问题的再讨论》，载《湖南省博物馆馆刊》第五辑，岳麓书社，2009年，前彩第13页、第395页）

看，城中主要建筑也应是瓦顶，无布置民居之处。从布局上看，似子城或卫城（图144）。因此，顾先生和傅先生认为“此图可能是轪侯之城”，“按侯国体制可以拥有一个这样规模的城……因而画在帛上随葬的”[①]。值得注意的是，从第③、⑮、㉓号残片得知，城内靠南墙为“□侍舍”、“丞侍舍”、“□史侍舍”、“佐史侍舍”等管理手工业生产的诸吏舍。据漆器铭文记载，汉

① 傅熹年：《记顾铁符先生复原的马王堆三号墓帛书中小城图》，《文物》1996年第6期。

代管理漆器等手工业作坊的工官均按官阶从高到低列出。如蜀郡和广汉郡工官官吏职称有“护工卒史”、“长”、“丞”、“掾”、“令史”等。“长”是工官中主要的行政负责官员，“丞”是他的副职，他们的地位和待遇相当于县长和县丞。“掾”是“长”、“丞”之下的办事官吏，“令史”则是掌管文书的官吏。“啬夫”应为工官生产单位“作府”负责人。早在楚国的工官体制中，担任手工制作任务的有“佐”，如楚“熊悍鼎”铭文中有“佐陈共”[①]。江陵望山2号楚墓外棺多处烙印制造者标记文字“佐王既正”。至汉代，“佐”作为工官直接负责生产的属吏，在生产管理中占有重要地位。据吴荣曾先生对河南、南阳、颍川三工官签文的统计，说明西汉地方工官包括三个组成部分：一是管理行政的令、丞和掾等官员；二是管理生产的啬夫和佐，以及承担具体生产的工和冗工；三是执行对工官监督的护工卒史，他们是从上面或别的机构派遣而来[②]。据居延汉简记载，啬夫为600钱，而佐月俸为480钱，佐较啬夫略低[③]。所以说马王堆汉墓《府宅图》中“□侍舍”、“丞侍舍”、“□史侍舍”、“佐史侍舍”等诸吏，很可能是轪侯府手工业作坊管理的工官，而漆器生产当属其中，马王堆3号墓出土漆盂（M3：南107）底部刻有明显作坊标记“轪”可为佐证（图见386页）。说明长沙国漆器生产有级别不同的官吏进行管理和监督。

①罗振玉：《三代吉金文存》(卷4)，中华书局，1983年。

②吴荣曾：《西汉骨签中所见的工官》，《考古》2000年第9期。

③陈梦家：《汉简所见奉例》，载《汉简缀述》，中华书局，1980年。

（3）永州鹞子岭1号墓出土实柄漆豆形器（残）底部朱书铭文“泉陵侯家官，第三。河平二年八月，工张山、彭兄缮”[1]（图145）。可能为制造者所做的标记，其“家官”应为泉陵侯府漆器生产的管理者，他在记录该漆器“缮”的时间时使用了汉中央成帝的纪年，即“河平二年（前27）八月”。“工张山”为承担具体生产劳动者。“缮”为缮作、制作之意。《说文》：“缮，补也。”《左传·襄公三十年》：“缮城郭。”《珠丛》：“凡治，故造新皆谓之缮也。”容庚著《汉金文录》收录的元康高灯铭文为：“元康元年，考工工贤友缮，作府啬夫建……”[2]吴荣曾先生考证“过去有的人把缮字连下读，认为汉代有‘缮作府’这样的机构”是错误的。“工”、“缮”都是生产者，但工种应略有不同。汉代官府所作的器物，沿着物勒工名的传统，上面必有铭记，漆器也不会例外。但汉代器物铭文对于工匠署名，采取最

图145 “泉陵侯家官”漆豆线描图（1992年永州鹞子岭1号墓出土。贺刚：《湖南永州鹞子岭一号汉墓的墓主及相关问题》，《湖南省博物馆四十周年纪念论文集》，湖南教育出版社，1996年，第146页）

①贺刚：《湖南永州鹞子岭一号汉墓的墓主及其相关问题》，载《湖南省博物馆四十周年纪念论文集》，湖南教育出版社，1996年。

②容庚：《汉金文录》（卷3），中央研究院历史语言研究所，1931年；吴荣曾：《西汉骨签中所见的工官》，《考古》2000年第9期。

简单的办法，仅称“工某”而已。西汉早期按尊卑而排先后，但从宣帝元康时开始最先为工的名字。

5.出现了分工很细的漆工

马王堆汉墓出土的简帛文字，为研究长沙国漆器制作内部分工提供了宝贵的材料。从中可分析，长沙国漆器制造分工很细，出现了素工、髹工、洀工等工种。这些工种一般按照工序操作的先后次序列出的，其目的就是“物勒工名，以考其诚”，对产品负责①。可见长沙国工官漆器生产管理之严格。

其一，出现了制胎工——素工。陶宗仪《辍耕录》说：“凡造（漆）碗碟盘之属，其胎骨则梓人以脆松劈成薄片，于旋床上胶粘而成，名曰卷素。”素工负责木质漆器胎质的制作。西汉时漆器出现了不同胎质，所以素工制作工艺要求较高。如马王堆汉墓有自称为“布”的麻布胎漆器，1号墓简181记有“漆布小卮一”。马王堆汉墓有自称为“布缯”的麻布和缯帛为胎的漆器，1号墓遣策竹简230作“九子曾（缯）检”，3号墓简270记有“布缯检一”。此外，早在长沙楚墓中就出土的麻布粘贴在皮革上的夹纻胎漆器，楚简称之为“革园”，这种夹纻胎强度很好②。

其二，出现了涂漆工——髹工。马王堆1号汉墓遣策竹简192、193分别记有“髹幸食杯五十”，简194记有“右方髹幸食杯一百”，《说文解字·桼部》：“髤，桼也，从桼髟声。”“桼，木汁，可以髤物。”③“髹丹幸食杯五十”应指墓中

①《四部备要·经部·礼记》，上海中华书局据相台岳氏家塾本校刊。

②湖南省博物馆等：《长沙楚墓》，文物出版社，2000年。

③［汉］许慎：《说文解字·桼部》，中华书局影印，1963年，第128页。

出土的内髹朱漆外髹黑漆的耳杯，可见“髹工”应为涂漆工[①]。

其三，出现了绘饰工——画工。马王堆1号汉墓简217记有“木五菜（彩）画并（屏）风一长五尺高三尺”，出土实物是有黑漆、朱漆及浅绿、灰等多色花纹的屏风[②]。

其四，出现目前尚存争议的漆工——洀工。马王堆 1 号汉墓出土212号竹简上所记载的“髹洀食检一合盛稻谷”，笔者曾对洀工诸说进行了综述，有“打磨抛光”说、“髹涂丹漆”说、“漆膜干燥”说、“罩漆工艺”说、“锥画工艺”说等，目前学术界尚无定论[③]。

其五，出现了锥画工。如马王堆3号汉墓遣策竹简271：“布曾（缯）检一，锥画，广尺二寸。”对照3号墓出土了一件有名的锥画狩猎纹漆奁[④]。

二、长沙国私营漆器的生产

据文献记载，西汉时期私营或地方漆器制造业如雨后春笋般迅速发展。马王堆汉墓圆形漆器中间都有小孔，表明这些漆器是大批轮制生产而成形的，而这种类似转盘模型的标准化生产工具的使用，使工匠们可以在短时间内生产出数量众多的几乎完全相同的漆器产品。另据马王堆汉墓医书记载，汉代漆行业的崇拜神漆王已出现，由于长沙国髹漆业兴旺发达，居住在长沙国都城的撰书者才能身临其境把漆王描绘得绘声绘色，这从侧面也说明了

①② 湖南省博物馆等：《长沙马王堆一号汉墓》，文物出版社，1974年。

③ 聂菲：《“洀”字铭文研究述略——马王堆汉墓漆器研究综述之一》，载《湖南省博物馆馆刊》（第四辑），岳麓书社，2007年。

④ 湖南省博物馆、湖南省文物考古研究所编著，何介钧主编：《长沙马王堆二、三号汉墓》，文物出版社，2004年。

长沙国漆器手工业的繁荣。考古资料表明，湖南地区西汉时期地方或私营漆器作坊很多。

（1）长沙杨家山王后冢出土了私营漆器。该墓出土夹纻胎银釦彩绘漆盘，外腹朱漆书“王后家宫”，近底中部针刻“羽氏”二字，中心有一小针点，系用规类器作圆时所遗，应为“羽氏”工匠所刻[①]。而与湖南毗邻的湖北在西汉也有私营漆器生产，如湖北凤凰山8号墓出土的西汉早期漆器上烙印戳记有“北市”铭文[②]、江陵高台28号汉墓漆斗上有“尹氏”铭文[③]。西汉时期私营作坊漆器上的铭文，均非常简洁，一般只有寥寥数字。

图146　“张姬榜槃（盘）”漆盘和铭文

（2006年长沙望城风篷岭1号墓出土。何旭红：《对望城县风篷岭汉墓发现铭文的初步认识》，载《湖南省博物馆馆刊》第五辑，岳麓书社，2009年，前彩第14页）

---

①中国科学院考古研究所编著：《长沙发掘报告》，科学出版社，1957年。

②长江流域第二期文物考古工作人员训练班：《湖北江陵凤凰山西汉墓发掘简报》，《文物》1974年第6期。

③湖北省荆州博物馆：《荆州高台秦汉墓——宜黄黄公路荆州段田野考古报告之一》，科学出版社，2000年。

（2）长沙风篷岭1号汉墓出土了私营漆器。其中“张姬（或隶为“姃”）槥槃（盘）”（图146），“槥”通“牢”，考古发掘中亦出土多件自铭为“牢”的漆盘。如朝鲜乐浪王旴墓出土漆盘铭文“永平十二年蜀郡西工夹纻行三丸治千二百卢氏作宜子孙牢”[①]、安徽马鞍山东吴朱然墓出土漆盘铭文“蜀郡造作牢”、“蜀郡作牢”[②]。其中还出土了“宜酒食”漆器残片。谷山1号汉墓14件漆器中有上刻画了“贞”字，“贞”为会意字，从卜，从贝。甲骨文中有贞人，意占卜，后假借为“正”、为“定”，为端方正直、正大光明之意。“贞”字刻于耳杯耳翼下，单独一栏刻写（图147），其意与楚墓所出漆器上刻有“巳一”、“雷巳”等作用一样，为产品等次标记。漆器铭文上的“牢”、“宜”、“贞”等字样，为此前漆器铭文中所未见，都具有广告用语的

图147 “贞”字铭文漆耳杯和铭文（正面、背面）
（2008年长沙望城谷山“12·29”被盗墓出土。何佳先生摄赠）

① ［日］梅原末治编：《支那汉代纪年铭漆器图说》，京都桑名文星堂，1943年。
② 安徽省文物考古研究所等：《安徽马鞍山东吴朱然墓发掘简报》，《文物》1986年第3期。

寓意。表明漆器制作具有私人性质，也许是官方监制、私人承做，其目的一方面是“物勒工名”的产品责任制，另一方面在商品交换日益发达的西汉时期，起产品宣传的作用。这一切亦说明官用漆器转而制作民用漆器，反映西汉晚期工官漆器生产的衰落。

第四节　相关问题

本章尽管不可能细审湖南楚汉时期漆器制地诸问题的各个方面，但我们可以根据现有的考古和文字信息，大约梳理出湖南楚汉时期漆器生产和管理的形态特征和发展历史，探寻这时期漆器生产的不同状态，总的来说：

（1）南楚和长沙国有堪称完备的工官制度，漆器生产与玉器、青铜等主要生产部类一样，有相应的官员专司。

（2）南楚工官的官吏配置比较合理，既有兼管漆器生产的主管工官——“市工”，也有兼管漆器生产的技术工官——“右工师”。长沙国工官既有全面负责手工业生产的行政官员“长”和他的副职“丞”，又有全面负责技术工作和直接负责生产的“佐”和工匠的直接管理者“库”等。这在一定程度上能够避免因主管官员不熟悉业务而造成失误，保证手工业生产的发展。

（3）从漆器或简帛上书有生产机构名或主管官员来看，说明楚国和长沙国漆器制造业有着完善的技术监督制度和产品质量检验制度；从漆器铭文记有某“里”、工匠名，以及“工”、“缮”分工看，证明楚国和长沙国漆器手工业生产领域有着较为严格的产品责任制度。这些是楚国和长沙国漆器等手工业产品享誉列国的主要原因之一。

（4）从漆工艺上看，长沙国漆器制作业在楚国漆彩工艺基础上出现了制胎、髹漆、彩画、锥画、消等多种工艺，且工序一般按次序列出，说明工匠的劳动有了专业化的细分，各自成为漆器生产过程的一个组成部分。从生产规模看，长沙国不论官营或私营漆器手工业生产较楚国有较大的发展。

（5）西汉晚期以后，随着商品交换日益发展，不仅漆器铭文出现了宣扬产品精良的商业性广告用语，也出现了官用漆器转而制作民用漆器，反映西汉晚期工官漆器生产的衰落。

（6）至西汉中晚期以后，长沙国地方官营漆器生产出现了另一个变化，就是汉中央政府加强了对地方官营漆器生产的管理，加强了对工官的控制，各地漆器生产逐渐收归中央政府管理。这些可以从永州鹞子岭汉墓出土漆器铭文看出其中的变化。鹞子岭汉墓属泉陵侯夫妻墓，泉陵侯为长沙定王之子刘贤，地在零陵郡之泉陵，属六期十段西汉中晚期墓葬。鎏金铜釦漆盘铭文“建平五年，广汉郡工官造乘舆髹消画纻黄釦旋，径九寸。髹工福、上工恩、铜釦黄涂工伟、画工武、消工忠、清工立、造工章造。护工卒史显、守长竟、丞尚、掾宗、令史梦主”。耳杯铭文“元延四年，广汉郡工官造乘舆髹消画木铜耳黄涂棓，容一升十六龠。素工宣、髹工政、上工威、铜耳黄涂工忠、画工俞、消工护、清工昌、造工办忠造。护工卒史敞、守长阙、丞尚、掾商、守令史谭主”。

铭文中“素工”、“髹工”、“上工”、“铜耳黄涂工”、“画工”、“消工”、“清工”、“造工”等说明工官的制漆分工更细。如上所述，“长”是各地工官中的行政长官，“丞”是他的副职，地位相当于县长、县丞。而“护工卒史”是中央“少府”的特派官员，在工官中起监视、督察作用，地位在长、丞之下。令史是掌文书的官吏，啬夫、佐是具体办事的下级官吏，地位相当于乡啬夫和乡佐。漆器铭文记载了中央政府的“广汉郡工官”。铭文中“官名均按官秩从高到低列出”①。据傅举有先生考证“工官后来又有了变化，这是在江苏邗江县杨寿乡新莽出土的漆盘铭文中反映出来，‘元康四年，广汉护工卒史佐上，工官长意、守丞建，令史舜……’，中央特派的护工卒史地位已跃升于长、丞之上，说明中央政府已进一步加强了对工官的控制”②。

漆卮盖铭文“绥和元年，供工考造。掾肇、守右丞□、守令□占”，器外底有朱书“大官”，边刻铭文“鸿嘉五年。供工工敞造。护望、守啬夫护、掾宗主、右丞茂、令咸省、一□”。樽铭文“乘舆髹汨画纻黄涂辟耳三升樽盖。绥和元年考工工宗缮。汨工丰、护臣隆、佐臣讲、守啬夫臣谈、掾臣章主、守右丞臣□、令臣□□”。

“考工”、“供工”是设在首都长安的中央工官，属少府管辖。考工室有左右丞，其中“右丞”负责分管漆器生产的机构。“乘舆”漆器说明广汉郡工官漆器主要供御用。

这些都说明，至西汉中后期，汉中央政府采取各种措施，设立工官，派遣中央特派员，将地方官营漆器生产收归中央管理，中央政府加强对地方官营漆器生产的控制，其目的就是为了增加国库的收入。

①洪石：《战国秦汉漆器研究》，文物出版社，2006年。

②傅举有：《中国漆器的巅峰时代——汉代漆工艺综论》，载《中国历史暨文物考古研究》，岳麓书社，1999年。

总之，有关湖南地区楚汉时期漆器生产和管理情况在文献中记载甚少，而漆器铭文和简帛文字为研究这一时期的漆器生产与管理情况提供了宝贵材料，大量考古发掘资料提供了珍贵实物资料。从楚汉墓葬中可以看到，至迟在战国晚期，长沙地区有漆工，有自己的产品和生产管理系统。这些可以在出土漆器铭文和简帛文字中得到验证。黄成《髹饰录》杨明序所说："别有漆工，汉代其时也。"[①]凡此，推定湖南为战国和西汉时期长江以南地区漆器制作中心之一。

①王世襄：《髹饰录解说》，文物出版社，1983年，第19页。

第四章　墨髹朱里　制作精良

用漆漆物谓之“髹”，寓纹饰之意谓之“饰”，合为“髹饰”，可以说漆器是我国一种古老的传统手工艺产品。之所以要对漆器的制作工艺和纹饰特点进行研究，是因为湖南楚汉时期漆器发展自始至终与其息息相关。换言之，楚汉漆器整个发展历程与制作工艺的关系是密不可分的。本章无意于细审湖南楚汉时期漆器制作工艺的方方面面，但通过对重要制作工艺的分析，将有助于人们对这个时期漆器制作工艺的深入了解。有关漆器纹饰发展脉络的研究，将在以后章节专题论述。

第一节　制胎工艺

一、良工利器

漆器是指采用天然漆涂饰在器物表面的器具。漆是从漆树上割取出来的一种呈灰乳色的涂料，不能单独成器，将它刷涂在器物之上称之为“漆器”。制作优良漆器必须要有精良木工工具，孔子曰：“工欲善其事，必先利其器。”（《论语》）好的工具是制作漆器的首要条件，难怪乎《髹饰录》干集首篇为“利用第一”，杨明注曰：“非利器美材，则巧工难为良器，故列于首。”现代制作漆器的工具有打磨漆面的磨炭、刮漆灰用的牛角刮、磨漆灰的揩光石、雕漆用的雕刀、蘸金银箔粉的丝棉球、描线用的漆笔和漆刷等。其荫室是制作漆器重要设备之一。从楚汉墓葬出土工具看，

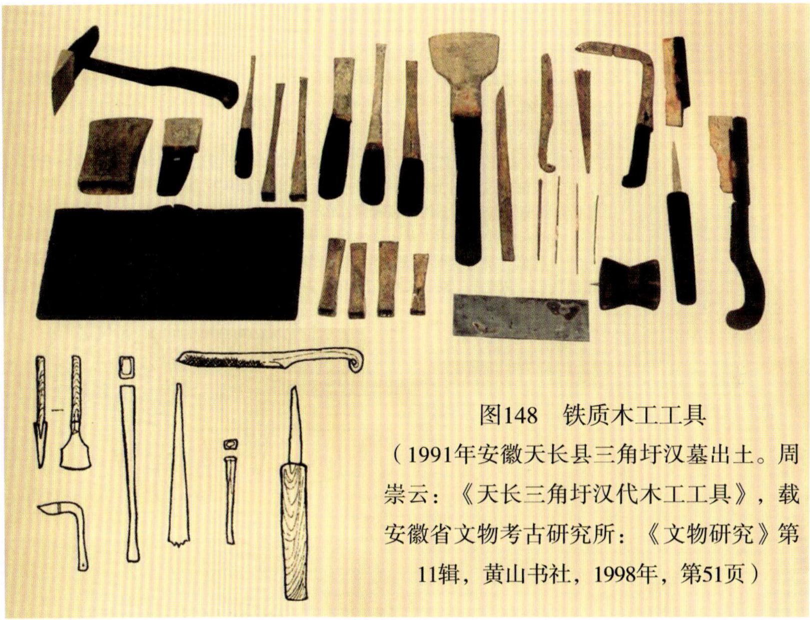

图148 铁质木工工具

（1991年安徽天长县三角圩汉墓出土。周崇云：《天长三角圩汉代木工工具》，载安徽省文物考古研究所：《文物研究》第11辑，黄山书社，1998年，第51页）

这时期木工工具十分先进。如信阳楚墓出土工具笔筒刻刀、铜锥、铜锛，包山楚墓出土钢针，安徽天长汉墓出土铁质铲、刨刀、凿、锉、锯等工具（图148），尤其长沙左家公山楚墓出土了迄今为止最早的毛笔（图149），有精良工具才能制作出精美漆器。如马王堆3号汉墓出土活动漆几，矮足有16厘米，适用于“隐几而卧”，高足40.5厘米，适宜于读书论义，一几二用，设计巧妙合理。马王堆汉墓三猫一龟

图149 毛笔和笔筒复制品

（长沙左家公山15号墓出土。陈建明主编：《凤舞九天——楚文物特展》，湖南美术出版社，2009年，第83页）

图150　狸纹漆盘

（1972年长沙马王堆1号墓出土。2008年度国家社会科学基金项目《马王堆汉墓漆器整理与研究》资料）

漆盘，画师运用三足鼎立的构图方法，三猫在内壁成等距离排列，突出猫双眼和长尾巴，形象颇为生动（图150）。真可谓良工利器、墨守精工。

二、制作胎骨

制胎是制漆最关键的第一步，未经涂过的器物俗称胎骨，经过对楚汉时期漆器残片检测分析，这时期漆器的胎骨以木胎为主，兼有夹纻胎、竹胎、陶胎、皮革胎等。竹胎是以竹筒、竹片锯、斫、削、编织成型作胎和竹篾编成胎；陶胎和皮革胎是以陶器和皮革器作胎（表1）。以下重点介绍木胎和夹纻胎漆器。

表1　湖南楚汉漆器制胎工艺一览表

胎质	制作工艺		典型器物
木胎	挖木制	挖制木胎是漆器胎质制作最常用的形式之一。采用整木块，先将内空部分挖制成型，然后再砍削其外形。圆形器物采用两半分别挖制后用漆黏合。	 临澧九里M1方块几何纹长弧形盒  马王堆M1锺
	斫木制	斫制木胎是漆器胎质制作最常用的形式之一。主要用斧砍刀削成型。一般用刨、削、剜、凿等做法将木块或木板斫削出器形。	 湘乡牛形山M1几  马王堆M1钫
	卷木制	战国晚期出现了卷制的新工艺。主要用薄木板卷曲成型，用于圆壁形器物，器壁采用长条形薄木板，弯曲卷成圆筒后黏接，再拼接黏合厚木胎盖与底。	 长沙颜家岭乙M35樽  马王堆M3奁
	旋木制	西汉时期凡是圆形或圆筒状的漆器，采用旋制的新工艺。简易木制旋床加工成型，主要用于胎体较厚的圆形器物。	 马王堆M1盒  马王堆M1鼎

续表

夹纻胎	夹纻胎在战国晚期楚墓中均有发现，至西汉中晚期夹纻胎漆器占有较大的比例。夹纻胎是利用漆的黏性以及麻布的张力，使其层层黏合重叠而成的胎骨，亦称“脱胎”，通常运用阴脱和阳脱二法。胎骨轻便、精巧。	 马王堆M3奁  马王堆M3锥画狩猎纹奁
竹胎	竹胎质漆器较少，在战国时期主要用于竹兵器。一般以竹筒和竹片锯、斫、削、编织成型作胎和竹篾编成胎。	 长沙浏城桥M1矢箙  马王堆M3勺
陶胎和皮革胎	以陶器和皮革器制作的胎质，这种胎质的漆器较少。	 长沙五里牌M406皮盾  马王堆M3陶鼎

（一）木胎

湖南楚汉时期漆器以木胎作胎骨最多，这是一种古老传统制胎的方法，一般不同器形采用不同制作工艺，有以下方法：

1．斫木制，主要用斧砍刀削成型，多为平面的器物，楚漆器中如案、俎、几、梳、篦、瑟、盾、刀鞘以及矛、戈、殳等兵器的柄；

2．挖木制，主要用于整木块器物，如案、耳杯、具杯盒等，采用整木块，先将内空部分挖制成型，再砍削其外形。圆壶、扁壶、钫等主要是采用分半挖制后漆黏合的工艺；

3．旋木制，简易木制旋床加工成型，主要用于胎体较厚的圆形器物，如圆盒、锺等，其内空采用挖制，器表采用旋制。旋制方法在汉代已普遍采用，如马王堆汉墓出土漆盘等圆形漆器中间都有一个小孔，当是木盘固定在旋床的支点上留下痕迹，表明长沙国已有大批轮制生产的漆器；

4．卷木制，主要用薄木板卷曲成型，主要用于圆壁形器物，如奁、卮等，器采用长条形薄木板，接口两端削成斜面，弯曲卷成圆筒后黏接，用木钉钉接，再在接缝处外安上一个把手，后拼接黏合厚木胎盖与底。中国古代漆器木胎制造工艺，有一个由简单到复杂的发展过程，历史非常悠久。至战国时期，由于制木胎工具的改进，出现了这种镟制轻薄的卷木制胎新工艺。《孟子·告子》："子能顺杞柳之性，而以为杯棬乎？"《玉篇》："棬，屈木盂也。"则杯棬指用卷木法制作的器物。长沙黄土岭楚墓、常德德山楚墓中均曾发现过这样的实例。为了加固，有时在其器口、底缘等处装金属箍，称为釦器。如长沙杨家湾6号楚墓漆樽底有铜箍和三个小铜质蹄。鎏铜釦卷木胎漆器至汉代更加流行，马王堆汉墓漆卮就是用此方法制作而成。其制作工艺既要精细锋利的刀具，又需要高超的技术，这是一种非常轻巧的漆器。

为了探寻湖南楚汉时期木胎漆器用材情况，我们特对湘乡牛形山1号楚墓和马王堆2、3号汉墓7件漆器残片树种进行鉴定，现已"明确当时使用有4科4属的木材，即壳斗科麻栎属的麻栎（图

151）、杨柳科杨属的杨木（图152）、樟科桢楠属的楠木（图153）、榆科青檀属的青檀（图154）。本次鉴定工作新发现了壳斗科麻栎属的麻栎、樟科桢楠属的楠木以及榆科青檀属的青檀3个材种”[①]，湘乡牛形山1号楚墓漆器残片为桦木（图155）（表2）。桦木纹理直且明显，材质结构细腻而柔和光滑，质地较软或适中，桦木富有弹性，切面光滑，常用于雕花部件；麻栎俗称栎

图151　麻栎弦切面

（1973年长沙马王堆2号墓漆器残片。王宜飞：《马王堆汉墓漆器用材树种鉴定》，载《湖南省博物馆馆刊》第七辑，岳麓书社，2011年，第586页）

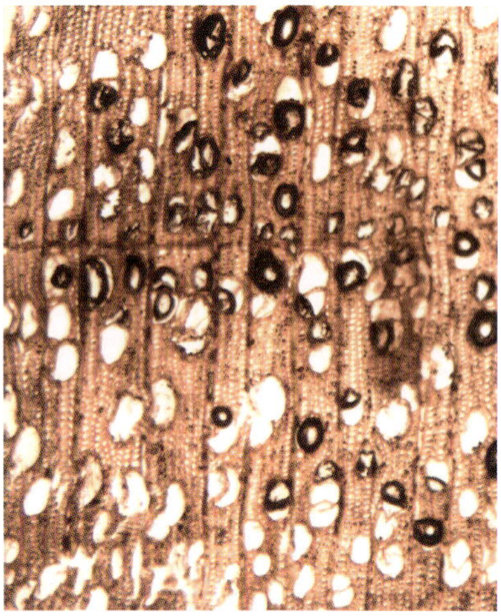

图152　杨木横切面

（1973年长沙马王堆2号墓漆器残片。王宜飞：《马王堆汉墓漆器用材树种鉴定》，载《湖南省博物馆馆刊》第七辑，岳麓书社，2011年，第586页）

①王宜飞：《马王堆汉墓漆器用材树种鉴定》，载《湖南省博物馆馆刊》（第七辑），岳麓书社，2011年。

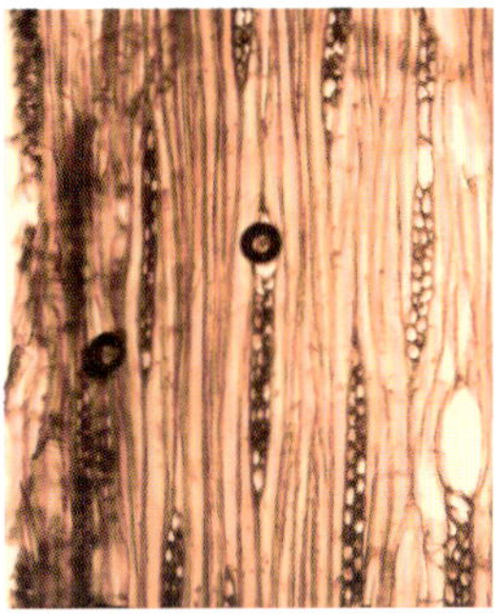

图153　楠木弦切面（1973年长沙马王堆3号墓漆耳杯残片。王宜飞：《马王堆汉墓漆器用材树种鉴定》，载《湖南省博物馆馆刊》第七辑，岳麓书社，2011年，第588页）

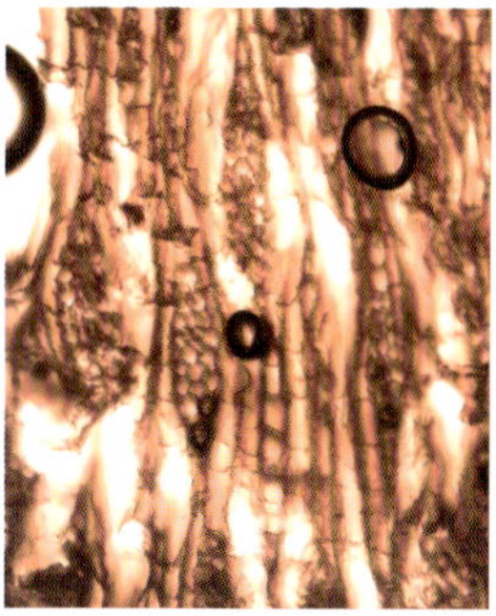

图154　青檀弦切面（1973年长沙马王堆3号墓彩绘立俑残件。王宜飞：《马王堆汉墓漆器用材树种鉴定》，载《湖南省博物馆馆刊》第七辑，岳麓书社，2011年，第588页）

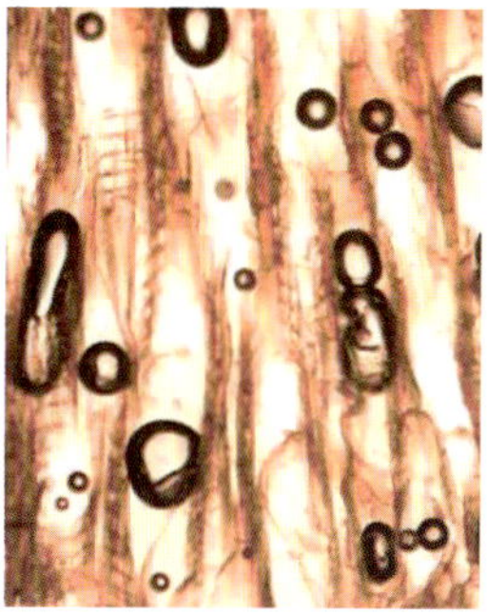

图155　桦木残弦切面（1975年湘乡牛形山1号墓出土漆器残片。王宜飞先生提供）

木，树形高大，木材坚硬，不变形，耐腐蚀；杨木种类繁多，材性差异较大；楠木是我国特产优质树种，树种生长缓慢，色泽淡雅，易加工，耐腐朽；青檀为我国特有的单种属，木材坚实，致密，韧性强，耐磨损，这些木材均适于用作建筑、家具、漆器用材。科学检测为我们研究马王堆汉墓漆器制作材料和制作工艺提供了宝贵的数据，说明了以下几个问题：

表2　湘乡牛形山楚墓和马王堆汉墓漆器用材树种鉴定结果

编号	名称	木材名称	科属
1	牛形山楚1号墓漆器残片	桦木（Betula sp.）	桦木科桦木属
2	马王堆2号墓漆器残件	麻栎（Quercus sp.）	壳斗科麻栎属

续表

3	马王堆2号墓漆器残件	杨木（Populus sp.）	杨柳科杨属
4	马王堆3号墓漆耳杯残件	楠木（Phoebe sp.）	樟科桢楠属
5	马王堆3号墓漆器残件	杨木（Populus sp.）	杨柳科杨属
6	马王堆2号墓漆器残件	杨木（Populus sp.）	杨柳科杨属
7	马王堆2号墓漆器残件	杨木（Populus sp.）	杨柳科杨属
8	马王堆3号墓彩绘立俑残件	青檀（Pteroceltis tartarinowii）	榆科青檀属

资料来源：广西大学林产品质量检测中心鉴定报告；

王宜飞：《马王堆汉墓漆器用材树种鉴定》，载《湖南省博物馆馆刊》（第七辑），岳麓书社，2011年。

其一，战国秦汉时期，湖南土地肥沃，气候适宜，植被茂盛。湘乡牛形山楚墓属战国中期墓葬，年代为公元前380年左右，马王堆3号墓属西汉早期墓葬，年代为公元前168年，相隔200多年，湖南在这两百多年间气候温暖，桦木、麻栎、杨木、青檀、楠木等树木生长茂盛。如司马迁所说，当时包括湖南在内的“楚越之地，地广人稀……地势饶食”。另据《淮南子·坠形训》载：“长沙，湘南有犀角、象牙，皆物之珍也。”1号墓出土了木角牙和木犀角，这些都反映了汉代长江中游地区有野象和犀牛等喜热动物的分布，温暖的气候，有利于各种树木的生长；

其二，湖南先民们充分发挥了楚汉之地多竹木、多漆源的自然条件优势，使得当时的漆器工艺兴旺发达，并在发展中形成了有自身特征的漆器工艺系统。如从选材上可以看出，利用不同材质的木材制作不同性质的漆器。如3号墓漆耳杯是日常生活用具，耳杯的制作方式是采用整木块，先将内空部分挖制成型，然后再砍削其外形，选用优质的楠木制作，可充分利用它伸缩变形小、易加工的特性制作器物。3号墓彩绘立俑属丧葬用具，用青檀木制作而成，木材致密，具有较大的韧性，便于雕刻；

其三，在一定程度上反映汉初湖南地区树木的砍伐、使用和流通的状况。检测所选用的标本，其中2号墓4件，有麻栎、杨木二种树种；3号墓3件，有楠木、青檀、杨木三种树种。2号墓主人利苍死于吕后年间（前186），3号墓主人利苍之子下葬于文帝十二年（前168），前后相隔近二十年。说明汉初长沙国统治者遵照汉王朝采取“休养生息”的政策后，使遭受战争破坏的经济得到了快速的恢复和发展，森林砍伐业和运输业得到了长足的发展，这些都为长沙国的制漆手工业提供了有利条件。

（二）夹纻胎

“夹纻胎”是漆工艺中的一种制胎方法，亦称“脱胎”。后世多对夹纻胎漆器有专门解释，但从湖南出土的战国和西汉墓葬中得知，这一称谓的含义及对应的形制却并非全部如此（表3）。所以，本部分就出土概况、楚简中涉及夹纻胎漆器的称谓及其形制的对应、汉简与铭文中涉及夹纻胎漆器的各种称谓及其与器物材质的对应关系等问题进行讨论。

1. 夹纻胎漆器的称谓与自名“侠纻”器的出现

所谓“夹纻胎”，即漆工艺中的一种制胎方法，亦称“脱胎”。后世多对夹纻胎漆器有专门解释，最权威的解释为：“脱胎是利用漆的黏性以及麻布的张力，使其层层黏合重叠而成的胎骨，实为布胎。”脱胎技法“通常运用阴脱和阳脱二法，阳脱法为最早创始之方法，先塑泥塑或圆雕实体，然后裱糊其外，候干涸后脱出原型”[①]。

①路甬祥、乔十光：《中国传统工艺全集·漆艺》，大象出版社，2004年。

表3　湖南楚汉墓葬出土夹纻胎漆器一览表

楚墓							
发掘时间	墓葬	墓主人身份	时代	漆木器总数	夹纻胎漆器数量、品类	墓葬规模及特征	礼器组合
1996年	长沙茅亭子1号墓	大夫	战国中期前段	23件（套）	少数夹纻胎	有封土堆与斜坡墓道。一椁一棺	铜器：鼎2、敦1
1953年	长沙仰天湖14号墓		战国晚期后段至秦	5件	漆耳杯1件		陶器：鼎1、敦1
1964年	长沙左家塘3号墓		战国晚期	10件	漆耳杯1件	有封土堆与斜坡墓道，现存一级半台阶。二椁一棺	
1975年	长沙火车站南冲塘15号墓		战国晚期	8件	漆盘1件	现存一残椁	铜器：鼎1
1974年	长沙黄土岭魏家大堆战国1号墓		战国晚期后段至秦	4件	漆圆奁1件、漆樽1件	长方形竖穴土坑，二棺一椁	铜器：鼎1

续表

1958年	湖南常德德山战国47号墓		战国晚期	16件及残片	深褐色朱绘龙纹漆奁	长方形土坑墓，由外椁内棺构成曲尺形的头箱与边箱	
汉墓							
1972年	马王堆1号汉墓	轪侯利苍的妻子辛追	西汉早期	184件	“漆布小卮”1件、食奁1件、双层九子奁1件、椭圆形小奁2件、圆形小奁4件、马蹄形小奁1件、长方形小奁2件、圆形小奁3件	竖穴土坑椁室墓，厚约0.13~0.16米，有封土堆与斜坡墓道。墓口往下有四层台阶。二椁四棺	漆器：鼎7
1973年	马王堆2号汉墓	长沙丞相，轪侯利苍	西汉早期	能辨器形52件，多为木胎	漆盘3件，漆卮4件	31×5米，有封土堆与斜坡墓道。二椁二棺	铜器：鼎1 陶器：鼎7

续表

1973年	马王堆3号汉墓	利苍的儿子（利豨的兄弟）	西汉早期	319件	髹布小卮2件，锥画狩猎纹奁1件，锥画双层六子奁1件，长方形小奁2件，圆形小奁2件，椭圆小奁1件，马蹄形小奁1件，双层长方奁1件，油彩双层圆奁1件，油彩双层长方奁1件	高7.8、厚约2.2~3.2米，有封土堆与斜坡墓道。墓口往下有三层台阶。二椁三棺	漆器：鼎6、匕6
1978年	长沙象鼻嘴1号西汉墓	吴氏某代长沙王吴著	西汉早期		盘、耳杯、奁、卮和案等，少数夹纻胎	竖穴土坑题凑椁室，有封土堆与斜坡墓道。二层台阶。二椁三棺	陶器：鼎25

续表

1961年	长沙砂子塘1号西汉墓	可能为长沙王室墓	西汉早期	4件	彩绘羽觞残片	长24、宽21、高约7米，有封土堆与斜坡墓道。二椁二棺	
1974年	长沙咸家湖西汉曹
解放初	长沙杨家山西汉墓	刘姓长沙王室墓，墓主人可能为长沙定王之后裔刘骄	西汉中期		麻布胎漆盘		
2008年	长沙“12·29”被盗古墓M5	长沙国王室成员墓	西汉中期	140件	耳杯3件	“黄肠题凑”葬制	陶器：鼎4

续表

2006年	长沙望城风篷岭M1	某代长沙王王后“张娗（姬）”	西汉晚期	61件	盒4件、盆1件、盘3件	竖穴岩坑木椁墓。一椁一棺	铜器：鼎2
1995年	湖南永州鹞子岭二号西汉墓	第三代泉陵侯刘庆之妻	西汉晚期	12件	夹纻胎漆盘	竖穴土坑木椁墓。二椁一棺	陶器：鼎1

在古文字学中，所谓“夹纻”有其明确的含义。《说文·糸部》：“纻，檾属。细者为绘，粗者为纻。”段玉裁改为：“细者为絟，布白而细曰纻。”其实“檾”同“苘”，苘麻是一种高的一年生草本苘麻属植物，茎长而直，茎皮产生一种长而强韧的纤维，可用来制麻绳、麻袋。段又注：“檾者，枲属也。”“枲”，即“枲麻”，麻类植物的纤维。《周礼·天官·典枲》：“典枲，掌布缌缕纻之麻草之物。”郑玄注：“白而细疏曰纻。”

“夹”本义甲骨文字形，像左右二人从两边辅助中间一人。《仪礼·既夕礼》郑注“在左右曰夹”。《说文》徐锴注，引申为凡物在左右之称。对照夹纻胎的做法：先用木头或泥土制成器型，作为内模，然后用多层麻布或缯帛附于内模上，逐层涂上漆，经过反复打磨光亮后再上面漆，干实以后，去掉内模，便形成了漆器的胎。由于麻布夹在漆灰中间，人们便称其为“夹纻胎”。

在现知的出土漆器中，最早出现自名“侠纻”器铭者，见于东汉早期墓葬。如朝鲜乐浪王盱墓出土的麻布胎漆耳杯，其铭文中有“建武廿八年，蜀郡西工，造乘舆侠纻量二升二合羔棓”的记载。此外，王盱墓出土的三足漆盘，盘底朱书“侠纻行三丸”的铭文。“侠”通“夹”，《说文·羽部》释“翣”字，段注：“汉人多用侠为夹。”“夹纻”正是在胎中夹贴麻布之意，与出土漆器的情况完全一致。

毋庸置疑，“夹纻胎”必须具备两个条件，第一是胎质中必须夹“纻”；第二胎质上必须髹漆。然而，从出土的战国和西汉墓葬中得知，这一称谓的含义及对应的形制却并非全部如此，故有必要对其进行重新考释。

2. 先秦时期夹纻胎漆器概述

（1）出土地点与使用者的身份

众所周知，春秋战国时期是我国髹漆工艺史上一个重要的转折时期，特别是战国时期漆器以其外观绚丽华美、实用轻便而明显优于青铜器。出土春秋战国时期漆器的墓葬数千座，遍及全国各地，其中尤以湖北、湖南两省楚墓出土的漆器最多。漆器制作总的发展趋势由厚胎向薄胎发展，特别是到了战国中晚期，由于铁制工具普遍使用，薄胎漆器开始出现。漆器胎质变薄后，虽轻巧但不结实，易开裂，为了耐用，人们常在薄胎上甚至皮革胎上蘸漆液，贴上层层麻布或缯帛，再刮灰、打磨、髹饰，使之成为传统意义上的夹纻胎漆器。夹纻胎漆器从诞生那天起，就以其胎质体轻、结实耐用、很少变形、不易开裂等特点而优于其他漆器，它的出现无疑是漆器制胎史上一次巨大的技术革命。

从考古资料得知，春秋时期所见漆器大都为木胎，而夹纻胎漆器出现，大致始于战国中期或中晚期之交。如湖北、湖南战国中晚期墓葬中出土了少量的夹纻胎漆器。湖北楚墓，如望山1号墓出土

图156　彩绘人物车马出行图漆奁
（1986年湖北荆门包山2号墓出土。湖北省博物馆编：《图说楚文化》，湖北美术出版社，2006年，第241页）

图157　凤鸟纹夹纻胎漆盘
（1982年湖北江陵马山1号墓出土。湖北省博物馆编：《图说楚文化》，湖北美术出版社，2006年，第235页）

图158　夹纻胎漆耳杯
（1953年长沙仰天湖14号墓出土。湖南省博物馆等：《长沙楚墓》下册，文物出版社，2000年，第110页）

铜削鞘1件[①]，包山2号墓出土漆奁2件（图156）[②]，江陵马山1号墓出土漆盘1件（图157）[③]；湖南长沙楚墓，如长沙仰天湖14号楚墓出土漆耳杯1件（图158），长沙左家塘3号墓出土漆耳杯残片1件，长沙火车站南冲塘15号墓出土漆盘1件，长沙黄土岭魏家大堆1号墓出土漆圆奁1件，长沙黄土岭魏家大堆1号

①湖北省考古研究所：《江陵望山沙塚楚墓》，文物出版社，1996年。
②奁湖北省荆沙铁路考古队：《包山楚墓》，文物出版社，1991年。
③湖北省荆州地区博物馆：《江陵马山一号楚墓》，文物出版社，1985年。

墓出土漆樽1件[①]。

从上述墓葬中，如包山2号墓墓主人的等级为“大夫”级；望山1号墓墓主身份推测为下大夫；马山1号墓死者的身份该是士阶层中地位较高者；长沙茅亭子1号楚墓墓主人身份应属大夫一级；湖南常德德山47号楚墓，有外椁内棺构成曲尺的头箱与边箱，其中出土了漆盒、漆耳杯、木剑等漆木器，还出土了铜鼎、铜壶等礼器，出土了陶鼎、陶壶、陶敦、陶豆等陶仿礼器，说明此墓非一般平民墓葬。据此看来，出土夹纻胎漆器的墓葬规格都在大夫或士一级阶层中地位较高者。

图159　“二革园”简（1986年湖北包山2号墓264简。湖北省荆沙铁路考古队:《包山楚墓》下册，文物出版社，1991年，第203页）

（2）楚简中涉及夹纻胎漆器的称谓及其形制的对应

近年来，楚墓中出土了许多竹简，如信阳简、望山简、包山简等，有些简为记载夹纻胎漆器的遣策，称其为“革园”，有些学者对此进行了考释[②]。客观地说，这些释读成果为夹纻胎漆器的早期称谓与形制对应增添了新的资料。

湖北包山2号墓出土漆木器81件。报告称：“其中除木质外，还有少数夹纻胎……夹纻胎是在麻纱两面贴以皮革，以生漆粘接。其麻纱每平方厘米经纬密度为7×线径0.07厘米。”[③]

此墓中第264简记有“二革园”（图159）的文字记录。那么，

①湖南省博物馆等：《长沙楚墓》，文物出版社，2000年。

②③湖北省荆沙铁路考古队：《包山楚墓》，文物出版社，1991年。

图160 “二囩鉴”简（河南信阳2号墓201简。河南省文物研究所：《信阳楚墓》，文物出版社，1986年，图版第119页）

这里“革囩”是什么含义呢？据我们的理解：

，即囩，信阳2号墓201号简有“二方监（鉴）”和“二囩监（鉴）”，其“囩”字字形与其相同（图160）。“囩”当读“圆”，“云”、“员”声通（“媍”异体作“妘”，“䅇”异体作“䔂”），疑“囩”、“圆”本为一字。《说文·口部》：“回也。”段注：“象云回转形。沄字下曰转流也。凡从云之字皆有回转之义。”《正字通·口部》：“囩，回旋貌。”回，《说文》：“回，转也。从口，中象回转之形。”段注：“外为大口，内为小口，皆回转之形也，如天体在外左旋，日月五星在内右旋是也。”《诗·大雅·云汉》：“倬彼云汉，昭回于天。”毛传：“回，转也。”郑玄笺：“精光转运于天。”故囩有圆形、旋转之意。

，即革，象形字。金文字形，像被剖剥下来的兽皮。中间的圆形物，是被剥下的兽身皮，余下的部分是兽的头、身和尾。故《说文》曰：“革，兽皮治去其毛。”古人用兽皮制作车、兵器等，故有《礼记·明堂位》“革车千乘”、《孟子·公孙丑下》“固国不以山溪之险，威天下不以兵革之利”之说。

所以报告称："'二革园'即二件皮革质的可以旋转的器物。2号墓出土的二件夹纻皮革胎漆奁2：414、2：432，均由器身与器盖套合而成，两者可以互为旋转，应是遣策所谓之革园。"[①]对照包山2号墓北室所出子母口漆奁2：432，除内盛许多花椒外，还内置一件方形铜镜，出土时镜上有丝织物痕迹，一件圆形铜镜，一个搽粉饰，两个骨笄，两个木片饰，一个蛤蜊壳。据胡雅丽先生考证：方镜上的丝织物已腐乱，无法辨认其中是否有"绪"外，其他物品均可依次与遣策所记之"'二鉴（镜）、二绪、一会二骨梢（蒉）、一绸（絧）缟之纬、一金（柃）钞'相对应"[②]。

楚简中见有"革园"记述者还有以下二例：

其一，望山2号墓，墓内110竹简有"二革园"（图161）。报告释为"二苇园"，犹言"革园"，"指皮革制成的盛物圆器"，因望山2号墓被盗过，且扰乱严重，漆木器多已残破，无法辨识是否有夹纻胎漆奁。

其二，长沙五里牌406号墓，墓内3号简

图161　"二革园"简（湖北望山2号墓48简。湖北省文物考古研究所：《江陵望山沙塚楚墓》，文物出版社，1996年，图版第94页）

①②湖北省荆沙铁路考古队：《包山楚墓》，文物出版社，1991年。

图162　“革园一有”简（1951年长沙五里牌406号楚墓3简。中国科学院考古研究所：《长沙发掘报告》，科学出版社，1957年，图版第23页）

有“革园一有”（图162），对照出土器物，此墓出土了漆奁残片①。可能残破太严重，报告没有详细说明漆奁胎中是否有皮革。

王红星先生对革制夹纻胎漆器做了考释：“夹纻胎即脱胎，其制胎方法较复杂。先按器物形状裁剪去毛皮革，再将皮革毛面朝外包于模具之上，其上贴以线径0.07厘米、每平方厘米经纬密度7×8根的麻纱，蘸漆液于其上，阴干后再蘸以漆液，另贴一块毛面朝里的皮革，接缝处用细漆灰填平找齐，待其完全干透时，用锉石磨平接口，脱去模具。由子母口漆奁（2：432）器身上薄下厚的特征，知其身下部所贴麻布层数较上部层数多；由麻纱经纬孔间有漆无灰，知其作胎时并没有刮漆灰；再由麻胎内外均有皮革腐烂痕迹观察，知其为内外两层皮革。”②（图163）

笔者在整理长沙楚墓时，曾对1953年长沙仰天湖14号墓出土漆耳杯（标本M1348：5）感到困惑。这件漆耳杯严重残破、变形，已压成一个平面，从残破的耳杯可以看出，此器内髹褐漆，朱绘四

①中国科学院考古研究所：《长沙发掘报告》，科学出版社，1957年。
②湖北省荆沙铁路考古队：《包山楚墓》，文物出版社，1991年。

图163 彩绘人物车马出行图漆奁局部（1986年湖北荆门包山2号墓出土。湖北省荆沙铁路考古队：《包山楚墓》下册，文物出版社，1991年，第7页）

图164 夹纻胎漆耳杯局部（1953年长沙仰天湖14号墓出土。本书作者拍摄）

条相对的龙以及四组变形的双凤鸟和云气纹。口沿、耳边朱绘变形几何纹、植物纹和云气纹，器边有变形二方连续的花草纹。器外也髹褐漆。残长19、宽15.5厘米[①]。从残破面观察耳杯为夹纻胎无疑，但令笔者不解的是如果细观器外残破处，可以看到上面的麻布是粘贴在带毛的皮革上，与包山2号墓漆奁（标本2：432）制胎方法如出一辙。大约为先按器物形状裁剪去毛皮革，将皮革毛面朝外包于模具之上，蘸漆液于其上，再贴以麻纱，待其完全干透后，脱去模具，两面重复髹漆、打磨，阴干后再彩绘。从麻纱贴于皮革的腐烂痕迹观察，好像是一层皮革，且皮革毛面朝外呈浅紫灰色（图164）。遗憾的是此墓没有出土竹简。

湖北望山1号楚墓出土铜削鞘1件为夹纻胎（标本WM1：G17），此报告对此件器物没有过多的描述，但从以往出

① 湖南省博物馆等：《长沙楚墓》，文物出版社，2000年。

土的鞘来看，一般为漆皮革制品，而该报告强调此器为“夹纻胎”[①]。那么，漆皮革上应该有麻布。

然而，夹纻胎中夹皮胎髹漆，算皮胎还是夹纻胎呢？从以上几件皮革夹纻胎漆器看，其麻布胎痕迹十分明显，且占主要成分，应称其为夹纻胎漆器，为什么夹皮革？大约如傅举有先生所言：“由于夹纻胎漆在战国是处于试制阶段，具有试制阶段的特点。”[②]楚简称谓中“革囩”就是指用皮革中夹着麻布做胎的圆形的漆器。换言之，“革囩”也可以说是圆形“夹纻胎”漆器早期的一种称谓。

此外，战国墓中出土的漆器仍以木胎漆器为主，出现的少量夹纻胎漆器上也有木胎上贴麻布的做法。如四川青川县战国墓1号至72号出土了177件漆器，这批漆器胎质多为木胎，也有木胎上贴麻布做法，如漆耳杯。此外，部分漆奁为夹纻胎[③]。成都羊子山M172大方釦漆器，这件漆器是在木胎上贴编织物再涂漆的[④]。这种做法沿用时间很长，历经汉、唐，直到如今苏式髹漆家具仍沿用这种做法。

关于夹纻胎漆器出现年代问题，现可确知包山2号墓下葬的绝对年代，应为公元前316年楚历六月二十五日[⑤]。那么，就可以说最

---

①湖北省考古研究所：《江陵望山沙塚楚墓》，文物出版社，1996年。

②傅举有：《中国古代漆器研究》，载《湖南省博物馆馆刊》（第三期），岳麓书社，2006年。

③四川省博物馆、青川县文化馆：《青川县出土秦更修田律木牍——四川青川县战国墓发掘简报》，《文物》1982年第1期。

④四川省文物管理委员会：《成都羊子山第172号墓发掘报告》，《考古学报》1956年第4期。

⑤湖北省荆沙铁路考古队：《包山楚墓》，文物出版社，1991年。

迟在公元前316年我国漆工艺史上就出现了夹纻胎漆器。望山1号墓推定为战国中期的楚威王时期（前338年）或楚怀王前期（前328年）是适宜的[①]。长沙茅亭子1号楚墓年代应为战国中期偏早阶段[②]。马山1号墓年代为战国中期偏晚或战国晚期偏早，约公元前340年后至公元前278年之前[③]。如果这些推断成立的话，夹纻胎漆器制作的时间还应提前。

3. 两汉时期夹纻胎漆器概述

（1）出土夹纻胎漆器实物所反映的漆器制作工艺的变化

时至汉代，中国漆器工艺已步入黄金时代。如果说原始社会是古拙淳朴的陶器时代、奴隶社会是狰狞神秘的青铜时代、春秋战国是青铜与漆器并用时期的话，那么汉代则是光彩熠熠的漆器时代，其数量之多、品种之全、工艺之精都达到了前所未有的水平。可以说汉代漆器工艺是我国漆工艺发展史上的鼎盛时期。

值得一提的是，楚墓中始出的夹纻胎漆器，到西汉开始流行。考古资料表明，西汉早期至早期后段，是漆器由木胎向夹纻胎转变的时期。笔者曾据各地墓葬发掘报告的年代推断及所出漆器的基本特点，大抵以汉武帝太初元年（前104）发布诏令"改正朔，易服色"为界，将西汉漆器分为前后两个时期[④]，而武帝时期是漆器工艺转型重要时期。

以湖南长沙地区的汉墓为例，属于西汉早期的马王堆汉墓，

① 湖北省考古研究所：《江陵望山沙塚楚墓》，文物出版社，1996年。
② 长沙市文物考古研究所：《长沙市茅亭子楚墓的发掘》，《考古》2003年第4期。
③ 湖北省荆州地区博物馆：《江陵马山一号楚墓》，文物出版社，1985年。
④ 聂菲：《从湖南西汉高级贵族墓出土漆器审度汉初漆器工艺的传承与变异——兼论湖南汉初漆器产地问题》，载《湖南省博物馆馆刊》（第一期），《船山学刊》杂志社，2004年。

出土漆器500多件，绝大部分是木胎，夹纻胎极少。马王堆1号汉墓漆器共184件，夹纻胎14件。马王堆2号汉墓出土能辨器形的漆器52件，仅3件盘和4件卮杯为夹纻胎。马王堆3号汉墓出土漆器319件，夹纻胎只有13件[①]。而且，这时期夹纻胎漆器一般与锥画工艺联系在一起。

出土夹纻胎漆器的西汉前期墓葬其墓主人身份等级都比较高，且数量相对比较少。如长沙马王堆汉墓为长沙国丞相、轪侯利苍家族的墓葬。长沙象鼻嘴一号西汉墓出土年代应为西汉前期，定在汉文帝至景帝时期较为合适，墓主身份属于诸侯王一类的等级[②]。长沙砂子塘西汉1号墓，此墓既有可能在文帝时，那么很可能是长沙靖王吴著的陵寝，其年代为公元前157年左右。墓葬与诸侯王的墓葬棺椁制度相符合[③]。

西汉早期后段以后，夹纻胎漆器出土的数量渐渐增多。如长沙曹娸墓，则恰好相反，出土漆器150余件，胎质大多数为夹纻胎，少量为竹胎和木胎[④]。至西汉后期夹纻胎漆器越来越多，甚至于整墓出土的漆器都是夹纻胎。西汉后期出土夹纻胎漆器的墓葬规格并不都属于王侯一级大墓葬，一些大臣和规格不是很高的中小型墓葬也出土了夹纻胎漆器。这时期出土的夹纻胎漆器使用了多种装饰手法，如永州鹞子岭M2夹纻胎漆盘、夹纻胎漆樽、夹纻胎漆卮，不但髹漆彩绘，而且采用了铜釦鎏金、戗银等多种装饰手法。这时期夹

①湖南省博物馆等：《长沙马王堆一号汉墓》，文物出版社，1974年；湖南省博物馆、湖南省文物考古研究所编著，何介钧主编：《长沙马王堆二、三号汉墓发掘报告》，文物出版社，2004年。

②湖南省博物馆：《长沙象鼻嘴一号西汉墓》，《考古学报》1981年第1期。

③湖南省博物馆：《长沙砂子塘西汉墓发掘简报》，《文物》1963年第2期。

④长沙市文化局文物组：《长沙咸家湖西汉曹娸墓》，《文物》1979年第3期。

纻胎漆器十分精美华丽。夹纻胎漆器在东汉早期仍不断发展，如朝鲜乐浪汉墓出土了大量的夹纻胎漆器。至东汉晚期，随着青瓷的兴起，日用夹纻胎漆器的制作渐渐衰落。但至魏晋隋唐时期，随着佛教的传入，夹纻胎造像盛极一时。

（2）汉简、铭文中涉及夹纻胎漆器的各种称谓及其与器物材质的对应关系

汉代麻布胎漆器数量大量增加，并且还出土了许多汉简和漆器铭文。许多学者如孙机先生、傅举有先生、陈振裕先生等对此进行了详尽的考释，得知“以麻布为胎的漆器，汉代有专门的称呼”，“而且已可考知其专门名称”[①]，其成果为理解汉代夹纻胎漆器的称谓及其形制的变化及文献记载增添了新的资料，凡下例：

其一，自称“布”的麻布胎漆器。

古时无棉布，古文献《诗·卫风·氓》“抱布贸丝”，《孟子》“女有余布”，《仪礼·既夕礼》“商祝免袒，执功布入”中的“布”是指的麻布，为麻、苎、葛等织物的通称。西汉墓葬出土的以麻布为胎的漆器自称为“布”的应为夹纻胎漆器。

马王堆1号墓竹简181：“漆布小卮一。”与出土实物对照，有一件麻布胎漆卮。漆下麻布纹路可辨，制作轻巧[②]。

马王堆3号墓竹简246：“髹布小卮二，容二升，有盖。”对

①孙机：《关于汉代漆器的几个问题》，《文物》2004年第12期；傅举有：《中国漆器的巅峰时代》，载《中国历史暨文物考古研究》，岳麓书社，1999年；陈振裕：《西汉漆器的制作工艺综论》，载《湖南省博物馆馆刊》（第三期），岳麓书社，2006年。

②湖南省博物馆等：《长沙马王堆一号汉墓》，文物出版社，1974年。

照3号墓出土了2件髹漆锥画的夹纻胎小卮[①]。

马王堆1号墓竹简229："布髹检（奁）一合。""布髹"与"髹布"义同。出土时未见此器[②]。

马王堆1号墓竹简232："布检（奁）五菜攵一合。"但出土漆器中未见此器。安徽阜阳双古堆西汉初年汝阴侯墓，出土一件麻布胎银釦漆平盘，上有铭文："女阴侯布平盘径尺三寸七年吏讳工速造。"一麻布胎方漆奁自铭"布方脯检容四升"。另麻布胎漆奁铭文"布检（奁）容二斗六升"[③]。

马王堆三座汉墓属西汉早期的墓葬，所以，傅举有先生认为："汉初麻布胎漆器多以'布'称。"[④]

其二，自铭"绪"或"褚"的麻布胎漆器。

《说文·糸部》："绪，丝端也。纻或从绪省。"《说文句读》："纻亦通作绪。"则绪即纻[⑤]。自铭"绪"漆器亦夹纻胎漆器，如湖北云梦大坟头1号西汉墓出土的木牍中记有"绪杯廿"，经对照，即同出土物中的麻布胎漆耳杯20件。长沙杨家山西汉墓出土的麻布胎漆盘，有铭文"杨子赣绪饭盘"[⑥]。

西汉中晚期墓出土的麻布胎漆器还有自铭为"褚"器。卢兆

---

①湖南省博物馆、湖南省文物考古研究所编著，何介钧主编：《长沙马王堆二、三号汉墓发掘报告》，文物出版社，2004年。

②湖南省博物馆等：《长沙马王堆一号汉墓》，文物出版社，1974年。

③安徽省文物工作队、阜阳地区博物馆等：《阜阳双古堆西汉汝阴侯墓》，《文物》1978年第8期。

④傅举有：《中国漆器的巅峰时代》，《中国历史暨文物考古研究》，岳麓书社，1999年。

⑤孙机：《关于汉代漆器的几个问题》，《文物》2004年第12期。

⑥蔡季襄：《西汉长沙王建德王后墓考》，未刊稿，存湖南省博物馆。

荫先生也认为：褚也是纻的假借字[①]。如河北满城汉墓的麻布胎漆盘上有“御褚饭盘一”的铭文，漆耳杯上有“御褚龙中杯一”。其报告称：“铭文中的褚字，应为纻字的假借。”[②]

自铭为“绪”器的麻布胎漆器自西汉早期至西汉中晚期都有出现。长沙杨家山西汉墓属西汉中、晚期刘姓长沙王室墓葬。

其三，自称“布缯”的麻布和缯帛为胎的漆器。

《说文·糸部》“缯，帛也”，《三苍》“杂帛曰缯”，《汉书·匈奴传》“赤绨缘缯”，注：“缯者帛之总名。”就是说西汉墓葬出土的自称“布缯”的漆器，是用麻布和缯帛为胎制作而成的夹纻胎漆器。麻布比缯帛结实耐用，缯帛比麻布柔软细密，两者结合用于夹纻胎漆器制作中，既实用又更加美观，可以说是夹纻胎漆器又一大进步。

马王堆1号汉墓遣策竹简230作“九子曾（缯）检”。盖和器壁为夹纻胎。报告说：从这件缯检（奁）的“器壁裂缝处可以清楚看到麻布纹路和细密的丝帛纹路，估计是在麻布胎上再裱一层丝帛”[③]。

马王堆3号汉墓遣策竹简271：“布曾（缯）检一，锥画，广尺二寸。”对照3号墓出土了一件有名的锥画狩猎纹漆奁[④]（图165）。

---

①卢兆荫：《关于满城汉墓漆盘铭文及其他》，《考古》1974年第1期。

②中国社会科学院考古研究所、河北省文物管理处：《满城汉墓发掘报告》，文物出版社，1980年；中国社会科学院考古研究所满城发掘队：《满城汉墓发掘纪要》，《考古》1972年第1期。

③湖南省博物馆等：《长沙马王堆一号汉墓》，文物出版社，1974年。

④湖南省博物馆、湖南省文物考古研究所编著，何介钧主编：《长沙马王堆二、三号汉墓发掘报告》，文物出版社，2004年。

图165　锥画狩猎纹漆奁和局部纹饰
（1973年长沙马王堆3号墓出土。2008年度国家社会科学基金项目《马王堆汉墓漆器整理与研究》资料）

马王堆3号汉墓遣策竹简270："布缯检一。"此奁放置了著名的马王堆汉墓帛书和帛图[①]（图166）。

马王堆1号汉墓遣策竹简233："布缯检一中有镜。"但出土漆器中未见此奁[②]。

"布缯"两者结合用于夹纻胎漆器制作在西汉早期就出现了。

其四，自称"纻"器的麻布胎漆器。

从西汉中晚期开始，麻布胎漆器也称作"纻器"。在朝鲜乐浪汉墓所出汉成帝永始元年（前16）、汉哀帝建平四年（前3）、新莽天凤元年（14）所出麻布胎漆耳杯自名"纻羹棓"[③]（图167）。鹞子岭2号汉墓出土麻布胎漆盘均自名"纻黄釦旋"，可知麻布胎漆器除名"布器"外亦名"纻器"，也

①湖南省博物馆、湖南省文物考古研究所编著，何介钧主编：《长沙马王堆二、三号汉墓发掘报告》，文物出版社，2004年。

②湖南省博物馆等：《长沙马王堆一号汉墓》，文物出版社，1974年。

③［日］梅原末治：《支那汉代纪年铭漆器图说》，图版7、12、38，京都桑名文星堂，1943年；贵州省博物馆：《贵州清镇平坝汉墓发掘报告》，《考古学报》1959年第1期。

正与《盐铁论·散不足》篇所称“野王纻器”之名相合[①]。

对此，孙机先生还与纯木胎漆器定名进行比较，认为“木胎漆器的定名则不同”[②]，如蒙古诺颜乌拉5号墓所出汉哀帝建平五年（前4）、贵州清镇17号墓所出汉平帝元始三年（3）、乐浪汉墓所出汉平帝元始四年（4）木胎漆耳杯，铭文中均自名“木黄耳棓”；可见“纻”字与“木”字在铭文中的用法是区别得很清楚的[③]（图168）。

其五，两麻布夹贴于木胎之上称“侠纻”器。

“后世多称漆器的

图166　双层长方形漆奁

（1973年长沙马王堆3号墓出土。2008年度国家社会科学基金项目《马王堆汉墓漆器整理与研究》资料）

图167　麻布胎漆器铭文“纻羹棓”

（朝鲜乐浪汉墓所出土。梅原末治编：《支那汉代纪年铭漆器图说》，桑名文星堂，1943年，图版第24页）

①②孙机：《关于汉代漆器的几个问题》，《文物》2004年第12期。

③［日］梅原末治：《蒙古ノインウラ见の遗物》，图版61，东京，1960年；梅原末治：《支那汉代纪年铭漆器图说》，图版22，京都桑名文星堂，1943年；贵州省博物馆：《贵州清镇平坝汉墓发掘报告》，《考古学报》1959年第1期。

图168　漆耳杯铭文“木黄耳棓”（朝鲜乐浪汉墓所出土。梅原末治编：《支那汉代纪年铭漆器图说》，桑名文星堂，1943年，图版第20页）

麻布胎为‘夹纻’，而在汉代，这一名称的含义却并非如此。”[①]东汉一些墓出土的麻布胎漆器，则自铭为“侠纻”或“夹纻”器。如平壤石岩里王盱墓出土的汉光武帝建武二十八年（52）“侠纻量二升二合羹棓”、平壤贞柏里200号墓出土的汉明帝永平十一年（68）“侠纻量一升八合杯”、平壤梧野里21号墓出土的汉明帝永平十四年（71）“侠纻［容］一升八合杯”，及王盱墓出土的汉明帝永平十二年（69）“侠纻”漆盘与“夹纻”三足漆盘，均为木胎贴麻布[②]（图169）。

孙机先生考证：王盱墓出土之建武二十一年（45）木胎贴麻布耳杯的铭文中自称是“木侠纻杯”，在“侠纻”之前加上“木”字（图170）。《新唐书·礼乐志》说武则天在东都建明堂时，“初，则天以木为瓦，夹纻漆之”。可见“夹纻”一词到这时仍被认为是在木胎上贴麻布。“夹纻”正是在木胎贴麻布之意，与出土物的情况完全一致[③]。

总之，湖南楚汉墓葬中出土夹纻胎漆器表明，从包山中期楚

①③孙机：《关于汉代漆器的几个问题》，《文物》2004年第12期。

②［日］梅原末治：《支那汉代纪年铭漆器图说》，图版40~41、43~45；原田淑人、田泽金吾：《乐浪》（第6章），东京，1930年。

图169　漆盘铭文“夹纻”（朝鲜乐浪汉墓所出土。梅原末治编：《支那汉代纪年铭漆器图说》，桑名文星堂，1943年，图版第43页）

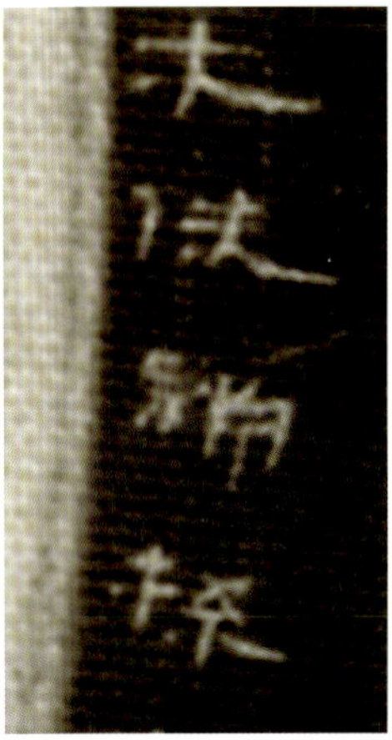

图170　“建武二十一年”漆耳杯（乐浪王盱墓出土。梅原末治编：《支那汉代纪年铭漆器图说》，桑名文星堂，1943年，图版第39页）

墓自铭“革囩”的革麻胎漆器开始，到长沙晚期楚墓出土的革麻胎漆器，至长沙马王堆西汉前期墓葬中自称“布”或“绪”麻布胎漆器，以及更高级自铭“布缯”漆器，到永州鹞子岭西汉后期墓葬出土的自称“纻器”漆器，再到乐浪王盱东汉墓出土两麻夹贴于木胎的“侠纻”漆器，说明夹纻胎漆器制作工艺从战国中期前段至东汉前期数百年里长盛不衰，经过了“革囩”、“布”、“布缯”、“纻器”、“木侠纻”、“侠纻”不同阶段的不同称谓及不同形的变化过程，其中西汉后期是夹纻胎漆器发展的黄金时代。

然而，在漆器的制作过程中，不论胎质中夹贴木质也好，加杂皮革也罢，其主要成分是利用漆的黏性以及麻布的张力，使其层层黏合重叠而成胎骨的漆器就称之为“夹纻胎漆器”。

第二节 髹饰工艺

中国古代用漆涂器物并绘以纹饰谓之“髹饰”。漆器具有色泽明亮、光彩夺目、防腐、耐酸和耐碱等特性，实用价值与审美价值并具。因为漆液髹涂在器物表面干涸之后，非常牢固耐用，能耐酸、耐热和防腐，一经加工还能发出美丽的光泽，如饰以纹饰，则更加美丽。经过髹涂的木器，就是埋藏在水土中，也不易受到腐蚀，因为具有这些良好而独特的性能，湖南先民们很早就发现了它并利用它来髹涂器物，这种古老的传统手工艺产品具有独特的地域特色和鲜明的艺术风格。

一、装饰手法

湖南楚漆器髹饰工艺非常多，至汉代更加重视漆器装饰，西汉扬雄的《蜀都赋》说：“众器雕琢，早刻将星，朱缘之画，邠盼丽光。龙虵蜿蜷错其中，禽兽奇伟髦山林。”从湖南汉墓中出土漆器看，其装饰手法繁缛，初步统计如下（表4）：

表4　湖南楚汉漆器髹饰工艺一览表

髹饰种类	髹饰工艺	典型器物
髹涂	髹涂漆器是一种最古老的髹漆方法，一般不施纹饰，只是单涂一种漆。	 长沙浏城桥M1几  马王堆M1耳杯

续表

彩绘	彩绘是漆器最基本的装饰手段，占有很大的比重。它是一种用毛笔蘸漆或油在器物上画花纹的装饰方法。包括线描、平涂、堆漆和渲染。彩绘所用的颜色有红、黑、褐、灰黑、金、黄等，但楚汉漆器皆以红、黑两色为主色。	 湘乡牛形山M1案  马王堆M1耳杯
锥画	锥画纹，在汉代有较多的应用。一般应用于夹纻胎的漆器上。它是一种用金属锥在尚未完全干透漆膜上镌刻各种阴线花纹的漆饰方法。西汉中晚期在锥画纹中戗金或银，使其纹样更加华美醒目。	 马王堆M3奁
釦器	自战国以来木胎漆器总的发展趋势是由厚胎向薄胎发展，胎骨越来越轻薄，为了加强其牢度，常在漆器口沿、底部边缘作上金属箍，名为“釦器”。这种新工艺在秦汉时期得到进一步推广。所谓的“银釦黄耳”漆器，主要起加固作用，又具有特殊的装饰效果，使漆器更显富丽堂皇。	 长沙颜家岭乙M35樽  永州鹞子岭M2“银釦黄耳”耳杯
金银箔贴饰	这种工艺是唐代“金银平脱”的前身。将金、银锤揲成极薄的箔片，镂刻成各种图形，后用漆粘固在漆器上。	 长沙杨家山M1奁
填嵌	一种将金、银、螺钿、玉、琉璃珠等自然美材利用漆的黏性粘贴于漆面上的一种装饰方法。它是“百宝嵌”的前身。	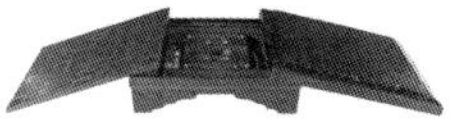 马王堆M3博具

续表

堆饰	类似后世油画，是一种用漆或漆灰堆出不加雕琢或加雕琢的漆器髹饰技法。	 马王堆M3奁  马王堆M1黑地彩绘棺
雕镂	战国时期楚墓常见的一种髹饰手法。它是一种在漆胎上雕刻出花纹图案再髹漆且具有立体感的髹漆技法。	 长沙浏城桥M1几  湘乡牛形山M1车辕

（1）髹涂，将漆涂于漆胎上的一种最古老的髹漆方法，漆器一般不施纹饰，只是单涂一种漆；

（2）描绘，一种用笔蘸漆或油在器物上画花纹的装饰方法，彩绘所用的颜色有红、黑、褐、灰黑、金、黄等，但皆以红、黑两色为主色；

（3）堆饰，一种用漆或漆灰堆出不加雕琢或加雕琢的漆器髹饰技法；

（4）锥画，一种用金属锥在尚未完全干透漆膜上镌刻各种阴线花纹的漆饰方法，有的在刻纹中再用彩笔勾点，使纹样更加华美醒目，它是一种古老的漆工艺装饰技法；

（5）雕镂，一种在漆胎上雕刻出花纹图案再髹漆且具有立体感的髹漆技法。战国早、中期漆器上雕刻纹饰发达，多在雕刻纹饰上再髹漆彩绘，如湖南楚墓出土的虎子、雕几等；

（6）填嵌，用一种或多种物体作为嵌饰的工艺，称之为镶嵌。其镶嵌物多为金、银、铜、玉、珠宝、琉璃珠等，如马王堆3号墓出土嵌象牙博局具；

（7）釦器，用金属镶包漆器的口、腹、底边（即釦在上面），或用金属制作耳、足等附件。主要起加固作用，又具有特殊的装饰效果，使漆器显得富丽堂皇。卫宏《汉官旧仪》卷上说："太官尚食，用黄金釦器。中官、私官尚食，用白银釦器。"表明皇帝使用的漆器装金釦，皇后的装银釦。为适应迎合宫廷这种审美情趣，各诸侯国也开始大批量地生产这类漆器；

（8）金银贴饰，把黄金或银捶打成极薄的箔片，镂刻成各种图形，后用漆粘固在漆器上。湖南西汉中晚期墓中已出土的铜釦鎏金漆器不在少数，大部分上面还贴金银箔片纹饰，在器盖上镶嵌柿蒂形金属饰件，再施以多色彩绘，极绚丽华贵之能事。《汉书·贡禹传》说："臣禹尝从之东宫（指长乐宫），见赐杯案，尽文画金银饰。"正是这种情况的写照。

二、彩漆制作

以各种颜料配合的漆称之为彩漆。郑师许《漆器考》认为"漆汁原为无色透明之液体，今兹所显彩色，乃各种颜料配合而成"。可见楚汉漆器上的颜色是用熟漆和金属氧化成分色料（即矿物质）混合而成。为防止天然漆中的漆酸在调和中起化学反应，古代人们多用矿物盐基性金属化合物颜料，如银朱（朱砂）、赭石、石青、石绿、石黄（雄黄）铅粉和煤烟等。入漆颜料基本上有银朱、钛白、镉黄、酞菁蓝和酞菁绿等，加之运

图171　漆器表面白色颜料石英图
（王宜飞：《马王堆汉墓漆器颜料分析测试研究报告》，载《湖南省博物馆馆刊》第六辑，岳麓书社，2010年，第560页）

用泥银、泥金彩漆就更加丰富多彩。如黑漆常加氢氧化亚铁，古代人们多加木炭兽骨灰、铁锈水、油烟、煤烟、松烟和石墨等，明代宋应星《天工开物》载油烟“凡墨烧烟凝质而为之”，松烟“凡烧松烟，伐松斩成尺寸，鞠篾为圆屋如舟中雨篷式……”。红色颜料，主要成分为朱砂，《天工开物》载：“取来时入巨铁辗槽中，轧碎如微尘。”白漆加合铅粉，栗壳漆加朱砂，绿漆加蓝靛及石黄混合，黄漆加镉或石黄，金银漆加金银粉末，便可成为各种颜料配合而成的彩漆。

为此，我们特利用X射线衍射仪和扫描电镜能谱分析仪，检测分析了马王堆汉墓漆器表面的彩绘颜料，为弄清这个时期漆器颜料成分获得了宝贵的一手资料，其检测结果：“（1）白色颜料包括石英、方解石（图171）；（2）红色颜料为朱砂；（3）黑色颜料为炭黑；（4）黄色颜料为雌黄；（5）棕色颜料可能为朱砂变色产生，也有可能是古人有意识地选择朱砂与黑辰砂伴生的棕色矿物作为棕色颜料使用”，“因为各种颜料中均含有相当多的石英及其他伴生矿物，可以推测马王堆汉墓漆器彩绘所使用的颜料应为直接开采自然界存在的矿物颜料加工而非人工冶炼制造”[①]。

总之，颜料是各种不透明色漆的重要成分，它能随成膜物质一起成膜，但不能单独构成涂膜。色漆中放入颜料，使其涂膜具有某种色彩和遮盖力，能提高涂膜的强度、耐久性、耐磨性与耐候性，阻止紫外线的穿透，延缓涂膜本身的老化进程和延长使用期限。

三、纹饰风格

“在楚人南渐的文化史进程中，楚人早已摆脱了其发迹时的文化样貌，形成了一种更加接近自然的思想状态。他们异常执著地相信着自然神祇的力量，将自己置身于神话与巫史传统”[②]，南楚漆器的形成发展和纹饰风格与楚人南渐中的政治、经济和文化的联系密不可分。对祖先的崇拜奠定了楚漆器艺术尚赤崇黑的鲜丽主调和崇凤的传统风俗，道学与巫风的融会孕育出楚漆器艺术恢诡谲怪的造型和飘逸生动的图案，绚烂诡异的楚漆器成为展现楚人浪漫情韵和艺术风韵的物质载体。昂首屹立、仰天长啸的凤鸟纹和变形凤鸟纹；飘逸洒脱、交错缠绕的蟠螭纹、龙纹、兽纹；单纯洗练的几何纹；流云飘动的自然景物纹；诡异浪漫的人物故事和神话传说……各类造型和纹饰相互穿插交织在一起，自成一体。楚国的工匠们鬼斧神工，在极为有限的漆器空间内，高度浓缩了自然界万类生生不息的壮观场面，从而将它变成了神话

①王宜飞：《马王堆汉墓漆器颜料分析测试研究报告》，载《湖南省博物馆馆刊》（第六辑），岳麓书社，2010年。

②李泽厚：《历史本体论·己卯五说》（增订本），三联书店，2008年。

世界一般绚烂的艺术世界，可以说楚漆器是楚文化中最能够彰显其思想的艺术品之一。

时至汉代，中国漆器工艺步入了黄金时代，汉代漆器成为人们日常生活必需品。长沙汉墓漆盘、漆耳杯纹饰与澧水流域汉墓所出漆器均出一辙，盘心和耳杯B字纹和变形凤鸟纹非常相似，长沙汉墓等处都能看到大同小异的例子，从而说明“在大流通的背景下，必然伴随着技术上的互相促进和艺术上的互相借鉴，同时也反映出人们对漆器的需求和喜爱”[①]。“汉袭楚风”，楚人崇善抑恶的理性追求，楚文化强大的生存力，在大一统的西汉时期生根发展。楚人浪漫激情在汉代漆器上得到更大的张扬，汉人好神仙，在漆器纹饰上云气纹中加画各种神兽、神禽和神仙，构成了一种称为“云虚纹”的新装饰纹样，组合成寓意吉祥如意的图案，为汉初漆器上的主体纹饰。这时期纹饰有抽象几何纹，有描绘动物纹和超自然力的怪兽纹样、半抽象装饰花纹，还有写生自然界各种花丛树木、建筑物和人物等以及反映社会生活的题材纹样。人间万象、气象万千和天地万物无一不收入其中。其装饰纹样和题材仍根植于中华大地，积淀着丰富的楚文化内涵，用东方人特有的含蓄、谐音、假托和转喻等曲折的手法，或以名称谐音表达，或以图案形象表示，或用附加文字说明，组成吉利寓意的纹样来传情表意，反映了当时人们一定的思想和情趣。其装饰题材大多包含着祈祷幸福、希冀吉祥和避灾祛祸之寓意，它们是湖湘先民们对幸福生活的向往与追求的真实写照。其艺术风格采用的平行透视法，讲究的是一种构图的完整性，不同时间和地点发

①孙机：《关于汉代漆器的几个问题》，《文物》2004年第12期。

生的故事可以同时表现在同一个场景中，使人对画面的空间产生一种在特定时间和地点观看的感觉，追求的是一种图案节奏和韵律的艺术美，其花纹优美，彩绘精工，布局灵活，造型和纹样密切协调，突出了纹样的装饰效果和造型的艺术气质，具有典型东方艺术的魅力和特点。

（一）纹样结构

其纹样结构特点大致分为单独纹样、适合纹样、二方连续纹样、四方连续纹样等。

（1）单独纹样，是一种与四周无关联、独立、完整的纹样，它是漆器图案的基本单位，多绘饰于圆形器物如奁、盒和杯盖、底之上；

（2）适合纹样，即将一种纹样适当地组织在某一特定的形状（如三角形、多角形、圆形、方形、菱形等）范围之内，使之适合于某种装饰的要求，此类又可分为散点式、旋转式、不规则式几种，它常见于漆器装饰纹样中，多装饰在较大型漆器看面、圆盘、耳杯等器物上；

（3）二方连续，也叫“带状图案”，是一个纹样单位能向左右连续或上下连续成一条带状般的图案，一般用反复、穿插、交替等艺术手法来表现。这种装饰在漆器中运用很广，通常多作为边饰装饰于器物的边缘之上；

（4）四方连续，是一个纹样单位能向四周重复地连续和延伸扩展的图案，这种纹饰结构也在漆器上得到广泛运用（表5）。

表5　湖南楚汉漆器纹样结构

纹样结构	图样	说明
单独纹样	 长沙茅亭子M1：28豆  马王堆M3盒盖	一种与四周无关联、独立、完整的纹样，它是漆器图案的基本单位，多绘饰于圆形器物如奁、盒和杯盖、底之上。
适合纹样	 马王堆M1：447屏风	将一种纹样适当地组织在某一特定的形状范围之内，使之适合于某种装饰的要求，多装饰在较大型漆器看面、圆盘、耳杯等器物上。
二方连续	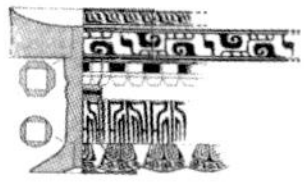 长沙马益顺巷M1：3豆  马王堆M1：50奁	一个纹样单位能向左右连续或上下连续成一条带状般的图案，通常多作为边饰装饰于器物的边缘之上。
四方连续	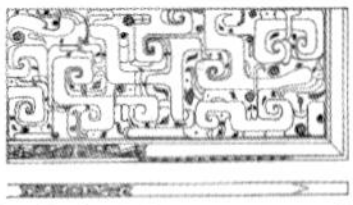 临澧九里M1：46案 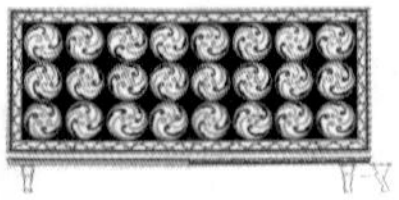 湘乡牛形山M1：22案	一个纹样单位能向四周重复地连续和延伸扩展的图案。

（二）纹饰特点

湖南楚汉时期漆器主要纹样有如下几大类：

1．动物类纹饰。有猪、马、牛、羊、狸、狗、兔、熊、豹、鱼、猴和龟纹样等。有的是超自然力的神兽仙禽，如龙纹、凤纹、兽面纹、神兽纹等，还有自然现象或加动物纹变成半抽象装饰纹样，像云龙纹、云鸟纹、云凤纹、云㡛纹等。如形凤鸟纹是楚汉以来漆器上最常见的介于具体与抽象之间一种纹饰。云㡛纹是一种云气纹中加画各种神兽、神禽和神仙的一种装饰纹，它是湖南西汉漆器上最具有代表性的纹饰。

2．植物类纹饰。有柿蒂纹、花瓣纹、草叶纹和树纹等。

3．几何形类纹饰。用点、线、面组成规则或不规则的几何纹样作漆器装饰的纹样，有云气纹、卷云纹、勾连云纹、云雷纹、水波纹、涡纹、圆圈纹、篦点纹、弦纹、绹纹、菱形纹、网纹、方连纹、圆点纹、三角纹、璧纹、S形纹、X纹、方格纹、山形太阳纹等。

4．人物故事纹类纹饰。反映社会生活的题材纹样，往往以贵族、乐师、舞女、猎人等人物形象为主体，以各种建筑、树木、车马等图案为陪衬，构成楼阁重檐、车马出行、歌舞宴乐、狩猎活动、人物故事和神话题材等内容的画面。在湖南楚汉漆器中，这类新兴的装饰题材，富有时代感，装饰纹样描绘纤细，形象生动，具有清新活泼的艺术特色（表6）。

表6　湖南楚汉漆器主要纹饰一览表

装饰内容		图样	说明
动物类纹饰	龙纹	 顾龙纹 （长沙左家公山15号楚墓　耳杯）  曲龙纹 （长沙左家公山15号楚墓　耳杯）  蟠螭纹 （临澧九里1号楚墓　盒）  蟠龙纹 （长沙望城风篷岭1号汉墓　盘）  云龙纹 （马王堆1号汉墓　屏风）  变形云龙纹 （长沙杨家湾6号楚墓　漆器） 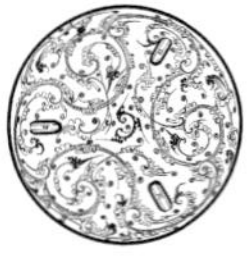 几何变形云龙纹 （马王堆3号汉墓　盘）	●在漆器纹饰中，龙纹是流行时间最早、使用时间最长的一种图像。《说文解字》：“龙，鳞虫之长，能幽能明，能细能巨，能短能长；春分而登天，秋分而潜渊。”可知龙是一种生于深水而又能飞于云天的神兽，其形如鳞虫（蛇），但体形大小变化无穷，具有某种神秘力量，自古以来人们奉为神物。龙在漆器装饰艺术中占有重要的地位，目前最早见于河北藁城台西村出土商代遗址漆器饰有夔龙纹，后世无论生活用器、乐器，还是丧葬用具等漆器图案中，龙纹占了很大的比重。龙形态归纳起来可分类：（1）夔龙纹，一种有一足或二足或无足、额有角、张口、弯曲、尾上卷的侧龙形象；（2）顾龙纹，亦称回首龙，一种额有角、张口、或吐舌、或有足、作回首状的龙纹，有时两两相背，对称分布；（3）蟠龙纹，一种以龙首为中心蟠卷成圆形的龙纹，额有角、有足；（4）蟠螭纹，一种无角小龙图案，常重复出现于器表某个局部；（5）蛟龙纹，一种两条以上龙相互绕构的纹饰；（6）曲龙纹，一种自身弯曲成S形的龙纹；（7）云龙纹，一种龙纹与云纹交织在一起的纹样；（8）几何变形云龙纹，一种龙纹的纯几何变形纹样，龙纹特点基本消失而代之以几何形，或保留龙纹的个别元素。

续表

动物类纹饰	蛇纹	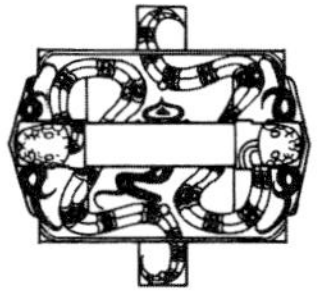 独体蛇纹 （常德德山夕阳坡2号楚墓　琴）  蟠虺纹 （永州鹞子岭2号汉墓　卮）	●以蛇为纹饰的主题常见于楚漆器纹样中。由于南方楚地气候潮湿，人们时常受到毒蛇攻击，故而在楚漆器中以凤鸟战胜毒蛇为构图核心较多，反映了楚人崇善抑恶的理性追求。在文献中见到蛇亦被认为某种吉兆，其实古代的龙，始于神化了的蛇。分为：（1）独体蛇纹，一种上下弯曲、双眼突出、以个体形态出现的蛇纹；（2）蟠虺纹，一种两条或两条以上小蛇相互蟠绕的蛇纹。
	凤鸟纹	 长卷尾凤鸟纹 （长沙颜家岭乙35号楚墓　樽）  曲形凤鸟纹 （湖南战国楚墓　盘）  昂首阔步凤鸟纹 （长沙杨家湾6号楚墓　樽）  对鸟纹 （长沙望城风篷岭1号汉墓　盒）	●凤鸟纹是漆器纹样中常见的纹饰，尤其在楚汉漆器中占有重要份量。凤是各种飞禽走兽综合在一起演化出来的一种神鸟。《说文》：“凤，神鸟也，天老曰，凤之象也，鸿前后，蛇颈鱼尾，鹳颡鸳思，龙纹虎背，燕颔鸡喙，五色备举，出于东方君子之国。”凤鸟纹是楚漆器中屡见不鲜的命题，因为楚人向有崇凤的传统，楚地流行各种关于凤鸟的神话传说，在楚人心目中，凤鸟视为通天的神鸟，可借助它的神力遨游九天，其地位堪比中原威力无边的神龙，凤鸟纹具有象征吉祥、美丽的意义。通观楚漆器上的凤鸟纹，千姿百态，变化万端，较之青铜时代的凤鸟图形更为活泼和奔放，春秋晚期出现了具象和抽象凤鸟纹反复演进的现象，至战国中、晚期，具象的凤鸟纹造型更加优雅，抽象变形凤鸟也各具

续表

动物类纹饰	凤鸟纹	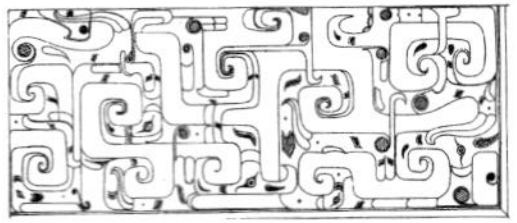 几何凤鸟纹（临澧九里1号楚墓　案）  ɷ形凤鸟纹（长沙颜家岭乙35号楚墓　樽） 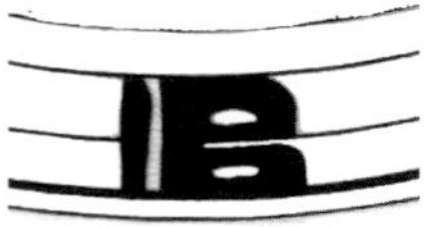 IB形凤鸟纹（马王堆2号汉墓　盘）  北形凤鸟纹（马王堆3号汉墓　盘）  漩涡形凤鸟纹（马王堆1号汉墓　盒）  云凤纹（马王堆2号汉墓　盘）	特色，归纳起来大致分为二类：（1）具象凤鸟纹，一种头、眼、嘴、冠、足、尾、翅等一应俱全、具有现实生活中禽鸟自然特征的凤鸟纹。其中有长卷尾凤纹、曲形凤纹、昂首阔步凤纹、对鸟凤纹等；（2）抽象变形凤鸟纹，一种不具备凤鸟整体形象、只具有象征性凤鸟造型的变形纹样，其中主要有∽形凤鸟纹、ɷ形凤鸟纹、IB形凤鸟纹、北形凤鸟纹、漩涡形凤鸟纹、云凤纹、几何凤鸟纹等。尤以云凤纹最具特色，似云非云，似凤非凤，它是楚汉漆器装饰中独具特点的纹样。

续表

动物类纹饰	龙凤纹	 龙凤纹 （湘乡牛形山1号楚墓　几）	●凤鸟纹与龙纹组合在一起，组成龙凤纹，广泛地运用于楚汉漆器上，意为“龙凤呈祥”，象征美好。
	鸟纹	 鹤纹 （长沙颜家岭乙35号楚墓　樽）  立鸟纹 （长沙伍家岭203号汉墓　盘）	●鸟纹在楚汉漆器中是一种比较常见的纹饰，包括凤纹、鸱枭纹、鸾纹、鹤纹及成雁纹等。鸟纹还有其他的形式，如立鸟纹、团鸟纹、变形鸟纹等。广义上神话性质的凤鸟纹或其他瑞禽纹也可归在鸟纹类属。
	虎纹	 虎纹 （临澧九里1号楚墓　耳杯）  虎纹 （马王堆3号汉墓　博具）	●虎纹是楚汉漆器常见纹样之一。《风俗通义》：“虎者，阳物，百兽之长也，能执搏挫锐，噬食鬼魅。”但楚人与巴人是宿敌，这就形成了楚人贱虎的心理，凤虎相斗也是楚漆器中一个屡见不鲜的主题，结局自然是凤胜虎败，让大凤把小虎踩在脚下，成为楚人心态的露骨表现。至汉代漆器画虎有压邪之意。

续表

动物类纹饰	鹿纹	 鹿纹（长沙颜家岭乙35号楚墓　樽）  鹿纹（马王堆1号汉墓　棺）	●鹿纹是楚汉漆器中的流行纹样。鹿性格温顺，象征着安乐美好，楚人以示吉祥、正气和长寿。楚人以鹿为瑞兽，《楚辞·天问》说“惊女采薇，鹿何祐？北至回水，萃何喜？”《说文解字》：“麟，大牝鹿也”，“麒，仁兽也”。因鹿与人类关系十分密切，它不但不给人类造成威胁，相反它总是为人类提供吃、穿、用，鹿逐渐被神化，成为楚人所崇敬的神灵偶像，故鹿也成为楚漆器中常见的纹样。鹿纹也是西汉漆器流行纹样。鹿纹图案千姿百态，丰富多彩，或卧，或立，或奔，尤以刻意美化的奔鹿姿态最为生动活泼，充分表达了人们向往美好和吉祥的愿望。
	牛纹	 牛纹（长沙颜家岭乙35号楚墓　樽）  牛纹（长沙柳家大山54号楚墓　盘）	●牛纹常出现于楚漆器狩猎纹样之中，作低首扬角、翘尾蹬足、俯身前扑状，欲与猎人奋力拼搏，造型十分生动。
	狗纹	 狗纹（长沙颜家岭乙35号楚墓　樽）	●狗，亦称“犬”，是人类最早驯化的动物。楚漆器上的狗纹，在不同的环境中，表现了不同的形态，形象完全写实，生动逼真。

续表

动物类纹饰	马纹	 马纹 （长沙五里牌3号楚墓　奁）	●马纹不常见于楚汉漆器中，一般比较写实，作奔跑状。
	狸纹	 狸纹 （马王堆3号汉墓　奁）  狸纹 （马王堆1号汉墓　盘）	●狸纹出现于西汉漆器的装饰纹样中。然而，在我国历史上关于猫的记述中，常常出现猫和狸相互混用的现象。《说文解字》中“猫”字没有明确的解释，只标出“狸属，从豸苗声”。西周以前的猫并非是受人喜欢的家猫，而是耳尖大尾、全身浅棕色间褐色斑点、体大性猛的野猫，古代称之为狸。驯狸捕鼠在我国有很长的历史。我国最早的驯狸捕鼠的记载见于春秋战国时期。《韩非子·扬权》中有：“使鸡司夜，令狸执鼠，皆用其能。”汉代时仍称猫为狸。《淮南子》曾多次引用：“譬尤雀之见鹯，而鼠之遇狸也，亦必无余命矣。”从隋唐开始，驯化的狸被称为狸妮、狸猫等。
	兽面纹	 兽面纹 （长沙马益顺巷1号楚墓　镇墓兽）  兽面纹 （马王堆1号汉墓　鼎）	●兽面纹是楚汉漆器中流行的装饰纹样，常出现于器物的足、耳、档等部位，楚漆器镇墓兽为典型的兽面纹。兽面纹并非表现任何一种已知的现实动物，只是上古神话传说中的动物。后世也有称之为“饕餮”，此词最早见于《左传》文公十八年，文云三位不才子为“饕餮”，杜预注“贪财为饕，贪食为餮”。后又转引为食人怪兽。饕餮纹常见于商周青铜器和漆器装饰纹饰中，对后世漆器装饰艺术影响较大。

续表

动物类纹饰	神兽纹	 神兽纹 （马王堆3号汉墓　博具） 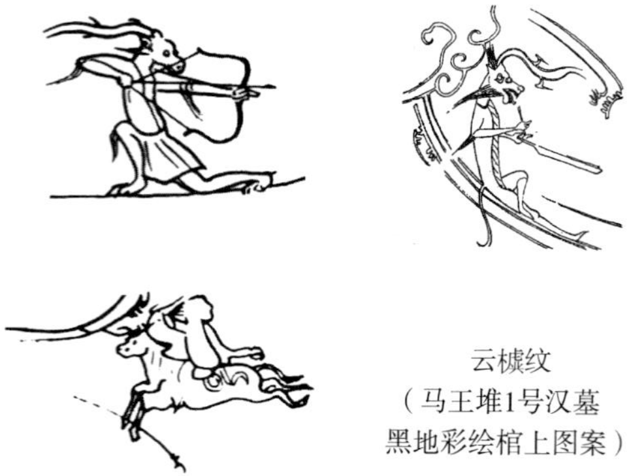 云虡纹 （马王堆1号汉墓 黑地彩绘棺上图案）	●“神兽”有多种解释，一般被释作神异之兽，世间万物皆有灵性，有一种极富灵性的神兽，它们有着不为人知的神奇力量，神兽的出现能给世人招来幸福，化解戾气，因此被视为吉祥的象征。《楚辞·九章》“驾青虬兮骖白螭”汉王逸注：“虬、螭，神兽，宜于驾乘。”至西汉时期四大神兽青龙、白虎、朱雀、玄武成为典型代表，四兽故有“天之四灵，以正四方，王者制宫阙殿阁取法焉”的神功。此外，人们还将麒麟、夔、黄鸟、烛龙、饕餮、鹏、六耳猕猴等列为神兽的行列。神兽纹是西汉时期漆器中常见的纹饰。这时期还出现一种云气纹中加各种神兽、神禽和神仙的“云虚纹”新纹样，云虚纹是《后汉书》记载漆器纹饰的一个名称，《汉书·郊祀志》“钟虡铜人皆生毛”，原注：“虡，神兽也。”《后汉书·舆服志》载：太皇太后车“云虡纹画辀”。云虡纹有时简称虡纹（古字“虚”、“虡”相通）。可以说云虡纹是汉代才开始盛行的一项绘画内容，云虡纹中最多的是一种长鹿角的神兽，它大概是汉人常提到的名为“虡”的神兽，如马王堆1号墓黑底彩绘棺上，行云流水间绘一百多个云虡纹栩栩如生，成为人们幻想中的仙境，美妙神奇。

续表

植物类纹饰	柿蒂纹	 柿蒂纹 （永州鹞子岭2号汉墓　卮） 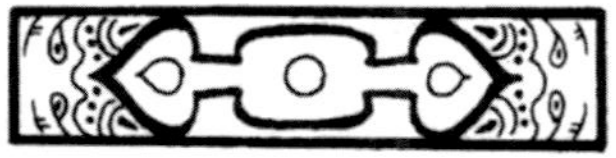 柿蒂纹 （长沙望城风篷岭1号汉墓　盒）	●柿蒂纹是西汉中晚期漆器流行的装饰纹样，为古代寓意纹样。顾名思义如同柿子下部之蒂子一样，四瓣或五瓣。《酉阳杂俎》一书写道：“木中根固，柿为最。俗谓之柿盘。”漆器中樽杯类盖面图案多用柿蒂纹，寓意器物坚固、结实。
	花瓣纹	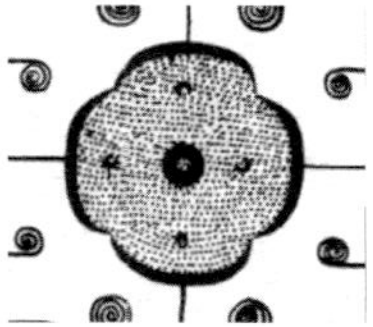 花瓣纹 （长沙仰天湖14号楚墓　耳杯） 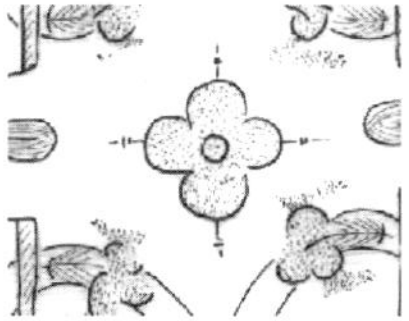 花瓣纹 （长沙“12・29”被盗墓5号汉墓　耳杯）	●花瓣纹是楚汉漆器中常见的纹样。花瓣美丽鲜艳，人见人爱，代表人们对美好生活的向往。花瓣纹一般作正面张开的花朵形，花蕊为圆形，外套四瓣不等花瓣。尤以梅花纹最具代表性，梅能于老干上发新枝，又能御寒开花，故古人用以象征不老不衰。
	草叶纹	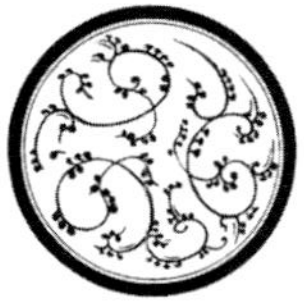 草叶纹 （马王堆1号汉墓　奁）	●草叶纹是西汉漆器装饰纹样之一。纹饰以草叶形纹为主，常见有八叶、四叶不等，并与云气纹相结合。

续表

几何形类纹饰	云纹	 云气纹（马王堆1号汉墓　奁）  云雷纹（长沙浏桥城1号楚墓　几）  勾连云纹（常德德山寨子岭1号楚墓　盒） 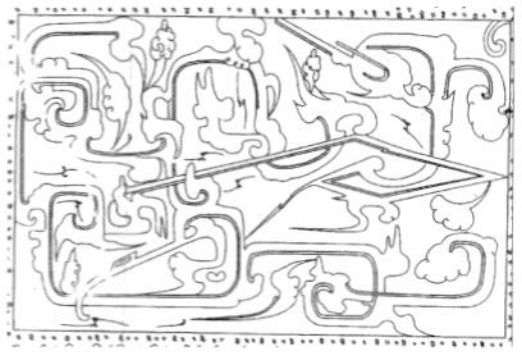 方连云纹（马王堆3号汉墓　屏风）	●云气纹是楚汉漆器主要流行纹饰。云纹和变形云纹在战国中期以后就已流行，到战国晚期，青铜器也采用了流云纹样，究其原因，或许是对天人关系的态度发生转变所致，春秋以前那种“畏天命”的意识渐为“天人相与”（孟子）、“天人合一”（庄子）、“天人相分”（荀子）的观念意识所替代，思想自由开放。加之楚人好鬼神，俊逸飘洒，依附于漆器上的云气加凤鸟纹正好成为楚人浪漫激情抒发的对象。汉初云气纹得到了更大的张扬，汉人好神仙，云气纹中加画各种神兽、神禽和神仙，构成了一种称为“云虚纹”的新装饰纹样，为汉初漆器上的主体纹饰。云气纹还与动物、植物纹等结合成各种抽象的几何装饰纹样。各种云气纹犹如行云流水，具有强大的运动感，流云飞动的装饰成为了这个时期漆器纹饰最明显的标志。归纳起来大致分为：（1）云雷纹，由云纹和雷纹相结合的纹饰，是一种由细或粗线条构成的连续的螺旋形。若螺旋形是圆的，习称云纹。若螺旋形是方的，习称雷纹，它像篆文雷字的局部形状，故而得名。云雷纹在青铜器中出现率很高，漆器上云雷纹主要流行于战国早期，往往与几何形组成图案，楚漆勺、漆俎、漆磬架、漆钟架和漆鼓边上的纹样，饰三角形云雷纹；（2）卷云纹，一种带卷状云头和云尾的纹样；（3）勾连云纹，一种以内外勾连云纹为单位或正反相连、或横纵相连的纹样；（4）方连云纹，一种以连续方折回旋形线条构成的云纹几何图案。

续表

几何形类纹饰	涡纹	 涡纹 （湘乡牛形山1号楚墓　案）  涡纹 （马王堆1号汉墓　具杯盒）	●涡纹主要特征是中心有一圆圈，沿边饰有数条作旋转状的弧线，旧通称涡纹，亦有学者认为，涡纹的形状似太阳之像，是天火，故又称火纹。最早见于二里岗上层期偏早遗址出土青铜斝腹部，商代、西周早期涡纹习见，至春秋战国时期图案在形式上已有变形与简省，楚汉漆器纹样也受此风格影响，主要特点是省略中心圆圈，并与云纹结合组成圆形几何图案，饰于案、几、器盖等看面，十分醒目。
	圆圈纹	 圆圈纹 （临澧九里1号楚墓　案） 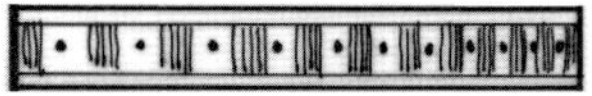 圆圈纹 （马王堆3号汉墓　卮）	●圆圈纹是由一串彼此相连的圆形或球形组成，成一字形、圆弧形或S形排列，有的圆圈中有小点，有的则没有，故亦称“联珠纹”。与后世波斯萨珊王朝沿丝绸之路传入我国的联珠纹极为相似。它是楚汉漆器几何图案的基本形式之一。
	篦点纹	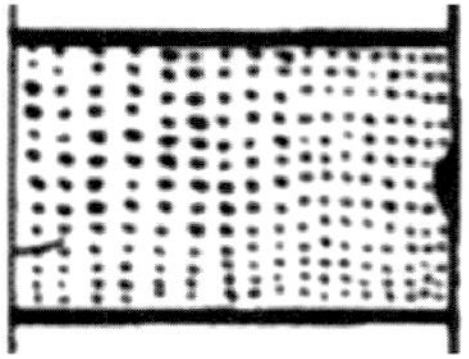 篦点纹 （长沙望城坡西汉渔阳墓　卮）	●篦点纹为楚汉漆器习见的纹样。

续表

几何形类纹饰	璧纹	 璧纹（马王堆1号汉墓　棺）	●璧是中国古代用于祭祀的玉质环状物，凡半径是空半径的三倍的环状玉器称为璧。《尔雅》云："肉倍好谓之璧，好倍肉谓之瑗，肉好若一谓之环。"所谓肉是指边，好是指孔。璧纹常见于西汉漆器装饰纹样之中。
	弦纹	 弦纹（马王堆3号汉墓　鼎）  凸弦纹 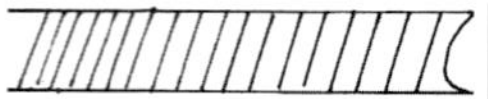 凹弦纹  窄弦纹 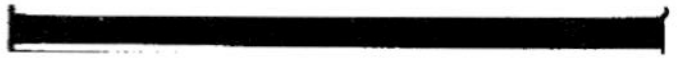 宽弦纹	●弦纹是楚汉漆器最简单的纹饰之一。纹形为凸起或凹入的横线，或一道，或并列的二道、三道不等。有时单独出现，有时作为其他复杂花纹的衬托。弦纹有细、粗之分，两种纹饰有时在一件器物上同时出现，有时弦纹与其他纹饰配合使用。
	绹纹	 绹纹（长沙浏城桥1号楚墓　几）  绹纹	●绹纹即绳纹。《尔雅·释言》："绹，绞也。"注："纠绞绳索。"其形如两条绳相扭结而成，形似绳索。每条绳或两股，或三股四股不等。是新石器时代至商周时期陶器最常见的纹饰，楚汉漆器器口沿、耳、腹、圈足等部位也多饰绹纹。

续表

几何形类纹饰	三角纹	 三角纹 （马王堆3号汉墓　矢箙）	●三角纹是一种两腰略长于底边、仰立似连山形的并列纹饰带，是楚汉漆器几何图案的基本形式之一。
	菱形纹	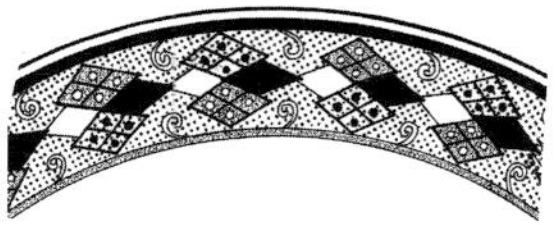 菱形纹 （马王堆1号汉墓　奁）  菱形勾连纹 （马王堆1号汉墓　内棺）	●菱形纹是一种以斜向交叉线条构成左右相连的菱格形纹，往往与圈点纹、云纹等相结合组成各种几何纹样。楚汉漆器中的菱形纹主要饰于器沿、耳面、鼓边等部位，也有饰于器物当面适合纹样中。
	方格纹	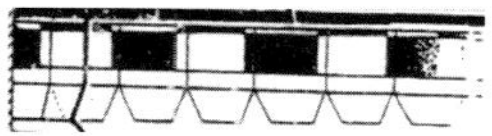 方格纹 （长沙马益顺巷1号楚墓　豆）  方格纹 （长沙望城坡西汉渔阳墓　盒）	●方格纹是所有内角均为直角的平行四边形的图案，是楚汉漆器几何图案的基本形式之一。

续表

<table>
<tr><td rowspan="2">几何形类纹饰</td><td>水波纹</td><td>
水波纹与圈点纹（马王堆2号汉墓　盘）

水波纹与对角曲折纹

水波纹与弦纹</td><td>●水波纹是楚汉漆器中常见的辅助纹样，一般饰在器物口沿等部位。水波纹是一种以折曲的线条组成的状如水波的纹样，并常与圈点纹、对角曲折纹、弦纹等组成几何纹样。</td></tr>
<tr><td>山形太阳纹</td><td>
山形太阳纹（长沙马益顺巷1号楚墓　盒）</td><td>●山形太阳纹所组成的几何纹样不常见于楚汉漆器图案中。</td></tr>
<tr><td colspan="2">人物故事类纹饰</td><td>
狩猎纹（长沙颜家岭乙35号楚墓　樽）

狩猎纹（马王堆3号汉墓　奁）

舞蹈人物纹（长沙砂子塘1号汉墓　奁）

仙人鞠躬纹（马王堆1号汉墓　黑地彩绘棺）</td><td>●人物故事纹在楚漆器中并不多见，如长沙颜家岭乙35号墓出土彩绘狩猎纹漆樽，上部分主要反映猎人勇斗野牛的情景，下部分则绘有老者牵狗、猎犬追鹿、凤鸟飞奔和两鹤啄食等四组图案。此器物象纷然却繁而不乱，但无论人物还是鸟兽构图与同时代青铜器一样，有如剪影一般，没有细部人物表情。至西汉时期漆器人物故事纹，才出现了表现人们丰富多彩社会生活情景的图案，或表现舞蹈人物，或车马出行，无论人物车马都描写得生动逼真、形神备至。</td></tr>
</table>

第三节　从“洀”[①]字铭文看汉代制漆工序

从汉代漆器铭文看，这个时期漆器制作工序比较复杂，一般分为制胎、脱胎、刮漆灰、涂漆、打磨、彩绘装饰和温室干燥等步骤。其工序先从“打底子”开始，一般在涂饰前，采用涂粉填密，起到对木制表面缺陷填孔作用，还起到统一色调作用，保证以后各道工序涂饰质量。接着刮灰，《髹饰录》称“垸漆”，即有瓦片碾磨，与生漆调合成漆灰泥，用角锹刮涂在坯体上，起补平、补缺、补棱角和坚坯的作用。干后用砂纸磨掉棱，古人做法是用面砖进行水磨。有时用生漆下脚料涂刷内部表面，在板料拼缝处和板档合缝处，用生漆夏布满贴，起到防胀裂、防腐和防蛀作用。刮漆灰、磨平之后还要再涂漆，即《髹饰录》所称“糙漆”，汉代谓之匏。《说文·桼部》：“匏，桼垸已，复桼之。”完成这道工序，就可以在上面加装饰花纹了。汉代漆工或

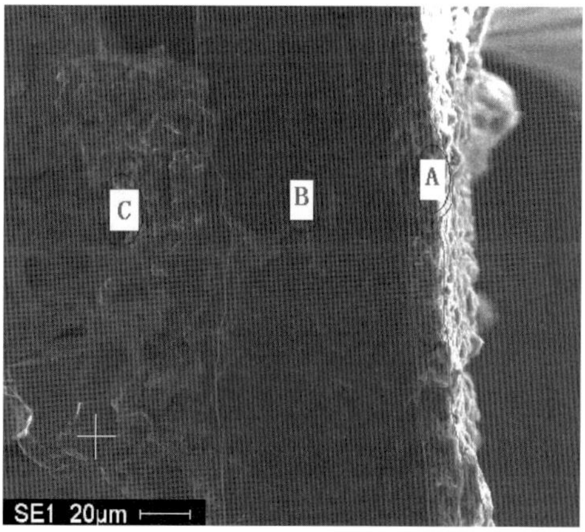

图172　马王堆汉墓漆器制作工艺分析图
（王宜飞：《马王堆汉墓漆器颜料分析测试研究报告》，载《湖南省博物馆馆刊》第六辑，岳麓书社，2010年，第560页）

① 采用陈松长编著、郑曙斌和喻燕姣协编的《马王堆简帛文字编》一书中的“洀”字摹本。

将匏字写作“饱”。马王堆1号墓、3号墓出土漆器均有烙上“成市饱”戳记的。为此，我们特对马王堆汉墓漆器制作工艺进行分析，“从分析图片（图172）可以明显分辨出彩绘层（A区）、漆皮层（B区）、漆灰层（C区），而且可以简单计算出彩绘层的厚度约在15μm，而漆皮层的厚度达80μm，且厚度比较均匀，显示出相对比较成熟的髹漆工艺”[①]。然而，各个时期制漆工艺流程略有不同。后来还有在磨光底子上漆的做法，表面漆摩擦、推之称为推光，传统习惯用物油、“羊肝石”、朴炭磨砺、头发团等擦去磨痕，用手沾些植物油、细瓦灰掺和擦推，直到漆黑如镜，并反复磨光、揩漆三四道，次数越多就越清明光亮。

自20世纪初在朝鲜乐浪汉墓发现“洀”字漆器铭文以来，在境内外不断发现这个字，迄今为止，发现带有“洀”字的汉代漆器铭文和遣策见诸公开报道的有数十处之多。50多年来，许多学者对其释文及相关问题展开了深入的研究，其成果丰硕。近十年来，由于大规模的考古发现，带“洀”字漆器铭文出土数量的不断增加，特别是长沙马王堆汉墓遣策等一批汉简、秦简的相继发现，引起了国内外学者的广泛关注。但从近年来发表的文章看，各家释文与解说颇不相同。因为这个字不单是字形与字义问题，主要涉及汉代的制漆工艺，应该说他们的科研成果对于了解湖南汉代髹漆工艺的发展具有重要的参考价值，从中我们可以看到湖南汉代制漆工序的繁琐和复杂。对“洀”字铭文的研究，可按年代划分为三个阶段（表7）。

①王宜飞：《马王堆汉墓漆器颜料分析测试研究报告》，载《湖南省博物馆馆刊》（第六辑），岳麓书社，2010年。

表7 “洀”字铭文研究年代分期表

<table>
<tr><th colspan="6">一期 20世纪初期至40年代</th></tr>
<tr><th>主要观点</th><th>作者</th><th>篇名</th><th>释读</th><th>刊名</th><th>发表时间</th></tr>
<tr><td rowspan="3">“髹涂朱漆”说</td><td>内藤湖南虎次郎</td><td>《乐浪遗迹出土漆器之铭文》</td><td>从那波利贞释为“彤”，即在漆器上涂朱漆</td><td>［日］《艺文》第十七年第一号</td><td></td></tr>
<tr><td>内藤湖南虎次郎著、容庚译</td><td>《乐浪遗迹出土漆器之铭文》</td><td>释为“彤”</td><td>《北大国学月刊》第一卷第一号</td><td>1926年</td></tr>
<tr><td>容庚</td><td>《乐浪遗迹出土之漆器铭文考》</td><td>释为“彤”</td><td>《北大国学月刊》第一卷第一号</td><td>1926年</td></tr>
<tr><td rowspan="3">“干燥漆膜”说</td><td>原田淑人</td><td>《乐浪出土漆器之铭文中所见之洀工》</td><td>释为“洀”</td><td>《史学杂志》37编8号</td><td>1926年</td></tr>
<tr><td>原田淑人</td><td>《再论乐浪出土漆器之铭文中洀字并牢字》</td><td>释“洀”</td><td>《史学杂志》38编6号</td><td>1927年</td></tr>
<tr><td>原田淑人、田泽金吾</td><td>《乐浪》</td><td>释“洀”，认为是“浣”字之略体，通垸</td><td>东京</td><td>1930年</td></tr>
</table>

续表

“雕工”说	关野贞等	《乐浪郡时代之遗迹》	释“彫”	总督府古迹调查特别报告第四册	1926年
	朝鲜古迹研究会	《乐浪王光墓》	关野贞、小场恒吉主张此字读为“雕”	桑名文星堂	1936年
	原田淑人、田泽金吾	《乐浪》	读为“雕”	东京	1930年
录为“汈”	梅原末治著、刘厚滋译	《汉代漆器纪年铭文集录》	释“汈”	考古学社社刊《考古》第6期	1937年
	梅原末治	《支那汉代纪年铭文漆器图说》	释“汈”	东京	1943年
二期　20世纪50年代					
隶定“汈”	商承祚	《长沙楚漆器图录》	隶定汈为“汈”	中国古典艺术出版社	1957年
“雕工”说	陈直	《两汉经济史料论丛》	释“彫”，主张此字读为“雕”，为雕刻	陕西人民出版社	1958年
“羽觞”说	陈默溪等	《贵州清镇平坝汉墓发掘报告》	释“羽”，为“羽觞”之名的由来	《考古学报》	1959年第1期

续表

录为“汩”	邓之诚	《骨董琐记全编》（原书1933年印行）	释“汩”，无说	北京出版社	1955年
三期　20世纪70年代以后					
“打磨抛光”说	湖南省博物馆、中国科学院考古研究所	《长沙马王堆一号汉墓》（上册）	长沙马王堆一号汉墓简释“㳙”为打磨抛光	文物出版社	1972年
	陈振裕	《云梦西汉墓出土木方初释》	隶定为“洀”	《文物》	1973年第9期
	陈振裕	《云梦大坟头一号汉墓》	同上	《文物资料丛刊》（4）	1981年
	陈振裕、李天虹	《“洀”与“洀工”探析》	释“汧”，即“般”字，指打磨抛光	《于省吾教授百年诞辰纪念文集》	1996年
	王仲殊	《汉代考古学概说》	释㳙，指在漆器上精心刮摩，使其发生光泽	中华书局	1984年

续表

“髹涂朱漆”说	睡虎地秦墓竹简整理小组	《睡虎地秦墓竹简》线装本第一册	注释中说：“‘汧’疑即‘彤’字，指涂红色。”	文物出版社	1977年
	贺润坤	《从云梦秦简〈日书〉看秦国的农业水利等有关状况》	释“汧”，为红色漆	《江汉考古》	1992年第4期
	孙机	《关于汉代漆器的几个问题》	释“汧”，即涂红色	《文物》	2004年第12期
	朱德熙、裘锡圭	《马王堆一号汉墓遣策考释补正》	释为“汧”，却说：“把它读为‘彤’，似乎更合适些，‘彤’即涂红色”	《文史》第十辑	1980年
	沈福文	《中国漆艺美术史》	释为“彤”字，髹涂朱色漆	人民美术出版社	1991年
隶定“汧”包括丹砂加工、调和与涂饰	陆锡兴	《“汧”与有关的秦汉漆器工艺问题》	隶定“汧”是失传的涂丹词的本字。“汧”包括丹砂加工、调和与涂饰这三道工序	《湖南省博物馆馆刊》	2007年第四辑

续表

“漆膜干燥”说	后德俊	《湖北科学技术史稿》	“汧”是指漆器制造过程中的阴干工序，“汧工”则是指将刚髹了漆的器物放入荫室中负责漆膜干燥的工匠	湖北科学技术出版社	1991年
	后德俊	《“汧”及“汧工”初论》	同上	《文物》	1993年第12期
	后德俊	《“汧工”的性质及秦汉漆器制造工序的形成》	同上	《湖南省博物馆馆刊》	2004年第1期
	傅举有	《中国漆器的巅峰时代——汉代漆工艺综论》	隶定作“汧”，“汧工”有可能是将刚髹漆的器物放入荫室中，是负责漆膜干燥的工匠	《中国漆器全集》（3）	1998年
	傅举有	《中国古代漆器研究》	同上	《湖南省博物馆馆刊》	2006年第三期

续表

“罩漆工艺”说	唐兰	《长沙马王堆汉轪侯妻辛追墓出土随葬遣策考释》	释“㳉”为“洀”，即“般”字，洀工即瓟工，即上完灰漆以后，再上一道漆	《文史》	1980年第十辑
	周世荣	《汉代漆器铭文“㳉工”考》	释㳉（渭），㳉即罩漆	《考古》	2004年第1期
	周世荣	《汉代漆器铭文“㳉工”质疑，兼谈马王堆汉墓漆器“髹㳉”的主要特点》	同上	《湖南省博物馆馆刊》	2007年第四辑
	湖南省博物馆、湖南省文物考古研究所	《长沙马王堆二、三号汉墓》第一卷田野考古发掘报告	马王堆三号汉墓简释罩漆	文物出版社	2004年
“锥画工艺”说	何豪亮	《中国漆器全集读后》	“㳉”读成“洵”，是古代一个姓氏，氏族是专攻锥画的，是锥画工种	《文物》	2003年第4期
	何豪亮	《汉代漆器“㳉工”再说》	“㳉工”就是铭文工	《湖南省博物馆馆刊》	2007年第四辑

续表

录为“洀”字，无解	扬州博物馆、邗江县图书馆	《江苏邗江县杨寿乡宝女墩新莽墓》	释“洀”	《文物》	1991年第10期
	李合群、张武军	《杞县清理一座西汉大型木椁墓》	释为“洀”	《中国文物报》	1997年9月14日1版
	扬州博物馆	《江苏邗江县102号汉墓》	释为“洀”	《考古》	2000年第4期
	开封市文物管理处	《河南杞县许村岗一号汉墓发掘简报》	释为“洀”	《考古》	2000年第1期
录为“消”字，无解	湖南省文物考古研究所、永州市芝山区文物管理所	《湖南永州鹞子岭二号西汉墓》	整理者把此字定为“消”，未加解释	《考古》	2001年第4期
录为“洀”，后文释文为“汧”，无解	甘肃省博物馆	《武威磨嘴子三座汉墓发掘简报》	录作“洀”，后文释文为“汧”，未加说明	《文物》	1972年第12期

1．20世纪初期至40年代

20世纪初期至40年代，有一批日本学者大量收集日占朝鲜时发现的乐浪郡汉墓、蒙古诺因乌拉山汉墓以及国内墓葬出土的漆器铭文，著书立说，其中对“洀”字漆器铭文进行释读，出现多种学说。但是这时期的文章大多只是停留在漆器铭文抄录上，没有什么深度的研究。

（1）“汨”字漆器铭文的最早发现

据日本学者梅原末治著《汉代漆器纪年铭文集录》记载：“朝鲜乐浪郡遗址发现纪年漆器事，远在大正五年。时关野贞博士在彼调查，获古器物甚多。并于石岩里九号坟中得居摄三年漆盘，为有铭漆器发现之始。”日本学者关野贞博士曾在朝鲜大同江一带石岩里九号墓发现了二件“居摄三年漆盘”，漆盘上多次出现带“汨”字的铭文，“乘舆髹汨画纻”、“髹汨画纻黄釦果盘”、“汨工丰”等。大正五年即公元1916年，这也是人们最早发现带“汨”字漆器铭文。“至大正十三年秋，平壤府发起乐浪古坟调查时，乃又在石岩里丙坟掘得有铭文漆器若干……翌年，东京帝国大学又发现王盱墓……”[①]越来越多“汨”字漆器铭文的发现，引起了当时国内外许多学者的极大兴趣。

（2）几种主要学说

这个时期有些学者将“汨”字漆器铭文录为“彤”、“雕”、“浣”等字体，大多没有考订。

“髹涂朱漆”说。在所有“汨”字漆器铭文的释读中，内藤和那波的释读是最早的。据梅原末治编《汉代漆器纪年铭文集录》一文记载：“内藤湖南（虎次郎）先生并在《艺文》第十七期第一号发表《乐浪遗迹出土漆器之铭文》一文，为关于漆器铭文之第一篇文字。中国学界方面，当时会汉译此文，亦古漆器发

---

①［日］梅原末治著，刘厚滋译：《汉代漆器纪年铭文集录》，考古学社社刊《考古》第6期，1937年，上海书店，1981年。梅文原载《东方学报》（第5册），京都，1934年。

现史中一段佳话。”此文由容庚译。内藤湖南在《乐浪遗迹出土漆器之铭文》[1]一文中释读此字为“彤”，是漆器上髹涂朱漆。如“彤工将夫”、“彤工尊”，认为“各工中彤工之彤，其释读甚难，然那波文学士（利贞）释之为彤，实为得当，今从之”。容庚先生从其说，也录此字为“彤”，未加考释[2]。

“干燥漆膜”说。原田淑人在《乐浪出土漆器之铭文中所见之涓工》和《再论乐浪出土漆器之铭文中涓字并牢字》[3]文章中，表明他的主要观点，释“涓”字为“涓”，他的这一观点后来又集录在1930年出版的《乐浪》[4]一书中，如他释一件漆杯为“乘舆髹涓木侠纻杯”、“涓工合造”。他主张此字读为“浣”，认为“涓”是“浣”字之略体，通垸。“髹浣”就是干燥漆膜。原田淑人早在1918年任“朝鲜总督府”古迹调查委员以后，在朝鲜各地调查和发掘，在平壤市郊区发掘了汉乐浪郡遗址，开始整理和著录相关发掘资料。

“雕工”说。关野贞在《乐浪郡时代之遗迹》[5]总督府古迹调查特别报告中释“彫”。原田淑人在《乐浪》一书提到关野贞与小场恒吉主张此字读为“雕”，“雕工”是汉代漆器的一个环节[6]。

录为“涓”。日人梅原末治收集了日占朝鲜时发现的乐浪郡

①②［日］内藤湖南虎次郎著，容庚译：《乐浪遗迹出土漆器之铭文》，《北大国学月刊》（第一卷第一号），1926年。

③［日］原田淑人：《乐浪出土漆器之铭文中所见之涓工》，《史学杂志》（37编8号），1926年；原田淑人：《再论乐浪出土漆器之铭文中涓字并牢字》，《史学杂志》（38编6号），1927年。

④⑥［日］原田淑人、田泽金吾：《乐浪》，东京，1930年，第37页。

⑤［日］关野贞等：《乐浪郡时代之遗迹》，总督府古迹调查特别报告第四册，1926年。

汉墓、蒙古诺因乌拉山汉墓以及国内墓葬出土的漆器铭文，他在《汉代漆器纪年铭文集录》[①]一文中集录“始元二年漆耳杯”“洀工将夫”。他在《支那汉代纪年铭文漆器图说》[②]一书中集录1925年王盱墓出土的“建武廿八年漆杯”为“洀工文”等。他所有集录的漆器铭文中，均写成“洀”字，可是他未做进一步的解说，云“洀字因尚需考订，仍旧”[③]。

将此字隶定为“洀”字，对以后影响甚大，相关内容多取这隶定。但以后沿用其释文者则看法各殊。

2. 20世纪50年代

新中国成立以后，科学发掘了一些汉代“𦨶”字铭文漆器，从而引起了更多国内知名学者的关注。有的沿用前人说，并有所发展；有的提出了自己新的观点。

（1）“雕工”说

关野贞和小场恒吉曾释“𦨶”字铭文为“彫”，陈直先生从其说，并主张此字读为“雕”，他在《两汉经济史料论丛》[④]一书中将“𦨶”字铭文写成“雕”：“昭帝始元二年的漆耳杯上，只有髹工、画工、雕工三种名称。到了成帝永光元年，漆耳杯上又添了供工、涂工二名称。到成帝阳朔二年，金铜釦漆扁壶上又添了上工、清工、造工等名称。以后随技术的需要，分工制度更逐渐加强。”显而易见，他认为“𦨶工”即“雕工”，它是汉代制漆工艺中一道重要的工序。

---

①③［日］梅原末治著，刘厚滋译：《汉代漆器纪年铭文集录》，考古学社社刊《考古》第6期，1937年，上海书店，1981年影印本。

②［日］梅原末治：《支那汉代纪年铭文漆器图说》，京都桑名文星堂，1943年。

④陈直：《两汉经济史料论丛》，陕西人民出版社，1958年。

（2）“羽觞”说

贵州清镇平坝汉墓出土6件保存较好的鎏金铜耳纻胎耳杯，其中4件有铭文。陈默溪先生等释“羽”，以为是“羽觞”之名的由来。其铭文为“乘舆髹羽画木黄耳棓”、“乘髹羽画木黄耳棓”、“羽工平”、“羽工万”等。作者释后，认为邓之诚《骨董杂记》所载，如释为“汩”或“汨”，“形象不近，其意尤不可通”。又“照商承祚先生《长沙楚漆器图录》所附资料释文，则释为‘⿰氵月’，但六朝以前古籍和器物铭识均不见此字，不但含义如何，疑莫能明，而且右边为‘月’，形体亦不相类”，他认为“此两种释文，似尚不够确切”。“此字左边三小横画和中竖紧连，不像三点水偏旁；右边也不好确指为‘月’或‘月’字；而中竖垂直，右竖下端向内略弯，汉人‘羽’字却有此种避免两竖复笔的习惯写法”，所以说“它是一个相当明显的‘羽’字整体”，而且就含义说“更可以表明羽觞、羽杯等名称产生的并非偶然”①。

（3）录为“汨”、“⿰氵月”

邓之诚先生在《骨董续记·汉漆署款》②一文中认为朝鲜汉墓所出漆器，署款分工至繁。并录其永始元年、元始三年、元始四年及居摄三年盘、杯等漆器铭文，把⿰氵月字释读为“汨”，无说。

商承祚先生《长沙出土楚漆器图录》所附资料释文，隶定此字为“⿰氵月”③。

---

①贵州省博物馆：《贵州清镇平坝汉墓发掘报告》，《考古学报》1959年第1期。

②邓之诚：《骨董琐记全编》（原书1933年印行），北京出版社，1955年。

③商承祚：《长沙出土楚漆器图录》，中国古典艺术出版社，1957年。

3．20世纪70年代以后

20世纪70年代以后，随着“洀”字漆器铭文、睡虎地秦简和马王堆汉墓遣策等大批新的考古资料相继出土，给研究者们提供了大量的第一手资料。从出土的漆器铭文和遣策所载漆器名称看，“洀”字是非常重要的。甘肃武威磨嘴子62号汉墓出土一件漆耳杯，杯底锥刻铭文：“乘舆髹洀画木黄耳一升十六龠棓。绥和元年，考工工并造。洀工丰、护臣彭、佐臣尹、啬夫臣孝主。守右丞忠、守令臣丰省。”这铭文只有洀工，其他工种名称都省去，可见“洀工”受到特别重视。许多遣策记载漆器名字中，有的特意加上一个“洀”字，如马王堆1号汉墓中出土的50件漆木胎“君幸食”素面耳杯被记为“髹洀幸食杯五十”、出土的一件夹纻胎彩绘漆奁被记为“髹洀食检一合盛稻食”等，这说明“洀”是制漆工艺中一道很重要的工序。

所有这些问题受到越来越多的国内学者的关注，特别是近年来引起了研究简牍学者们的极大兴趣。这个时期的研究向深度和广度发展，更多的学者不但从字形、字义方面进行考释，而且开始关注“洀”字铭文与制漆工艺的关系、“洀”字铭文与礼制的关系等问题，各家参照漆器制造工艺，对此字所指的工序做了多种推测和研究。但是，从近年来发表的文章看，各家释文与解说分歧越来越大，出现了前所未有的百家争鸣局面，其研究成果累累。以下择其主要概述之：

（1）“打磨抛光”说

马王堆1号汉墓整理者较早地提出“洀”字“打磨抛光”说，认为“洀，此字汉代漆器铭文中常见，旧释有‘彤’、‘洀’、‘汨’、‘羽’、‘雕’等，诸说不同。就制造漆器程序而言，似指画花纹后的打磨抛光[1]”。

陈振裕、李天虹先生从其说。作者在《“洀”与“洀工”探析》[2]一文中对不同观点提出异议，认为将“洀工”释为“雕工”者，疑指雕刻，但雕刻系漆器制胎的制法之一，应为“素工”之列，不可能次于画工之后；将“洀”隶定为“汧”即红漆者“是不可靠的，从工种命名原则来说，释‘洀’为‘汧’（红漆）也是讲不通的”；将“洀”隶定为“泪”，并释“泪工”为“阴工”者，不能为人所信服，因为负责将漆器放入荫房干燥的工匠，应是杂工。

该文作者从“洀”字字义和“洀工”在漆器制作工艺中的职责两个方面做了详细论证。作者依据字形分析，确定了“洀”字的隶定，并据文献释其字义为盘绕、盘旋；然后，从漆器刻铭出发，分析了“洀工”在漆器制造工序中的重要位置，并结合考古发现和文献资料，认为“洀工”的职责是琢磨漆器；最后，又据“洀”字的字义来印证“洀工”的职责。

持这种制漆工艺观点的还有王仲殊先生，他在《汉代考古学概说》一书中指出：“‘泪工’可能是指在漆器上精心刮摩，使其发生光泽。”[3]

（2）“髹涂朱漆”说

“髹涂朱漆”说由来久远。其实隶定“汧”字者多认为应读

①湖南省博物馆、中国科学院考古研究所：《长沙马王堆一号汉墓》（上册），文物出版社，1972年。

②陈振裕、李天虹：《“洀”与“洀工”探析》，载《于省吾教授百年诞辰纪念文集》，吉林大学出版社，1996年。

③王仲殊：《汉代考古学概说》，中华书局，1984年。

为“彤”字。此种解说影响最大，赞同者很多，特别是一批研究简牍的学者多释此字为“汧”。

睡虎地秦墓出土竹简《效律》一节中有此字，睡虎地秦墓竹简整理小组定为“汧”，原文：“殳、戟、弩，𩏂汧相易殹（也），勿以为赢，不备，以职（识）耳不当之律论之。”“𩏂汧”解释为“涂黑色涂红色”。注释中说：“‘汧’，疑即‘彤’字，《说文》‘丹’字古文的一种写法也作‘彤’。古书常见‘彤漆’、‘丹漆’，均指红黑两种涂料。”[①]贺润坤先生释其简文大意：“殳、戟、弩等军器，涂黑色和涂红色的调换了，不要认为是超过或不足数的问题，应按标错次第的法律论处。”[②]孙机先生从其说，认为“漆器上‘汧’字右旁之‘丹’，与睡虎地秦简及武威医简中的‘丹’字字形相同，无疑应释‘汧’”[③]。

朱德熙、裘锡圭两位先生在肯定秦简隶定“汧”的基础上，提出了自己的看法，认为秦汉间以“汧”指称丹漆，“‘丹’的本义是丹砂”。“大概古人为了区别丹砂的丹和丹漆的丹，便在指称后者的‘丹’字上增加了‘水’旁，或是假借一个现成的‘汧’字来指称后者”，“‘汧’应该读‘丹’”，却又说：“把它读为‘彤’，似乎更合适些。”并又指出：“释‘汧’为‘彤’的说法虽然在字形上有错误，在音义方面却基本上是正确的。”[④]沈福文先生也说“汧”字实即“彤”字，𩏂

---

①睡虎地秦墓竹简整理小组：《睡虎地秦墓竹简》（线装本第一册），文物出版社，1977年，第25页。

②贺润坤：《从云梦秦简〈日书〉看秦国的农业水利等有关状况》，《江汉考古》1992年第4期。

③孙机：《关于汉代漆器的几个问题》，《文物》2004年第12期。

④朱德熙、裘锡圭：《马王堆一号汉墓遣策考释补正》，载《文史》（第十辑），中华书局，1980年，第69页。

涂朱色漆[①]。

陆锡兴先生基本上赞同对此字的考释，《“汧”与有关的秦汉漆器工艺问题》一文体现了他的新观点。作者从字形问题入手，列举历来有关“洀”字的写法及其误写的原因。以楚简、秦简和汉简为佐证，隶定“汧”是失传的涂丹词的本字。作者又从工艺问题着笔，阐述不同意“雕刻工艺说”、“干燥漆膜说”、“打磨抛光说”、“罩漆工艺说”等观点的理由。认为“汧与漆都是古代漆器的重要工艺，汧包括丹砂加工、调和与涂饰这三项工序”。“汧工”则是专职的匠师。作者还运用了大量文献记载和遣策资料论证“汧”所反映的礼制问题，认为“丹作为一种贵重的物质，在中国有很悠久的使用历史，它的使用反映了当时的礼制”，“汉代的漆器装饰非常复杂，用‘漆汧’、‘漆汧画’等漆器的墓主人身份显赫，属于较高级别的贵族。丹砂，其善者成为臒，在宫殿、车舆、器用的丹饰反映了古代的礼仪制度”[②]。

（3）“漆膜干燥”说

“漆膜干燥”说很早就提出来了，我国的学者发展了这一观点。后德俊先生早在20世纪90年代初就提出“‘洀’是指漆器制造过程中的阴干工序，‘洀工’则是指将刚髹了漆的器物放入荫室中负责漆膜干燥的工匠”[③]。他的主要观点集录在《“洀工”的性质及秦汉漆器制造工序的形成》等文中[④]。

①沈福文：《中国漆艺美术史》，人民美术出版社，1991年，第60页。

②陆锡兴：《“汧”与有关的秦汉漆器工艺问题》，载《湖南省博物馆馆刊》（第四辑），岳麓书社，2007年。

③后德俊：《湖北科学技术史稿》，湖北科学技术出版社，1991年，第172~180页。

④后德俊：《“洀”及“洀工”初论》，《文物》1993年第12期；又后德俊：《“洀工”的性质及秦汉漆器制造工序的形成》，载《湖南省博物馆馆刊》（第一期），《船山学刊》杂志社，2004年。

作者以出土文物的实例证明“汧工”的含义不是指漆器制造工艺中的打磨推光。并以马王堆1号汉墓出土212号竹简上所记载的“髹汧食检一合盛稻谷”油彩绘食奁为例，指出“油成膜之后的硬度比较低，是无法进行对其打磨推光的。油绘的亮度也比较好，根本无需进行打磨推光”。该文还列举了马王堆1号汉墓出土的50件“髹汧幸食杯”（除一件外），均无彩绘花纹，就不存在“画花纹后的打磨抛光”。作者还以云梦大坟头一号汉墓出土的木牍上被记载为“髹汧画……”的漆器为例，指出该墓出土的彩绘漆器均没有发现打磨推光的痕迹。文中以引述秦简《效律》为例，认为如果将“髹”释为涂黑色漆、“汧”释为涂红色漆，无论是髹黑色漆或是红色漆，花费的大漆数量是差不多的，不存在“赢”或“不备”的问题。其释文应为“殳、戟、弩等兵器的髹漆部分，在髹漆过程中，如果将‘髹工’与‘汧工’之间的工作顺序颠倒（相易）了而使产品出现质量问题，不是工匠们贪污了漆料（赢）或漆料不足的原因（不备）造成的，而应以工序（职）不当的法律论处”。

那么，“汧工”到底是一个什么工种呢？作者从大漆的化学成分和化学性质、汧工在汉代漆器制造工序中的排列位置、出土文物上有关“汧”字的写法、古代文献《史记》和《辍耕录》中的记载等方面并结合秦汉漆器制造工序的形成进行了考证，认为“汧”就是指将髹了漆的器物放入荫室内进行干燥这一工序，“汧工”是指将漆器放入荫室内负责漆膜干燥的工匠。

傅举有先生也隶定作“汧”，认为“汧工”有可能是将刚髹漆的器物放入荫室中，是负责漆膜干燥的工匠。作者在《中国漆器的巅峰时代——汉代漆工艺美术综论》。[①]一文中认为“从

① 傅举有：《中国漆器的巅峰时代——汉代漆工艺美术综论》，载《中国漆器全集》（3），福建美术出版社，1998年，第45~46页。

古代文献记载说明荫室对于一件高级漆器来说，是相当重要的，所以，‘汧’这个工序，在漆器工种题名中，是应该有所反映的”。此外，“‘汧’字从水，‘汧’字是由水和月组成，月为阴，不正是指荫室吗？”作者还阐述了荫室对于北方漆器生产的重要性，“因为北方气候干燥，如果不创造一个温度和湿度适合制造漆器的人工环境，漆器就不能很好的生产，即使生产了出来，质量也会大大降低；南方气候较潮湿，因此，有些条件简单的漆器作坊，没有荫室设备，也能选择适合的季节进行生产。所以，汉墓出土的漆器，有的称‘汧’器，而有的又不称‘汧’器，原因大概在此”。

此外，傅举有先生在《中国古代漆器研究》[①]一文中针对有的学者从笔画上提出“‘汧’字不从月”说法提出不同意见，认为“马王堆汉墓帛书遣策中，月字的笔画有多种写法，有弧线的，也有垂直的。在马王堆汉墓帛书竹简中，弧线的‘月’与垂直线的‘月’，只是同一个字的两种写法，而不是两个不同的字”。

（4）“罩漆工艺”说

唐兰先生在《长沙马王堆汉轪侯妻辛追墓出土随葬遣策考释》一文中释“汧”字为“洀”，认为此字即“般”字，“洀”就是《说文》中的“麭”，“洀”和“麭”一声之转，“洀工”是上完灰漆以后，再上一道漆，但其中包含有打磨再上漆之意。该文认为“此字写作羽，有些像羽字，朱德熙、裘锡圭说应从三旁月（或⺝），甚是。容庚曾释为彤是错的”。从出漆器铭文工序看，“洀工是列在画工之后的，如果把洀字释成彤，单指朱

① 傅举有：《中国古代漆器研究》，载《湖南省博物馆馆刊》（第三期），岳麓书社，2006年。

漆，无论在字形上要把左旁移到右旁是很牵强的，就是从漆工艺来说，也是不可通的。洀工就是《说文》所说的‘桼垸已复桼之’的‘髹’。上完糙漆以后，要经过一个时期，让桼干了，经过打磨，才能再上漆，说‘桼垸已’，就是这道‘和灰而髹’的程序已经完成的意思。洀（般）和髹一声之转，洀般皆从舟声，本在幽部，《说文》读如休的髹字和髹都是从𣏟洀的洀这个语言转变而成的，其意说是上完灰漆之后，再上一道漆……从这些工种的次序来看，洀工就髹工无疑”[①]。

周世荣先生同意罩漆工艺说，但隶定字和唐兰先生不同，认为“涓”字从水从“冃”，与“渭”相通，但不从月。“冃”与“月”是两个意义不同的字形，“冃”引申为覆盖之意，而“月”为月亮。“洕工”就是与《髹饰录》“罩明”有关的工种，也就是指罩漆工而言。并“推测这种罩漆工艺的出现，当与加强对朱、黄等色的保护措施与有利于饮食卫生有关”[②]。《长沙马王堆二、三号汉墓》田野考古发掘报告从其说[③]。

（5）“锥画工艺”说

何豪亮先生主此说。他在《〈中国漆器全集〉读后记》[④]一文中认为“**涓**”读成“洵”，是古代一个姓氏，氏族是专攻锥画

①唐兰：《长沙马王堆汉轪侯妻辛追墓出土随葬遣策考释》，载《文史》（第十辑），中华书局，1980年。

②周世荣：《汉代漆器铭文“洕工”考》，《考古》2004年第1期；周世荣：《汉代漆器铭文“洕工”质疑，兼谈马王堆汉墓漆器“髹洕”的主要特点》，载《湖南省博物馆馆刊》（第四辑），岳麓书社，2007年。

③湖南省博物馆、湖南省文物考古研究所、何介钧主编：《长沙马王堆二、三号汉墓》（第一卷田野考古发掘报告），文物出版社，2004年，第64页。

④何豪亮：《〈中国漆器全集〉读后记》，《文物》2003年第4期。

的，是锥画工种。在《古籀汇编》“水部”两处有此字，都与古玺之文意相关联。何先生又在《汉代漆器‘汨工’再说》[①]一文中认为此种说法“没有强调‘汨工’是一个‘铭文工种’是不妥的”。作者以古文献资料和中国造字的方法为佐证再次强调“‘汨’读为‘洵’音为当”，“洵义为诚，‘物勒工名，以考其诚’”。关于“汨工”工种的身份和职责问题，何先生认为皇室、政府对漆器制作者和管理者的要求严格，特别是国营工场生产的漆器必须刻上铭文，不仅工名要刻上，而且管理者的官名也要刻上。有的一批产量三千件，只由“造工”一人是刻不完的，必须设有专门的铭文工——“汨工”铭文车间才能完成，“汨工”就是铭文工。“汨工”有时就是“造工”工场主，即工场的法人代表，要向物主表示“诚然，负责”。

此外，20世纪90年代以后，许多发掘报告多数录为“汨”，如湖南永州鹞子岭2号西汉墓夹纻胎漆盘和漆樽，鎏金铜釦外沿下锥刻铭文，整理者把此字写成“洎”，如“乘舆髹洎”、“洎工忠”、“洎工护”[②]等，录文以外，未加解释。其他地区如甘肃武威磨嘴子62号汉墓出土漆耳杯7件，其中2件夹纻胎在近底有半圈针刻铭文，该文录为“汨”，后释文为“洀”，作者未加说明。[③]如江苏邗江县杨寿乡宝女墩新莽墓出土漆盘录为“乘舆髹汨”[④]。

---

①何豪亮：《汉代漆器“汨工”再说》，载《湖南省博物馆馆刊》（第四辑），岳麓书社，2007年。

②湖南省文物考古研究所、永州市芝山区文物管理所：《湖南永州鹞子岭二号西汉墓》，《考古》2001年第4期。

③甘肃省博物馆：《武威磨嘴子三座汉墓发掘简报》，《文物》1972年第12期。

④扬州博物馆、邗江县图书馆：《江苏邗江县杨寿乡宝女墩新莽墓》，《文物》1991年第10期。

4．结语

秦汉漆器制造工序是在春秋战国时期漆器制造工艺的基础上，伴随着汉代高档漆器的生产而逐渐形成的。湖南西汉墓葬出土漆器上有关素工、休工、上工、黄涂工、画工、洀工、清工、造工的铭文，将我国汉代漆器制造工序完整、清晰地展示出来，深深地吸引着许多专家学者去探寻与研究。然而，有关“洀”字铭文的考订，到底哪种是正确的呢？目前学术界尚无定论，仍处于争鸣的阶段。这种局面的出现，有几个方面的原因：

其一，“洀”字字形问题。

“洀”字如傅举有先生所言“这个字缺乏解释的依据，查遍了古今字典，都找不到这个字”[①]。西汉时期是中国文字转变时期，由篆体的圆转笔画向隶体的方折笔画转变，其书写的自由度很大，再者在漆器或铜釦上刻画文字，难免有滑刀现象，所以隶定的这些字可此可彼，有很大的余地。此外，考古发掘报告在摹写“洀”字铭文时有时不准，或很难看清楚笔画，或转抄有误，从而导致其笔画从未统一。从出土的“洀”字铭文看，其隶定和释读了“涄”、“洴”、“𦐇”、“𦐓”、“䎃”、“泪”、“洀”、“洀”、“涓”、“洕”、“泪”、“㷔”、“洞”、“湄”、“汨”、“羽”、“彫”、“雕”、“浣”、“彤”等不同字体，从而出现多种隶定和考释的争鸣局面。

其二，“洀”字字义问题。

出土“洀”字铭文由于字形隶定不同，各家字义的释读依据就不尽相同，如陆锡兴先生所言“由于字形障碍，诸家的解说都

①傅举有：《中国漆器的巅峰时代——汉代漆工艺美术综论》，载《中国漆器全集》（3），福建美术出版社，1998年，第45~46页。

带有一定的猜测成分”[①]，字义、释读等方面的隶定主要是从字形来考虑，揣摩字形，而得其解，其释读结果当然就会不一样。

其三，“洀”字涉及工艺问题。

研究秦汉时期我国漆器生产工序的形成，必须首先搞清楚“洀”及“洀工”。的确，“洀”与“洀工”涉及漆器制作的工艺问题，为此，各家参照漆器工艺，再加上自己的推测，对此字所指的工艺做了多种设想。但是，有时“人们常常倒过来，由某种工艺来推定它的字形字义，形成了聚讼不休的疑难问题”[②]。

诚然，各家对“洀”字解说分歧很大，但不同学说的争鸣将极大地促进中国髹漆工艺史的研究进程，成为我们研究湖南古代漆工艺史的宝贵财富。

①②陆锡兴：《“洀”与有关的秦汉漆器工艺问题》，载《湖南省博物馆馆刊》（第四辑），岳麓书社，2007年。

第五章　年代演绎　考古寻根

地区发现数以千计的楚汉墓葬和出土的众多漆器，成为湖湘文化早期发展的最好见证，这已成为不争的事实。本章拟在前章全面梳理考古发现、漆器资料、铭文和文献信息基础上，旨在探索漆器考古学意义上的演变轨迹。诚然，本部分不可能审定各个考古学文化的一切资料，而是选取典型墓葬出土的保存完好的且形制差异明显的主要器物，以器形为主，兼论制作工艺和纹饰。通过对器类组合、分期与年代、文字与符号、工艺与纹饰发展序列与规律的分析，勾勒出湖南楚汉漆器的总体发展脉络。

第一节　典型墓葬

20世纪50年代初以来，在全省20多个县市发现了出土漆器的楚汉墓葬，其中有明确层位关系且有漆器出土的湖南楚汉墓葬共计1000多座，累计出土漆器逾万件。我们从中可以选择具有代表性的典型墓葬68座（表1），分为六期十段。

表1　典型墓葬分期表

期别	段别	墓葬	时代	漆、木、竹器主要组合
一期	一段	1986年岳阳县凤形嘴山M1[1]	春秋中期后段至晚期	漆器木胎已残朽，仅存红色痕迹
		2005年岳阳汨罗市司法局建设工地M1[2]	春秋中期后段至晚期	戈柲、剑鞘、木弓
二期	二段	1971年长沙浏城桥M1[3] 第一类	战国早期前段	Ⅰa式俎、Ⅰb式俎、俎5、Ⅰ式案、Ⅰ式几、几、仪仗、木梳2、Ⅰ式瑟、鼓2、鼓槌2、木竽2、戈柲2、车伞、车镳2、形态各异的皮甲片、Ⅰ式镇墓兽、彩绘木雕梅花卧鹿
	三段	1985年长沙留芳岭M3[4] 第二类	战国早期后段	A型Ⅰ式耳杯、耳杯、木梳、木篦、木剑椟、漆竹弓、Ⅱ式镇墓兽
三期	四段	1979年临澧九里M1[5] 第一类	战国中期前段	几座、案、耳杯9、盒2、木梳、木篦、瑟、笙、镇墓兽2、木俑13
	四段	1981临澧九里M4[6] 第一类	战国中期前段	奁2、虎座、镇墓兽、木俑2

①《岳阳县凤形嘴山春秋楚墓》，《湖南省志》第二十八卷《文物志》，湖南出版社，1995年。

②郭胜斌：《岳阳出土三件铭文铜器的相对年代与文化性质兼及高泉山M1墓主的族属》，载《湖南省博物馆馆刊》(第四辑)，岳麓书社，2007年；王立华主编：《长沙馆藏文物精华》，湖南美术出版社，2007年。

③湖南省博物馆：《长沙浏城桥一号墓》，《考古学报》1972年第1期。

④长沙市文物工作队：《长沙留芳岭战国墓发掘简报》，《湖南文物》1986年第一辑。

⑤⑥湖南省博物馆、常德地区文物工作队：《临澧九里楚墓发掘报告》，载《湖南考古辑刊》(第三集)，岳麓书社，1986年。

续表

三期	四段	1980年临澧九里M1[①] 第一类	战国中期前段	俎19、木俎、案、Ⅰ式方形高柄豆、方形高柄豆、B型Ⅰ式高柄耳杯、高柄耳杯3、Ⅰ式盒、五边箱、圆形箱、木梳、编钟架、编磬架、瑟6、鼓3、竽、单虎座、双虎座、虎座凤鸟鼓架、镇墓兽6、木俑13
	四段	1987年慈利石板村M23[②] 第二类	战国中期前段	几、耳杯2、扇柄、瑟、镇墓兽2
	四段	1958年常德德山楚墓M25[③] 第二类	战国中期前段	Ⅱ式几、木剑椟、木俑、A型笭床
	四段	1987年汉寿县株木山乡周家冲M24[④] 第二类	战国中期前段	木匕2、木梳、瑟、鼓槌2、虎座凤鸟鼓架、镇墓兽2、Ⅰ式俑、木俑
	四段	1996年长沙茅亭子M1[⑤] 第一类	战国中期前段	Ⅱ式豆、豆2、Ⅱ式几、夹纻胎耳杯3、耳杯2、盒、梳、篦、瑟、剑椟2、虎座凤鸟架鼓、Ⅲ式镇墓兽

①熊传薪：《湖南临澧九里一号大型楚墓发掘简报》，载《湖南省博物馆馆刊》（第八辑），岳麓书社，2012年；熊传薪：《临澧县发掘一座大型战国木椁墓》，《湖南日报》1980年12月13日；《临澧县九里楚墓》，《湖南省志》第二十八卷《文物志》，湖南出版社，1995年；楚文化研究会编：《楚文化考古大事记》，文物出版社，1984年。

②湖南省文物考古研究所、慈利县文物保护管理研究所：《湖南慈利县石板村战国墓》，《考古学报》1995年第2期。

③湖南省博物馆：《湖南常德德山楚墓发掘报告》，《考古》1963年第9期。

④常德市文物局：《沅水下游楚墓》，文物出版社，2010年。

⑤长沙市文物考古研究所：《长沙市茅亭子楚墓的发掘》，《考古》2003年第4期。

续表

三期	四段	2002年长沙三公里M1① 第一类	战国中期前段	虎座凤鸟鼓架2、镇墓兽
	四段	1975年湘乡牛形山M1② 第一类	战国中期前段	Ⅲ式几、Ⅱ式案、豆16、圆奁盒、方奁盒2、方耳杯30、圆耳杯3、木梳、木篦、虎座凤架鼓、Ⅲ式镇墓兽、镇墓兽、木俑18、笭床
	四段	1976年湘乡牛形山M2③ 第一类	战国中期前段	豆、几、案、勺、奁盒、圆盒、方形耳杯、虎座凤鼓架、镇墓兽、木俑4、笭床
	五段	1957年长沙子弹库M17④ 第一类	战国中期后段	几2、耳杯残件、盒残件、鼓2、鼓槌2、钩2、车棚、木枝条、木翅膀4、镇墓兽座、木俑
	五段	1973年长沙子弹库M1⑤ 第一类	战国中期后段	帛画、木梳、漆片、B型Ⅰ式笭床
	五段	1986年长沙荷花池M1⑥ 第二类	战国中期后段	几、耳杯2、瑟、鼓、鼓槌、钲槌、Ⅰ式剑椟
	五段	1992年长沙马益顺巷M1⑦ 第一类	战国中期后段	案、Ⅱ式俎、漆几（原发掘报告称俎）、Ⅲ式豆、豆3、B型Ⅱ式耳杯、耳杯10、盒2、蛋形杯、木梳、木篦、枕、Ⅱ式瑟、瑟、车舆构件、木剑2、虎座凤架悬鼓、Ⅲ式镇墓兽、木俑2

①长沙市文物考古研究所：《湖南长沙三公里楚墓发掘简报》，《文物》2007年第12期。

②③湖南省博物馆：《湖南湘乡牛形山一、二号大型战国木椁墓》，《文物资料丛刊》1980年第3期；《牛形山1号墓》，《湖南省志》第二十八卷《文物志》，湖南出版社，1995年。

④周世荣、文道义：《57长·子·17号墓清理简报》，《文物》1960年第1期。

⑤湖南省博物馆等：《长沙楚墓》，文物出版社，2000年。

⑥长沙市文物工作队：《长沙市荷花池1号战国木椁墓发掘报告》，载《湖南考古辑刊》（第五集），《求索》增刊，1989年；张一兵：《长沙市荷花池战国木椁墓》，载《中国考古学年鉴》（1987），文物出版社，1988年。

⑦长沙市文物考古研究所：《长沙市马益顺巷一号楚墓》，《考古》2003年第4期。

续表

三期	五段	1952年长沙颜家岭乙M35[①] 第二类	战国中期后段	Ⅰ式樽、杯、木梳2、木剑椟、木俑2
	五段	1953年长沙仰天湖M25[②] 第一类	战国中期后段	木勺2、木梳、残木竽、C型Ⅰ式笭床、木俑8
	五段	1954年长沙左家公山M15[③] 第二类	战国中期后段	A型Ⅱ式耳杯、耳杯3、Ⅰ式奁、盒、木梳、木篦、木矢箙、Ⅱ式剑椟、木俑3、B型Ⅱ式笭床
	五段	1983年常德德山夕阳坡常德棉纺厂工地M2[④] 第二类	战国中期后段	匕3、几、樽、耳杯2、漆盆、木梳、木篦、琴、木俑4
	五段	1999年常德跑马岗M21[⑤] 第二类	战国中期后段	耳杯2、木钫2、木篦、木俑2、镇墓兽
	五段	1992年益羊粮M18[⑥] 第一类	战国中期后段	耳杯6、盒2、勺、樽、奁2、木琴、木俑头3

---

①湖南省博物馆：《长沙楚墓》，《文物参考资料》1957年第7期；湖南省博物馆等：《长沙楚墓》，文物出版社，2000年。

②湖南省文物管理委员会：《长沙出土的三座大型木椁墓》，《考古学报》1957年第1期；湖南省文物管理委员会：《长沙仰天湖第25号木椁墓》，《考古学报》1957年第2期；《长沙仰天湖战国墓发现大批竹简及彩绘木俑、雕刻花板》，《文物参考资料》1954年第3期。

③湖南省文物管理委员会：《长沙出土的三座大型木椁墓》，《考古学报》1957年第1期；《长沙发现保存完整的战国木椁墓》，《文物参考资料》1954年第6期；湖南省文物管理委员会：《长沙左家公山的战国木椁墓》，《文物参考资料》1954年第12期。

④熊传薪：《常德市德山战国木椁墓》，载《中国考古学年鉴》（1984），文物出版社，1984年；常德市文物局：《沅水下游楚墓》，文物出版社，2010年。

⑤常德市文物局：《沅水下游楚墓》，文物出版社，2010年；常德市博物馆：《湖南常德跑马岗战国墓发掘简报》，《江汉考古》2003年第3期。

⑥益阳市文物管理处、益阳市博物馆编著：《益阳楚墓》，文物出版社，2008年。

续表

四期	六段	1951年长沙五里牌M406[①] 第二类	战国晚期前段	夽残片、木梳、漆盾甲2、木俑30、雕花板笭床
	六段	1985年桃源县三元村M1[②] 第二类	战国晚期前段	樽2、耳杯7、盒、壶、夽、木梳、木篦、木俑3、笭床（残破）
	六段	1980年长沙五里牌M3[③] 第二类	战国晚期前段	Ⅱ式夽、耳杯2（有一烙印铭文）、樽2、Ⅰ式虎子、木梳、木篦、木簪、十弦琴、木剑椟、木俑2
	六段	1958年长沙烈士公园M3[④] 第二类	战国晚期前段	Ⅳ式豆、豆、木篦、木俑、木笭床
	七段	1959年长沙柳家大山M33[⑤] 第二类	战国晚期后段至秦	耳杯8、盒、樽、夽、木梳、木篦、木俑7

① 楚文化研究会：《楚文化考古大事记》，文物出版社，1984年；中国科学院考古研究所：《长沙发掘报告》，科学出版社，1957年；湖南省博物馆、湖南省文物考古研究所、长沙市博物馆、长沙市文物考古研究所：《长沙楚墓》，文物出版社，2000年。

② 常德市文物局：《沅水下游楚墓》，文物出版社，2010年；吴铭生：《桃源县三元村战国楚墓》，载《中国考古学年鉴》(1986)，文物出版社，1986年；常德地区文物工作队、桃源县文化局：《桃源三元村一号楚墓》，载《湖南考古辑刊》（第四集），岳麓书社，1987年。

③ 长沙市文物工作队：《长沙市五里牌战国木椁墓》，载《湖南考古辑刊》(第一集)，1982年；湖南省博物馆、湖南省文物考古研究所、长沙市博物馆、长沙市文物考古研究所：《长沙楚墓》，文物出版社，2000年；楚文化研究会：《楚文化考古大事记》，文物出版社，1984年。

④ 高至喜：《长沙烈士公园3号木椁墓清理简报》，《文物》1959年第10期；周世荣：《长沙烈士公园清理的战国墓葬》，《考古简讯》1958年第6期；湖南省博物馆、湖南省文物考古研究所、长沙市博物馆、长沙市文物考古研究所：《长沙楚墓》，文物出版社，2000年。

⑤ 湖南省博物馆：《长沙柳家大山古墓葬清理简报》，《文物》1960年第3期。

续表

四期	七段	1980年益阳地区农机厂M3[①] 第一类	战国晚期后段至秦	耳杯3、木梳、木瑟、木鼓、木杆、木俑6、木飞鸟3、Ⅱ式镇墓兽
	七段	1986年益赫招M26[②] 第三类	战国晚期后段至秦	耳杯4、木梳、木牍
	七段	1977年益赫M111、1981年益农M3[③] 第二类	战国晚期后段至秦	残耳杯、木鼓、双凤鸟座、镇墓兽、木俑
	七段	1954年长沙杨家湾M6[④] 第二类	战国晚期后段至秦	A型Ⅲ式耳杯、B型Ⅲ式耳杯、耳杯18、Ⅱ式樽、樽、奁2、盒2、方壶5、木钫4、木梳、木篦、木槌2、木瑟4、Ⅳ式人面镇墓兽、Ⅱa式男立俑、Ⅱa式持器俑、Ⅱb式吹笛乐俑、Ⅱb式鼓瑟俑、木俑45、A型笭床
	七段	1956年长沙沙湖桥M19[⑤]	战国晚期后段至秦	卮、耳杯4
	七段	1974年长沙黄土岭魏家大堆M1[⑥] 第二类	战国晚期后段至秦	夹纻胎漆圆奁、夹纻胎漆樽、漆耳杯2、木梳、木篦、木俑

①益阳市文物管理处、益阳市博物馆编著：《益阳楚墓》，文物出版社，2008年；益阳地区文物工作队：《益阳羊舞岭战国东汉墓清理简报》，载《湖南考古辑刊》(第二集)，岳麓书社，1984年。

②益阳市文物管理处、益阳市博物馆编著：《益阳楚墓》，文物出版社，2008年。

③《益阳县赫山庙、烂泥湖等地楚墓》，《湖南省志》第二十八卷《文物志》，湖南出版社，1995年。

④湖南省文物管理委员会：《长沙杨家湾M006号墓清理简报》，《文物参考资料》1954年第12期；湖南省文物管理委员会：《长沙出土的三座大型木椁墓》，《考古学报》1957年第1期；湖南省博物馆、湖南省文物考古研究所、长沙市博物馆、长沙市文物考古研究所：《长沙楚墓》，文物出版社，2000年。

⑤湖南省博物馆、湖南省文物考古研究所、长沙市博物馆、长沙市文物考古研究所：《长沙楚墓》，文物出版社，2000年。

⑥湖南省博物馆、湖南省文物考古研究所、长沙市博物馆、长沙市文物考古研究所：《长沙楚墓》，文物出版社，2000年；湖南省博物馆：《湖南长沙黄土岭魏家大堆战国墓》，《文物资料丛刊》1980年第3期。

续表

四期	七段	1986年长沙荷花池M2[①] 第二类	战国晚期后段至秦	耳杯3、残樽、木盒3、木剑椟、木镇墓兽座
	七段	1936年长沙三眼塘楚墓[②]	战国晚期后段至秦	几、耳杯2、壶盖、廿九年樽、木匕首、虎座凤鸟鼓架
	七段	1996年常德德山富昌路M6[③] 第二类	战国晚期后段至秦	樽、耳杯、木梳、木俑8
	七段	1987年常德鼎城灌溪乡地磨山M13[④] 第二类	战国晚期后段至秦	木手杖、木梳、木篦、木俑4
	七段	1999年常德德山寨子岭M1[⑤] 第一类	战国晚期后段至秦	案、夹纻胎"十七年"盒、耳杯、壶、斗、Ⅲ式瑟、木俑67
	七段	2002年龙山里耶麦茶墓地十二区仓库堡M354[⑥] 第三类	战国晚期后段至秦	耳杯残片

---

①湖南省博物馆、湖南省文物考古研究所、长沙市博物馆、长沙市文物考古研究所：《长沙楚墓》，文物出版社，2000年。

②商承祚著：《长沙古物闻见记续记》，中华书局，1996年；楚文化研究会：《楚文化考古大事记》，文物出版社，1984年。

③④常德市文物局：《沅水下游楚墓》，文物出版社，2010年。

⑤常德市文物处：《湖南常德寨子岭一号楚墓》，载《湖南考古2002》(下)，岳麓书社，2004年；周世荣：《〈湖南常德寨子岭一号楚墓〉质疑》，载《楚文化研究论集》（第七集），岳麓书社，2007年；常德市文物局：《沅水下游楚墓》，文物出版社，2010年；杨启乾、李文涓：《常德楚墓出土的两件战国漆器考》，载《湖南省博物馆馆刊》（第四辑），岳麓书社，1997年。

⑥湖南省文物考古研究所编著：《里耶发掘报告》，岳麓书社，2007年。

续表

四期	七段	1978年溆浦马田坪M20[①] 第二类	战国晚期后段至秦	盆2、耳杯8、木俑、几何纹笭床
	七段	1978年、1982年溆浦马田坪楚墓共96座[②] 第二类至第三类	战国晚期后段至秦	豆、耳杯、卮、残木俑
	七段	1964长沙砂子塘居民点M6[③]	战国晚期后段至秦	残木俑20、C型Ⅰ式笭床
	七段	1959年长沙五一路M13[④]	战国晚期后段至秦	漆耳杯残片、木梳、B型Ⅲ式笭床
	七段	1953年长沙仰天湖M14[⑤]	战国晚期后段至秦	夹纻胎漆耳杯、漆盘底、残木梳、B型Ⅳ式笭床、残漆片
	七段	1953年长沙仰天湖M26[⑥]	战国晚期后段至秦	木梳、木戈柄、C型Ⅱ式笭床
	七段	2002年常德德山寨子岭M4[⑦] 第一类	战国晚期后段至秦	Ⅲ式俎、耳杯、木耳杯、樽、奁、木篦、镇墓兽、木俑6
	七段	长沙燕山街M5[⑧] 第二类	战国晚期后段至秦	樽、耳杯、奁、琴、剑、Ⅲ式剑椟、木俑4

①湖南省博物馆：《湖南溆浦战国、西汉墓》，载《文物资料丛刊》(第10集)，文物出版社，1987年。

②《溆浦县马田坪楚墓》，《湖南省志》第二十八卷《文物志》，湖南出版社，1995年。

③④⑤⑥⑧湖南省博物馆、湖南省文物考古研究所、长沙市博物馆、长沙市文物考古研究所：《长沙楚墓》，文物出版社，2000年。

⑦常德市文物局：《沅水下游楚墓》，文物出版社，2010年。

续表

五期	八段	1974年长沙马王堆M2[①] 第五类	西汉早期	壶4、卮4、耳杯14、盘10、奁、六博棋子2、木器架座、叶形饰片
	八段	1993年长沙望城坡西汉渔阳墓[②] 第四类	西汉早期	几3、Ⅲ式长方形奁、银釦双层六子奁、双层七子奁、奁盖4、Ⅲ式具杯盒、圆盒、耳杯2500余件、盘180余件、盆2、匜12、卮170、盂125、木梳、木篦、坐具、黛砚、瑟4、筑3（大中小五弦筑）、博局盘2、骰子（茕）2、木俑118
	八段	1961年长沙砂子塘M1[③] 第四类	西汉早期	案（几？）、耳杯4（有木胎和夹纻胎）、盒残片2、银釦盒1、舞蹈奁、车马奁、木俑2、残木俑8、笭床、彩绘棺
	八段	1973年长沙马王堆M3[④] 第五类	西汉早期	鼎6、案3、Ⅳ式活动几、匕6、钫3、锺2、壶6、Ⅱ式盒、盒9、具杯盒2、勺3、Ⅰ、Ⅱ式卮、卮27、耳杯148、盘68、盂10、匜2、Ⅳ式奁、Ⅴ式锥画狩猎纹奁、奁13、梳3、篦3、屏风、箕、木灯、七弦琴、瑟、筑、竽、竹笛2、小木编钟、小木编磬、博具、矢箙、兵器架、Ⅲd式雕衣俑、木俑105 部分器物上朱书“轪侯家”、“君幸食”、“君幸酒”、“一升”

①④湖南省博物馆、湖南省文物考古研究所编著，何介钧主编：《长沙马王堆二、三号汉墓发掘报告》，文物出版社，2004年。

②长沙市文物考古研究所、长沙简牍博物馆：《湖南长沙望城坡西汉渔阳墓发掘简报》，《文物》2010年第4期；宋少华、李鄂权：《西汉长沙王室墓》，载《中国考古学年鉴》，文物出版社，1994年。

③湖南省博物馆：《长沙砂子塘西汉墓发掘简报》，《文物》1963年第2期。

续表

五期	八段	1972年长沙马王堆M1[①] 第五类	西汉早期	鼎7、匕6、几、Ⅲ式案、案、木杖、钫4、锺2、盒4、卮7、勺2、A型Ⅳ式耳杯、耳杯89、具杯盒、平盘2、食盘10、小盘20、盂6、匜2、食奁、Ⅴ式双层九子奁、单层五子奁、屏风、木梳2、木篦2、Ⅳ式瑟、竽、竽律、筑、木弩、木璧32、木犀角13、木象牙8、Ⅲa式戴冠男俑、Ⅲa式着衣女侍俑、Ⅲb式彩绘立俑、Ⅲc式吹竽俑、Ⅲc式彩绘歌俑、Ⅲe式麻衣小俑、Ⅲe式丝衣小俑、木俑155、椁室、黑地彩绘漆棺、朱地彩绘漆棺
	八段	1999年沅陵虎溪山M1[②] 第五类	西汉早期	匕5、几3、案4、奁15、匜2、扁壶、卮7、耳杯101、盆56、盘60、式盘2、勺、碟、Ⅱ式虎子、琴、瑟、槌4、弩机、兵器架、盾4、跪踞俑22、立俑34
	八段	1978年长沙咸家湖象鼻嘴吴著墓[③] 第四类	西汉早期	案、盒、耳杯、奁、卮、方壶、圆盘4、盘残片、黄肠题凑
	八段	1974年长沙咸家湖曹嫘墓[④] 第四类	西汉早期	金银箔贴花案4、几2、杖2、盘55、耳杯52、杯、九子奁盒、十一子长方形奁盒、卮2、扁壶、匜4、枕、器座3、器柄、架、瑟零件4
	八段	1964年长沙左家塘M1[⑤] 第五类	西汉早期	漆卮盖、漆盒2、小漆盒2

①湖南省博物馆等：《长沙马王堆一号汉墓》，文物出版社，1974年。

②湖南省文物考古研究所等：《沅陵虎溪山一号汉墓发掘简报》，《文物》2003年第1期。

③湖南省博物馆：《长沙象鼻嘴一号西汉墓》，《考古学报》1981年第1期。

④长沙市文化局文物组：《长沙咸家湖西汉曹嫘墓》，《文物》1979年第3期。

⑤《长沙汉墓》，正在整理中。

续表

六期	九段	1951年长沙伍家岭203、401墓①	西汉中期	案、杯、盘、盒、函、木札、木锥、木车模型、木船模型、木俑、残片、金箔贴花
	九段	1963年长沙汤家岭M1②	西汉中期	酒杯6、盘4、奁残、盒（银釦）
	九段	解放初长沙杨家山王后冢③ 第四类	西汉中期	Ⅵ式云龙纹奁盖、有“杨主家盘”铭文的漆器
		2008年长沙“12·29”被盗古墓M5④ 第四类	西汉中期	耳杯111、盘28、剑盒 这批漆木器最大特点是铭文较多，铭文方式可分为漆书、刻画、烙印戳记三大类
	十段	2006年长沙望城风篷岭M1⑤ 第四类	西汉晚期	Ⅴ式豆、豆、盒4、盘3、耳杯18、碗、盆、器盖、足3 在漆盘上发现有朱漆书写的“张姃（或姬）榜盘”，在漆耳杯上发现有朱漆书写的“长沙王后家杯”等铭文
	十段	1984年永州鹞子山西汉刘疆墓⑥ 第五类	西汉晚期	案、几、杯、盘

①中国科学院考古研究所：《长沙发掘报告》，科学出版社，1957年。

②湖南省博物馆：《长沙汤家岭西汉墓清理报告》，《考古》1966年第4期。

③湖南省博物馆资料。陈直：《汉书新证》，中华书局，2008年，第312页。

④长沙市文物考古研究所：《长沙“12·29”古墓葬被盗案移交文物报告》，载《湖南省博物馆馆刊》（第六辑），岳麓书社，2010年；何旭红：《对长沙谷山被盗汉墓漆器铭文的认识》，载《湖南省博物馆馆刊》（第六辑），岳麓书社，2010年。

⑤长沙市文物考古研究所、望城县文物管理局：《湖南望城风篷岭汉墓发掘简报》，《文物》2007年第12期；何佳、黄朴华、何旭红：《望城风篷岭一号汉墓简介》，载《湖南省博物馆馆刊》（第四辑），岳麓书社，2007年；何旭红：《对望城风篷岭汉墓发现铭文的初步认识》，载《湖南省博物馆馆刊》（第五辑），岳麓书社，2009年；何旭红：《湖南望城风篷岭汉墓年代及墓主考》，《文物》2007年第12期。

⑥零陵地区文物工作队：《湖南永州鹞子山西汉刘疆墓》，《考古》1990年第11期。

续表

六期	十段	1992年湖南永州鹞子岭M1① 第六类	西汉晚期	豆柄、残耳杯数件。 实柄豆形器（残）底部朱书铭文“泉陵家官第三河平二年八月工张山彭兄缮”
	十段	1995年湖南永州鹞子岭M2② 第五类	西汉晚期	案6、夹纻胎盘、A型Ⅴ式耳杯、耳杯3、卮2（1件为夹纻胎，另1件为木胎）、Ⅲ式樽、Ⅳ式樽（2件樽夹纻胎）、盒（夹纻胎） 漆器上有锥刻铭文共371字，一漆耳杯铭文72字。漆器来自广汉郡工官和少府工官。
	十段	1975年长沙杨家山M1③	西汉晚期	案、盘14、盒12、奁2、耳杯5、木座、兵器架、残片2
	十段	1978年长沙杨家山M304④ 第六类	西汉晚期	银釦金箔贴花盒（盒内有细长而柔软的白色金属丝，盒上有许多金箔贴花人物，有身着红袍盘坐、猴拳、拂袖起舞、足蹬膺盘杂技者等，飞禽有雁、燕、雀、鸟；走兽有骆驼、虎、豹、鹿、牛、野兔及几何形花纹与卷云纹图案）

①贺刚：《湖南永州鹞子岭一号汉墓的墓主及相关问题》，载《湖南省博物馆四十周年纪念论文集》，湖南教育出版社，1996年。

②湖南省文物考古研究所等：《湖南永州市鹞子岭二号西汉墓》，《考古》2001年第4期。

③《长沙汉墓》，正在整理中。

④湖南省博物馆：《长沙杨家山304号汉墓清理简报》，《考古学集刊》，中国社会科学出版社，1981年。

第二节　漆器类型

典型楚汉墓葬所出土漆器，从使用功能上可分为：生活用具、娱乐用具、车马器、兵器和丧葬用具等。然而，这些器类是当时的总体情况，具体到不同时期、不同规格的墓葬中，情况有所不同。有些品类大小墓葬中均有出土，有些器具只出土于大型高级贵族墓葬之中，且数量、大小、精美程度各不相同。而且战国秦汉各个时期出土漆器情况也不相同，或仿铜礼器，或仿陶礼器，有的品类从无到有，从笨拙到精美，从实用到美用结合，一些漆器种类随时代变迁而演变，或互相影响，或销声匿迹，或流芳后世。本部分不能将全部的器类加以分析，而是选取典型墓葬出土的保存完好且形制差异明显的主要器物，以器形为主，兼顾制作工艺及纹饰进行考述。

一、漆木生活用具

漆器生活用具包括饮食器具、盥洗器具、梳妆用具、文化用具和日常杂具等。饮食用具有盂、杯、盘、豆、具杯盒、耳杯、食案、食奁、樽、鼎、锺、卮、钫、匕、勺、壶等；盥洗器皿有匜、沐盘、盆和桶等；梳妆用具有妆奁、粉盒、镜盒、梳、篦和簪；文化用具有量、尺、算筹和砚等；日常用具有虎子、杖、扇和箕等。且每一品种有不同样式，但有些器具在早期作为礼器使用。下面介绍几种主要生活用具及其演变沿革概况。

1. 碗　是出现时代最早、使用时间最长的食具。至迟在新石器时代就已出现，沿用至今。碗是盛饮食器具，为圆形，口大底小，腹壁有弧度，有矮圈足。碗，古字作“盌”或“椀”，也称“小盂”。而江陵望山2号楚墓竹简作“盌”，释文曰：“《广雅·释器》：‘盩（敦）’与‘椀（盌）’同训为‘盂’……”[①]大约敦与碗形相似之故。《方言》：“盌谓之盂……又曰椀。”[②]《说文解字·皿部》：“盌，小盂也”、“盂，饭器也”[③]。长沙马王堆1号墓遣策201号载“髹画华圩十枚其一盛牛肩郭左九郭足”，“圩”当读为“盂”[④]。可见其功能一致。早期漆盂主要作饮器使用。秦以后，盂的功能和名称发生变化，既可盛水，又可盛粥盛羹。考古资料表明，湖南楚墓中没有发现碗，马王堆汉墓出土的漆盂十分精美，西汉时期漆盂胎质变薄，有木胎、夹纻胎等。口沿多为侈口圆唇，弧形，矮圈足。装饰华丽，均彩绘纹饰，有的在器表腹或口部贴一道银釦装饰。

2. 耳杯　古代用来盛酒或盛羹的器具，外形多为椭圆形，两侧附有双耳。由于其双耳颇似鸟之羽翼，故而古人又称之为“羽觞”。耳杯最早出现于东周，一直沿用至魏晋，湖南战国时期楚人制作的漆耳杯尤为精美。楚人宴饮多以双手捧执耳杯相互敬酒，若能伴以音乐鼓瑟，则宾主更能充分尽兴。《楚辞》曰：“瑶浆蜜勺，实羽觞些。”《礼记·投壶》亦云：“请行觞。”即是举杯劝酒之意。这种儒风雅俗传至东晋王羲之时，演变成饮酒赋诗的“曲水流觞”活动，传为千古佳话。湖南战国楚墓出土的漆耳杯造型上有圆耳、方耳之分，还有带流杯和豆形杯等异形杯。马王堆1号墓出土遣策185、186号上分别记有“幸酒杯十五”，遣策194号上记有“幸食杯一百”，出土漆耳杯上漆书

①湖北省考古研究所：《江陵望山沙塚楚墓》，文物出版社，1996年。

②［清］钱绎撰集：《方言笺疏》（本书是为西汉扬雄《方言》及晋代郭璞《方言注》所做的详注），中华书局，1991年。

③［汉］许慎：《说文解字·皿部》，中华书局影印，1963年，第104页。

④湖南省博物馆等：《长沙马王堆一号墓发掘简报》，文物出版社，1972年。

“君幸酒”或“君幸食”，与遣策所记相互印证。这时期漆耳杯制作更加精美绝伦，胎质有木胎、夹纻胎等，其装饰多种多样，有彩绘、锥画等。圆耳杯和方耳杯主要流行于战国时期，有时出于同一座墓内，说明它们同时并存。但方耳杯在战国晚期就比较少见，而圆耳杯一直延续至汉代，马王堆西汉墓葬中出土了大量圆耳杯，不见方耳杯。方耳杯可能在战国晚期晚段绝迹了。

据器形可分为二型。

A型　圆耳杯。杯口呈椭圆形，弧壁，小平底，耳呈新月形。大部分为木胎，少数为夹纻胎。根据造型、胎质、纹饰的变化可分为5式。

Ⅰ式　长沙留芳岭3号墓，耳面微上翘高于口沿，髹黑漆，耳上和口沿绘彩绘云纹。高6.2、长17.2、宽10厘米。

Ⅱ式　形体较小。器内外髹黑漆，朱绘纹饰。如1954年长沙左家公山M15：13，杯内髹朱漆，用黑漆绘花草纹和凤鸟纹，可见头、眼、嘴、颈和部分身体。高4.7、长15.2、宽10.6厘米（图173）。

Ⅲ式　形体较大，胎质较厚重，弧形壁腹部加深。双耳增大、高出口沿，甚至向外弧。如长沙杨家湾M6：109，器内髹朱漆，口沿、耳部髹黑漆，上绘朱色变形云气纹、花草纹。底部中央打有戳印。高5.9、长18、宽16.4厘米。

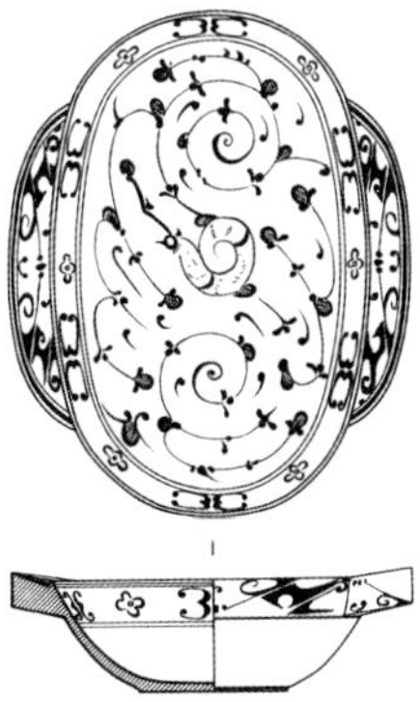

图173　A型Ⅱ式漆耳杯（1954年长沙左家山M15：13）

Ⅳ式　胎质较薄，大小略有不同。如马王堆1号汉墓耳杯依漆书内容分为酒杯和食杯两类。有的杯内均髹红漆，后用黑漆书写“君幸酒”三字。外壁和杯底髹黑漆，光素无纹饰。其中10件在两耳及口沿外部以朱、赭二色绘几何云纹，耳背面朱书“四升”二字。20件杯内黑漆绘卷云纹，口沿外部及两耳上以朱、赭二色绘几何云纹，耳背面朱书“一升”二字。

Ⅴ式 椭圆形，双耳铜釦涂金。如永州鹞子岭M2：77，器内壁髹红漆，器外为黑式底朱彩，沿外及耳下饰勾连卷云纹，器腹绘四对凤鸟纹。器外底边沿皆有锥刻铭文，“元延三年，广汉郡工官造乘舆髹汨画木铜耳黄涂棓，容一升十六籥。素工戎、髹工真、上工护、铜耳黄涂工诩、画工尊、汨工威、清工顺、造工贺造。护工卒史隆、长骏、丞尚、掾商、守令史武主”。长17.1、高5.4厘米。

B型 方耳杯。木胎，弧壁，平底，胎质较厚，器身略作长方形，双耳中部凹进，呈波浪形。可分为3式。

Ⅰ式 临澧九里1号墓出土鸟纹高柄耳杯。

Ⅱ式 杯口椭圆呈尖形，双耳宽大与口沿平齐。如1992年长沙马益顺巷M1：65，内髹朱漆，外髹黑漆，耳部朱绘变形菱形纹。高6.1、长15.7、宽15.6厘米。

Ⅲ式 杯口椭圆呈方形，耳面上翘高出口沿。如1954年杨家湾M6：96，器内髹红漆，口沿、耳部褐黑底上朱饰云纹、变形凤鸟纹、花朵纹和几何图案。底部中央打有戳印。高5、长18、宽15.8厘米。

3. 卮 古代盛酒的杯子，用木片卷屈而成。其形状为圆筒形，上有可进一手指的鋬，有双鋬和单鋬之分。《礼记·玉藻》郑玄注：“圈，屈木所为，谓卮、匜之属。”《说文》：“卮，圜器也。”注：“卮、匜，酒浆器。”早在1964年王振铎先生就对卮作出了正确定名，至1977年在阜阳西汉汝阴侯墓出土的圆筒形漆器自名为“卮”，证实王先生的论断[①]。漆卮主要流行于战国至西汉。湖南战国楚墓中没有发现漆卮。至秦汉时期漆卮制作精美绝伦。长沙马王堆1号墓遣策记“斗卮”、“七升卮”、“二升卮”，有的在器外底红漆书“七升”，有的在器外底红漆书“二升”，说明漆卮有大小区别，或有盖，或无盖。胎质有薄木胎、夹纻胎等，常加釦件加强其牢固性。如马王堆汉墓出土的“髹布小卮”，器身外壁都绘有奔驰于云气之中的怪兽，线条细如游丝，纤细流畅，颇为美观，其盖及耳上均装有涂金的铜环。西汉中期以后还出现了锥画戗金云纹卮，为西汉典型的漆卮造型。

Ⅰ式　马王堆M3：西25，卷木胎，圆唇，直壁，有盖有耳。器内红漆，器表黑漆，朱绘云纹、漩涡纹、几何纹等，器内黑漆书“君幸酒”，外底红漆书“七升”，口径13.8、通高15厘米。

Ⅱ式　马王堆M3：东26，直壁，无盖有耳。器内红漆，器表黑漆朱绘纹饰。器内黑漆书“君幸酒”和烙印文字，外底红漆书“二升”，口径9、通高9.5厘米。

4．樽　为古代酒具。《广雅疏证·释器》：“尊有盖，有足，其面有鼻。”这种筒状造型、一侧置鋬的三足器物，过去学术界一直称之为“奁”或“卮”。直至一件自带“酒樽”铭文的类似器物出土，人们才得知其真实的器名与用途。如山西省右玉县出土了带有自铭的西汉铜樽：“勮阳阴城胡傅铜酒樽，重百廿斤，河平三年造。”[②]。《说文》曰：“尊，酒器也。”段玉裁注曰：由于尊“引申以为尊卑字……自专用为尊卑字，而别制罇为酒尊字矣”。即为了区别尊卑之意，别制樽字，以指酒器。湖

① 王振铎：《论汉代饮食器中的卮和魁》，《文物》1964年第4期。
② 郭勇：《山西省右玉县出土的西汉铜器》，《文物》1963年第11期

南省博物馆曾征集了汉代“尊”字铭文滑石樽（图174）。战国时期，中国古代漆器制作出现了卷木胎新工艺，即用薄木板卷成筒形，在衔接处用漆液黏合、木钉卯接，再装上把手，粘接厚木胎底，既轻巧又牢固。长沙楚墓漆樽采用此法制作而成，反映了南楚地区制漆技术的高超水平。漆樽流行于战国至汉代。分为4式。

Ⅰ式　如长沙颜家岭乙35号墓狩猎纹漆樽，用卷木胎制作而成，无盖，直腹，平底，一侧有能进一指的鋬手。下有三个青铜蹄形足。通体髹黑漆，朱绘纹饰。高12.5、口径11.2厘米（图175）。

Ⅱ式　长沙杨家湾M6：48，木胎。作筒形，平底、直腹，侧有鋬手，三蹄足，盖上立“S”形三纽，皆用铜铸成。底部有较宽的铜箍。器内髹朱漆，外表黑漆朱绘两支昂首挺胸、跨步向前的凤鸟，间隙饰云纹。通高16.3、直径11.6厘米。

Ⅲ式　永州鹞子岭M2：61，夹纻胎。盖顶单环纽，铜釦涂

图174　汉代“尊”字铭文滑石樽
（国红:《战国狩猎纹漆樽及相关问题探讨》，载《楚文化研究论集》第七集，岳麓书社，2007年，第609页）

图175　Ⅰ式樽
（长沙颜家岭乙35号墓出土。北京历史博物馆编：《长沙出土古代漆器图案选集》，人民美术出版社，1954年，第23页）

金。饰有锥刻短线及菱形纹，间锥刻铭文50字，为“乘舆髹𠚤画纻黄涂辟耳三升樽盖。绥和元年考工工宗缮。𠚤工丰、护臣隆、佐臣讲、守啬夫臣谈、掾臣章主、守右丞臣□、令臣□□”。器身为直口桶状，内红外褐，锥刻菱形及羽状纹。器身嵌有成对铜环耳，下部已残。口径9.4厘米。

Ⅳ式　永州鹞子岭M2：79，夹纻胎。直筒形，缺盖，一侧有铜指环形錾手，底部有三蹄形铜足。器身内红外黑，素面。口径11.8、高9.2厘米。

5. 壶　一种容器，其造型有圆壶、扁壶、方壶等。金文中壶作“𡔷”，像有盖、两侧有系和腹部庞大的容器，故壶可以视为长颈容器的统称。壶在先秦时期主要用来盛酒，亦为礼器。《仪礼·聘礼》注曰：“壶，酒尊也。”《公羊传》注曰：“壶，礼器。腹方口圆曰壶。反之曰方壶。有爵饰。”《周礼·秋官》注曰：“壶，酒器也。”承放壶之器为禁，自壶中挹取酒水之器为勺，三者组合又可在祭祀活动中充当成套礼器。古代举行祭祀礼仪时，多用双壶双酒，并附二勺。尊者处尊位，以禁承两壶置显处，一酒一玄酒（从河或井中取出的新水）；卑者处卑位，置两壶皆有酒。玄酒虽不能饮用，但须置于尊位，以示不忘古。故而史籍中有“尊于宾席之东，两壶斯禁”的记载。楚墓中随葬的壶、禁多为青铜器。至秦汉时期，由于酒品种增多，故酒壶器形也各有不同。湖南考古资料表明，至汉代发现了大量的精美漆木圆壶、方壶，纹饰以云气纹为主，装饰手法有锥刻、彩绘和漆画，色彩以红、黑二色为主，并辅以绿、灰等色。如马王堆3号汉墓出土了云气漆圆壶。

6. 锺　《说文》曰：“锺，酒器也。”注曰：“古者此器盖用以宁酒。故大其下小其颈。自锺倾之而入于尊。自尊勺之而入于觯。故量之大者亦曰锺。”与圆形漆壶相似，其功能也相同。如马王堆1号汉墓出土了一件漆锺，有盖，盖上有三个S形纽，口微侈，长颈，大鼓腹，圈足。器内外髹漆彩绘。出土时器内均残存酒类或羹类的沉渣。该墓遣策中说：“髹画橦（锺）一，有盖，盛温（醖）酒。”从文献记载来看，锺又代表一定的容量。《孟子·告子上》赵注：“锺，量器也。”漆锺主要流行于西汉时期，如马王堆3号墓出土漆锺十分精致。

7. 钫 与漆锺争妍斗奇的是漆钫，它的造型方方正正，规规矩矩，所以有人也称它为方壶，其功能与漆锺相同，是盛酒、羹之类的器具。难怪乎《说文》说：“钫，方锺也。”即漆方壶。造型与漆方壶相似，器作方形，长颈，鼓腹，高圈足。只是其方盖为四坡式器盖，上立4个长S形纽。钫是盛酒的青铜礼器之一，中原地区早在商周时期就已流行。但在南楚地区一般到战国晚期才用于随葬，且大多是用陶器仿制，但在长沙杨家湾6号楚墓首次发现了5件木钫。而在楚国中心地区江陵天星观1号楚墓中却出土了战国中期的彩绘漆钫，显系明器，这种漆钫明器在楚墓中也很少见。至西汉时期漆钫成为贵族家庭中日用器具，但随葬的不多，而马王堆3号墓出土了漆钫，所以弥足珍贵。

8. 盒 盛东西的器物。一般较小，大多有盖，与器身子母口扣合。盒形器最发达时期为战国、秦、汉时期，造型千姿百态，有圆形、扁形、长方形、带把形，甚至还有动物造型的漆盒，纹饰仍以凤鸟、龙纹、云气、几何纹为主。这时期的具杯盒很有代表性，形态各异，有椭圆形具杯盒、长方形具杯盒等。

Ⅰ式 临澧九里1号楚墓出土带把弧形盒，整体似琵琶形，子母口套合，外髹黑漆，彩绘绹纹、勾连云纹，内髹红漆，长85.5、最宽19、盒身高12.5、带盖残高19.5厘米。

Ⅱ式　马王堆3号汉墓出土彩绘凤纹漆圆形盒，器盖上有凸棱，便于人们开启。上髹漆彩绘，器表以黑漆为地，用朱漆彩绘图案，盖顶回首顾盼三只凤鸟，为汉代流行的样式之一。

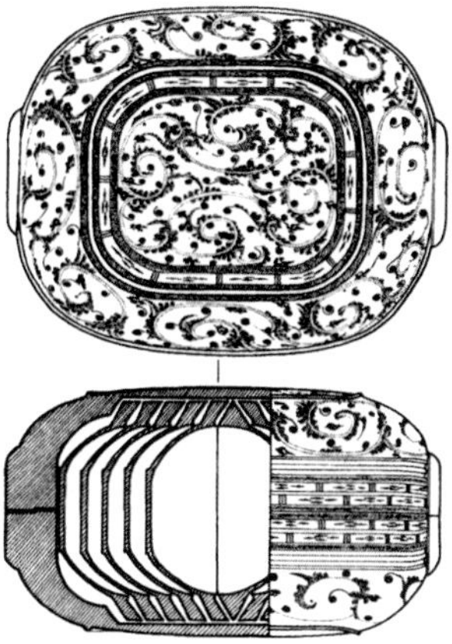

图176　Ⅲ式盒

（长沙望城坡西汉渔阳墓C：184）

Ⅲ式　马王堆1号汉墓出土具杯盒，简196记“髹画具杯检二合”，盒内套装耳杯7件，其中6件顺叠，1件反扣，反扣杯为重沿，两耳断面三角形，恰与6件顺叠杯相扣合，可谓设计奇特，制作精巧。长沙望城坡西汉渔阳墓具杯盒，内盛10个耳杯。外髹黑漆，内髹红漆，朱绘云气纹、水波等。长22.9、宽18.5、高13.3厘米（图176）。

9．鼎　鼎有烹煮肉食、实牲祭祀和宴享等各种用途，这与先秦时期的礼仪活动密切相关。在商周时期，祭祀时盛牲肉的鼎为头等重要的礼器。夏代铸九鼎成为天下共主之象征。鼎被当做“明尊卑，别上下”等级制度和权力的标志。周代有一套完整用鼎制度。鼎常与俎、匕成组使用，人们在祭祀时用匕从鼎中别出牲体，用俎载之。金文中鼎字作，是为象形，进一步写作。先秦时期主要是青铜鼎和陶鼎，战国时期出土了漆鼎，如湖北九连墩楚墓出土了漆升鼎。

经过春秋战国时期社会动荡，传统礼制受到猛烈冲击，至西汉时期用鼎制度已名存实亡，但并不是说汉代鼎已不作为礼器使用，随葬鼎的记载首推马王堆1号墓出土的遣策，马王堆汉墓也出

图177　漆鼎
（长沙马王堆M1：100）

土了精美的漆木鼎。这时期的漆鼎与春秋战国时期青铜鼎和陶鼎形制相近。器体为椭圆球形，下附二蹄足，盖顶中部有环形纽或鎏金铺首衔银环，器口有附耳。马王堆汉墓出土的漆鼎器表内均髹漆彩绘，有两件漆鼎底部朱书“二斗”两字，表明该器的容量（图177）。其中100号鼎内盛有藕片半鼎。此外，还发现了髹漆陶鼎。随着宗法奴隶制社会结构的瓦解和用鼎制度已趋式微，鼎形制亦尚简素，或作为食器使用，用于随葬的漆鼎越来越少见，所谓“器以藏礼”的象征性含义已渐趋消失。

10. 俎　先秦贵族祭祀、宴享时陈载牲体的案形器具，是为礼俎。切肉用俎是庖厨用具。《周礼·内饔》：“王举，则陈其鼎俎，以牲体实之。”注：“取于镬以实鼎，取于鼎以实俎。实鼎曰脀(升)，实俎曰载。”俎与鼎是配合使用。又《国语·周语》：“禘郊之事，则有全烝；王公立饫，则有房烝；亲戚宴飨，则有肴烝。”《诗·鲁颂·閟宫》：“笾豆大房。”毛传：“大房，半体之俎也。”当时以整牛、整羊等载俎祭祀的称全烝；以半体载俎称房烝，俎谓房俎，又谓大房；将牲体解节折载俎则称肴烝，俎谓折俎。礼经上也往往将载牛者称牛俎，载羊者称羊俎，载心舌称肵俎，载肤称特俎。可见因使用场合、祭祖规格和俎实的不同，俎的称谓也有所差异。这类称谓视不同的场合及俎实而定。至于俎的各种形制也有相应的名称，俎有柱形四足、凹形板足等不同形制，楚简称之为“梡俎”和“房俎”，《礼记·明堂位》也有记载。楚墓出土了大量的漆鼎、漆俎和漆豆，这与先秦时期的礼仪活动密切相关，它们是各种祭祀活动中配套使用的重要礼器。俎常与鼎、匕成组使用，人们在祭祀时用匕从鼎中别出牲体，用俎载之，故称“载俎”。豆亦常与鼎、俎组合使用，故而“俎豆之事”常被用作祭祀的代名词。史书记载卫灵公曾向孔子询问军事，孔子答曰：俎豆之事（祭祀礼仪）我听说过；用兵打仗之事我从没学过。说明孔子主张以礼治国，反对军事征战。秦汉以后俎就基本没有出现。湖南楚墓很少出土俎，但长沙浏城桥1号墓出土了7件木俎，十分珍贵。俎分3式。

Ⅰa式　长沙浏城桥1号墓，形体较大，俎面长40.6、宽26、厚2.7厘米。仅见发掘简报上文字，不见图。长方形俎面，两端竖立两块木板，上端似“山”字形，两端有长方形榫眼，可能是安装俎足的，但未见足。这种凹形板足俎楚简称之为“房俎”（因其足似房而得名，并镶嵌石英石等）。《诗·鲁颂·閟宫》：“笾豆大房。”毛传：“大房，半体之俎也。”郑注：“大房，玉饰俎也。其制，足间有横，下有柎，似乎堂后有房然。”

Ⅰb式　长沙浏城桥1号墓，形体甚小，共6件。俎面呈长方形，中部微凹，上面可切肉、放肉，放置平稳。俎面由四只壁形足支撑。这种柱形四足俎楚简称之为“梡俎”，《礼记·明堂位》：“俎，有虞氏以梡。”郑玄注：“梡，断木为四足而已。”俎长15.2~16.3、宽7.4~8.1厘米。

Ⅱ式　长沙马益顺巷M1：69，俎面系用一块整木板雕成，长方形，三面直立沿，呈曲尺状，一面留空。俎两端沿较厚，内侧低于外，截面呈阶梯状。俎底内凹，两端各有3根足撑插入横柎中。器表髹黑漆，沿朱绘勾云纹，内外侧均朱绘变形相背卷云纹。长64、宽22.6、高26厘米。

Ⅲ式 常德德山寨子岭M4∶44，残存一块边板及两端残足。边缘向下弧折。周边红彩绘边框，白彩绘三角折曲纹和菱形纹。长158、残宽9、残高6.5厘米。

11．豆 先秦时期盛放腌菜和肉酱等调味品的器皿。其形状由豆盘、豆柄、豆底组成。《周礼》："醢人，掌四豆之实。朝事之豆，其实韭菹、酖醢、昌本、麋臡、菁菹、鹿臡、茆菹、麇臡。"《诗·生民》："卯盛于豆。"《左传》："豆，荐菹醢也。"菹，就是咸菜、酸菜之类。醢就是肉酱之类。

豆亦为礼器，豆亦常与鼎、俎组合使用。在楚墓中常以奇数鼎和俎表示身份等级，以偶数豆的多寡表示荣华富贵，故而又有"鼎俎奇而笾豆偶"的说法。《周礼·掌客》载："凡诸侯之礼，上公豆四十，侯伯豆三十有二，子男二十有四。"《乡饮酒礼》："乡饮酒之礼……六十者三豆，七十者四豆，八十者五豆，九十者六豆，所以明养老也。"楚墓出土漆豆实物及遣策释文与文献相互印证，十分吻合。河南信阳长台关1号楚墓出土遣策2-020号记"其木器：杯豆三十、杯三十"①。包山2号墓出土无盖木豆4件，遣策记之为"四皇桓"，与"桓"之文献记载为木豆相符合。《说文》释桓："桓，木豆谓之桓。"郑注："释器曰，木豆谓之桓。竹豆谓之笾。瓦豆谓之登。"有关"皇"字之义，《广雅·释诂一》释："皇，美也。"《荀子·大略》："言语之美，穆穆皇皇。"孔疏："皆美大之状。"

① 刘雨：《信阳楚简释文与考释》，载《信阳楚墓》，文物出版社，1986年，第129页。

考古资料表明，豆是漆器中出现最早的品类之一。迄今为止，发现最早的是山西襄汾陶寺新石器时代遗址出土的彩绘高柄豆和朱绘大型豆，其造型较原始古拙。春秋时期至战国早期漆豆仍受青铜器影响。湖南楚墓出土漆豆较少，只出土于大夫一级高级贵族墓葬之中。汉代以后漆豆减少。

Ⅰ式　临澧九里1号墓方形高柄豆，器内髹红漆，外髹黑漆，朱绘卷云纹、三角形纹样组成的几何纹。

Ⅱ式　长沙茅亭子M1：28，仅存器和豆柄。器座与豆柄有方榫相连，呈喇叭形。器座髹黑漆，朱绘弦纹、变形回纹、双弦纹和宽线条垂叶纹。器座直径10、残高15.6厘米。

Ⅲ式　长沙马益顺巷M1：3，浅盘，高柄，呈喇叭口状圈足。盘、柄、足以方形榫卯合。盘内髹朱漆，外髹黑漆，朱绘绹纹、变形蟠螭纹、长条纹、回纹等。口径14.6、柄径3.2、底径10.6、高17.2厘米。

Ⅳ式　长沙烈士公园M3：8，仅存器座，呈喇叭形，黑地朱绘绹纹和弦纹。

Ⅴ式　长沙风篷岭M1：114，柄喇叭形。柄上部及下部髹朱漆，中部髹黑漆。底座满髹黑色底漆。底座近柄处朱绘粗、细弦纹各一道，边缘以一道粗弦纹和两道细弦纹饰边，两组弦纹中部朱绘一周蔓草纹，底面素面无纹。残高14、座高4.2厘米。

12. 匜　主要是盥手注水之器。其器为瓢形，有流，直口，圆唇，平底，流底平坦。《说文》曰："匜，似羹魁。柄中有道。可以注水。"注曰："魁羹枓也。枓勺也。匜之状似羹勺。……道者，路也。其器有勺，可以盛水盛酒。其柄空中，可使勺中水酒自柄中流出。"可见匜既是酒器，又是水器。《左传》有"奉匜沃盥"之语，意思是执匜浇水于手洗沐。《仪礼·公食大夫礼》：“小臣具盘匜，在东堂下。”因为先秦时期举行冠礼、婚礼、燕饮和祭祀等礼仪活动时，均要洗手洁面，称“沃盥之礼”，盘、匜、缶、勺等均属于盥洗之器。由于盥洗之礼是行礼的重要组成部分，故而古文献中有“凡礼盛者必先盥”的说法。沃盥又有一定仪规，在进行礼仪活动时，庭洗均设于台阶东南部，宾主按一定礼节在此洗手，然后才能行礼。有趣的是，古时贵族洗手是用一种巧妙的“活水”缓缓冲洗完成，通常由老少两人在旁辅助。长者先用勺从缶中挹水盛入匜中，再用匜中的清水自上而下为贵族浇手，少者则捧盘承接用过的弃水。这种盘匜并用的洗手流程，说明古人在两千多年前就发明了这种手动的“自来水”洗手方式。所以先秦时期墓葬中，盘、匜常成套出土。汉代对此种洗手方式加以简化，有时匜、盘并不同时出土，但至少在汉初仍沿用这种习俗，如西汉初期马王堆1号墓边箱内就同时出土了漆匜和漆盘，从而说明轪侯家族完全继承了先秦沃盥习俗，洗手同样要二人侍候。

13．盘 承水或其他物体的器皿。盘又作“槃”、“柈”。槃乃本字，柈为后起简体，见《玉篇》。《通考》写作“鎜”。《说文》：“槃，承槃也。承槃者，承水器也。《内则》曰：‘进盥，少者奉槃，长者奉水，请沃盥。’”早期盘多为挖制辅以斫制的木胎漆器，胎质较厚，纹饰多仿制青铜纹饰，战国以后漆盘造型和纹饰逐渐丰富起来，特别是楚墓中出土了许多精美的漆盘，通体髹漆彩绘。汉代漆盘更是精美绝伦，其胎质越来越薄，所以盘口往往饰金铜釦，加髹漆彩绘，光可鉴人。马王堆1号墓遣策202、189、207、188分别记有“膝画沐盘容五斗”、“膝画大盘径三尺一寸一枚”、“膝画平盘径二尺五寸一枚”、“膝画食盘径一尺二寸廿枚”，可以看出汉代漆盘按其功能可分为

“沐盘”、“大盘”、“平盘”及“食盘”等。马王堆1号墓出土平盘2件，食盘10件，小盘20件，盘内多黑漆书“君幸酒”，盘底多漆书容量，出土时有的食盘内还盛有食物。最有特色是3号墓出土6个从小到大叠放的漆盘，其中最大一个盘直径73.5、高13厘米，大漆盘即为遣策所记的“沐盘”。马王堆3号墓出土狸盘也很有特色，汉代漆盘另一个特点是锥刻隶书铭文，多为产地、制作工艺、工匠等内容。

14．奁 一种古代盛放梳妆用品的器具。漆木制，其造型为圆形、方形或多边形。有盖，盖面中部一般稍隆起，与器身子母口扣合。朴素漆奁不分层，豪华的妆奁分为双层，其中装满小奁，内置梳妆用品。内外髹漆彩绘。此奁就是《说文》所称“镜籢”。因奁中所盛之物多属化妆品，故又可叫做妆具。东汉由于避明帝刘庄之讳，改“庄”字为“严”字。因此，“妆具”曾一度称为“严具”。汉也有称方形或长方形奁为匣的，因匣为方形，所以方奁或称为匣。《后汉书·阴皇后纪》：“视太后镜奩中物。”李注：“镜匣也。”这一称谓有时被后世所沿用。考古发掘资料表明，湖南战国时期楚墓出土的漆奁非常精致，惜以保存不好。至汉代，漆奁不论在制作工艺上还是在漆画修饰上或产品数量上，都达到了前所未有水平。造型上有方形、长方形、圆形，有单层、双层或多层之分，子盒有三子、五子、六子、七子、八子和九子等，一般内有椭圆形、长方形、马蹄形小漆盒；其胎质有木胎、夹纻胎等；其装饰有漆画、贴金箔、锥画、嵌金银等。分6式。

Ⅰ式 长沙左家公山15号楚墓出土圆形漆奁，器盖朱绘凤纹，器身绘鸟纹，内置铜镜。高9.5、径21厘米。

Ⅱ式 长沙五里牌3号楚墓，内置铜镜、木梳、篦等物。木胎。内髹红漆，外髹黑漆。器身周围绘波折纹、云纹。盖用黄、褐二色彩绘，顶部为二圈方连纹夹一圈云凤纹，内层为变形龙凤拱珠纹，珠内有一天马腾空。画面布局严谨而富于变化，线条生动有力。高8、径24厘米。

Ⅲ式　长沙望城坡西汉渔阳墓出土长方形漆奁，木胎，盖为盝顶，盒身浅直腹，平底，外髹黑漆，内髹朱漆。盖顶朱绘云气纹，并用墨绿色双勾，盖身斜面与盒身朱绘三角卷云纹。长84、宽50.6、通高14.6厘米。

Ⅳ式　马王堆3号墓出土椭圆奁，卷木胎，内髹红漆，外髹黑漆，光素无纹，底、盖内均黑漆书“君幸食”，盖壁朱书“轪侯”。长径32.5、短径14、通高14厘米。

图178　Ⅵ式云龙纹奁盖
（1936年长沙杨家山王后冢出土。湖南省博物馆编：《湖南汉代漆器图录》，湖南人民出版社，1965年，第17页）

Ⅴ式　马王堆1号墓遣策231号记有“五子检一奁”、遣策230记作“九子曾检一奁”等，“检”即“籢”、“奁”[①]。对照墓中出土的双层九子奁和单层五子奁，制作精致，内置胭脂、铅粉、丝绵扑、铜镜、梳篦等齐全的化妆用品。双层九子漆奁盖和器壁系夹纻胎做成，器表漆上贴金箔，再在上面施油彩。最有特点的是3号墓出土15件漆奁中，圆形双层奁占有5件，长方形双层奁2件，

①［汉］许慎：《说文解字·木部》，中华书局影印，1963年，第125页。

尤以锥画狩猎纹漆奁最为精美。

Ⅵ式 1936年长沙杨家山王后冢出土云龙纹漆奁盖，嵌金银柿蒂纹（图178）。

15．箕 先秦时用箕扬去糠麸或清除垃圾。至汉代也如此。马王堆3号汉墓出土了一件漆箕，髹黑漆，外壁用红色油漆绘几何纹。从汉代出土的漆箕看，当时的箕为斫木而成，器身前部较宽扁平，后为簸斗形。柄短小，位于箕后部，上有小孔用以系环或绳等，便于悬挂。与箕配套使用的是帚，小帚为“帚”，大帚为“篲”。由于箕较矮，所以扫地时须弯腰而扫。先秦时围绕扫地还派生了许多礼俗。《礼记·曲礼》：“凡为长者粪之礼，必加帚于箕上，以袂拘而退，其尘不及长者，以箕自乡而扱之。”粪，即扫地，粪而有“礼”。古代箕多为木制，扫帚多竹梢编制而成，篲又重又长，扫地时两物若各在一手，既不敬，也容易碰到长者身体。“以袂拘”者，一手持帚，另一手伸到扫帚前用长袖口挡住尘土。“退”，指一边后退一边扫。“以袂拘”和“退”，为的是扫起的土“不及长者”。可见粪之礼俗与当时箕之造型有很大的关系。

16．虎子 属亵器（便溺器）类。考古资料表明，目前我国唯一有明确出土地的先秦虎子，1980年出土于长沙五里牌3号楚墓之中。至秦汉以后的墓葬中常见铜、陶、瓷虎子，但漆木虎子极为少见。分2式。

Ⅰ式 长沙五里牌3号墓，该虎子属战国晚期亵器，全器用一块整木雕成，由口部向内将腹镂成空腔。其外形像一只虎，虎身圆浑健壮，昂首匍匐，两目圆睁，张口作吼叫状，臀部圆肥，长尾上翘反卷连接脑后而成一提手。器内外均髹黑漆，器表用朱、褐二色彩绘云凤纹，并突出勾勒眼、耳、臀等部件。此虎子整体雕琢线条浑圆流畅，形态栩栩如生，是一件十分难得的艺术珍品。通长29.3、通高16.5、腔壁厚1.7厘米。

Ⅱ式　汉代漆虎子仍为稀有珍品。沅陵虎溪山MlT：135，木胎。头部残，背上有实心提手，下卷成尾，四方足。器内髹红漆，外髹黑漆。残长26、宽18厘米。

17. 几　一种狭长面、下有足、常设于座侧、以便凭倚或搁置物件的家具。多木制，也有石制。《说文·几部》谓几字的篆文为象形。段注："像其高而上平可倚，有足。"古人有席地起居的习俗，当时的坐姿称之为"跽"，接近于现在的"跪"。由于这种坐姿容易令人疲倦，对于年长者更是如此，故而人们又发明了一种专供坐时凭倚的家具——凭几。这种家具通常设于坐席一侧，供人们伏肘凭倚之用。因为当时老人居则凭几、行则携杖，手杖是年老体弱者借以站立或行走的工具。在先秦史籍中，君主按年龄高下赐给老人"齿杖"，它是古代一种尊老的礼制。所以人们习惯以赐几杖为敬老之礼，史籍当中也常有"几杖"相随的说法，反映了先秦时期人们尊老崇老的社会风尚，长沙浏城桥1号楚墓几杖同出土。据文献记载，先秦时不同的礼仪场合须以五席与五几组合使用。其中五几多以造型、装饰和颜色相区别，包括玉几、雕几、彤几、漆几和素几。说明几的起源也很早。湖南楚墓出土的凭几多方面印证了《周礼》中关于上述五几的记载。凭几在先秦常被视为崇高礼制的化身，因而常被赋予某种神秘的文化内涵与精神力量。分4式。

Ⅰ式　长沙浏城桥M1：1，通体髹黑漆，发亮。几面作长条形，用一块整木雕成。几面浅刻云纹，两端刻兽面，刀法娴熟。下各有圆柱状足六根，四根直立承托几面。见于战国早期。长56、中宽23.8、通高47厘米。

Ⅱ式　常德德山M25：16，通体髹黑漆，有的一侧为直线，一侧略为内凹。见于战国中期。长88、中宽16.4、通高34厘米。

Ⅲ式　湘乡牛形山M1：北1，几面作长方半弧形，两端有三条细长的足，足用弧形木垫相连。几面以黑漆为地，上以棕、红、黄漆绘夔凤相交的纹样两组，四周以三角形云雷纹陪衬，云雷纹中填金色。几足绘夔凤颈首，下饰漆绘三角形云雷纹。整个漆几造型精巧，色彩鲜艳，纹饰秀丽，线条流畅。长81.5、宽19.5、通高38厘米。

Ⅳ式　马王堆M3：北158，升降漆几，活动足，平时收拢起来，正好置于几面的底部，若要将几面抬高时，只需将高足竖起，木栓置于几的背面，主要用来将高足卡挂在几的背面，使矮足着地。简277“髹画木变机一”即指此。长90、宽16.5、通高38厘米。这种几调节使用均很方便，真可谓一物二用，构思巧妙，独具匠心。出现于西汉时期，开后世活动家具之先河。

18．案　一种长方形下有足的承托家具。先秦进陈干果、食物的矮足盘面具。古人进餐往往跪坐于席上，面前摆放的餐桌通常很矮，称之为“案”。古时贵族用餐多采用分食制，即根据宾客身份、地位、官职和年龄不同，每人面前摆放一张独立的案，案上分列成套的餐具，如耳杯、盘、盒等，但供食的内容却各有丰简，这在一定程度上反映了当时的食礼和等级制度。

案又根据不同用途而定为不同名称。食案为进食之承举之器。《周礼·玉人》：“案十有二寸，枣栗十有二列，诸侯纯九，大夫纯五，夫人以劳诸侯。”注：“枣栗实于器乃加于案。聘礼曰，夫人使下大夫劳以二竹簋方，玄被纁里，有盖，其实枣蒸栗择，兼执之以进。”又《急就篇》：“椭杅槃案杯碗。”注：“无足曰盘，有足曰案，所以陈举食也。”出于楚墓的矮足盘面具，信阳楚简谓：“二盛具，其木器：一漆案，□铺首，纯有环。”所记特征与实物正合，并指明其为盛食具。考古发掘证实，在新石器时代遗址中就出土了食案，春秋战国楚墓中出土精美的漆食案，因为楚人居住的南方地区物产丰富，食物构成也非常多样：主食方面多以稻米为主；副食则以畜牧、捕猎和采集品为主，以园圃种植物为辅，其中尤以香料烹制的鱼羹和包裹烤熟的螺蛤为日常菜肴。因而楚国的漆案常用于陈放“果隋蠃蛤”等多种食物。案在先秦是指矮足的盘面食案，陈进干果，汉代也仍以此式为食案，陈置酒食。马王堆1号墓出土漆食案（M1：382），四角附有矮足，高2厘米，出土时案上放置食盘、耳杯、卮和一双竹箸，表明当时贵族宴饮情形。另外，汉画像石中食案上多陈杯、盘，楚国食案的功用大概也不限于仅陈干果。分3式。

Ⅰ式　长沙浏城桥1号墓，长方形，两端各有四个短木柱承托案板，四个木柱插入足之横木。案长44.7、宽27.7、高12厘米。

Ⅱ式　湘乡牛形山M1：22，长方形，浅盘，盘下有四个木质蹄足。案面以黑漆为地，红、黄漆绘漩涡圆圈纹，三排计二十四个图案，四周边饰三角形云雷纹，整个图案花纹整齐朴素。长1.25、宽0.51、通高0.1米。

Ⅲ式　马王堆M1：273，斫木胎。长方形，平底，底部四角附有高仅2厘米的短足。案内髹红、黑漆地各二组，黑漆地上绘红色和灰绿色组成的云纹，红漆上无纹饰。内外壁是几何云纹装饰。底部髹黑漆，无纹饰，红漆书“轪侯家”三字。高5、长76.5、宽46.5厘米。

19．屏风　一种带底座上插屏板活动或不活动的家具。屏风起源很早，不过先秦文献中只言屏，未提到屏风，而称其为“邸”

或“扆”，屏风是西汉时出现的名称。马王堆 1 号墓的遣策中记有“木五菜（彩）画并（屏）风一，长五尺，高三尺”，为明器。屏面为单层直立板式，呈长方形，上髹漆彩绘。正面黑屏上彩绘一条盘舞于云气中的神龙，绿身朱鳞，体态生动自然，屏背朱地上满绘浅绿色菱形几何纹，中心穿系一圆璧，边缘朱绘菱形图案。通高62、屏板长72、宽58、厚2.5厘米。汉以后屏风的使用更加广泛，凡厅堂居室必设屏风。通常为座位后的屏障或大型建筑进门处起遮掩作用，借以显示其高贵和尊严。

二、漆木竹娱乐用具

漆娱乐用具有乐器、舞具和文娱用具等。文娱用具如对弈的博具和围棋等。乐器包括弦乐、管乐器和打击乐器等，弦乐器如瑟、琴、琴线棒、筑和琵琶等；管乐器如笛、篪、竽、竽律、笙和排箫等；打击乐器如木编钟、虎座凤架悬鼓、鼓、鼓槌、钲、钲槌、编磬、钟槌和绕线棒。舞具有彩绘的漆盾等。

1. 博具 为古代娱乐用具。由局、棋、箸或茕（赞）组成，缺一不可，其余如博席子、博囊、博盒、削刀、刮刀等均为辅助用品。有投箸的博，投六箸的博叫六博（大博），还有投二箸的博和投八箸的博。投茕的博，有投一茕的博和投二茕的博。因博法行棋久已失传，不能言其详。但近年傅举有、孙机等先生对博戏的方法进行了详尽的考证。[①]

六博的使用方法，简单扼要地称为“投箸行棋”。《方言》

---

①孙机：《汉代物质文物资料图说》，文物出版社，1991年；傅举有：《中国漆器的巅峰时代——汉代漆工艺综述》，载《中国历史暨文物考古研究》，岳麓书社，1999年。

卷五："篿谓之蔽。"《楚辞·招魂》王注："蔽，篿箸。"一套博具中有六根箸，故名六博。六博依篿箸行名。除箸以外，对博的双方各有六枚棋子，棋子布在博局上。博局又名曲道，曲道是按照栻盘的格式布置的。行棋之前要投箸，箸一般投在方枰上，或投在地上，或席上。投箸行棋双方轮流进行，根据投的结果，决定行棋的步子。

投茕的博，与六博不同之处是没有箸，有茕，另有算筹为六博所没有。长沙马王堆3号汉墓出土了一套迄今为止最完整投茕的博具。其博具装在方形漆盒里，盒内有一博局，六黑棋、六白棋共12枚，筹42枚，直食棋20枚及环刀和削。盒正中有一圆窝，内置博茕。这套博具与《颜氏家训·杂艺篇》所称"比世所行，一茕十二棋"的博具相合。博法两人对局而坐，一方先投茕，茕为18面的球体，其中一面刻"骄"，如投之则可将棋竖起，称为"枭"棋，可食棋，食棋则可以得筹，以行筹多者为胜。

博的发明很早，最迟大约不会晚于商代。首先出现的大概是投箸的博，投茕的博较晚之。而考古发现最早投箸的博是云梦睡虎地秦墓出土的博。投茕的博是长沙马王堆3号汉墓出土的博。汉代是博戏的全盛时代，投箸的博和投茕的博同时并行。《史记·滑稽列传》曰："若乃州闾之会，男女杂坐，行酒稽留，六博投壶。"可见博戏是汉代重要的娱乐项目，考古资料也不乏其例。魏晋后，虽仍有六博之戏，但与秦汉六博已迥然不同，其后衰落，终于失传。

2. 瑟 是我国最早的弹弦乐器之一，为弹散音的乐器，一弦一音，属于较原始的类型。瑟音域宽广，可独奏、合奏和伴奏。演奏时，左右手交替弹拨。先秦时，它除了作为礼乐用于祭祀、宴享等乐舞活动外，还常与琴、笙一起，成为夫妻恩爱、情投意合的象征。《诗经》中对此多有描述，如“窈窕淑女，琴瑟友之”、“琴瑟在御，莫不静好”等。提起瑟人们还会自然联想起“湘灵鼓瑟”的故事和“伏羲氏造瑟”的传说，说明瑟的历史非常久远。在春秋战国时代奏乐鼓瑟风靡一时。西汉时仍很流行。马王堆1号墓出土的瑟为我国现存最早且保存完整的弦乐器。瑟的演奏方法，早期文献无记载，但马王堆1号汉墓黑地彩绘棺鼓瑟图像、汉画像石鼓瑟造型等，为了解汉代瑟的演奏方法提供了实物依据。由此可知汉代常见鼓瑟方法主要为双手并弹，其指法多为扣、弹等动作，所以汉代多称奏瑟为鼓瑟。

过去在长沙战国楚墓出土的瑟有24弦、25弦和26弦，而以25弦居多。其形制与马王堆汉墓出土的瑟相似，均为首尾四岳和四个弦枘，可名之为“四岳四枘式”。这种瑟又常见于东汉出土的明器瑟和汉画像石中。说明东周至两汉时期，瑟的形制基本稳定和统一。至公元4世纪（约公元350年），有一种曲项琵琶通过印度传入我国，在隋唐时期盛行起来，在一定程度上代替了瑟的位置。不过瑟仍在民间流传。至于唐宋以来文献所载和明清宫廷所用的瑟，与先秦两汉瑟的样式更有明显的差异，形制与筝相近，首尾各有一岳，无弦枘，可名之为“二岳”式，具有明显承前启后的继承关系和时代特点。分4式。

Ⅰ式　长沙浏城桥M1：114，24弦瑟。作长方形。瑟面稍隆起，是用整木雕成。瑟中间是空的。瑟面四周髹黑漆，尾端有弦柱四个，上面有六方形冠顶，上刻漩涡纹。弦柱前有三段承弦木，嵌于瑟面内，上有被弦勒过的痕迹。两端各有弦孔24个，24弦的瑟。长103.3、宽42、高10厘米。

Ⅱ式　长沙马益顺巷M1：46、47，26弦瑟。长方形。瑟面板呈弧形，由三块木板分两层黏合而成。上层面板近瑟尾岳处由两块板上、下边搭榫拼合；下层面板与尾端墙板为一整木雕成。瑟盲端横嵌一条岳山，尾端分立四个涡纹瓣形瑟枘，分嵌三段岳山。首、尾岳之间张26弦，瑟弦被尾岳分三组，即外九弦、中八弦和内九弦。瑟长89、宽40.4、高6.4厘米。

Ⅲ式　常德德山寨子岭M1：25，23弦瑟。长方形面板中部略隆起，两端髹黑漆。两侧板及头挡板直立，尾岳后部下弧形成尾挡板。尾岳四弦枘，枘上刻卷云纹。尾岳弦枘内侧等距离错列三个木撑条，紧傍撑条外侧分别有7～8个弦孔，共23个弦孔。瑟长163、宽45、高15厘米。

Ⅳ式　马王堆M1：334，25弦瑟。由瑟面和底板两部分组成。瑟面略作拱形。除首尾两端髹以黑漆外，通体光素。瑟的右侧，横有一条首岳。首岳右边的面板上有25个弦孔。瑟的左侧，有外、中、内三条尾岳，内外尾岳其左有弦孔9个，中尾岳其左有弦孔27个，尾岳左侧有4个涡状花纹弦枘。长116、宽39.5、高10厘米，重775克。

3. 琴　是一种起源较早、使用时期较长的弦乐器，在中国古老的民族乐器中最具有代表性。它利用按弦时变更振动弦分，在同一根弦上奏出不同的音，这在演奏技法上是一大进步。琴音清幽，余音悠远，适用于独奏，不宜合奏，深具东方文化特色。早在先秦时，就受到上至天子，下至平民的普遍喜爱。当时“士无故不撤琴瑟”。我国古代有过不少造诣极高的古琴演奏家，相传春秋时伯牙善弹琴，而钟子期是他的知音，赞叹他弹琴志在高山和流水，这首感人肺腑的古曲就叫《高山流水》。

战国漆琴有七弦琴、十弦琴等。长沙五里牌楚墓均出土琴，尾部断落，尾端用一小块横木略凿一凹槽以承弦，从槽内的弦道勒痕看，应为十弦琴。通体髹漆彩绘，惜已剥落。通长79厘米。

古文献中所谓琴，大都是指七弦琴，这种琴已知最早的实例为马王堆3号汉墓出土的七弦琴，琴弦已不存，琴腹面下有弹奏痕迹，说明它是久经使用的实物。这具琴没有设“徽”。“徽”在先秦文献中不见记载，汉代文献有记载，约至西汉晚期，琴上才普遍装徽。琴徽一般是13个，代表弦音的主要分割点。演奏者用左手据徽按弦，右手拨弦，从而形成了较复杂的指法，因为琴音主要是由按弦决定的，故多称奏琴为抚琴。西汉琴尾与楚琴均用实木，其共鸣效果差，至东汉时期制琴工艺有所提高，共鸣箱已延至琴尾，从而使音量和音色得到改善。

4．竽 是我国古代重要的簧管乐器，起源很早。《韩非子》有“南郭先生吹竽”的故事，记述齐宣王宫廷乐队中竟有300人吹竽，可见竽在先秦非常盛行。竽的外形与笙差不多，它们都是管乐器中最进步的类型。据说古时候大的称为竽，小的称为笙。但过去未见过战国以至秦汉时期竽的实物，马王堆1、3号墓出土的竽为我们了解古代民族乐器的构造提供了实物资料。1号墓竽为明器，3号墓竽为实用器。将明器与实用器相对照可知竽的构造由竽斗、竽嘴和竽管等组成。竽斗是用匏做成的，竽管用细竹管制作，皆布管于匏内。特别是3号墓竽分单管和折叠管两种，各管端装簧，它是用薄竹片削成，利用簧片与管中气柱的共振作用发音。这具竽的簧片是目前发现最早的实物。簧的发明是我国古代在管乐器结构方面的重大贡献。

在发展过程中，竽管数逐渐减少，先秦文献记载有36管，汉代为22~26管，至唐代减至12管。而笙的管数却在逐渐增加，长沙浏城桥1号战国早期楚墓出土的笙斗为10管，汉代13管，晋代已增至19管。所以竽逐渐被笙所取代。

5．竽律 为专门校正音色的定音哨。竽律一器，古代文献失载，顾名思义，竽律当用以调竽，与竽同出是其实证。《韩非子·解老》云："竽也者，五声之长也，故竽先则钟瑟皆随，竽唱则诸乐皆和。"足见东周两汉时期竽在演奏中的重要地位，它既是主要的旋律乐器，又是诸乐的定音标准，为了校正竽音，汉代有了专门的竽律。考古资料表明汉代已有标准的竽律了。长沙马王堆1号墓出土了12根律管，遣策记载其为"竽律"，竹制明器。出土时，管上有墨书的十二律名称。汉代十二律与现代简谱对照，大致相当于从低到高排列音阶。律管装在律衣的12个筒形袋中。这一实物和简文中的有关记载，在我国音乐考古史上都是首次发现。

6. 筑　一种击弦乐器，大头细颈，筑面平直，呈棒状，形似筝，通体髹漆，造型修长典雅。《释名》曰："筑以竹，罗之筑柲之也。"柲，柄也，击奏于其柄上。因为筑在竹胴上张弦而成，以竹尺击弦，故称奏筑为击筑。先秦时期已有筑，主要流行于东方六国。较早只有五根弦，由于弦少，所以奏出的曲子比较单调。至汉代对这种乐器作了改进，《史记·高祖本纪》正义引应劭曰筑"状似瑟"，可见其外形与瑟靠近。考古发现长沙马王堆3号汉墓中出土了筑的明器，1号墓黑地彩绘棺出现过击筑的造型。长沙望城坡西汉王室墓中则出土了一件实用筑。筑在汉代非常流行，相传汉高祖刘邦曾自己击筑伴奏，演唱著名的《大风歌》。但这种乐器当时并未纳入宫廷乐队，以后逐渐失传。

7. 虎座凤架悬鼓　一种最具楚民族特点的打击乐器。由双虎、双凤、一鼓三部分组成。这种悬鼓广泛用于祭祀、宴享和战争。它以两卧虎为鼓座，两凤鸟为鼓架，将鼓悬挂在两凤之上，悬空敲击演奏。虎、凤全身均涂黑漆，用红、黄、蓝或金等色粉彩绘虎斑纹和凤的羽毛纹。鼓面用红彩绘花瓣纹、卷云纹和凰首

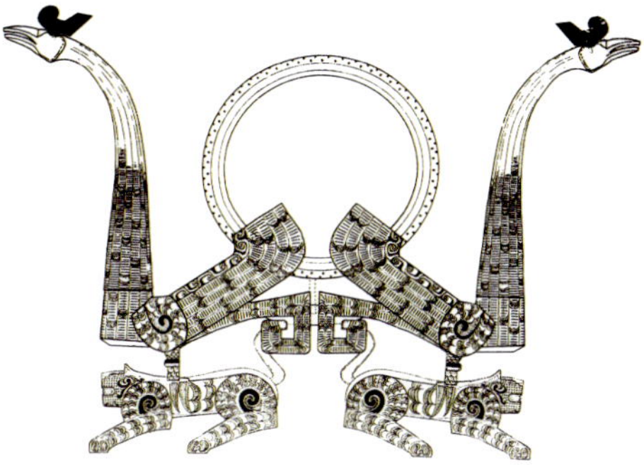

图179 虎座凤架悬鼓
（长沙马益顺巷M1）

纹等纹饰，鼓边绘斜三角云纹等几何纹饰。它造型别致典雅，设计巧妙，融实用性和艺术性于一体，表现出楚人绝妙的想象力和高超的艺术表现力，是楚乐器中富有代表性的典型打击乐器。楚国向有崇凤传统，在楚人心目中，凤鸟为至高无上的神鸟，百兽之王的猛虎也只能蜷卧在凤鸟脚下。这类悬鼓仅见于湖南战国楚墓。湖南战国早、晚期楚墓没有发现虎座凤架悬鼓，主要出于战国中期大夫一级贵族墓葬中，临澧九里1号墓、常德汉寿周家冲24号墓、长沙茅亭子1号墓、长沙三公里1号墓、长沙马益顺巷1号墓等墓葬都出土了虎座凤架悬鼓（图179）。

8．木编钟和小木编磬 是成套的打击乐器，主要用于祭祀、宴享和娱乐。它由大小不同的铜钟，按照音调的高低，悬挂在一个巨大的钟架上，用木槌分别敲打，使之发出不同乐音。先秦至两汉时期，以铜编钟、石玉编磬为主体乐器的“金声玉振”是最庄严、隆重的音乐礼仪，在重大祭祀、朝聘、宴享活动中不可缺少，是等级和权力的象征。仅限上层贵族使用，大型实用编钟见于战国早期曾侯大墓之中，由铜木结构的钟架、青铜铸制的钟、挂钟铜构件、演奏工具等组成。这种大型钟在楚墓中少见，更多的是木制明器，湖南战国楚墓没有发现木编钟明器，但马王堆3号汉墓发现小木编钟明器一套10件，小木锤2件，由横梁、立柱、方座和木编钟组成。

梁侧面钻有圆孔，用竹钉把木编钟插挂在钟架上。木编钟依大小次第排列。马王堆3号汉墓发现小木编磬一套10件。

三、漆木车马器及兵器

湖南楚汉墓出土的车马器、兵器很多部件都髹漆彩绘，十分精致。

1．车马器　车器是构成车辆的基本器件。我国的造车技术在商代就已相当成熟。一辆车的制造从高设计、选料一箭双雕加工、合成，每个环节都有着明确的分工。西周时期形成严格制度。从考古发现看，春秋以前的车形体通常较小，车厢狭窄，只装独辕，即“独辀”，战国时出现双辕车。从战国、汉代墓出土的车马器看，其车厢、车伞盖、车舆髹漆彩绘，十分精美。随着车制的不断改进，构成车的各个部件也有不同程度的变化，在机动车出现以前，车马器是人们生活和战争中重要的交通工具。《周礼·冬官·考工记》特将“轮人”、“舆人”、“辀人”着于篇首，可见其重要。但是湖南战国楚墓出土车马器保存不好，仅见其构件，如长沙浏城桥1号墓出土了车辕、伞帽、车伞盖弓等车马器。

2．戈、戟柲　戈为击刺勾啄长兵器，由铜制的戈头、木或竹柲、柲上端的柲冒和下端的铜镈四部分构成。戈的柲为前扁后圆，便于握持。戈头的刃部称“援”；援末转折而下的部分称“胡”；嵌入木柲的部分称“内”；援末和胡上穿绳缠柲的小孔称“穿”。戟为戈、矛合体兵器，具有勾刺双重作用。一般将分制的戈和矛联装在木柄或积竹筒上，使直刺有力，横钩不易脱落。戟柄名柲，横断面为杏仁形，便于作战时把握戟的方向。春秋时，出现了积竹制的柲，即以有棱木棒为芯，外用青皮竹篾与木棒平行地包裹住，以丝线缠紧，再涂漆使其光亮平滑。积竹柄比单纯的木柄更坚韧而有弹性。如长沙浏城桥1号墓出土2件积竹长柄、7件戈柄，断面均前窄（缠胡处）后圆。柄身都髹黑漆，长短不一，有短柄、积竹长柄、长柄和竹节形柄四种。

3．漆弓　是出现时代最早、使用时间最长的远射兵器。至迟在旧石器时代就已出现，一直沿用到清代。商代出现了以两片材料制成的合体弓，其射程较远。西周时期也用合体弓。春秋以后发展成为复合弓，其材料和结构在《考工记·弓人》有记载，是用干、角、筋、胶、丝、漆六种材料制作而成，各种材料按不同季节伐取，选用有严格的标准。考古发掘湖南楚汉墓所出弓较多，这时期弓有木制，也用竹片叠合的，外缠胶质薄片，再用蚕丝绕紧，表面涂漆。如长沙留芳岭M3：4，漆弓由三块竹片叠合而成。先用两块竹片以较薄的两端上下相叠，再在相叠处加上一块竹片，后用丝线缠紧髹漆。弦长120厘米。

4．弩机　弩在春秋战国时期是一种新出现的武器，属远射兵器。弩是我国兵器史上最古老的瞄准机动装置，以弓为基础，加木质箭槽托和击发铜弩机发展而来，通过射出的利箭杀伤敌人。《释名·释兵》：“弩，怒也。有势怒也。”《吴越春秋》记载楚箭师琴氏发明了弩机。目前所见到的战国弩机都无廓，而在马王堆2号汉墓中所出秦时错金弩机已有廓，但在杠杆原理、构造、大小等方面与楚的弩机无异。到西汉时弩机多已有廓，弩臂也加大加长，弩臂后部还包以铜片加固，弓也更加粗大，自然张力更大。马王堆3号汉墓中的弩后部是用角质包镶代替铜，M3：南160，弩臂木制，两侧锥刻云纹，髹黑漆。前部承弓处呈抓手状，后部安弩机处包牛角片，并有锯齿状纹，可能表示原来是用铜包镶的，一方面为了加固，另方面可作装饰。通长68、高8.9、宽4厘米。

5．剑鞘、剑椟　古代近战时使用的一种劈刺兵器。剑还可作佩饰，炫耀身份，或提防不测以自卫。周时重剑，平时服用，但不能露刃佩带，必须插置于鞘中，方可随身佩饰，而剑鞘多髹漆。至于收藏时，除插置鞘中以外，还须储藏于剑椟之中。《礼记・少仪》："剑则启椟，盖袭之，加夫襓与剑焉。"郑注："椟，谓剑函也。袭，却合之。"岳阳汨罗市司法局建设工地M1：4出土了春秋晚期的剑和剑鞘。剑椟整体呈长方匣形，分盖和匣体两部分，木制，分3式。

Ⅰ式　长沙荷花池M1：26，盖微鼓，花纹带中有凹弦纹10道，中有方形座及半月形穿纽。盒盖两端与盒身中间部分花纹为云点纹，中部九行云纹首尾相对，中间一行即为盒中线与穿纽中线位置。从中线两侧分开，便组成盒两端同样花纹。内置带鞘铜剑一把。通高8.6、长61、宽9厘米。

Ⅱ式　长沙左家公山M15：29，椟盖中部微鼓，左右两边刻有凹弦纹，椟盒内出土木剑和盒1套。出土时用丝带封口，是古代射击武器的全副装备。剑全长35、柄宽4.5厘米。

Ⅲ式　1件。长沙燕山街M5：28，椟盖隆起。上无纹饰。高6.5、长70、宽6.9厘米。

6．漆盾　古代战争中使用的防御装备。自新石器时代晚期起，使用了几千年。由于重量问题，历代盾牌以藤、木或皮盾为主。与戈、戟、剑等兵器配合使用。楚国实战用的盾以皮革制成，可防止箭、矛和剑的伤害；用赭、黄色漆绘出生动的龙凤纹和云纹，表面涂漆可防潮腐。湖南楚墓还出土了一种造型纤巧细致的盾，可能是用于乐舞的舞具。《诗经・邶风・简兮》"方将万舞"，"万舞"是一种模拟作战的舞蹈，常用盾、戚、戈为舞器。如长沙五里牌406号墓出土龙凤纹错银饰革制漆盾，器形整体

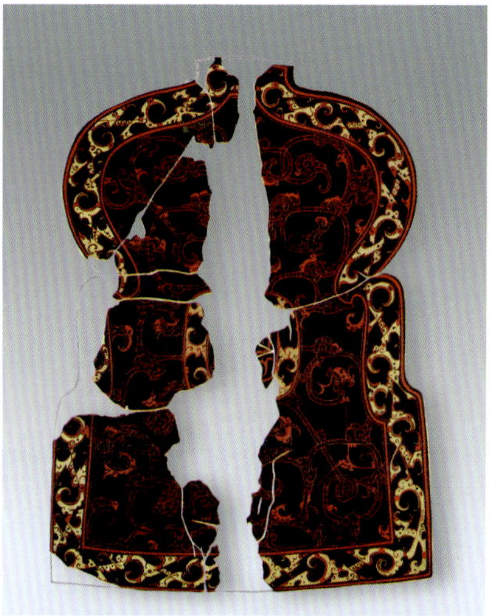

图180　漆盾甲

（1951年长沙五里牌406号墓出土。中国科学院考古研究所编：《长沙发掘报告》，科学出版社，1957年，前彩插页）

略似葫芦形，中脊稍起有棱，并附有嵌镶的铜盾鼻，两端错银铜饰。内面应有把手，上附有嵌银装饰。整器用双层牛葺合制而成，内外两面均施黑漆，中心纹饰用红漆绘云纹及变形鸟纹，周边饰以红、黄色绘出近似卷云纹的变形龙纹等，构成了流云飞动龙凤飞舞的生动图案。该盾黑底上用红、黄彩绘龙凤纹饰，色彩对比强烈，并辅以嵌银装饰，更加绚丽多彩。所绘纹饰构思精巧，龙纹凤纹夸张抽象与云纹萦回连贯，具有一种飞动流韵之美，反映了南楚人高超的髹漆工艺水平。长64.5、宽45.5、厚0.7厘米（图180）。

7. 皮甲胄　古代军队中用来保护身体和头的防护装备。由身甲、甲袖、甲裙和头胄组成。古人称制甲的人为“函人”，《考工记·函人》记载了制甲方法：先将皮革加工成小甲片，经模压后涂漆，再用丝绳连成形制各异、用途不一的甲。身甲和甲裙均在一侧开口，便于穿着，再用丝带结扣系合。袖甲甲片较小，从下到上层层反压，以便臂部活动。头胄为固定式编联，左右两侧向下延伸形成护耳，以保护两颊。楚甲常用犀牛、鲨鱼等皮革制成，上施彩绘。皮甲胄常见于湖南高级贵族楚墓之中，如长沙浏城桥M1：8，根据皮甲片的不同形状可分为长方形、正方形、璜形、镰形、枕形、弯角形、尖角形等。上均有孔，直径0.4~0.6厘米。

四、漆木丧葬用具

漆木丧葬用具包括黄肠题凑、椁室、棺具、笭床、镇墓兽、梅花鹿、鹿角虎座飞鸟、木俑、木璧、木犀角、木牌、纪年木牍等。

1. 黄肠题凑 是古代的一种葬制，但文献记载不详，国内学者俞伟超、孙机、单先进、高崇文等先生对此进行了翔实的考证[①]。

黄肠题凑的基本结构大约由棺（梓宫）、内椁和棺室（便房）、外藏椁、短柏木枋堆叠垒之墓壁（黄肠题凑）等部分组成。它既有加固外墙椁的作用，而在《周礼》、《礼记》等先秦文献中还强调其为“天子之制”的一种礼制。

黄肠题凑，《汉书·霍光传》苏林注曰：“以柏木黄心致累棺外，故曰黄肠。木头皆内向，故曰题凑。”即指在墓室中增加一层以顶端向内的短柏木枋垒成的墓壁的一种葬具。其木枋有相对的规格，长度约三至六汉尺，即0.7～1.4米，断面约为1平方尺，即23.1×23.1（平方厘米）。外藏椁，即外回廊和墓坑内外的一些盛有车、马、牛、羊、奴婢、炊具等的土坑或木椁及其他葬具，皆称为“外藏椁”。也可以说外藏椁是地下放置礼、乐、酒、兵、车等的库房。外藏椁的多少是墓主拥有财产多寡的标志。便房，即内椁和棺房的总称，是汉代“黄肠题凑”葬制中重

---

①单先进：《西汉“黄肠题凑”葬制初探》，载《中国考古学会第三次年会论文集》，文物出版社，1984年；俞伟超：《汉代诸侯王与列侯墓葬的形制分析》，载《先秦两汉考古学论集》，文物出版社，1985年；黄展岳：《汉代诸侯王墓论述》，《考古学报》1998年第1期；刘振东：《题凑与黄肠题凑》，载《新世纪的考古学——王仲殊先生八十华诞纪念论文集》，科学出版社，2005年；高崇文：《西汉“黄肠题凑”葬制再研究》，《文物研究》2008年第10期。

要的组成部分。是安置套棺的地方，即安置“梓宫”之处。不但用于盛柩，而且还可以给死者后人做礼拜。梓宫，从文献上看，凡是用梓木做成的棺木就称为梓宫或梓棺。只有天子的梓器才能称“梓宫”，天子最亲信的大臣才能受赐“梓宫”，其他的人，就只能用一般棺木。梓宫为汉代最高的礼制性葬具，它的大小、套棺层数及漆绘等都有区别，为礼制的反映。

迄今为止发现最早的黄肠题凑墓为陕西凤翔三畤原秦景公墓，时间大约不会晚于春秋中期，以后在湖北平山中山王陵出土的《兆域图》铭文中有“提（题）跿（凑）”。此外文献《吕氏春秋·节丧篇》中也提到“题凑之室”，可见战国时期已不罕见。至汉代更为普遍，但汉代一般诸侯非帝王恩赐是不能享用“黄肠题凑”的。湖南考古发掘资料表明，在长沙西汉曹嫘墓、长沙西汉渔阳墓、长沙象鼻嘴1号墓和长沙望城风篷岭1号墓等西汉墓中出土了较为完整的黄肠题凑葬具，特别是长沙西汉渔阳墓题凑柏木上烙有“渔阳题凑大广长□尺”，它们为研究汉代葬制提供了难得的实物资料（图181）。

图181 “渔阳题凑”铭文
（1993年长沙望城坡西汉渔阳墓出土。李鄂权先生摄赠）

2. 椁室 古文献中的“椁”有两重意义，一指外棺，一指椁室。这里专指椁室。椁室与外棺的主要区别在于：椁室是用厚木板在墓坑中重新搭成。外棺则是预先做成有盖的木匣子，套在内棺外面埋入墓坑。椁室由垫木、下层底板、上层底板、壁板、隔板、边箱、棺房、顶板、下层盖板、上层盖板组成。其顺序是，先置垫木于墓底，后在垫木上放底板，再在底板的四边立放壁板，四壁板内留出一定空间（即边箱）处又立放四隔板。之后再把预先做成的套棺逐一放在椁室四隔板内的棺房中。随葬器物置于边箱内。最后在棺房和边箱上盖顶板和盖板。椁室一般不用金属嵌钉，而用扣接、套榫与栓钉结合而成。小型木椁墓内狭小，仅足容棺。大型者则在椁内设隔墙，将椁室分割成头箱、边箱、足箱和棺室。长沙楚墓，有的在棺室周围隔墙上做出门窗，表明木椁本为地上居室的象征物。这种椁室在古文献上叫“井椁”。战国时期楚墓均为此类木椁结构。西汉初年仍沿袭旧制，椁室采用这种“井椁”形。南方较常见，如长沙马王堆1号汉墓的葬具定为2椁4棺。在若干边远地区一直延续到西汉后期。

3．棺具　漆木棺具是起源较早、使用时期最长的殓具。古代称棺为器，《史记》等古籍上均有记载，至魏晋南北朝时期仍沿用这种称谓。先秦时期天子、诸侯等贵族的棺制非常讲究，有一套严格不可逾越的礼制。湖南考古资料表明，精美彩绘漆木棺常见于战国楚墓之中。木棺一般髹漆彩绘，其色泽艳丽、用笔流畅，图案多为龙凤、神兽、云气、几何纹等纹样。有的棺外还缄以葛布，葛布外再髹漆。至汉代以后皇帝和高级贵族棺具更加讲究，臣庶之棺称棺器，皇帝之棺称秘器，因多为梓木制作，故又称梓器、梓棺或梓宫。这时期彩绘漆木棺更加精美，常内外髹漆彩绘。马王堆1号汉墓出土黑地彩绘漆棺和朱地彩绘漆棺绘色。

4．笭床　楚墓中常用的丧葬用具，棺中垫尸的雕花木板，古称楄柎，可起到隔水防湿和通风透气的作用，使遗体不受潮湿侵袭。其装饰图案以龙、凤纹和几何纹为主，反映楚人通天地人鬼的神秘思想。许多学者对楚地笭床的含义、流行地域、起止时间及与墓主人身份关系等问题作了全面论述[①]。这种葬具所流行的区域，仅限于楚文化分布中心区域的湖北、湖南和安徽一带。在楚文化中心区域以外的三晋、关中地区以及南方的吴越和巴蜀地区不见设“笭床”的做法。湖南长沙楚墓出土笭床数量仅次于楚中心地区的江荆，先后出土了战国时期漆绘几何纹木笭床、龙纹木笭床、三组几何纹木笭床、四组几何纹木笭床等。分3型。

A型　三角雷纹笭床。

为四组三角雷纹笭床。主纹为四组由三角雷纹组成的方形图案，每组图案紧密相连，布满全板。如常德德山25号墓出土笭床、长沙杨家湾6号墓出土笭床（图182）。

B型　几何纹与三角雷纹组合的笭床。

Ⅰ式　为一组三角雷纹和两组几何纹组成的笭床。如长沙子弹库1号墓出土笭床。三角雷纹居中。长185、宽44、厚4厘米。

Ⅱ式　为三组三角雷纹和两个半组几何纹相间组成的笭床。如长沙左家公山15号墓出土笭床。几何纹中未用“十”形、“ㄈ”形

图182　A型笭床

（1954年长沙杨家湾6号墓出土。高至喜：《论楚笭床》，《中国文物世界》第195期，2002年5月，第116页）

①叶定侯：《长沙楚墓出土“雕刻花板”名称的商讨》，《文物参考资料》1956年第12期；贺刚：《楚墓出土“笭床”研究》，载《楚文化研究论集》（第三集），湖北人民出版社，1994年；高至喜：《论楚笭床》，《中国文物世界》2002年第195期。

纹。三角雷纹排在两端和中间。长175、宽38、厚8厘米（图183）。

Ⅲ式 为两组三角雷纹和两组几何纹组成的笭床。如长沙五一路13号墓出土笭床。三角雷纹排在两端，几何纹居中。几何纹透雕，三角雷纹未雕透。髹黑褐色漆，彩绘红、黄色变形凤纹、菱形纹、连珠纹和团形花纹。色彩鲜艳美观。长172、宽38、厚2厘米。

Ⅳ式 为三组三角雷纹和两组几何纹组成的笭床。如长沙仰天湖14号墓出土笭床。三组三角雷纹位于两端和中间，周边髹褐色漆，绘红色菱形纹，主纹髹朱红色漆。几何纹图案之间画有一些简化的凤鸟纹，还画有凤首、凤翅，这些凤鸟虽已较为抽象，但其凤鸟的嘴、冠、尾等却还相当形象。三角雷纹上绘草绿色三角雷纹，身上间断的黑边红心的半月形纹。半透雕三角雷纹上填黑色漆，几何纹则透雕。色彩丰富、鲜明、美观。长185、宽44、厚1.8厘米。

C型 龙纹笭床。

Ⅰ式 为圆唇龙纹笭床。如长沙仰天湖25号墓出土笭床。主纹为两条双身龙纹，正面形象，圆唇，有角有须，龙身卷曲缠绕近“8”字形，双龙之间有双椭圆相连。两端各有“8”字形小龙两条，大小龙之间有圆环相连。全器共有龙六条。均透雕。长180、

图183 B型Ⅱ式笭床

（1954年长沙左家公山15号墓出土。高至喜：《论楚笭床》，《中国文物世界》第195期，2002年5月，第117页）

宽43、厚4厘米。长沙砂子塘6号墓所出笭床均属此式。

Ⅱ式　为尖唇龙纹笭床。如长沙仰天湖26号墓出土笭床。龙首为三角形，尖唇，角已简化，无须，其余同Ⅰ式。髹漆彩绘，周边在黑地上绘红色菱形纹，大小龙身上及相连龙纹之环均涂红、黑、灰三色，以黑色为主，居中。长187、宽44、厚4厘米。1958年常德德山50号墓所出笭床同此式，但未髹漆。

5．木俑　古代随葬用的偶人，系活人殉葬的替代品。殷商时期普遍流行用活人殉葬，西周时期殉人现象逐步减少，春秋以后基本绝迹，取而代之的是模拟活人而制作的木俑。楚人用木俑随葬出现于春秋晚期，湖南战国中期后段楚墓有木俑出土，但随葬木俑数量很少，一般只有2~8件，战国晚期杨家湾6号墓随葬木俑49件。至西汉时期，高级贵族墓出土木俑数量庞大，类型增多。如马王堆1号汉墓随葬木俑162件，3号汉墓随葬木俑106件。战国时期木俑一般整体圆雕，也有头、手、足分开，雕刻后再拼合而成。一般墨绘须眉，彩绘衣裳。至西汉时期木俑制作更加精致细腻，从马王堆汉墓出土的木俑来看，或为着衣冠的高大管家俑，或为愁眉苦脸的矮小杂役俑和侍女俑，或为雕刻眉清目秀的歌舞俑，或为鼓瑟吹竽的乐俑，神态逼真，栩栩如生。东汉后期随着瓷器的兴起，许多木俑均由瓷俑所代替。根据形制可分为3式。

Ⅰ式　战国中期出土木俑。如汉寿县株木山乡周家冲M24：8，男立俑，身体呈椭圆筒形，下端略粗。两手袖于胸前。黑彩绘头发、衣纹脱落。复原通高48厘米。

Ⅱ式　战国晚期楚墓出土木俑。脸形有平头圆脸，也有三角形脸。立俑身躯有穿长衫而雕成的扁圆柱形，有高身细腰的雕刻，有雕成双腿分开站立状，也有穿短衫手臂全露出的造型。跽坐俑。根据造型可分为亚式：

Ⅱa式 立俑。脸形为平头圆脸或瓜子脸，有的眉眼头发雕成后再加以墨绘，身躯为长衫落地的圆筒式。一般分开雕刻后拼合而成。这部分俑雕刻非常精细，男女尚能分别。如杨家湾6号墓出土俑，或张手露靴（图184），或持铲，或持器，造型十分生动。

Ⅱb式 跽坐俑。手、足分开雕刻后再拼合而成，一般为女俑，面型俱近似三角形即瓜子脸，依据共同出土的木槌、木瑟、竹管、圆形木器观察，部分为乐俑。如杨家湾M6：41，为吹笛俑，高30厘米。M6：45，为鼓瑟俑。

Ⅲ式 西汉早期木俑。以马王堆1号墓为例，侍俑为主，杂役俑居次。服侍主人的侍俑多为女性，有高级和低级之分，还有家丞。按形制可分为着衣俑、彩绘俑、辟邪小俑等类。

Ⅲa式 着衣俑。出土2件戴冠男俑，木俑高大，制作精致，身着绣花丝绸长袍，头上戴刘氏冠，与众不同，235号俑的鞋底部刻画“冠人”二字。应是轪侯的家丞。着衣歌舞俑雕刻特别精细，头发雕成垂髻，面部丰腆，傅白粉，穿绣花绢袍，面目清秀，神志娴静，比例匀称。

图184 Ⅱa式男立俑

（长沙杨家湾M6）

Ⅲb式 彩绘俑。数量最多，系先用木块雕出人形和衣着轮廓，墨绘眉目，朱绘双唇，衣着系长袍，以红、黑二色彩绘出衣着纹饰。

Ⅲc式 彩绘乐俑和歌俑，为跽坐式。与彩绘立俑一样，头上都插有竹签。其中吹竽俑2件，鼓瑟俑3件，歌俑4件。

Ⅲd式　雕衣俑。因其衣着不是外加丝绸质，而是雕琢出外形，因此称之为雕衣俑。体型较丰满。所雕衣着内为交领右衽长袍。黑地上彩绘信期绣纹样，边缘起毋锦式纹样，下裾朱绘。

Ⅲe式　麻衣小俑。木片稍加砍削，头部用墨和朱绘出眉目（图185）。丝衣俑，着绛色绢衣，腰束绢带，平头（图186）。这两种小木俑，制作均极简陋，又系出于内棺盖上及其隙缝中，应属于一种辟邪小俑。

6．镇墓兽　是楚国贵族墓中最常见的一种最富神秘意味的

图185　Ⅲe式麻衣小俑
（1972年长沙马王堆M1：457。2008年度国家社会科学基金项目《马王堆汉墓漆器整理与研究》资料）

图186　Ⅲe式丝衣小俑
（1972年长沙马王堆M1：455。2008年度国家社会科学基金项目《马王堆汉墓漆器整理与研究》资料）

镇墓辟邪用具，反映了楚人信巫鬼的习俗。镇墓兽最早源于方相氏驱鬼习俗，《周礼》记载，傩仪时，方相氏“掌蒙熊皮，黄金四目”，执戈扬盾，以驱疫鬼。楚人笃信巫鬼，将镇墓兽放置墓中，用以驱邪赶鬼，保护死者安宁。

镇墓兽有双头和单头之分，其造型由兽形首、真鹿角和方形座构成，全身大多髹漆彩绘。兽首均两眼圆睁，口吐尖舌，狰狞可怕，颈部多弯曲，全身彩绘，下有方形凸榫插入方形座的卯眼内。镇墓兽一般头顶插鹿角，由于鹿角容易腐朽，所以镇墓兽头部常留有供插鹿角的两个方孔。在湖南众多楚墓之中先后出土了单头镇墓兽、双头镇墓兽、鹿角镇墓兽、人形吐长舌镇墓兽等造型各异的珍品。可分4式。

Ⅰ式　单头，方座。如长沙浏城桥M1：21，兽身作立柱状，身部棱角分明，作成节状，颈弯曲，首雕凿成卷云雷纹状，口吐长舌，二眼圆瞪，头顶二方孔，当是插角之处，兽座作方形。全身髹黑漆褐色绘云纹等。高44、宽24厘米。

图187　双头镇墓兽
（湘乡牛形山M1：南37）

Ⅱ式　单头，双手托腮。长沙留芳岭M3：11，兽身由头、颈、胸三部分组成。兽头有眼、鼻、口、舌，双手托着两腮，头顶有一方孔，用以插鹿角，彩绘纹饰。高12.2厘米。益阳羊舞岭农机厂3号墓出土口吐长舌、造型怪异的镇墓兽。

Ⅲ式　双头，方座。长沙马益顺巷M1：5、6，鸟托双头，站立于方座之上。双头相背，双眉圆眼，宽嘴长舌，拖至鸟尾，四鸟长颈，作为双头支柱。全身髹黑漆，朱绘圆圈纹、“S”纹、羽毛纹和云纹。高35.6、宽20.4厘米。湘乡牛形山M1：南37，作噬蛇状。方形底座，身与底的榫头斗合。通体在黑漆地上用红、黄色绘三角云纹和S形纹（图187）。

Ⅳ式　半身人形镇墓兽。长沙杨家湾M6：42，是由人身和器座二部分拼合而成，彩绘已脱落。通高31.2、宽21.2厘米。

7. 梅花鹿　楚墓中常见的丧葬用具。该器造型屡见于楚文化艺术之中，鹿为楚人喜爱表现的题材，鹿生性警觉、温顺可爱，鹿长角年年生长，或是信它有吉祥、长寿之意。楚人在墓中随葬雕鹿，鹿头插有木质雕刻鹿角或真鹿角，甚至神禽或异兽都添加上了一对神秘的鹿角，楚人视它为死者祈福的吉祥动物。

梅花鹿常用整木雕刻而成，髹漆彩绘，有的雕刻成平首俯卧式。如长沙浏城桥1号楚墓出土的梅花鹿卧于椭圆形平底座上，蜷曲至腰部，头上部有两个方形卯眼，应是供插鹿角用的，两前脚一前横屈，一向后屈，后脚自然平放，鹿的神态似乎在静卧小憩。全身髹黑漆，绘白色桃形斑纹，并用朱色勾勒，模仿真梅花鹿。梅花鹿的腿部都有孔，应是插某物的卯眼，可见原为某物的底座，或可兼作摆饰（图188）。

图188　彩绘木雕梅花卧鹿
（1971年长沙浏城桥1号墓出土。陈建明主编：《凤舞九天——楚文物特展》，湖南美术出版社，2009年，第217页）

第三节 分期与年代

全省20多个县市发现有明确层位关系且有漆器出土楚墓共计857座，出土漆器2000多件，有纪年铭文的占极少数，而绝大多数出土漆器中无楚国或其他诸侯国的纪年铭文。因此，要研究湖南楚墓所出漆器的分期与年代，主要的方法只能运用类型学，从随葬漆器的发展演变轨迹及其组合来进行分期。同时，与本区域内已知的年代较为明确的楚墓相比较，以推断湖南楚墓所出漆器的大致年代。

出土漆器的湖南西汉墓共计200多座，累计出土漆器有7000多件，有明确纪年铭文的漆器明显多于楚墓所出漆器，有纪年文字材料而确定的墓葬年代为西汉漆器的断代提供了准确年代依据。故本节拟对68座典型墓葬所出漆器的组合、分期及年代进行分析。

一、分期与年代

典型楚汉墓葬的年代，过去曾经作过详细的分析。《长沙楚墓》①、《沅水下游楚墓》②、《益阳楚墓》③等大量湖南楚墓资料的发表，墓葬中出土的陶器和铜器的发展演变规律，为我们推断湖南楚墓所出漆器分为六期提供了极其重要的年代佐证。而西汉墓葬中出有纪年文字材料，可以确定五期八段、六期九段和十段的准确年代。如马王堆2号墓为公元前186年，马王堆3号墓为汉文帝十二年即公元前168年，马王堆1号墓为公元前168年以后数年，沅陵虎

---

①高至喜先生主持的国家社科课题《长沙楚墓》一书，收录了40多年来长沙近郊发掘的2000多座楚墓，共计1万多件随葬物品，笔者参与了其中1160件漆、木、竹器的整理与研究工作。

②常德市文物局：《沅水下游楚墓》，文物出版社，2010年。

③益阳市文物管理处、益阳市博物馆编著：《益阳楚墓》，文物出版社，2008年。

溪山1号墓为汉文帝后元二年即公元前162年；长沙杨家山汉墓“杨主家盘”铭文漆盘可能为长沙定王之后裔刘骄之墓即公元前155年以后数十年，永州鹞子山刘彊墓主人为泉陵侯家族成员之一，为汉武帝元朔五年即公元前124年以后数十年；长沙风篷岭1号墓出土“二年三月己酉”纪年漆残片，墓主基本确定为刘氏长沙国炀王刘旦、孝王刘宗、缪王刘鲁人中某位王的王后[①]即公元前49年以后数十年，永州鹞子岭1号墓漆豆铭文成帝河平二年即公元前27年。

经过此次整理，因为楚汉漆器器类更为齐全，发展演变情况更加清晰，所以说典型墓葬出土漆器成为我们辨识楚汉墓葬所出同类器又一重要“标准器”，并在此基础上提出的分期与年代将会更为详细和准确，同时也为建立湖南战国、秦、西汉时期墓葬的年代序列提供更可靠的参考依据。根据综合对比研究，典型楚汉墓所出漆器可分六期十段，即：

一期一段　春秋中期后段至晚期

二期二段　战国早期前段

二期三段　战国早期后段

三期四段　战国中期前段

三期五段　战国中期后段

四期六段　战国晚期前段

四期七段　战国晚期后段（至秦）

五期八段　西汉早期

六期九段　西汉中期

六期十段　西汉晚期

①何旭红：《对望城县风篷岭汉墓发现铭文的初步认识》，载《湖南省博物馆馆刊》（第五辑），岳麓书社，2009年。

楚墓起始时间，大约始于公元前620年到公元前570年，至楚国被秦国灭亡（前223）之前数年为止，前后共经历近400年之久。秦代只有15年，时间很短，湖南所出秦代漆器十分罕见。西汉时期的湖南大部分地区属长沙国，长沙国建于西汉高帝五年（前202），废于新莽居摄二年（7），后刘秀曾复立长沙国，存11年。所以存续时间221年。这时期的王、侯及其家族的高级贵族墓葬出土了大量漆器，成为湖南地区出土西汉时期漆器的典型代表。东汉以后，出土漆器很少。所以其年代范围，上起春秋中期后段，下止西汉晚期，属春秋战国、秦、西汉时期，具体年代从公元前620年至公元7年前后，年代跨度600多年。

二、组合与分期

根据六期十段年代分期，依据典型墓葬所出漆器的各类组合具体情况和各类器物的型式变化，并考虑相互间的共存关系，以及一期一段春秋中期后段至晚期只残存漆皮，无法分组，所以典型墓葬所出漆器只能分为九组。根据不同器类型式分析，特列各组器物型式及组合如下：

第一组：二期二段战国早期前段

主要器物型式：Ⅰa式俎、Ⅰb式俎、Ⅰ式几、Ⅰ式案、木梳、Ⅰ式瑟、木竽、鼓、鼓槌、戈柲、车伞、车辕、皮甲片、彩绘木雕梅花卧鹿、Ⅰ式镇墓兽（图189）。

第二组：二期三段战国早期后段

主要器物型式：A型Ⅰ式耳杯、木梳、木篦、木剑椟、漆竹弓、Ⅱ式镇墓兽（图190）。

第三组：三期四段战国中期前段

主要器物型式：Ⅰ式方形高柄豆、Ⅱ式豆、Ⅱ式几、Ⅲ式几、Ⅱ式案、俎、木匕、A型Ⅱ式耳杯、B型Ⅰ式高柄耳杯、Ⅰ式盒、奁、木梳、木篦、五边箱、圆形箱、扇柄、瑟、笙、虎座、虎座凤鸟鼓架、编钟架、编磬架、鼓、鼓槌、竽、Ⅰ式俑、A型笭床、Ⅲ式镇墓兽（图191）。

第四组：三期五段战国中期后段

主要器物型式：Ⅲ式豆、Ⅱ式俎、几、案、匕、A型Ⅱ式耳杯、B型Ⅱ式耳杯、Ⅰ式樽、Ⅰ式奁、盒、蛋形杯、木勺、木梳、木钫、盆、木篦、鼓枕、鼓、鼓槌、琴、Ⅱ式瑟、木竽、钲槌、虎座凤架悬鼓、Ⅰ式剑椟、Ⅱ式剑椟、车棚、剑座、车舆构件、木剑、矢箙、Ⅲ式镇墓兽、B型Ⅰ式笭床、B型Ⅱ式笭床、C型Ⅰ式笭床、木翅膀、木俑、木枝条（图192）。

第五组：四期六段战国晚期前段

主要器物型式：Ⅳ式豆、Ⅱ式奁、Ⅰ式虎子、樽、耳杯、盒、壶、木梳、木篦、木簪、琴、木剑椟、漆盾甲、木俑、笭床（图193）。

第六组：四期七段战国晚期后段

主要器物型式：豆、几、木钫、壶、盒、奁、Ⅲ式俎、A型Ⅲ式耳杯、B型Ⅲ式耳杯、Ⅱ式樽、卮、盘、斗、木梳、木篦、Ⅲ式瑟、木鼓、双凤鸟座、木槌、虎座凤鸟鼓架、Ⅲ式剑椟、匕首、木手杖、木杆、木戈柄、剑、Ⅳ式人面镇墓兽、Ⅱa式男立俑、Ⅱa式持器俑、Ⅱb式吹笛乐俑、Ⅱb式鼓瑟俑、A型笭床、B型Ⅲ式笭床、B型Ⅳ式笭床、C型Ⅰ式笭床、C型Ⅱ式笭床、木飞鸟（图194）。

第七组：五期八段西汉早期

主要器物型式：鼎、钫、匕、Ⅳ式几、Ⅲ式案、木杖、Ⅲ式长方形漆奁、Ⅳ式椭圆形奁、Ⅴ式锥画狩猎纹奁、Ⅴ式双层九子奁、A型Ⅳ式耳杯、壶、卮、盘、Ⅱ式盒、Ⅲ式盒、盆、匜、Ⅰ式卮、Ⅱ式卮、盂、锺、木梳、木篦、屏风、木器架座、叶形饰片、坐具、黛砚、箕、木灯、Ⅱ式虎子、Ⅳ式瑟、琴、竽、竹笛、小木编钟、小木编磬、竽律、六博棋子、筑、博具、博局盘、骰子（茕）、楯盾、器座、兵器架、木弩、Ⅲa式戴冠男俑、Ⅲa式着衣女侍俑、Ⅲb式彩绘立俑、Ⅲc式吹竽俑、Ⅲc式彩绘歌俑、Ⅲd式雕衣俑、Ⅲe式麻衣小俑、Ⅲe式丝衣小俑、笭床、棺、矢箙、木璧、木犀角、木象牙（图195、图196）。

第八组：六期九段西汉中期

主要器物型式：案、Ⅵ式云龙纹奁盖、盘、酒杯、盒、函、金箔贴花、木锥、木札、木俑、木车模型、木船模型（图197）。

第九组：六期十段西汉晚期

主要器物型式：案、几、Ⅴ式豆、豆柄、盒、碗、盆、盘、杯、A型Ⅴ式耳杯、Ⅲ式樽、Ⅳ式樽、卮、奁、器盖、足、兵器架、木座（图198）。

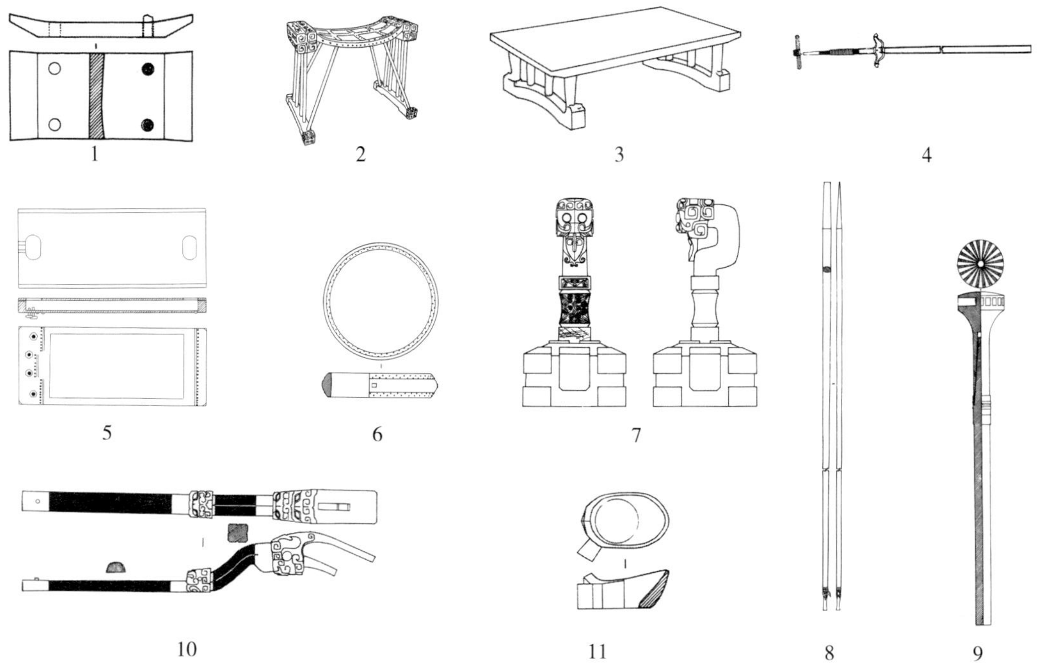

图189　第一组漆器（二期二段长沙浏城桥M1）

1.Ib式俎（M1）　2.I式几（M1：1）　3.I式案（M1：6）　4.仪杖（M1：95）　5.I式瑟（M1：114）　6.木鼓（M1：109）　7.I式镇墓兽（M1：21）　8.车伞盖弓（M1：112）　9.车伞冒、伞柄（M1：99、113）　10.车辕（M1：120）　11.漆耧（M1：141）

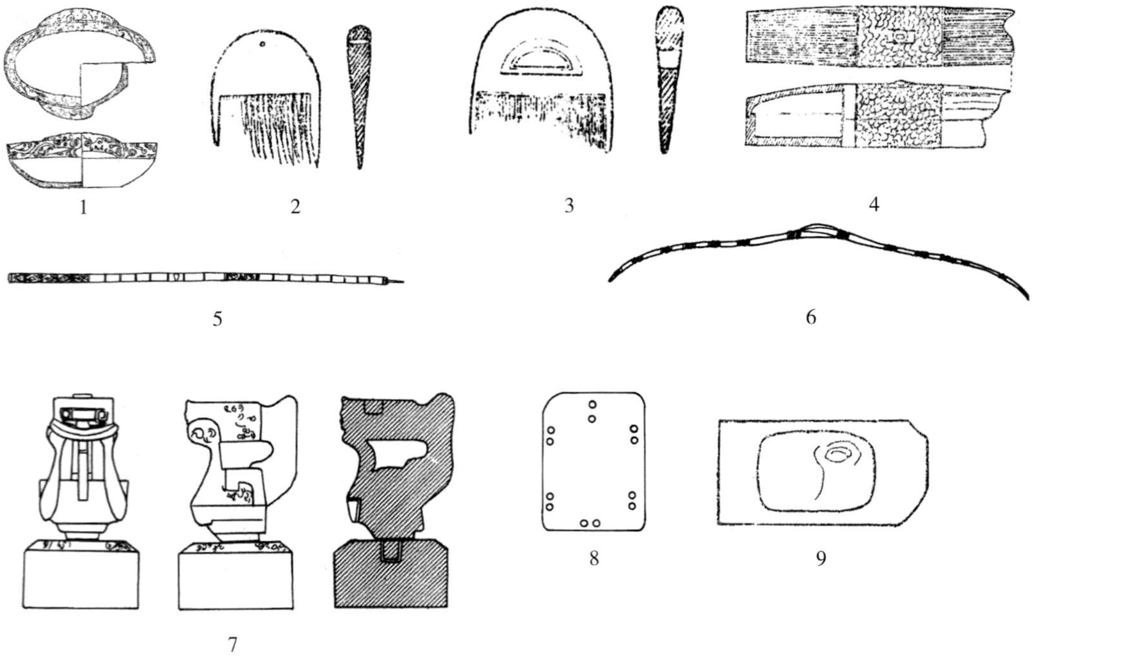

图190　第二组漆器（二期三段长沙留芳岭M3）

1.A型I式耳环　2.木梳　3.木篦　4.木剑椟　5.矛柲　6.漆竹弓　7.Ⅱ式镇墓兽（M3：11）　8.长方形甲片（M3：14）　9.不知名器（M3：4）

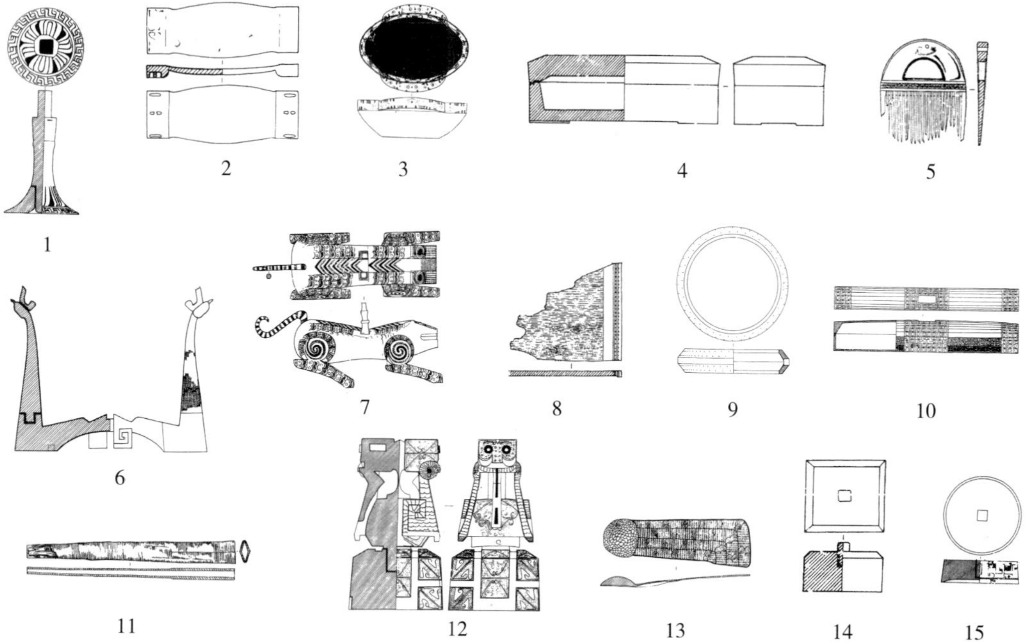

图191 第三组漆器（三期四段长沙茅亭子M1）

1.Ⅱ式豆（M1：28） 2.Ⅱ式几（M1：37） 3.A型Ⅱ式耳环（M1：31） 4.盒（M：34） 5.梳（M1：60） 6.凤鸟（M1：3） 7.虎座（M1：4） 8.瑟（M1：39） 9.鼓（M1：62） 10.剑椟（M1：23） 11.木剑鞘（M1：2） 12.Ⅲ式镇墓兽（M1：36） 13.鸟翅（M1：5） 14.器座（M1：57） 15.器座（M1：59）

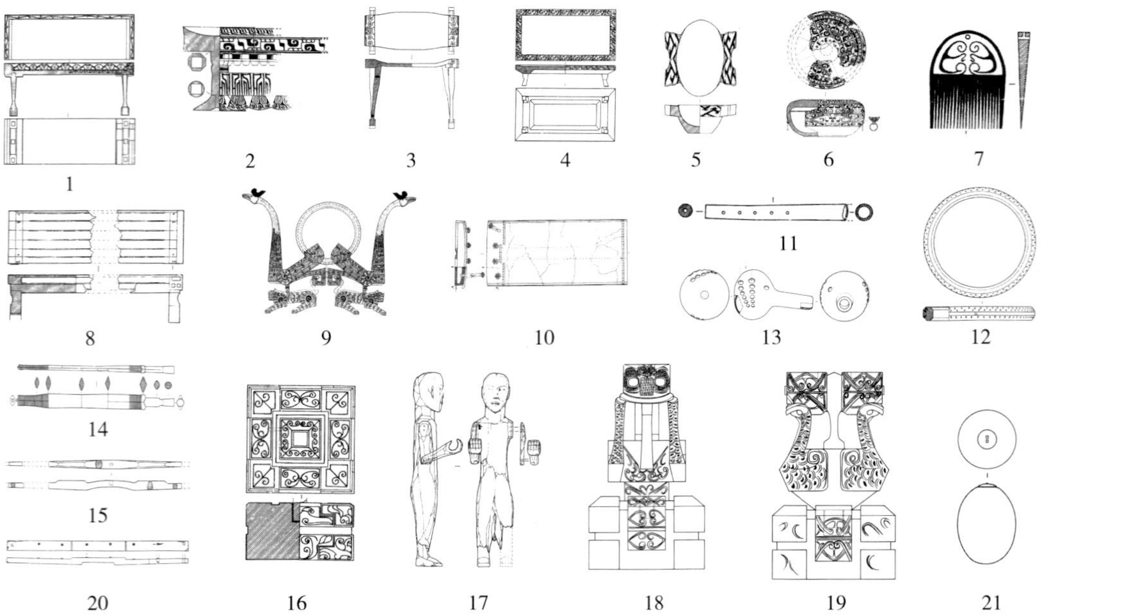

图192　第四组漆器（三期五段长沙马益顺巷M1）

1.Ⅱ式俎（M1∶69）　2.Ⅲ式豆（M1∶3）　3.几（M1∶17）　4.案（M1∶20）　5.B型Ⅱ式耳环（M1∶65）　6.盒（M1∶22）　7.梳（M1∶42）　8.枕（M1∶21）　9.虎座凤架悬鼓（M1∶1、2、4、7、8、16）　10.Ⅱ式瑟（M1∶46、47）　11.竹横笛（M1∶70）　12.木鼓（M1∶8）　13.竽律（M1∶26）　14.木剑（M1∶10）　15.弓（M1∶19）　16.器座（M1∶29）　17.木俑（M1∶27）　18.Ⅲ式镇墓兽正视图（M1∶5、6）　19.Ⅲ式镇墓兽侧视图（M1∶5、6）　20.木车舆构件（M1∶79）　21.蛋形杯（M1∶12）

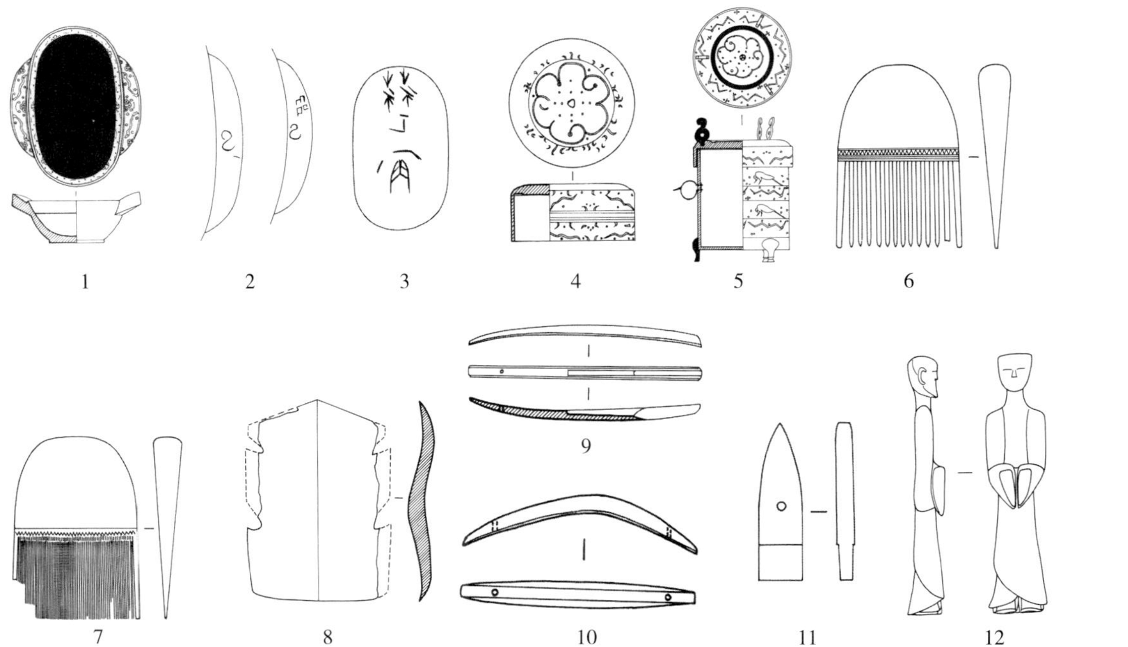

图193　第五组漆器（四期六段桃源县三元村M1）

1.耳杯（M1:15）　2.耳杯杯底文字（M1:39、M1:41）　3.耳杯杯底文字（M1:40）　4.樽（M1:3）　5.樽（M1:14）　6.木梳（M1:28）　7.木篦（M1:29）　8.盾（M1:33）　9.木弧形器（M1:34）　10.木弧形器（M1:44）　11.木圭形器（M1:35）　12.木俑（M1:36）

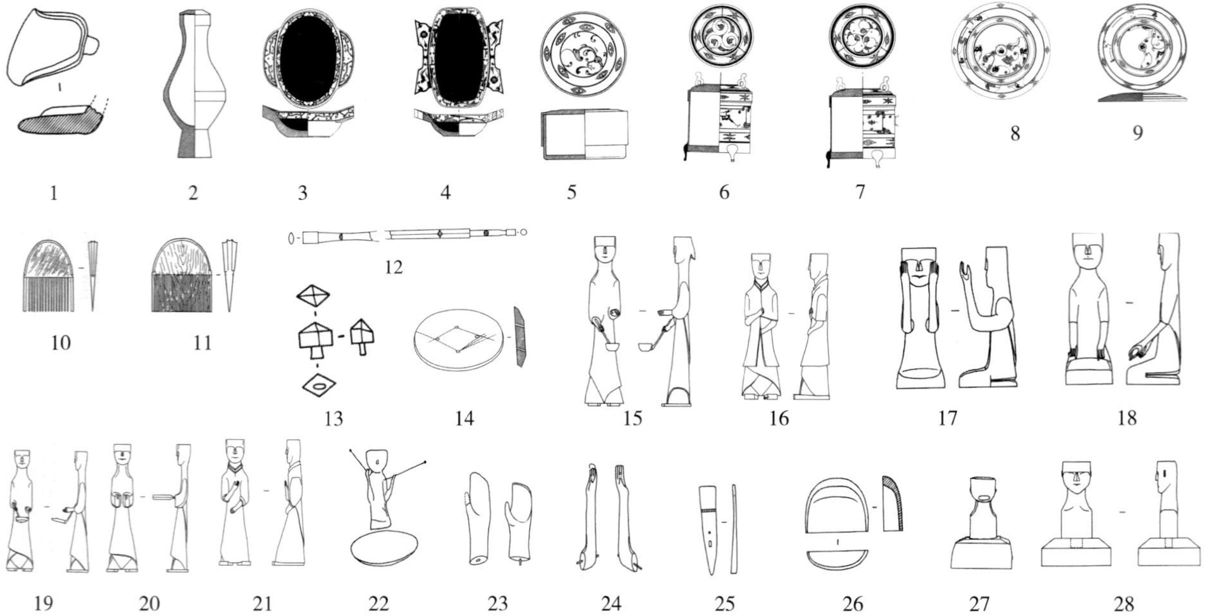

图194 第六组漆器（四期七段长沙杨家湾M6）

1.匕（M6∶98） 2.木钫（M6∶63） 3.A型Ⅲ式耳环（M6∶109） 4.B型Ⅲ式耳环（M6∶96） 5.盒残件复原图（M6∶116） 6.Ⅱ式樽（M6∶48） 7.樽（M6∶47） 8.奁盖纹样（M6∶46） 9.奁盖纹样（M6∶55） 10.梳（M6∶117） 11.篦（M6∶118） 12.残剑（M6∶110） 13.木钉（M6∶83） 14.小圆饼形器（M6∶78） 15.Ⅱa式持器俑（M6∶5） 16.Ⅱa式男立俑（M6∶6） 17.Ⅱb式吹笛乐俑（M6∶41） 18.Ⅱb式鼓瑟俑（M6∶45） 19.持铲形器俑（M6∶4） 20.持器俑（M6∶8） 21.女立俑（M6∶7） 22.木俑 23.俑手（M6∶80） 24.俑双臂（M6∶80） 25.俑足（M6∶79） 26.俑手中勺形器（M6∶101） 27.人形镇墓神（M6） 28.Ⅳ式人面镇墓兽（M6∶42）

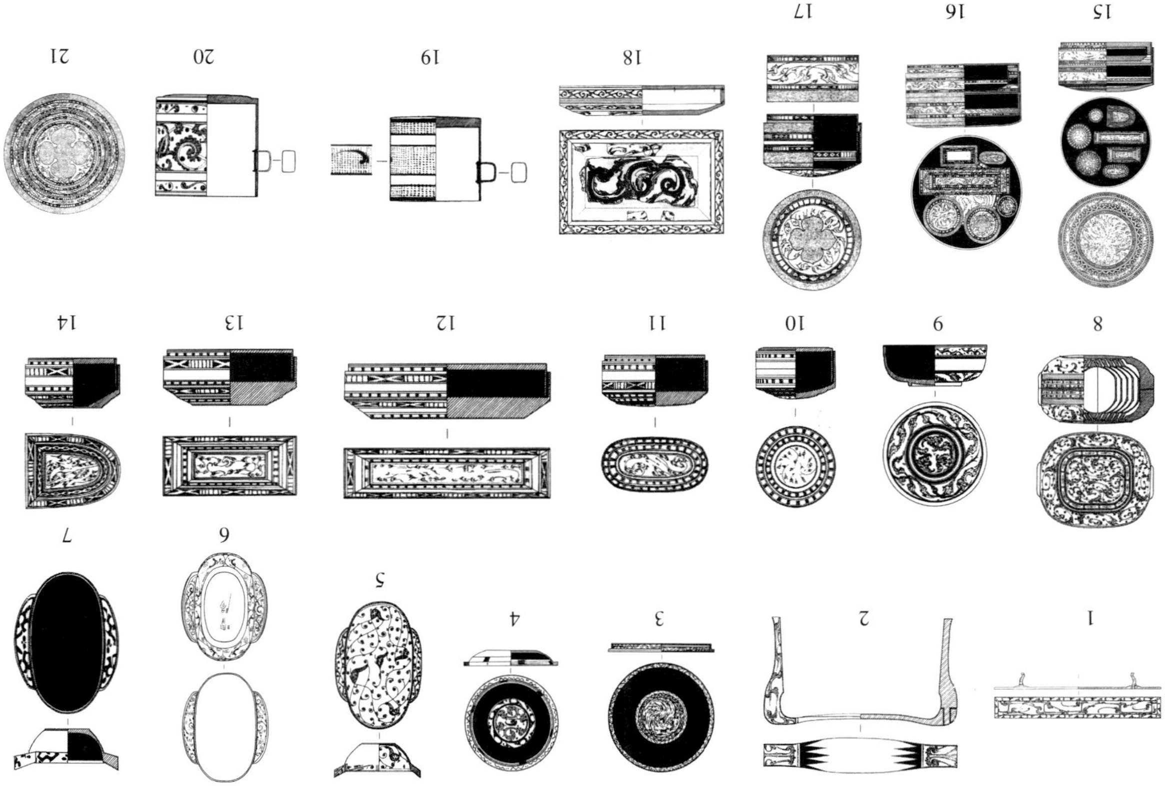

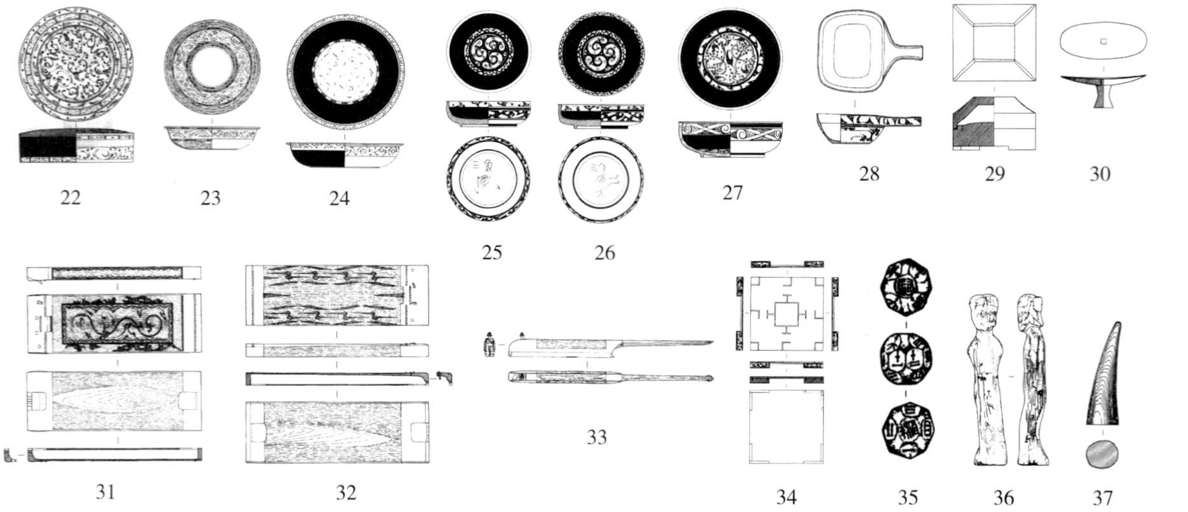

图195　第七组漆器（五期八段长沙望城坡西汉渔阳墓）

1.几（D∶66）　2.几（B∶385）　3.盘（A∶69–1）　4.盘（C∶86–1）　5.耳杯（C∶184–1）　6.耳杯（MB∶704–1）　7.耳杯（B∶689–2）　8.Ⅲ式具杯盒（C∶184）　9.圆盒盖（A∶70）　10.奁（C∶156）　11.奁（C∶156）　12.奁（C∶156）　13.奁（C∶156）　14.马蹄形小奁盒（C∶156）　15.双层七子漆奁盒（C∶156）　16.银釦双层六子漆奁盒（D∶72）　17.奁（D∶72）　18.Ⅲ式长方形奁（A∶50）　19.卮（B∶67）　20.卮（A∶39）　21.银釦双层六子漆奁盖（D∶72）　22.奁盖（C∶79）　23.盆（B∶702）　24.盆（B∶702）　25.盆（A∶95）　26.盆（B∶75）　27.盆（B∶59–1）　28.匜（B∶194）　29.黛砚（C∶74）　30.漆坐具（C∶73）　31.瑟（D∶120）　32.瑟（D∶121）　33.筑（C∶72）　34.漆博局盘（C∶108）　35.漆骰子（C∶104）　36.木立俑（E∶27）　37.木犀角（B∶420）

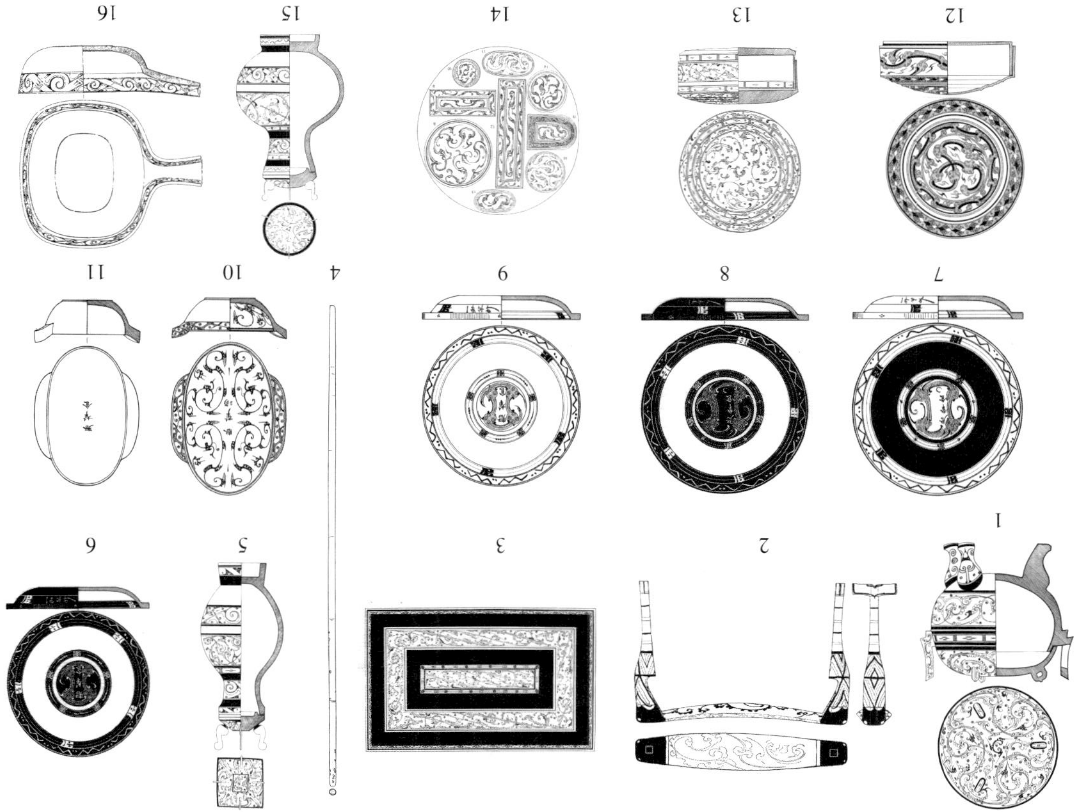

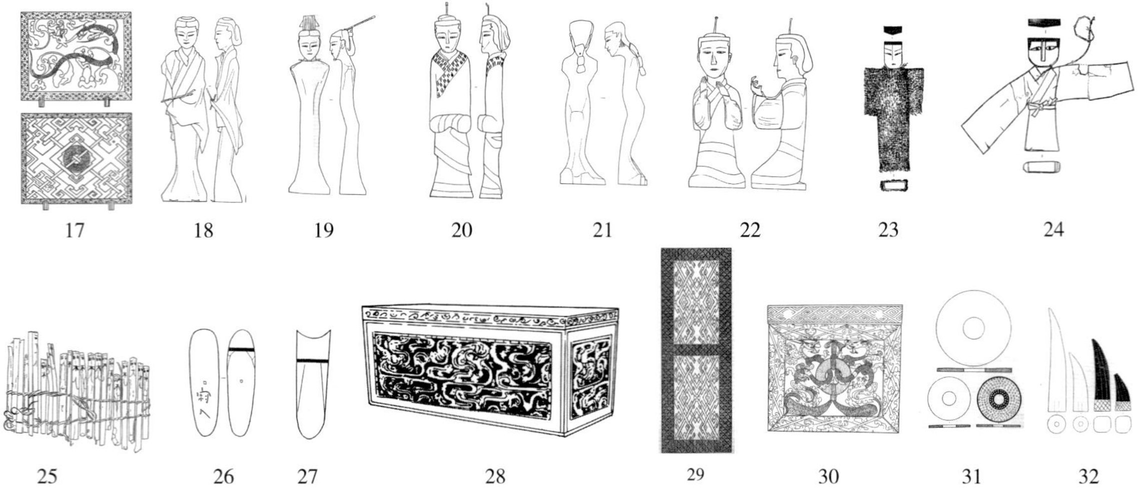

图196　第七组漆器（五期八段长沙马王堆汉墓M1）

1.漆鼎（M1∶100）　2.几（M1∶445）　3.Ⅲ式案（M1∶273）　4.木杖（M1∶436）　5.漆钫（M1∶399）　6.“一升半升”“君幸食”小漆盘（M1∶162）　7.“一升半升”“君幸食”小漆盘（M1∶162）　8.“君幸食”小漆盘（M1∶387）　9.“君幸食”小漆盘（M1∶387）　10.A型Ⅳ式耳杯（M1∶153）　11.“君幸食”小漆盘（M1∶183）　12.漆奁（M1∶50）　13.单层五子奁（M1∶441）　14.Ⅴ式双层九子奁（M1∶443）　15.漆锺（M1∶209）　16.漆匜（M1∶429）　17.漆屏风（M1∶447）　18.Ⅲa式着衣女侍俑（M1∶396）　19.Ⅲa式戴冠男俑（M1∶235）　20.Ⅲb式彩绘立俑（M1∶237）　21.舞俑（M1∶409）　22.Ⅲc式彩绘乐俑（M1∶411）　23.Ⅲe式麻衣小俑（M1∶457）　24.Ⅲe式丝衣小俑（M1∶455）　25.桃衣小俑（M1∶453）　26.戴冠男俑的圆头鞋（M1∶235）　27.着衣女侍俑的角鞋（M1∶416）　28.黑地彩绘漆棺　29.锦饰内棺盖板纹饰　30.朱地彩绘棺足挡纹饰　31.木璧（M1∶293、351-25、351-21）　32.木象牙和木犀角

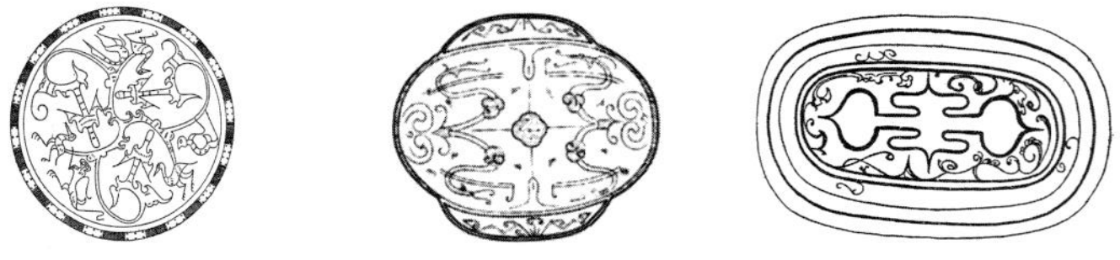

图197　第八组漆器（六期九段长沙伍家岭M203）
1.盘底部花纹（M203：40）　2.耳杯（M203：4 ）　3.漆盒盖部花纹（M203：49）

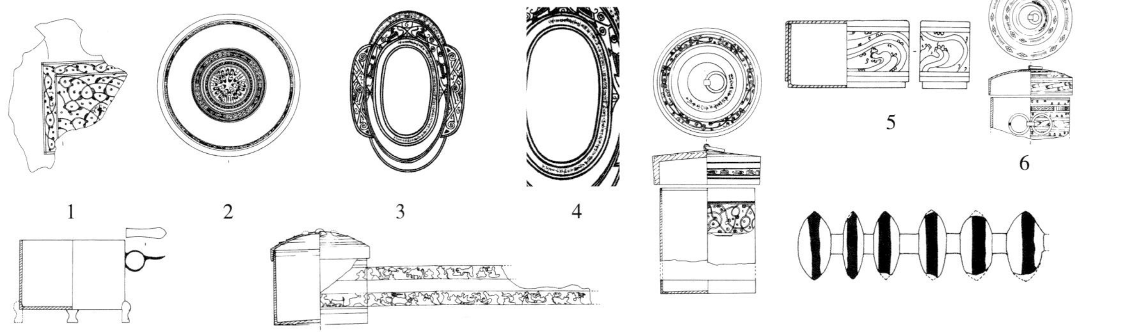

图198　第九组漆器（六期十段永州鹞子岭M2）
1.案（M2：76）　2.盘（M2：66 ）　3.A型Ⅴ式耳杯（M2：77）　4.耳杯铭文（M2：77）　5.盒（M2：26）　6.Ⅲ式樽（M2：61）　7.Ⅳ式樽（M2：79）　8.卮及底部纹饰（M2：63）　9.卮（M2：64）　10.纺锭（M2：47）

三、各期典型器物组合的变化规律

各组组合变化有一定的规律，多数器物具有明显的传承性（表2）。

表2　湖南楚汉典型漆器类型、组合、分期一览表

段期 \ 类型		俎	豆	几	案	耳杯	盒	奁	卮	樽	虎子	笭床	木俑	镇墓兽
二期二段	一组	Ⅰa Ⅰb		Ⅰ	Ⅰ									Ⅰ
二期三段	二组					AⅠ								Ⅱ
三期四段	三组		Ⅰ Ⅱ	Ⅱ Ⅲ	Ⅱ	BⅠ	Ⅰ					A	Ⅰ	Ⅲ
三期五段	四组	Ⅱ	Ⅲ			AⅡ BⅡ		Ⅰ		Ⅰ		BⅠ BⅡ CⅠ		
四期六段	五组		Ⅳ		Ⅱ			Ⅱ			Ⅰ			

续表

四期七段	六组	Ⅲ				AⅢ BⅢ				Ⅱ		BⅢ BⅣ CⅡ	Ⅱa Ⅱb	Ⅳ
五期八段	七组			Ⅳ	Ⅲ	AⅣ	Ⅱ Ⅲ	Ⅲ Ⅳ Ⅴ	Ⅰ Ⅱ		Ⅱ		Ⅲa Ⅲb Ⅲc Ⅲd Ⅲe	
六期九段	八组							Ⅵ						
六期十段	九组		Ⅴ			AⅤ				Ⅲ Ⅳ				

1. 一期春秋中晚期

器类很少，品类单一，漆器仅存红色痕迹，以及漆木兵器有戈柲、剑鞘、木弓。

2. 二期战国早期

器类少，但漆木礼器较多，以Ⅰ式俎、Ⅰ式几、Ⅰ式案、杖为主，不见鼎和豆；漆木生活用具有A型Ⅰ式耳杯，其他生活器具比较匮乏；漆木竹娱乐用具有Ⅰ式瑟、鼓；漆木丧葬用具有Ⅰ式、Ⅱ式镇墓兽、鹿、车器等。代表性的墓葬有长沙浏城桥M1，属于一类大夫级贵族墓。长沙留芳岭M3，属二类士一级贵族墓。

3．三期战国中期

器类逐渐增多，漆木礼器较齐全，但俎的数量减少，有Ⅱ式俎，这时豆、几和案类器具比较多，有Ⅰ式、Ⅱ式和Ⅲ式豆，Ⅱ式和Ⅲ式几，Ⅱ式案和匕；漆木生活用具以A型和B型耳杯最为发达，有A型Ⅱ式耳杯、B型Ⅰ式和Ⅱ式耳杯，其次盒、Ⅰ式奁、樽类器具也非常多，有Ⅰ式樽；漆木竹娱乐用具有Ⅱ式瑟；兵器有Ⅰ式和Ⅱ式剑椟；漆木丧葬用具以笭床最为精美，品类繁多，有A型笭床，B型Ⅰ式和Ⅱ式笭床，C型Ⅰ式笭床，还有Ⅰ式木俑和Ⅲ式镇墓兽等。

值得一提的是，这时期出现了单虎座、双虎座、虎座凤鸟鼓架、编钟架、编磬架等大型器具，还出现了扇柄、箱、枕、樽、杯、壶、勺、钫、琴等前期罕见生活品类器具。代表性的墓葬有临澧九里楚墓群、长沙茅亭子M1、常德德山楚墓M25、湘乡牛形山M1等，属于一类大夫级贵族墓和二类士一级贵族墓。长沙荷花池M1、长沙马益顺巷M1、长沙左家公山M15、常德德山夕阳坡M2，属于一类大夫级贵族墓和二类士一级贵族墓。

4．四期战国晚期

器类丰富，除个别大夫一级高级贵族墓出土较齐全的漆木礼器外，其他墓随葬漆木礼器明显减少，有Ⅲ式俎；兵器有Ⅲ式剑椟；漆木生活用具有A型Ⅲ式耳杯、B型Ⅲ式耳杯、Ⅱ式樽、Ⅱ式奁、Ⅰ式虎子；漆木丧葬用具有B型Ⅲ式和Ⅳ式笭床，C型Ⅰ式和Ⅱ式笭床，Ⅱa式和Ⅱb式木俑，Ⅳ式镇墓兽。

这时期新出现了虎子、铭文樽、木飞鸟、双箍奁、双虎头形琴等新器类。代表性的墓葬有桃源县三元村M1、长沙烈士公园M3等，长沙杨家湾M6，属二类士一级贵族墓。常德德山寨子岭M1、常德德山寨子岭M4一类墓也有此漆器组合。

5. 五期西汉早期

器类非常丰富，器物组合以实用器具为主，品类齐全，型式较多，涉及礼器、乐器、兵器、葬具和各种生活日用品等，特别是盘、卮、耳杯的数量和种类都很多。漆木礼器越来越少，其中尤以马王堆汉墓出土的鼎、匕和杖最为罕见，此外有Ⅳ式几、Ⅲ式案，许多器具已转化为日用器具；漆木生活用具有A型Ⅳ式耳杯、Ⅲ式、Ⅳ式、Ⅴ式奁、Ⅱ式虎子、Ⅰ式和Ⅱ式卮；漆木竹娱乐用具有Ⅳ式瑟；漆木丧葬用具有Ⅲa、Ⅲb、Ⅲc、Ⅲd、Ⅲe式木俑。其中双层奁、枕、砚、箕、盂、锺、钫、箸、沐盆、兵器架等都为先秦墓葬所未见的新式样，这时期方耳杯、豆、镇墓兽、单虎座、双虎座、虎座凤鸟鼓架等楚文化特征明显器物已经绝迹。代表性的墓葬有长沙望城坡西汉渔阳墓、马王堆汉墓群、沅陵虎溪山M1、长沙咸家湖象鼻嘴M1、长沙咸家湖曹娱墓等，属王侯一级高级贵族墓。

6. 六期西汉中晚期

器类大致同前期，夹纻胎盘类型物大量出现，主要为生活用具，有Ⅴ式豆、案、A型Ⅴ式耳杯、Ⅵ式奁、Ⅲ式和Ⅳ式樽等。器物组合新出现了银釦金箔贴花盒、多子奁盒、长铭文耳杯和卮等。代表性的墓葬有长沙伍家岭M203、长沙望城风篷岭M1、永州鹞子岭M1和M2、长沙杨家山M304等，属贵族墓。

总而言之，从漆器器形和组合的发展序列可以看出，从春秋中期后段至西汉晚期，器形变化明显，器物组合也在不断发生着变化。追其原由，因为先秦时期“礼”的无所不在，造成漆器诸如鼎、俎、几、案、杖、豆、盘、匜、壶等许多器类的等级现象，至西汉早期漆器组合也仍有一定礼教含义，如鼎与匕、几与杖、盘与匜等组合，仍可瞥见到“礼”的余威。但是楚墓中习见的禁、俎和豆这些漆木大型礼器，在经历了秦文化的冲击后，似乎再没有得以延续，湖南众多汉初高级贵族墓葬中没有发现一件漆俎、禁、豆等。此外，先秦楚墓中所常见的漆木虎座飞鸟、虎鸟架鼓、漆鹿等到西汉时期已逐渐消失。至西汉中晚期，如有些学者所言“最终摈弃了战国漆器组合的传统，而以杯、盘、盂、樽、卮和用来放置这些物品的案及妆奁等日常实用器为固定组合，从而形成汉代的漆器组合风格”[①]（表3~5）。

①洪石著：《战国秦汉漆器研究》，文物出版社，2006年。

表3 漆木礼器演变一览表

期段	鼎	俎	豆	匕	几	案	杖
二期二段战国早期		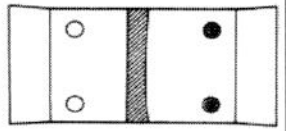 长沙浏城桥M1(I b式)			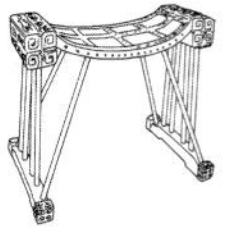 长沙浏城桥M1∶1(I式)	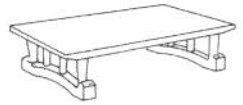 长沙浏城桥M1∶6(I式)	 长沙浏城桥M1∶95
三期四段战国中期			 临澧九里M1（I式）  长沙茅亭子M1∶28(II式)	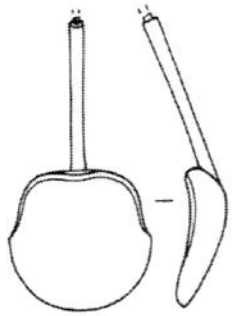 汉寿株木山乡周家冲M24∶17-2	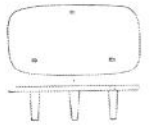 慈利石板村M23∶2  常德德山楚墓M25∶16（II式） 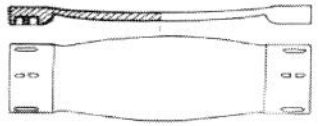 长沙茅亭子M1∶37（II式）  湘乡牛形山M1∶北1（Ⅲ式）	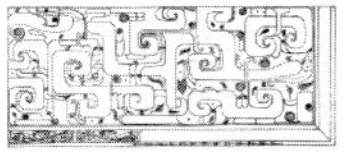 临澧九里M1∶46 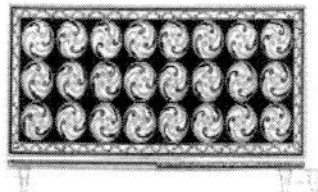 湘乡牛形山M1：22（II式）	

续表

期段	鼎	俎	豆	匕	几	案	杖
三期 五段 战国 中期		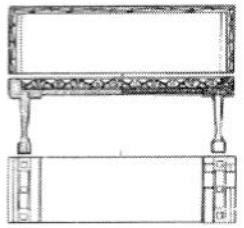 长沙马益顺巷 M1 : 69（Ⅱ式）	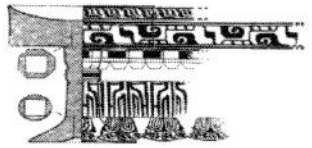 长沙马益顺巷 M1 : 3（Ⅲ式）	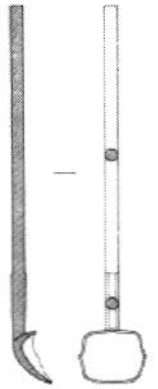 常德德山 夕阳坡M2 : 24	 长沙马益顺巷 M1 : 17  常德德山 夕阳坡M2 : 10	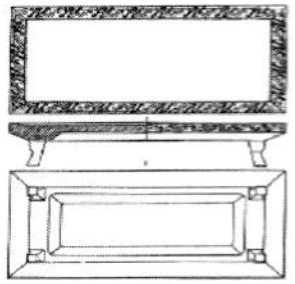 长沙马益顺巷 M1 : 20	
四期 六段 战国 晚期			 长沙烈士公园 M3 : 8（Ⅳ式）				
四期 七段 战国 晚期	 长沙楚 墓出土	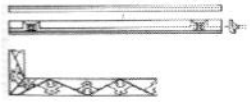 常德德 山寨子岭 M4 : 44（Ⅲ式）		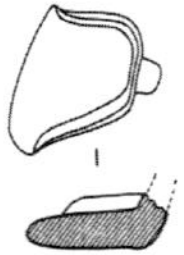 长沙杨家湾 M6 : 98		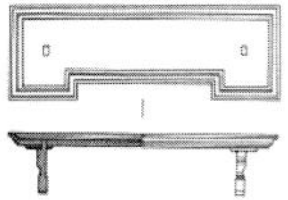 常德德山寨子岭 M1 : 24	

续表

期段	鼎	俎	豆	匕	几	案	杖
五期 八段 西汉 早期	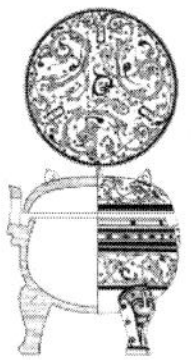 马王堆 M3∶东66 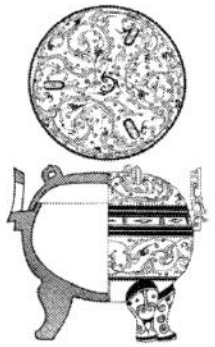 马王堆 M1∶100			 马王堆 M3∶东5  马王堆 M1∶118  沅陵虎溪山 M1T∶127	 长沙渔阳墓 B∶385  马王堆 M3∶北158（Ⅳ式） 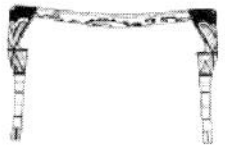 马王堆 M1∶445	 马王堆 M3∶西9  马王堆 M1∶273（Ⅲ式） 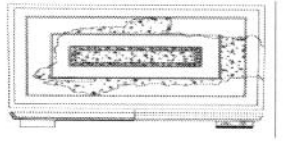 沅陵虎溪山 M1T∶20	 马王堆 M1∶436
六期 十段 西汉 晚期			 长沙望城风篷岭 M1∶114（Ⅴ式）			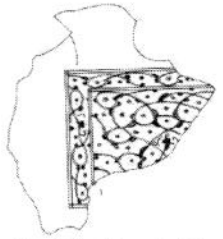 永州鹞子岭 M2∶76	

表4　生活用具演变一览表

期段	耳杯	盒	樽	卮	奁
三期四段战国中期	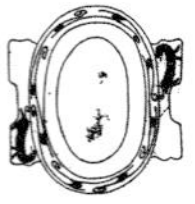 临澧九里M1∶10  临澧九里M1(B型Ⅰ式)  慈利石板村M23∶1	 临澧九里M1∶9  临澧九里M1（Ⅰ式） 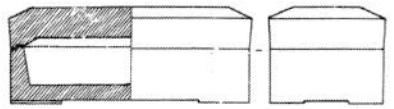 长沙茅亭子M1∶34			 临澧九里M4∶62
三期五段战国中期	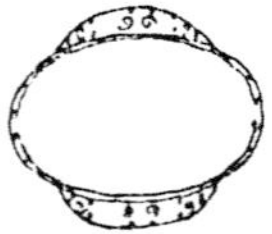 长沙荷花池M1∶33	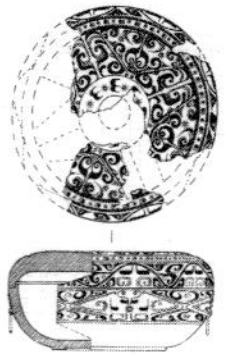 长沙马益顺巷M1∶22	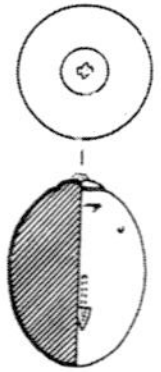 长沙马益顺巷M1∶12		

续表

期段	耳杯	盒	樽	卮	奁
三期 五段 战国 中期	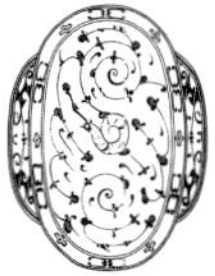 长沙左家公山 M15:13（A型Ⅱ式）  长沙马益顺巷M1:65 （B型Ⅱ式）  常德德山夕阳坡M2:2	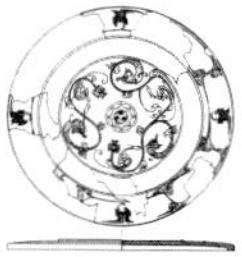 益羊粮M18:7 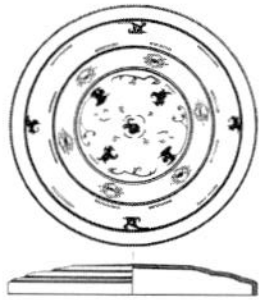 益羊粮M18:23	 长沙颜家岭乙 M35:16（Ⅰ式） 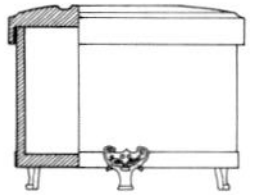 常德夕阳坡M2:28 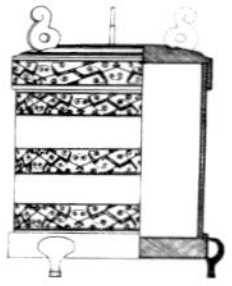 益羊粮M18:26		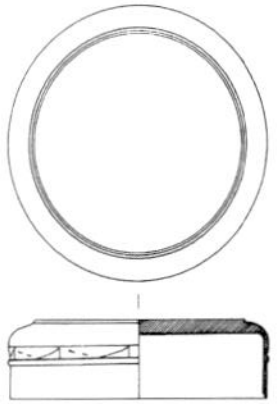 益羊粮M18:32
四期 六段 战国 晚期	 桃源县三元村M1:15		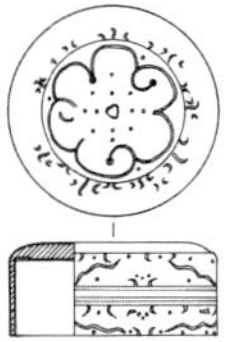 桃源县 三元村 M1:3		

续表

期段	耳杯	盒	樽	卮	奁
四期六段战国晚期	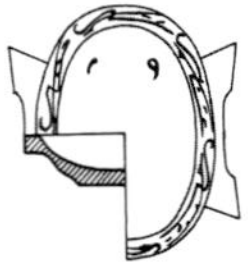 长沙五里牌M3:2		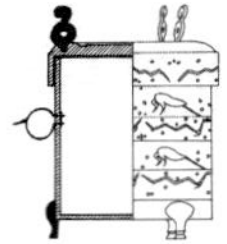 桃源县三元村M1:14		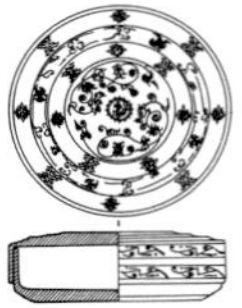 长沙五里牌M3:9（Ⅱ式）
四期七段战国晚期	 长沙杨家湾M6:109（A型Ⅲ式）  长沙杨家湾M6:96（B型Ⅲ式）  长沙留芳岭M1:1（B型Ⅱ式）	 长沙柳家大山M33:32  长沙杨家湾M6:116 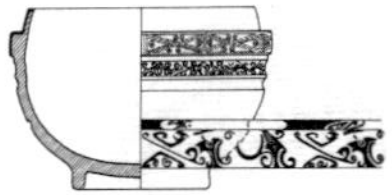 常德德山寨子岭M1:47	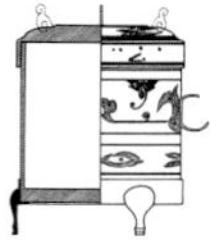 长沙柳家大山M33:25 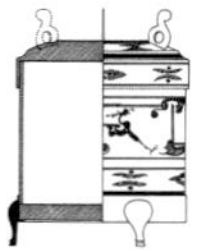 长沙杨家湾M6:48（Ⅱ式）  长沙三眼塘楚墓		 长沙杨家湾M6:55  长沙杨家湾M6:46

续表

期段	耳杯	盒	樽	卮	奁
五期 八段 西汉 早期	 马王堆 M2：西1 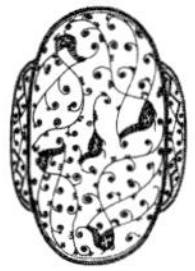 长沙渔阳墓 C：184-1  马王堆 M3：北122-2  马王堆 M1：156 （A型Ⅳ式）  沅陵虎溪山 M1T：101	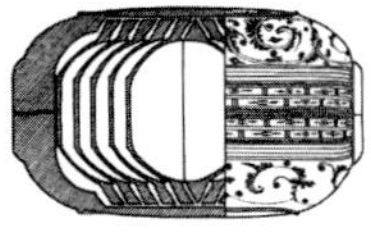 长沙渔阳墓 C：184（Ⅲ式）  马王堆 M3：东36（Ⅱ式） 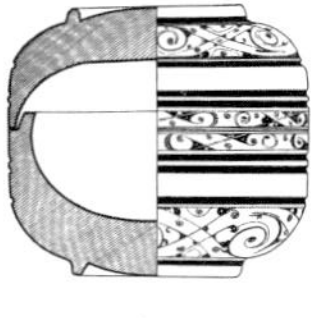 马王堆M1：70	 长沙砂子塘M1	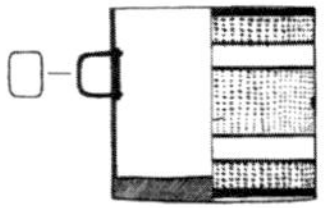 长沙渔阳墓B：67  马王堆 M3：西25（Ⅰ式） 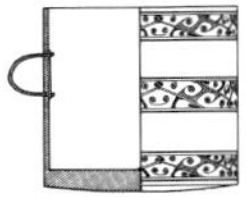 马王堆 M3：东26（Ⅱ式）  马王堆M1：388	 马王堆M2：北31  长沙渔阳墓A：50 （Ⅲ式）  长沙渔 阳墓 D：72  马王堆 M3：东52 （Ⅳ式）  马王堆 M3：北 160（Ⅴ 式）

续表

期段	耳杯	盒	樽	卮	奁
五期 八段 西汉 早期	 长沙咸家湖曹娱墓:141			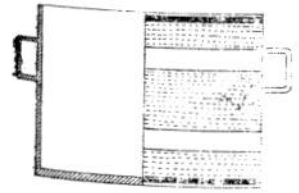 长沙咸家湖曹娱墓:180	 马王堆 M1:443 （V式） 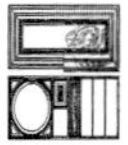 长沙咸家湖曹娱墓:47
六期 九段 西汉 中晚 期	 长沙伍家岭M203:4	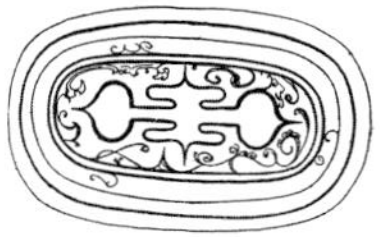 长沙伍家岭M203:49	 长沙杨家山王后冢		 长沙杨家山王后冢（Ⅵ式）
六期 十段 西汉 晚期	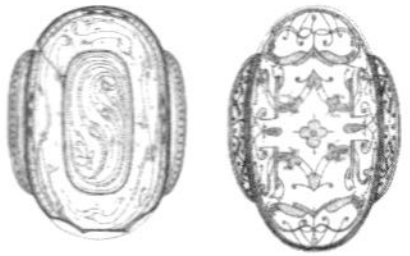 长沙“12·29”被盗古墓M5  永州鹞子岭 M2:77 （A型V式）	 长沙望城 风篷岭M1:145  永州鹞子岭M2:26	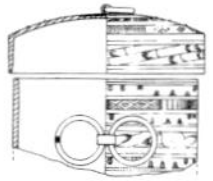 永州鹞子岭 M2:61（Ⅲ式） 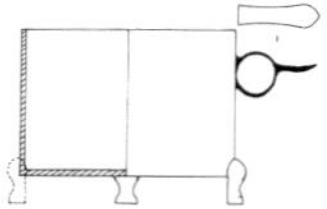 永州鹞子岭M2:79 （Ⅳ式）	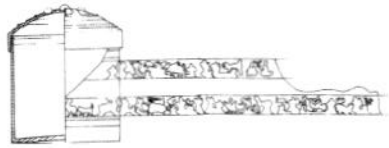 永州鹞子岭M2:63 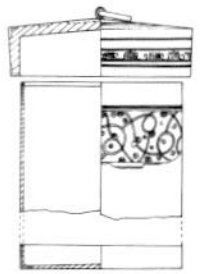 永州鹞子岭M2:64	 长沙杨家山M1

表5　丧葬用具演变一览表

期段	木俑	镇墓兽	虎座凤鸟架鼓（凤鸟）	笭床
二期 二段 战国 早期		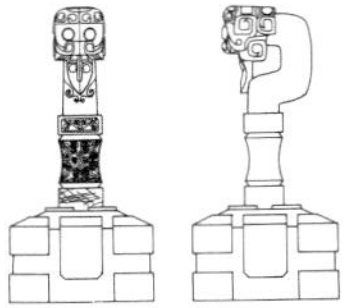 长沙浏城桥M1：21（Ⅰ式）		
二期 三段 战国 早期		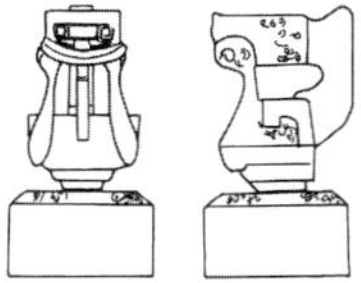 长沙留芳岭M3：11（Ⅱ式）		
三期 四段 战国 中期	 临澧九里M1：19  常德德山楚墓 M25：15	 临澧九里M1 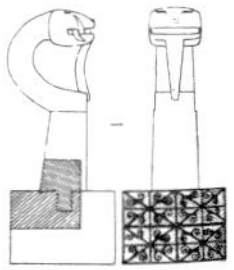 慈利石板村 M23：1 6	 临澧九里M1  汉寿株木山乡周家冲M24	 常德德山楚墓M25（A型）

续表

期段	木俑	镇墓兽	虎座凤鸟架鼓（凤鸟）	笭床
三期四段战国中期	 汉寿株木山乡周家冲M24:8（Ⅰ式）  湘乡牛形山M1	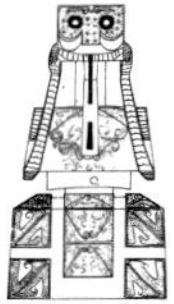 长沙茅亭子M1:36（Ⅲ式）  湘乡牛形山M1:南37（Ⅲ式）	 长沙茅亭子M1:3 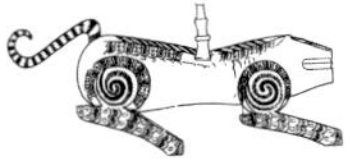 长沙茅亭子M1:4虎座  湘乡牛形山M1	
三期五段战国中期	 长沙仰天湖M25  常德德山夕阳破M2:9	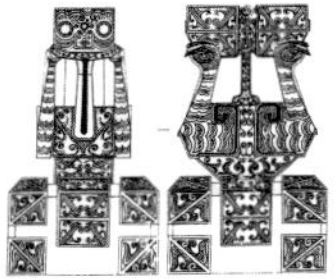 长沙马益顺巷M1:5、6（Ⅲ式） 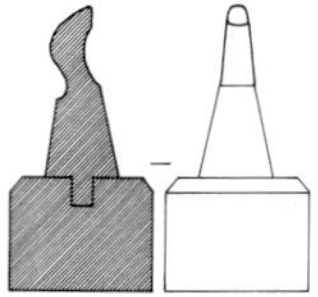 常德跑马岗M21:10	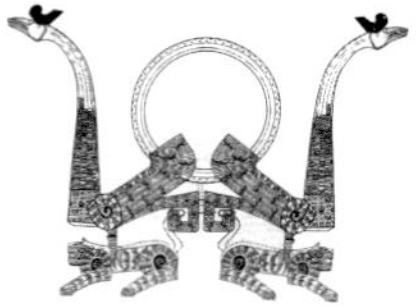 长沙马益顺巷M1:1、2、4、7、8、16	 长沙仰天湖M25（C型Ⅰ式）  长沙左家公山M15（B型Ⅱ式）

续表

期段	木俑	镇墓兽	虎座凤鸟架鼓（凤鸟）	笭床
四期 六段 战国 晚期	 长沙五里牌 M406			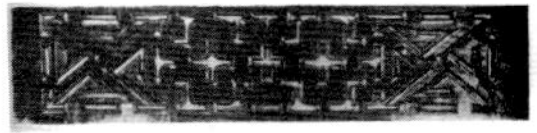 长沙烈士公园M3
四期 七段 战国 晚期	 益阳农校M3 : 3 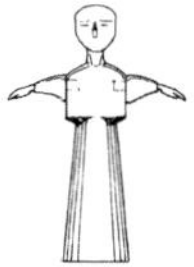 益阳农校M3 : 28 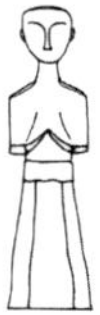 益阳农校M3 : 26	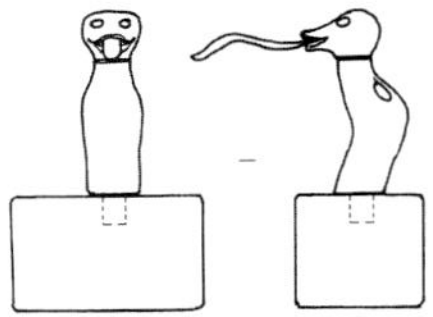 益阳农校M3 : 4、7、13、20 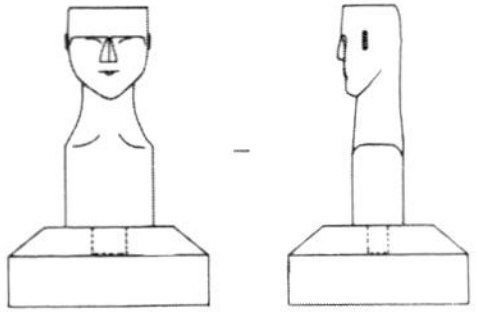 长沙杨家湾M6 : 42 （Ⅳ式）	 长沙楚墓出土 彩绘木雕双蛇座对鹤 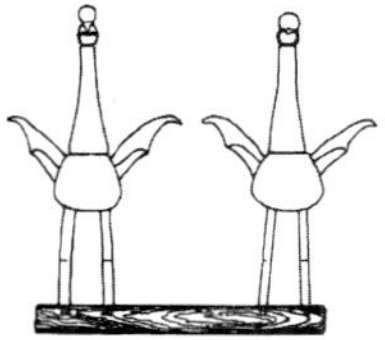 益阳农校M3 : 5、9、15、 17、19、21、24、34、38	 长沙杨家湾M6 （A型）  长沙砂子塘居民点M6 （C型Ⅰ式）

续表

期段	木俑	镇墓兽	虎座凤鸟架鼓（凤鸟）	笭床
四期 七段 战国 晚期	 长沙杨家湾M6 : 5（Ⅱa式） 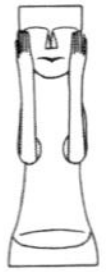 长沙杨家湾M6 : 41（Ⅱb式）  常德德山寨子岭M1 : 30  长沙楚墓出土	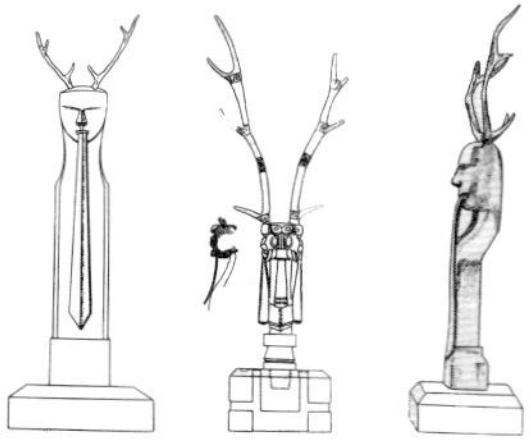  长沙楚墓出土	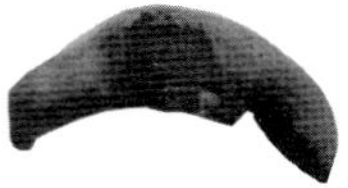  长沙楚墓出土	 长沙五一路M13（B型Ⅲ式） 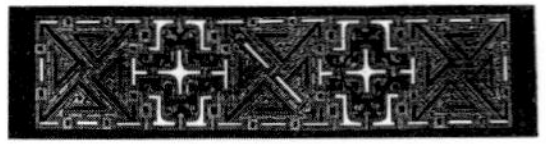 长沙仰天湖M14（B型Ⅳ式）  长沙仰天湖M26（C型Ⅱ式）  常德德山楚墓M50（C型Ⅱ式）

续表

期段	木俑	镇墓兽	虎座凤鸟架鼓（凤鸟）	笭床
五期 八段 西汉 早期	 马王堆 M1：396（Ⅲa式）  马王堆 M1：237（Ⅲb式）  马王堆 M1：411（Ⅲc式） 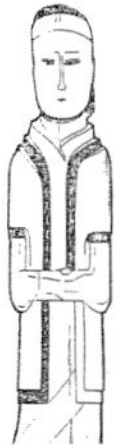 马王堆 M3：北151（Ⅲd式）  马王堆 M1：457（Ⅲe式）			 长沙咸家湖曹撰墓

第四节　文字与符号发展变化

湖南楚汉墓葬出土漆器上的文字，其书写方式有烙印、刻画、漆书和盖印章等形式，有的集多种书写形式于一体。从文字内容看主要分为制造者标记和物主标记二大类。

一、制造者标记

漆器上制造者标记包括作坊标志、物勒工名计数和制作年号。由于湖南地处南楚，春秋末期至战国早期墓葬所出漆器不多，没有发现铭文。到战国中晚期漆器铭文增多，发现了有明确的制造者标记的漆器铭文，其文字内容有长有短。如标有作坊标志的漆器，长沙楚墓出土漆羽觞分别刻有“[illegible]里甬”、“杜里[illegible]”和“舆里周”，长沙沙湖桥19号楚墓出土漆耳背面漆书文字“□[illegible]”，这些是漆器作坊所在地的里名。“里”后的文字，则是作器工匠的名字，“里”在我国战国晚期至秦汉时期是最小的行政单位，如同今天农村的“村”和城市的“区”。标有物勒工名和制作年号的漆器，长沙杨家湾6号楚墓出土漆耳杯20件底部有“市攻”二字圆形戳印，“市攻”即“市工”，意即市所属的工官或工匠。长沙楚墓出土廿九年漆卮和德山寨子岭1号楚墓出土十七年盒，分别刻制造者、工官、制作年号等铭文。

至西汉长沙国时期，漆器除小部分产自蜀郡、广汉郡工官外，大部分产自本土。长沙国有王侯及高级贵族经营的地方性官府漆器作坊，也有私人作坊，所以标有明确产地的漆器铭文明显增多，且数量庞大，至西汉中晚期铭文越来越长。如马王堆1号墓漆器除戳记有“成市草”、“成市饱”等铭文外，其中213号卮的戳记为“南乡□”铭文，马王堆3号墓许多漆器上也有“南乡草”、“南乡□”、“中乡□□”等烙印戳记。望城谷山被盗汉墓所出漆器制地铭文，涉及到11县均系长沙国管辖之地。

这时期出现了标有制作年号的漆器。望城谷山被盗墓有36件漆器中有纪年，这批漆器纪年采用“四年”、“六年”、“七年”、“九年”、“十年”、“十一年”、“十□年”、“十七年”刘氏长沙王连续纪年方式。风篷岭1号西汉墓出土了一件“二年三月己酉”纪年皮残片，根据该墓出土铜器有“长沙元年”纪年铭文推断，漆皮纪年铭文“二年三月己酉”推断为某代长沙王的纪年，指某代长沙王之二年，非汉代某代皇帝的纪年[①]。永州鹞子岭1号墓出土的实柄漆豆形器（残）底部朱书铭文“泉陵侯家官，第三。河平二年八月，工张山、彭兄缮”[②]。可能为制造者所做的标记，其“家官”应为泉陵侯府漆器生产的管理者，他在记录该漆器“缮”的时间时使用了汉中央成帝的纪年，即“河平二年（前27）八月”。“工张山”为承担具体生产劳动者。如长沙王后墓漆器铭文“杨子赣绪具子下之康四年治”，之康四年，疑为汉宣帝元康四年。蔡季襄先生认为此为长沙王刘发曾孙剌王刘建德之王后[③]。

---

①长沙市文物考古研究所：《长沙“12·29”古墓葬被盗案移交文物报告》，载《湖南省博物馆馆刊》（第六辑），岳麓书社，2010年；何旭红：《对长沙谷山被盗汉墓漆器铭文的初步认识》，载《湖南省博物馆馆刊》（第六辑），岳麓书社，2010年。

②贺刚：《湖南永州鹞子岭一号汉墓的墓主及其相关问题》，载《湖南省博物馆四十周年纪念论文集》，湖南教育出版社，1996年。

③中国科学院考古研究所编著：《长沙发掘报告》，《中国田野考古报告集·考古学专刊·丁种第二号》，科学出版社，1957年；蔡季襄：《西汉长沙王建德王后墓考》，湖南省博物馆资料。

二、物主标记

漆器上物主标记包括物主姓名、官爵等，还有容量、用途及吉祥用语等标志。湖南战国晚期楚墓出土的漆器上出现了物主标记，如长沙杨家湾6号楚墓出土漆奁上刻有“王二”姓名，不过这可能是物主姓名，也许是工匠名。

至西汉早期，标有物主姓名的漆器比较常见，如长沙望城坡西汉墓漆器针刻铭文“渔阳”，以及“长沙后府”封泥成为推测墓主人身份的重要依据，渔阳贵为吴氏长沙国王后，墓中出土有“陛下所以赠物”木楬，此为西汉皇帝赐予墓主长沙国王后“渔阳”的随葬品清单。此外，长沙杨姓王后墓漆器铭文“杨子赣绪饭盘”和“杨主家般”，长沙汤家岭1号墓漆器铭文“张端君酒杯□□”等，其中“渔阳”、“杨子赣”、“张端君”等当是物主姓氏。所要说明的是，这些也是长沙王后府漆器作坊的重要标志。

标明物主官爵和身份的漆器比较多。如马王堆汉墓漆器铭文“轪侯家”，长沙王后墓出土漆书“杨主家般（盘）”、“长沙王后家杯”等，这些漆器则以爵位和显赫身份标明物属。

带有官署标记的漆器也已出现。如长沙风篷岭1号西汉墓漆器残片上还标有“中永巷”、“家”、“□厨”文字，应为某代长沙王后府中设置的官署。

标明容量标记也常见于西汉漆器中。如马王堆汉墓漆器漆书容量文字有“二斗”、“四斗”、“石”、“一升”、“一升半升”、“二升”、“四升”等。这些漆器往往还加上用途标记，如“君幸酒”、“君幸食”等，有的则加上物主官爵“轪侯家”。

标明计数标记的漆器也普遍存在。如“渔阳”墓出土漆器有“五”等计数符号，沅陵虎溪山1号墓针刻有“沅五十三”、“沅卅九”、“沅百一十五”、“沅廿六”、“沅四十六上”等铭文。

出现少量商品广告用语标记的漆器。如长沙风篷岭1号汉墓出土的“张姬（或隶为“妊”）榜盘”，“榜”通“牢”，考古发掘中亦出土多件自铭为“牢”的漆盘。如朝鲜乐浪王旴墓出土漆盘铭文“永平十二年蜀郡西工夹纻行三丸治千二百卢氏作宜子孙牢”[1]，安徽马鞍山东吴朱然墓出土漆盘铭文“蜀郡造作牢”、“蜀郡作牢”[2]，其铭文上的“牢”有结实和坚固之意，为商品广告用语。

三、书体变化

湖南楚漆器铭文书写方式多为篆书或篆隶。篆书是大篆、小篆的统称。大篆指甲骨文、金文、籀文、六国文字，它们保存着古代象形文字特点。小篆也称“秦篆”，是秦国通用文字，大篆的简化字体和向隶书的过渡字体，至战国晚期各国普遍采用这种书写方式。篆隶保留着较多的篆书形体结构，但多用隶书的笔意书写构形。然而，湖南战国晚期楚墓出土受楚文化影响的秦制漆器铭文还采用南楚人书写习惯，如廿九年卮针刻文字小如粟米，外面刻有周正的长方框，内刻铭文四行。而十七年盒器底正中也有一锥刻长方形框，内刻铭文四行，如同西汉中期以后出现的印

---

①［日］梅原末治：《支那汉代纪年铭漆器图说》，京都桑名文星堂，1944年。

②安徽省文物考古研究所等：《安徽马鞍山东吴朱然墓发掘简报》，《文物》1986年第3期。

章式制造标记。

湖南汉代漆器铭文书写方式为篆隶或古隶。古隶是与秦隶基本相同的字体，但隶变痕迹明显，笔画上点、挑、波、磔并举，线条运用则方圆并用，粗细相间。西汉早期文字内容较简单，多为生产单位和工序，是当时“物勒工名，以考其诚”产品责任制度的反映，出现了纪年款，以马王堆汉墓漆器铭文隶变尤为突出。

至西汉中晚期出现比较成熟的汉隶。汉隶是指那种字体呈正方或扁方形，笔画以方折为主，横画方入尖收，或蚕头雁尾并用，比较工整、成熟的隶书。西汉中晚期以后烙印款识逐渐减少，多以刻画、漆书文字为主，至魏晋时期基本上都是漆书。这时期书写方式以成熟的汉隶为主，字体劲秀洒脱，尤具代表性的主笔捺脚，即“蚕头燕尾”最为凸显。这时期刻写铭文越来越长，特别是蜀郡、广汉郡工官及考工、供工制造的漆器，款识内容包括纪年、制地、器名、监官、容量、工序、匠名等，还出现了以皇帝年号和长沙国诸侯王纪年的款识，其中以长沙风篷岭西汉墓和永州鹞子岭西汉墓出土漆器铭文最具代表性（表6）。

表6　湖南楚汉漆器主要文字与符号发展变化一览表

一、制作者标记

战国	
作坊标记	 长沙沙湖桥M19耳杯针刻“里”  长沙楚墓出土漆器针刻“里”
物勒工名	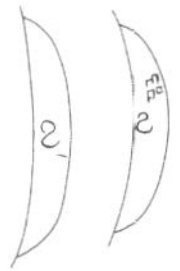 桃源三元村M1耳杯M1：39、M1：41耳杯右耳背面刀刻“巳一”、“雷巳”  桃源三元村M1：40耳杯平面背面刀刻“□工□”  长沙五里牌M3耳杯烙印文字 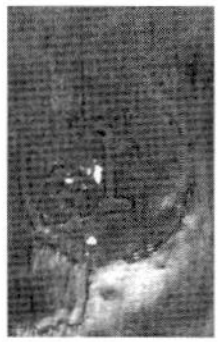  长沙杨家湾M6耳杯戳印“市攻” 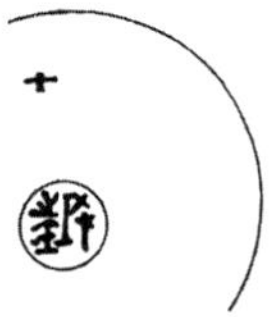 溆浦马田坪M20漆盆底部烙印文字
制作年号	 长沙三眼塘楚墓樽针刻“廿九年大（太）后詹事，丞向，右工师象，工大人台” 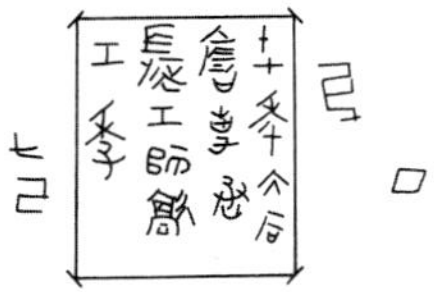 常德德山寨子岭M1盒针刻“十七年大（太）后詹事丞𩬿（𩬿），工师歒，工季。”方框外左刻有“上巳”字样，右边刻有“𢎘”、“□”等符号

续表

西汉早期			
作坊 标记	 马王堆M3：东26卮烙印戳记	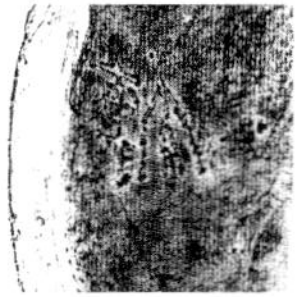 马王堆M3：南107 盂底部刻画“钦”	 马王堆M1：213 卮烙印戳记“南乡口”
	 马王堆M1：429 匜烙印戳记“成市草”、“成市饱”		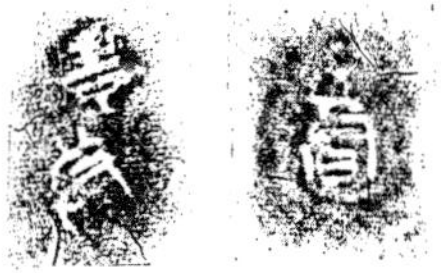 马王堆M1：121、122 匕烙印戳记
计数 标记	 长沙渔阳墓B：75 盂针刻“渔阳九”	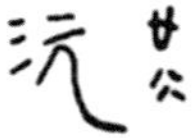 沅陵虎溪山M1N：5盆 针刻“沅廿六”	 沅陵虎溪山M1N：95 耳杯针刻“沅卅九”
	 沅陵虎溪山M1T：118耳杯 针刻“沅四十六上”	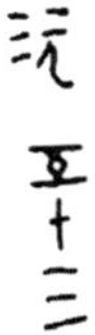 沅陵虎溪山M1T：54 耳杯 针刻“沅五十三”	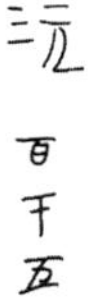 沅陵虎溪山M1T：101 耳杯针刻“沅百一十五”

续表

西汉中、晚期	
作坊标记	 长沙被盗古墓M5:001耳杯底烙印戳记“长沙□仓” 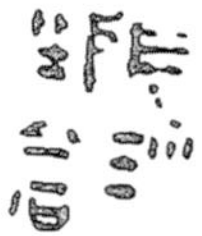 长沙被盗古墓M5:121杯底烙印戳记“长沙□仓”  长沙被盗古墓M5:007耳杯外侧朱漆书“门浅库”  长沙被盗古墓M5:006杯外侧朱漆书“零阳”  长沙被盗古墓M5:016杯外侧腹朱漆书“沅陵”，杯底烙印戳记“仓”字  长沙被盗古墓M5:029内底黑漆漆书“零”，杯底刻“左”，外侧上腹部刻“上”字，杯底部烙印戳记  长沙被盗古墓M5:064底烙印戳记“仓”字
物勒工名	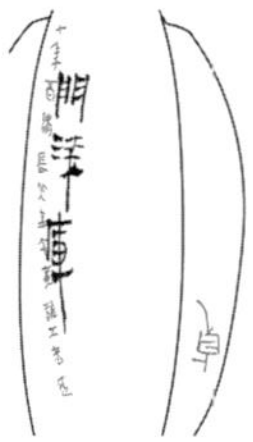 长沙被盗古墓M5:032杯外侧腹部朱漆书“门浅库”，腹部刻画有“七年酉阳长光丞午库谁工武造”。耳部刻“贞”  长沙被盗古墓M5:038盘口沿朱漆书“沅陵”，口沿刻画“十一年辰阳长尊丞□库燕工就造第卅九”，底烙印戳记“仓”字 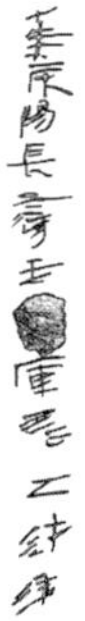 长沙被盗古墓M5:047杯底部刻画有“七年辰阳长尊丞口库燕工纟丰造”，底烙印戳记

续表

<table>
<tr><td colspan="2">西汉中、晚期</td></tr>
<tr><td>物勒工名</td><td>
长沙被盗古墓M5：124杯外朱书“□七年家官䛌中杯容二升半第卅五东官尚食”，杯外刻“□七年家官䛌中杯容二升半第卅五东官尚食”，底烙印戳记“东官”

长沙被盗古墓M5：009杯外朱漆书“门浅库”，耳部刻画有“七年门浅长平丞都库应工勇造”，耳部刻“贞

永州鹞子岭M1豆朱书“泉陵家官第三河平二年八月工张山彭兄缮”

永州鹞子岭M2：61樽锥刻“乘舆髹汧画纻黄涂辟耳三升樽盖。绥和元年考工工宗缮。汧工丰、护臣隆、佐臣讲、守啬夫臣谈、掾臣章主、守右丞臣□、令臣□□”
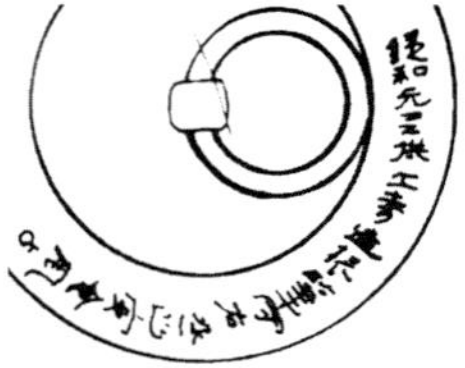
永州鹞子岭M2：64卮盖上锥刻“绥和元年，供工考造。掾肇、守右丞□、守令□占”

永州鹞子岭M2：64卮底部锥刻“鸿嘉五年。供工工敞造。护望、守啬夫护、掾宗主、右丞茂、令咸省、一□”</td></tr>
</table>

续表

西汉中、晚期				
物勒工名	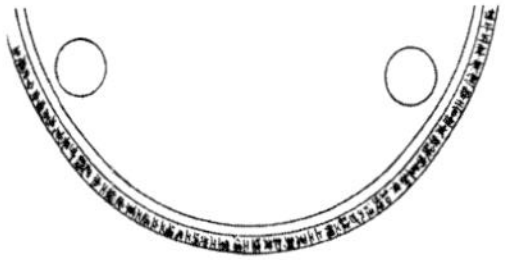	永州鹞子岭M2：66 盘锥刻“建平五年，广汉郡工官造乘舆髹洀画纻黄釦旋，径九寸。髹工福、上工恩、铜釦黄涂工伟、画工武、洀工忠、清工立、造工章造。护工卒史显、守长竟、丞尚、掾宗、令史梦主”		永州鹞子岭M2：77耳杯锥刻“元延三年，广汉郡工官造乘舆髹洀画木铜耳黄涂棓，容一升十六龠。素工戎、髹工真、上工护、铜耳黄涂工诩、画工尊、洀工威、清工顺、造工贺造。护工卒史隆、长骏、丞尚、掾商、守令史武主”
制作年号		长沙望城风篷岭M1漆皮书“……□百八十（左起，第一列）二年三月己酉中厩（第二列）驺周秀买夷廿一（第三列）”		
计数标记		长沙望城风篷岭M1漆皮书“……□□（左起，第一列）……□百八十（第二列）……□中厩（第三列）……□（第四列）”		

二、物主标记

<table>
<tr><td colspan="2">战国</td></tr>
<tr><td>物主姓名（或官爵）</td><td>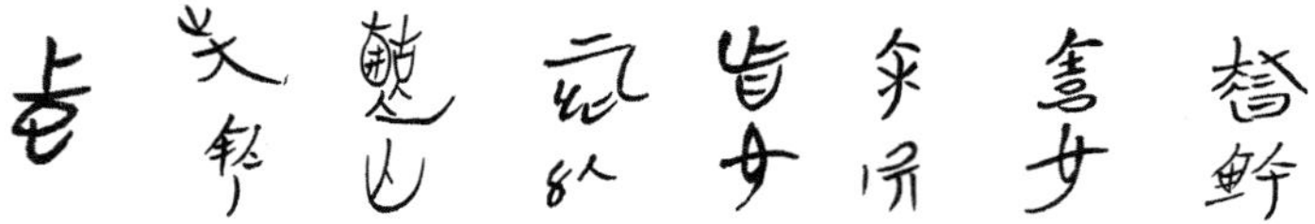
长沙五里牌M406:2、4、9、11、13、14、16木俑襟书文字</td></tr>
<tr><td>用途标记</td><td>
长沙五里牌M406东面壁板B01:1上刻“自”、“自上一”

长沙五里牌M406南面壁板B04:1、B04:2板上刻“右”、“又”
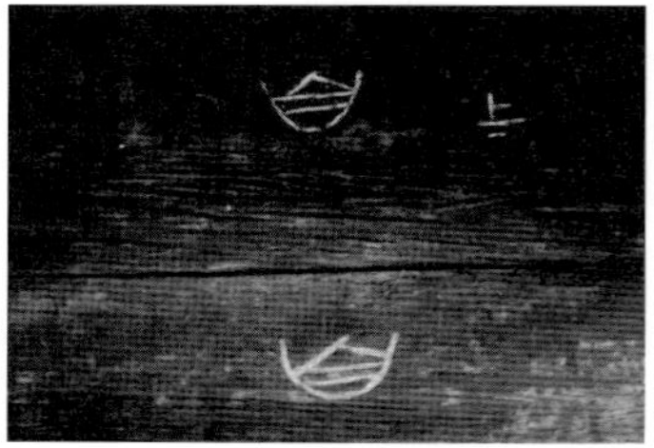
长沙五里牌M406西面壁板B03:1、B03:2上刻“自上一”、“自”</td></tr>
<tr><td colspan="2">西汉早期</td></tr>
<tr><td>物主姓名</td><td>
长沙渔阳墓MB:689耳杯、MA:95盂上刻“渔阳”</td></tr>
</table>

续表

西汉早期					
物主官爵	 马王堆M3：东52奁上漆书“轪侯”	 马王堆M1：128食盘漆书“轪侯家”		 马王堆M1：235戴冠男俑的圆头鞋漆书“冠人”	
容量标记	 马王堆M1：128耳杯漆书“一升”	 马王堆M1：164耳杯漆书“一升半升”	 马王堆M3：东66鼎上漆书“二升”	 马王堆M3：西20壶上漆书“三升”	 马王堆M1：223耳杯漆书“四升”
	 马王堆M1：70盒漆书“六升半升”	 马王堆M3：南166食盘上漆书“九升”	 马王堆M1：137卮漆书“十升”	 马王堆M3：西7锺上漆书“石”	
用途标记	 长沙渔阳墓题凑上的题记“丙（渔）阳是（题）凑广一尺……广□尺八寸”		 长沙渔阳墓内椁北墙板上刻“西北禺丙一”		 长沙渔阳墓内椁南墙板上刻“西南禺甲一”

续表

西汉早期	
用途标记	 马王堆M3西底板刻“西” 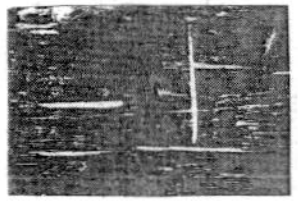 马王堆M3中底板刻“上二”  马王堆M3足挡外壁板刻“北囷” 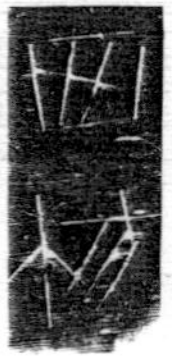 马王堆M3椁室下层边框刻“西枋”  马王堆M3骰  马王堆M1两层底板间的暗梢底部墨书“北东” 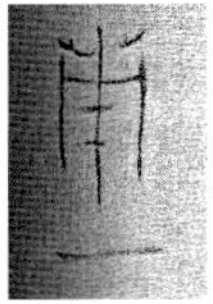 马王堆M1顶板上的墨书“南一” 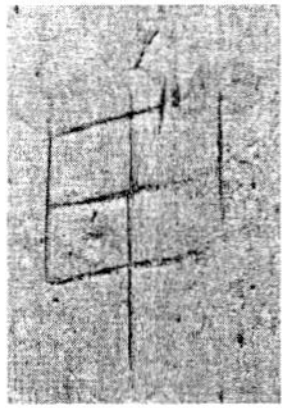 马王堆M1上层盖板刻文“甲”  马王堆M1∶194耳杯漆书“君幸食”  马王堆M1∶151耳杯漆书“君幸酒”
西汉中、晚期	
物主姓名	 长沙伍家岭M203∶4耳杯背面漆书“贾”  长沙汤家岭M1残片漆书“张端君酒杯□□”  长沙杨家山王后冢漆盘漆书“羽氏”  长沙望城风篷岭M1残片漆书“广”

续表

<table>
<tr><td colspan="2">西汉中、晚期</td></tr>
<tr><td>物主
官爵</td><td> 长沙王后冢出土“王后家宫”盘［汉（二）23:4］
 长沙王后冢出土“今长沙王后家盘”［汉（二）23:4］
 长沙王后冢出土“杨主家盘”［史（3）28］
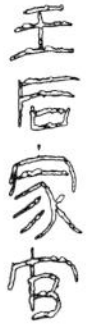 长沙被盗古墓M5:001刻“王后家官”
 长沙被盗古墓M5:022杯刻“食官中盘”
 长沙望城风篷岭M1:106耳杯漆书“长沙王后家杯”
 长沙望城风篷岭M1漆皮上书“……永巷果槃”
 长沙望城风篷岭M1漆皮书“中永巷”
 长沙望城风篷岭M1漆皮书“□厨”
 永州鹞子岭M2:64卮器外底朱书“大官”
 长沙左家塘新M1:40椁壁刻铭文“伯长菨”</td></tr>
<tr><td>广告
用语</td><td> 长沙望城风篷岭M1:106盘朱漆书“张娅（或姬）榜盘”
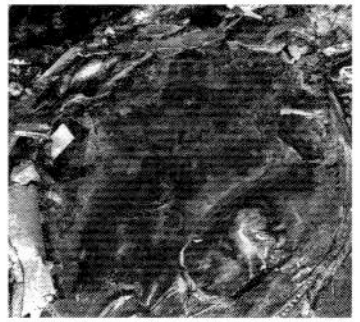 长沙望城风篷岭M1漆皮书“宜酒食”</td></tr>
</table>

第五节　工艺与纹饰发展序列

目前学术界已经越来越意识到髹饰工艺、纹饰风格的演变对于漆器断代的价值，其显然有助于人们重建早期湖南漆器艺术发展史研究的追求和增加对古代湖南地区社会的了解。湖南楚汉墓出土漆器纹样主要分为动物纹与超自然力的神兽纹、植物纹、几何纹与自然景物纹、人物故事纹与神话传说等四类，从战国早期至西汉晚期各有其发展变化规律（表7~10）。

一、发展变化序列

1．一期春秋中期后段至晚期

由于出土器类很少且保存不好，漆器仅存红色痕迹，不见纹饰。

2．二期战国早期

这时期器类较少，以木胎为主，漆器上的纹样少见，装饰手法多以雕刻后再髹一色黑漆为主，也有红黑相间的纹饰，其纹饰特点：（1）出现了少量的动物类纹样，有雕刻龙纹，朱绘变形几何三角形凤鸟纹，并以二方连续纹样出现，图案较规整。这时期兽面纹与同时代的青铜器纹样十分相似；（2）几何形类纹饰比较单一，雕刻雷纹、云雷纹往往与兽面纹相结合，多髹一色黑漆，也有少量内勾云纹、网纹、菱形纹和绹纹等。

3．三期战国中期

战国中期所出漆器与湖北荆州楚中心地区同时期所出漆器风格相似。这时期器类逐渐增多，仍以木胎为主，漆器纹样、色彩和装饰方法明显多于战国早期，出现了早期的釦器，一般器物髹漆彩绘，漆色有朱红、黄、棕黄色、褐、黑等色。其纹饰特点：

（1）动物纹多于战国早期，动物纹中最常见的为龙纹、蟠螭纹、凤鸟纹和龙凤纹，并与云气纹相互缠绕组成图案。龙纹多以S形单龙或双龙的适合纹样形态出现于器物上，蟠螭纹时常交织在一起装饰于器物口沿及边沿部分。尤以凤鸟纹最为突出，它是楚漆器中屡见不鲜的命题，较之青铜时代的凤鸟图形更为活泼和奔放，春秋晚期以来出现具象和抽象凤鸟纹交替现象，至战国中期具象的凤鸟纹造型已十分优美，其形的基本要素如头、眼、嘴、冠、足、尾、翅和羽毛等一应俱全。如长沙左家公山15号楚墓漆耳杯，长沙颜家岭乙35号墓漆樽上的凤纹。而变形凤鸟也各具特色，它是一种不具备凤鸟整体形象、只具有象征性凤鸟造型的变形纹样，其图案多于战国早期。这个时期，不但几何三角形凤鸟纹变化多端，漩涡形云凤纹也开始流行，以临澧九里1号楚墓出土四方连续凤鸟纹案最为奇特，凤鸟的目、羽、翅和鸟身重组装饰成几何图案。龙凤纹在战国早期出现在湖北随县曾侯乙墓漆器装饰中，湖南战国中期偏早楚墓也出现了龙凤纹，龙凤成双成对，或三龙三凤，或二龙二凤，或一龙二凤。如长沙左家公山15号墓龙凤纹耳杯，龙头和凤头均具象，躯体以S形与云纹组合而成，极富运动感。牛形山1号墓龙凤纹几，龙纹尾部演变成了凤爪。此外，还有完全写实的鹤纹、虎纹、鹿纹、牛纹、犬纹、蛇纹等，生动逼真，形神兼备，在不同的环境中表现了迥异的形态；

（2）植物纹较少，出现了花瓣纹、树纹和草叶纹等；

（3）几何纹与战国早期相比明显增多，以云纹为例，有云雷纹、三角云雷纹、卷云纹、内勾云纹、树纹、勾连云纹等。此外还有山形太阳纹、弦纹、绹纹、菱形纹、方连纹、圆点纹、三角形纹、S形纹、方格纹、矩纹、连珠纹等；

（4）人物故事类纹样为新兴图案。如长沙颜家岭乙35号狩猎纹漆樽，反映了猎人勇斗野牛的情景：前一人持长戟刺向野牛，后一人作引弓待发状，牛则低首扬角、殊死抵御。下部分则绘有老者牵狗、猎犬追鹿、凤鸟飞奔和两鹤啄食等四组图案。其图案无论人物还是鸟兽均排列井然、有如剪影，纹饰构图生动活泼，故事情节紧张激烈，给人以一种惊心动魄的视觉冲击效果。

4．四期战国晚期

这时期器类丰富，胎质除木胎外，还出现了夹纻胎漆器，色彩和装饰方法多样，一般器物髹漆彩绘，漆色除朱红、黄、褐、黑等色外，还出现描金彩绘，说明这时期工匠已掌握金、银彩等难度较大的工艺。其纹饰特点：

（1）动物纹中龙纹、凤鸟纹较多，还有似蛇的蟠螭纹和吐吞的蛇纹，数龙相互蟠绕，这些动物纹往往与云气纹交织在一起。具象凤鸟纹更加优美，或昂首挺胸、阔步向前，或动态优美、宛如天仙，表现出一种生机勃勃的活力。变形龙凤纹与战国中期相比更具特色，有龙头凤身，也有似龙非龙，似凤非凤，构形奇特，为南楚地区典型的漆器纹样。如长沙杨家湾6号楚墓漆器上的抽象S形云龙纹，龙身弯曲成优美∽形，尾、爪、云混为一体，说它是云也罢，爪也行，一副随云飘摇的姿态，它以抽象的手法，不受任何约束，自由的表达意境，达到理想的装饰效果，体现了南楚漆器浪漫的艺术风格。漆卮、漆樽口沿部分变形凤鸟纹装饰带比以前更加图案化，十分生动。其他动物纹还有鹤、鹿、马等其他图案；

（2）植物纹样明显多于战国中期，比较常见纹样有柿蒂纹、花瓣纹、梅花纹、草叶纹等，特别是花瓣纹最具特色；

（3）几何纹更加活泼，这时期云气纹、卷云纹、勾连纹、勾连云纹、波折纹、涡纹等较多，雷纹和云雷纹较少。弦纹、绹纹、菱形纹、方连纹、变形方连纹、圆点纹、三角形纹、S形纹等几何纹更加变化多端；

（4）没有发现人物故事题材的纹样，但出现了神兽纹中似人非人的纹样。

5. 五期西汉早期

西汉早期漆器类型越来越多，胎质除木胎、夹纻胎外，还出现了少部分竹胎漆器。色彩和装饰方法多种多样，除传统的髹漆彩绘外，出现了锥画、堆漆、百宝嵌、釦器等漆器装饰工艺。湖南西汉早期漆器仍以红色为主调，艳丽的正红与正黑相配，光亮照人。此外，还发展为青、黄、白、绿、灰、金和银等多彩作画，这些色漆主要是用丹砂、石黄、雄黄、红土和铅粉等矿物颜料与漆和油调和而成。时间越早与战国晚期楚漆器风格相似，纹饰内容丰富，基本不见战国晚期楚墓中常见的蟠螭纹、云雷纹、三角形纹、绹纹、方格纹、网纹等纹样。这时期纹饰特点：

（1）动物纹中龙纹、凤纹比较多见，由于云气纹是汉初的主流纹饰，云气纹往往与动物纹结合成各种半抽象装饰的纹样，如云龙纹、云鸟纹、云气纹、卷云纹、云凤纹等，一般采用二方连续的构图方法，点线结合，疏密有致。抽象凤鸟几何云纹是汉初漆器上最常见的纹饰，比战国晚期抽象凤鸟纹更加图案化，凤鸟特点几乎被几何纹所替代，只保留凤鸟纹的个别符号，大胆运用象征性手法将具象凤鸟纹的基本元素提炼为一定程式化的几何装饰图案，既变化多端，又有规律可循，凸显了汉代漆器的时代特点。还有鱼、狸、鼠、兔和其他兽面纹等；

（2）植物纹样主要有柿蒂纹、花瓣纹、草叶纹等；

（3）几何纹主要为云气纹，云气纹还与植物等纹样相结合，形成花叶云纹、草叶云纹、火焰纹、几何云纹等。此外，有波折纹、涡纹、弦纹、菱形纹、方连纹、圆点纹、三角形纹、连珠纹、璧纹等；

（4）人物故事类纹样逐渐增多，这时期舞蹈纹、羽化升仙、狩猎纹等人物故事纹各具时代特点，代表性的纹样见于马王堆汉墓出土的彩绘漆棺、云纹漆奁、锥刻流云神禽漆卮等器具上，鸟兽奔跑于云气之中的云欜纹成为马王堆汉墓漆器上最具有代表性的图案。长沙砂子塘1号汉墓出土的外棺绘有黄色拱璧、凤鸟、流苏璎珞、虎豹、神人之类的图案，而凤鸟衔磬、豹背上坐羽翼神人等则为汉初常见纹饰。

6. 六期西汉中、晚期

西汉中、晚期是中国漆器工艺发展史上一个黄金时期，这时期器类丰富，有木胎、竹胎和夹纻胎漆器，尤以夹纻胎金银釦器漆器非常普遍，制作尤其精美。漆器用色更加丰富，受汉武帝太初元年（前104）发布诏令“改正朔，易服色”、“而色尚黄”的影响，一改汉初以红、黑为主调的图案，汉武帝以后便出现了以黄为主色调的漆器。漆膜光滑，细腻，腴润，很少用正红和正黑对比色，而是大量地采用酱紫、褐、黄褐、黑褐等为底色绘制图案，或是在朱色地上绘黄漆，在黑地上绘褐漆，漆绘色与漆底色色阶跨度不大。西汉早期墓葬中只有个别器物上饰有象牙、螺钿等镶嵌工艺。至西汉后期漆器上大量使用镶嵌装饰，工艺精湛，出现镶嵌金银、玛瑙、云母和玳瑁等多种材质的装饰手法，为后世漆器“百宝嵌”工艺之鼻祖，如长沙杨家山304号汉墓出土了贴金箔漆器。这时期纹饰特点：

（1）动物纹中的龙纹和凤纹仍比较常见，常常是云鸟幻为一体的世界，变体云纹勾连交错，像凤的翅、尾、爪，又像花枝叶蔓，龙纹和云纹也互相幻化，龙爪似云，龙尾也似云，撒腿奔跑的神兽四脚蔓草，曲线与色块、色带组合，盘心多太极图骨式图案。其他较常见的动物纹还有虎纹、牛纹、狗纹及其他兽纹；

（2）植物纹中柿蒂纹流行，多为银质箔片。花瓣纹、卷草叶纹也常见于漆器装饰上；

（3）几何纹中云气纹尤具特色，漆画简直就是一个云的世界，曲线、长线、细线的幻为一体。云纹不再是具体的形象，而是抽象线条的构成；

（4）人物故事纹，汉武帝以后，漆器纹饰出现了变化，一改汉初艺术风格，出现了宣扬孝子、义士、圣君、四灵、五灵和富有生活气息故事题材的图案，反映了当时人们尊崇儒家、信奉道教、“三纲五常”、“忠孝仁义”的伦理道德观。这时流行青龙、白虎、朱雀、玄武“四灵”纹。如长沙杨家山304号汉墓出土的银釦漆盒，上有金箔贴花纹饰，有红袍盘腿老者、拂袖起舞杂技者，还有飞禽走兽和几何卷云纹等图案。

第六节 纹饰演进的反思

从以上的分析中可以看出，战国早期至西汉晚期，湖南地区漆器纹饰风格的大致发展趋势是：

其一，南楚战国早期漆器风格只能算是模仿艺术，因为它与湖北荆州楚中心地区春秋晚期和战国早期出土的漆器风格十分相似；

其二，南楚漆器工艺一个全新的革命性的变化直到战国中晚期才出现，这一点被大量的考古发掘所证实；

其三，汉初马王堆汉墓等大批漆器资料主要出于楚旧地的湖南，主要继承了原有楚文化的因素。从总的发展趋势看，时间越早，越与战国晚期楚墓所出漆器风格接近，这些漆器既有先秦遗风的传承，又显现了其受湖南区域外界环境诸多因素影响而发生的变异；

其四，汉武帝以后，丝路畅通，促进了中西文化的交流，西汉漆器工艺在社会经济环境和外来异质文化的激发下，出现了一些新的因素。

梳理髹饰工艺和纹饰风格的变化序列，目的通过考古类型学的方法来对其进行分类，希冀建立其年代序列。但是，如果认为以上所揭示的湖南楚汉漆器风格的发展是一种直线性演进关系，或者认为这一方法适应于所有地区漆器纹饰的发展规律，那将会是一种误导。因为在讨论楚汉漆器艺术纹样繁简变化中，不能用简单的写实到抽象方式来解释。以凤鸟纹为例，它是五彩的怪鸟，是龙、虎、蛇、燕、鹳、鸡等飞禽走兽的复合体，是一切优美禽兽纹样最集中和最典型的代表。这类纹样不仅在过去的青铜文化中大量存在，更在楚文化的装饰艺术中得到了充分的体现。从美学的角度看，艺术装饰的任何形式都是一种“有意味的形式”或“表现性的形式”，它与人们的内心情感在结构上是具有一致性的[①]。凤鸟纹之所以得到楚人的钟爱，这与楚人崇凤传统有关，楚地处南国，道学与巫风的融会孕育出了楚人的浪漫情调，楚地流传着各种有关凤鸟的神话传说，《庄子·逍遥游》记载“鲲鹏展翅”扶摇直上九万里。通观楚漆器上的凤鸟纹，千姿百态，变化万端，较之青铜时代的凤鸟图形，更为活泼、流畅、自由、奔放，展现出一个划时代的新风格。云纹和变形云纹在战国中期以后就已流行，加之楚人好鬼神，俊逸飘洒，依附于漆器上的云气加凤鸟纹正好成为楚人浪漫激情抒发的对象。至迟从春

①博厄斯：《原始艺术》，上海文艺出版社，1989年。

秋晚期开始，漆器上的凤鸟纹就在具象和抽象之间反复演进，或具象凤鸟纹，或云凤变形纹，或几何云凤纹，既包含了自然形象的美，又包含了理性抽象的美，形成一种既现实又浪漫的艺术风格，为楚人所喜闻乐见。

至西汉早期，马王堆汉墓等大批漆器主要出于楚旧地的湖南，原有楚文化对这里的影响比其他地域更为强烈，加之汉人好黄老之术，信神仙，云气纹中加画各种神兽、神禽和神仙，这时期云凤纹得到了更大的张扬，凤鸟几何云纹是汉初漆器上最常见的一种纹饰，但比战国时的凤鸟纹更加图案化。至西汉中期以后，人们尊崇儒家、信奉道教，这时期云凤纹图案以写实或虚实相映的艺术表现手法为主，凤鸟纹常常变成云鸟幻为一体的世界，变体云纹勾连交错，像凤的翅、尾、爪，又像花枝叶蔓，曲线与色块、色带互相组合，成为主流审美旨趣。汉代漆器纹饰变化与器类增多有关，因为纹饰的简化或变形更多是为了适应一定的装饰形状。

诚然，在讨论楚汉漆器艺术纹样繁简变化中，有学者已经明确指出“在文明艺术史发展中，把写实纹样的增减作为漆器艺术发展的尺度在艺术理论上实在没有道理……最好据其时代等氛围和所表现出的审美价值予以评定”①。显而易见，楚汉漆器上的凤鸟纹、几何变形凤鸟纹，这不仅仅是一个用继承或借鉴关系来解释的问题，用写实到抽象的解释也显然欠妥，关键的是“无论是考古学家还是艺术史学者都应该更多地把握每件艺术品本身的趣味以及所表现出来的情感”②，可以肯定地说，楚汉漆器上的各种凤鸟纹、几何变形凤鸟纹都必有确切的含义，相信漆器纹样含载

①②王纪潮：《战国秦汉漆器在中国艺术史上的地位》，《美术史论》1995年第3、4期。

着意义及做器者的想法，已成为国际学术界的主流认识，“从年代不同，地理差距甚大，看不到直接或间接联系的文化中找来表面相似的图案，然后与纹饰加以类比，最后得出某个图像意味什么的研究方法，尤不可取”①，“每一个文明或文化的艺术作品都有其独自的特点、功能、含义和社会背景”②。遗憾的是“我们不能像人类学家在美洲、澳洲所做的工作那样，一一把各类几何纹样的象征意义完全弄清楚”③。换言之，在艺术史研究和探索的道路上，作为博物馆工作者仍任重而道远。

①②［美］杨晓能：《另一种古史》，三联书店，2008年。

③王纪潮：《战国秦汉漆器在中国艺术史上的地位》，《美术史论》1995年第3、4期。

表7 动物类纹饰

装饰内容		战国早期	战国中期	战国晚期	西汉早期	西汉中、晚期
龙纹	具象龙纹	 长沙浏城桥M1:120车辕(二期二段)	 临澧九里M1屏风饰件(三期四段)  临澧九里M1:9盒(三期四段)	 湖南楚墓出土	 马王堆M3:北163博具(五期八段)  马王堆M1:447屏风(五期八段)	 长沙望城风篷岭M1:18盘(六期十段)
	抽象龙纹(云龙纹)		 长沙左家公山M15:12耳杯(三期五段)  长沙左家公山M15:14耳杯(三期五段)	 长沙五里牌M3:9奁盖(四期六段)  长沙杨家湾M6漆器(四期七段)	 长沙渔阳墓D:120瑟(五期八段) 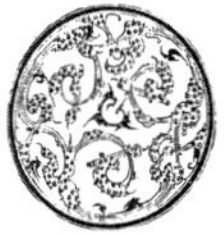 马王堆M3:南48盘(五期八段)	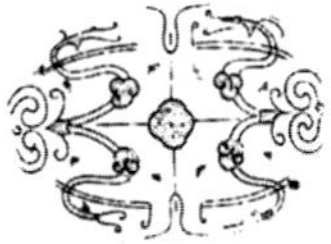 长沙伍家岭M203:4耳杯(六期九段)  长沙被盗墓M5耳杯(六期)

续表

装饰内容		战国早期	战国中期	战国晚期	西汉早期	西汉中、晚期
蛇纹			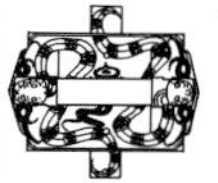 常德德山夕阳坡M2:1琴（三期五段）	 桃源县三元村M1:15耳杯（四期六段）	 马王堆M1黑地彩绘棺（五期八段）	 永州鹞子岭M2:63卮（六期十段）
凤鸟纹	具象凤鸟纹		 临澧九里M1豆（三期四段）  长沙颜家岭乙M35:16樽（三期五段） 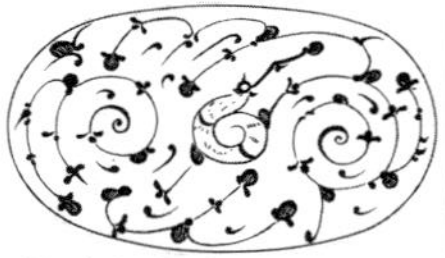 长沙左家公山M15:13耳杯（三期五段）	 长沙杨家湾M6:48樽（四期七段）  长沙沙湖桥M19卮（四期七段）  湖南战国楚墓漆盘	 马王堆M2盘（五期八段）  长沙渔阳墓MB:704耳杯（五期八段） 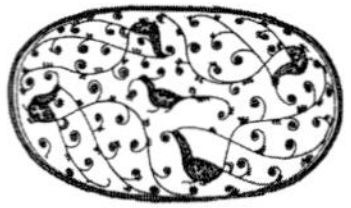 长沙渔阳墓C:184-1耳杯（五期八段）	 长沙汤家岭M1杯残片（六期十段）  望城风篷岭M1:82盒（六期十段）  永州鹞子岭M2:77耳杯（六期十段）

续表

装饰内容			战国早期	战国中期	战国晚期	西汉早期	西汉中、晚期
凤鸟纹	抽象凤鸟纹	、形几何凤鸟纹	 长沙浏城桥M1戈柄（二期二段）	 临澧九里M1：9盒（三期四段）  长沙颜家岭乙M35：16樽（三期五段）	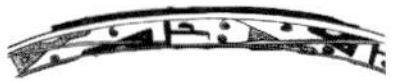 长沙杨家湾M6：96耳杯（四期七段）  溆浦马田坪M20耳杯（四期七段）	 长沙渔阳墓C：86-1盘（五期八段）  咸家湖曹娭墓：5耳杯（五期八段）	 长沙“12·29”被盗墓M5盘（六期）
		、形几何凤鸟纹		 长沙左家公山M15：13耳杯（三期五段）		 马王堆M2盘（五期八段）  马王堆M3：南143卮（五期八段）	 长沙望城风篷岭M1：106盘（六期十段）
		其他几何凤鸟纹		 临澧九里M1：46案（三期四段）	 长沙柳家大山M33樽（四期七段）	 马王堆M3：东36盒（五期八段）	 长沙“12·29”被盗墓M5耳杯（六期）

续表

装饰内容			战国早期	战国中期	战国晚期	西汉早期	西汉中、晚期
凤鸟纹	抽象凤鸟纹	异形凤鸟纹		 益羊粮M18∶23盒盖（三期五段）  长沙龙洞坡M813盒	 长沙杨家湾M6∶46奁盖（四期七段） 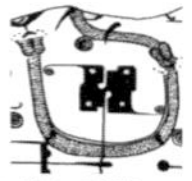 长沙仰天湖M14∶5耳杯（四期七段）	 马王堆M2盘（五期八段）	 长沙“12·29”被盗墓M5盘（六期）
		漩涡形凤鸟纹		 临澧九里M4奁盖（三期四段）	 长沙沙湖桥M19∶7卮（四期七段）  长沙柳家大山M33∶25樽（四期七段）	 长沙渔阳墓B∶75盆（五期八段）  马王堆M3∶东36盒（五期八段）	 长沙望城风篷岭M1∶81碗（六期十段）  长沙杨家山M1∶17卮盖（六期十段）

续表

装饰内容	战国早期	战国中期	战国晚期	西汉早期	西汉中、晚期
龙凤纹		 湘乡牛形山M1:北1几（三期四段）  长沙左家公山M15:8耳杯（三期五段）	 长沙五里牌M3:14琴（四期六段）		
鸟纹		 长沙颜家岭乙M35:16樽（三期五段）	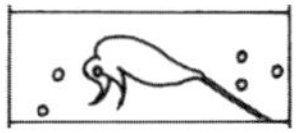 桃源三元村M1:14樽（四期六段）  长沙杨家湾M6:96耳杯（四期七段）	 长沙渔阳D:72奁盖（五期八段）  马王堆M3:北163博具（五期八段）	 长沙伍家岭M203:40盘（六期九段）
虎纹		 临澧九里M1:10耳杯（三期四段）	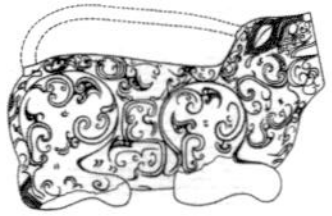 长沙五里牌M3:21漆虎子（四期六段）	 马王堆M3:北163博具（五期八段）	 长沙杨家山M304盒上金箔（六期十段）

续表

装饰内容	战国早期	战国中期	战国晚期	西汉早期	西汉中、晚期
鹿纹		 长沙颜家岭乙M35：16樽（三期五段）	 益赫招M26：6耳杯（四期七段）  长沙楚墓出土	 马王堆M3：北163博具（五期八段）  马王堆M1棺（五期八段）	
牛纹		 长沙颜家岭乙M35：16樽（三期五段）			 长沙柳家大山M54盘
狗纹		 长沙颜家岭乙M35：16樽（三期五段）			
马纹			 长沙五里牌M3：9奁（四期六段）		

续表

装饰内容	战国早期	战国中期	战国晚期	西汉早期	西汉中、晚期
狸纹				 马王堆M1：128盘（五期八段）	
其他动物纹				 鼠纹　马王堆M3：北160奁（五期八段）  兔纹　马王堆M3：北160奁（五期八段）  鱼纹　马王堆M3：北160奁（五期八段）	 骆驼纹　长沙杨家山M304盒上金箔（六期十段）  兔纹　长沙杨家山M304盒上金箔（六期十段）

续表

装饰内容	战国早期	战国中期	战国晚期	西汉早期	西汉中、晚期
兽面纹	 长沙浏城桥M1：21镇墓兽（二期二段）  长沙留芳M3：11镇墓兽（二期三段）	 长沙马益顺巷M1：5、6镇墓兽（三期五段） 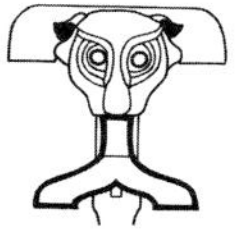 常德德山夕阳坡M2：1琴（三期五段）	 益阳地区农机厂M3：4、7、13、20镇墓兽（四期七段）	 马王堆M3：东66鼎（五期八段）  马王堆M1：100鼎（五期八段）	 长沙望城风篷岭M1：145盒（六期十段）
神兽纹		 临澧九里M1：10耳杯（三期四段）  长沙颜家岭乙M35：16樽（三期五段）	 长沙五里牌M3：14琴（四期六段）  益赫招M26：16耳杯（四期七段）	 马王堆M3：北163博具（五期八段）  马王堆1号汉墓黑地彩绘棺上图案（五期八段）	 长沙伍家岭M203：40盘（六期九段）

表8　植物类纹饰

装饰内容	战国早期	战国中期	战国晚期	西汉早期	西汉中、晚期
柿蒂纹				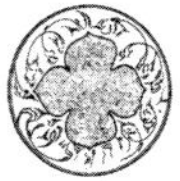 长沙渔阳墓D:72奁（五期八段）  长沙砂子塘M1耳杯（五期八段）  马王堆M1:406勺（五期八段）	 长沙伍家岭M203:49盒盖（六期九段） 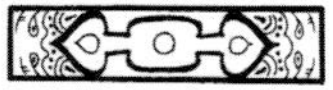 长沙望城风篷岭M1:145盒（六期十段）  永州鹞子岭M2:63卮（六期十段）
花瓣纹		 临澧九里M1:16瑟（三期四段）  长沙左家公山M15:13耳杯（三期五段）	 益赫招M26:6耳杯（四期七段）  长沙杨家湾M6:96耳杯（四期七段）	 马王堆M3:北170屏风（五期八段） 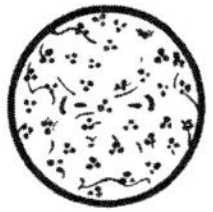 马王堆M1:441-8奁（五期八段）	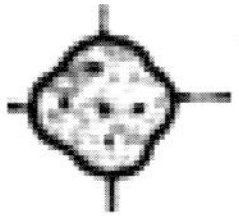 长沙伍家岭M203:4耳杯（六期九段） 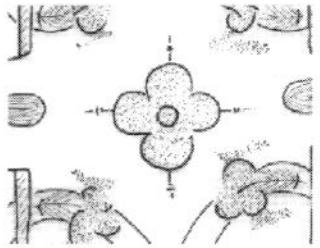 长沙“12·29”被盗墓M5耳杯（六期）

续表

装饰内容	战国早期	战国中期	战国晚期	西汉早期	西汉中、晚期
花瓣纹			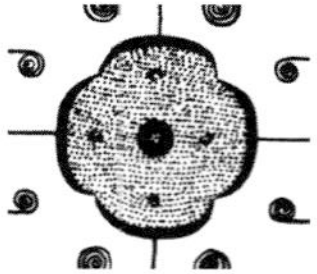 长沙仰天湖M14：5耳杯（四期七段）		 长沙东塘M4盘
草叶纹		 临澧九里M4：62奁盖（三期四段）	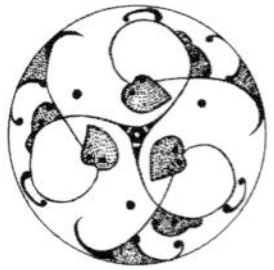 长沙杨家湾M6：47樽盖（四期七段）	 马王堆M1：441-7奁（五期八段）	 长沙沙湖桥M1奁
树纹		 长沙颜家岭乙M35：16樽（三期五段）			

表9　几何形类纹饰

装饰内容		战国早期	战国中期	战国晚期	西汉早期	西汉中、晚期
云纹	云雷纹	 长沙浏桥城M1几（二期二段）  长沙浏城桥M1：21镇墓兽（二期二段 ）	 临澧九里M1器足（三期四段）  临澧九里M1豆（三期四段）		 马王堆M2盘（五期八段）	 永州鹞子岭M2：77耳杯（六期十段）
	卷云纹		 临澧九里M1：16瑟（三期四段）  益羊粮M18：26樽（三期五段）	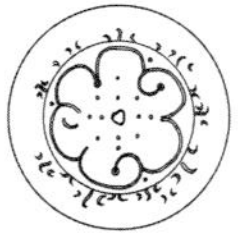 桃源三元村M1：3樽（四期六段）  长沙杨家湾M6：116盒（四期七段）	 马王堆M3：东26卮（五期八段）  马王堆M1：443奁（五期八段）	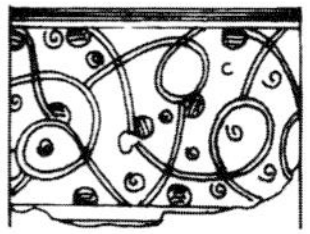 永州鹞子岭M2：64卮（六期十段）

续表

装饰内容		战国早期	战国中期	战国晚期	西汉早期	西汉中、晚期
云纹	云气纹	 长沙浏城桥M1戈柄 （二期二段）	 临澧九里M1豆 （三期四段）  常德德山夕阳坡M2∶2 耳杯（三期五段）	 长沙五里牌M3∶21 漆卮子（四期六段）	 马王堆M3∶南92盘 （五期八段）  马王堆M3∶北179 兵器架（五期八段）	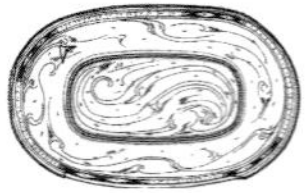 长沙“12·29”被盗墓 M5耳杯（六期）  长沙望城风篷岭 M1∶18盘（六期十段）
	勾连云纹	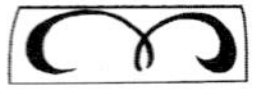 长沙浏城桥M1∶129梳 （二期二段）	 长沙马益顺巷M1∶71 篦（三期五段）	 常德德山寨子岭M4∶41 篦（四期七段）		
		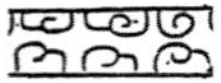 长沙浏城桥M1∶1几 （二期二段）	 长沙马益顺巷M1∶46 案（三期五段）	 常德德山寨子岭M1∶47 盒（四期七段）	 长沙渔阳墓A∶50奁 （五期八段）	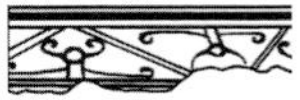 长沙望城风篷岭M1∶77 器盖（六期十段）
		 长沙浏城桥M1竹矢箙 （二期二段）	 湘乡牛形山M1∶北1 几（三期四段）	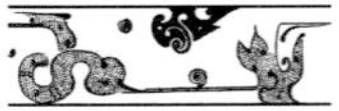 长沙柳家大山M33∶25 樽（四期七段）	 马王堆M2盘 （五期八段）	 长沙“12·29”被盗墓 M5耳杯（六期）

续表

装饰内容		战国早期	战国中期	战国晚期	西汉早期	西汉中、晚期
云纹	勾连云纹			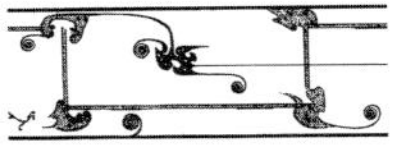 长沙杨家湾M6∶48樽（四期七段）	 长沙渔阳墓D∶66几（五期八段）	
	方连云纹		 长沙马益顺巷M1∶65耳杯（三期五段）  长沙留芳岭M1∶1耳杯	 长沙五里牌M406∶21盾（四期六段）	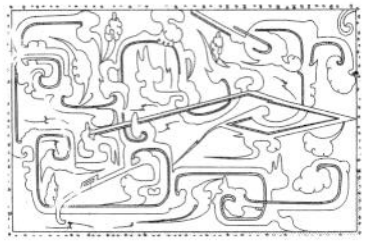 马王堆M3屏风（五期八段）  马王堆M1∶447屏风（五期八段）	 永州鹞子岭M2∶77耳杯（六期十段）

续表

装饰内容	战国早期	战国中期	战国晚期	西汉早期	西汉中、晚期
涡纹	 长沙浏城桥M1戈柄（二期二段）	 湘乡牛形山M1∶22案（三期四段）	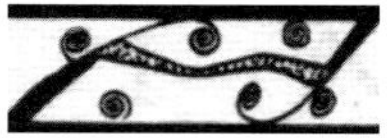 长沙杨家湾M6∶109耳杯（四期七段）	 马王堆M2∶北31奁盖（五期八段）	 长沙汤家岭M1杯残片（六期十段）
圆圈纹	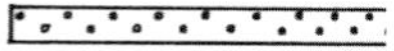 长沙浏城桥M1∶109鼓（二期二段）	 临澧九里M1∶46案（三期四段） 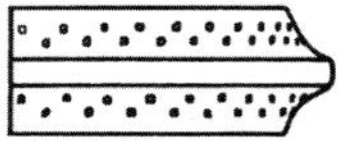 长沙荷花池M1∶6鼓（三期五段）	 长沙杨家湾M6∶109耳杯（四期七段）	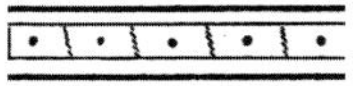 马王堆M3∶北163博具（五期八段） 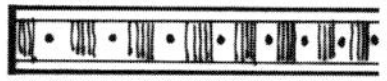 马王堆M3∶北148卮（五期八段）	 永州鹞子岭M2∶66盘（六期十段）  长沙杨家山M1盘（六期十段）
篦点纹	 长沙浏城桥M1∶24戈柲（二期二段）	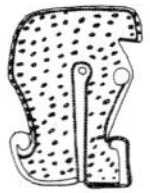 慈利石板村M23∶42器足（三期四段）		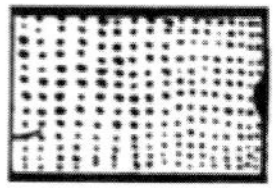 长沙渔阳墓B∶67卮（五期八段）	

续表

装饰内容	战国早期	战国中期	战国晚期	西汉早期	西汉中、晚期
璧纹				 马王堆M1棺（五期八段）	
弦纹	 长沙浏城桥M1：95仪杖（二期二段）	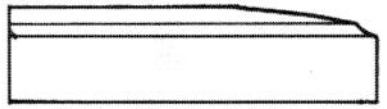 常德德山夕阳坡M2：28樽（三期五段） 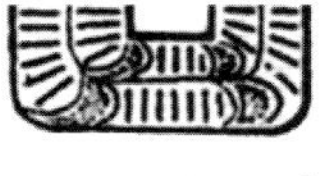 长沙马益顺巷M1虎座鸟架鼓（三期五段）	 长沙五里牌M3：9奁（四期七段）  长沙杨家湾M6：47樽（四期七段）	 长沙渔阳墓C：86-1盘（五期八段） 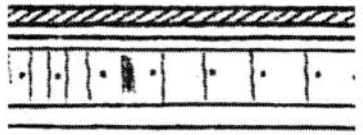 马王堆M3：北159-13奁（五期八段）	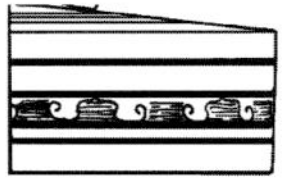 永州鹞子岭M2：64卮（六期十段） 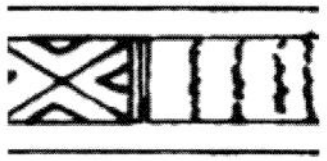 永州鹞子岭M2：61樽（六期十段）
绹纹	 长沙浏城桥M1几（二期二段）	 长沙子弹库M17：12鼓槌（三期五段）	 长沙烈士公园M3：8豆盘（四期六段）		

续表

装饰内容	战国早期	战国中期	战国晚期	西汉早期	西汉中、晚期
绹纹		 长沙马益顺巷M1∶3 豆（三期五段）			
三角纹	 长沙浏城桥M1戈 柲（二期二段）  长沙浏城桥M1∶21镇 墓兽（二期二段）	 临澧九里M1虎座凤鸟 鼓架（三期四段）  汉寿株木山乡M24∶1、6 方座凤鸟架悬鼓（三期四段）	 常德德山寨子岭 M4∶44俎（四期七段）	 马王堆M3∶南138 矢箙（五期八段） 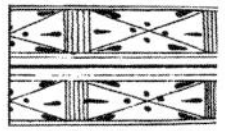 马王堆M1∶177 具杯盒（五期八段）	 长沙望城风篷岭 M1∶145盒（六期十段）  长沙望城风篷岭 M1∶77器盖（六期十段）
菱形纹（菱形勾连纹）	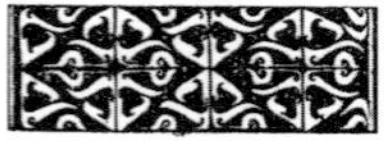 长沙浏城桥M1∶24 戈柲（二期二段）  长沙浏城桥M1∶21 镇墓兽（二期二段）	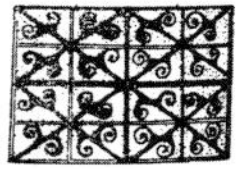 慈利石板村M23∶16 镇墓兽（三期四段）  长沙马益顺巷M1∶5、6 镇墓兽（三期五段）	 长沙杨家湾M6∶48 樽（四期七段）	 马王堆M2 残漆皮（五期八段） 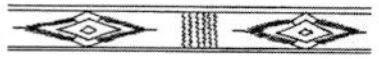 马王堆M3∶北160 奁（五期八段）	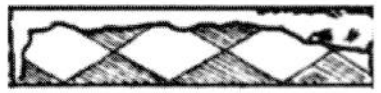 长沙“12·29”被盗墓M5 耳杯（六期）  长沙望城风篷岭 M1∶13盆（六期十段）

续表

装饰内容	战国早期	战国中期	战国晚期	西汉早期	西汉中、晚期
菱形纹（菱形勾连纹）	 长沙留芳岭M3：9矛柲（二期三段）	 益羊粮M18：23盒（三期五段）	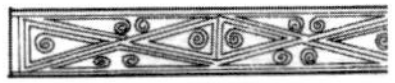 常德德山寨子岭M1：47盒（四期七段）	 马王堆M1：50奁（五期八段）	 永州鹞子岭M2：61樽（六期十段）
方格纹	 长沙浏城桥M1：113车伞柄（二期二段）	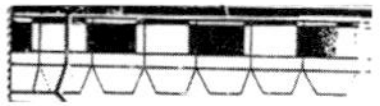 长沙马益顺巷M1：3豆（三期五段）	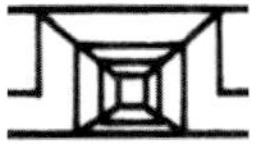 常德德山寨子岭M4：44俎（四期七段）	 长沙渔阳墓C：156盒（五期八段）	 长沙望城风篷岭M1：106耳杯（六期十段）
水波纹（波折纹）		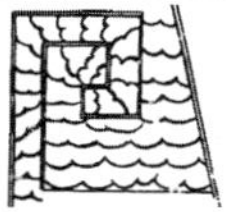 长沙茅亭子M1：36镇墓兽（三期四段）	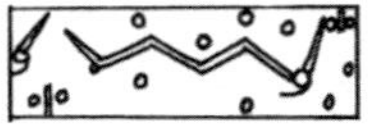 桃源三元村M1：14樽（四期六段）	 马王堆M3：北120盘（五期八段）	 长沙伍家岭M203：4耳杯（六期九段）
山形太阳纹		 长沙马益顺巷M1：22盒（三期五段）	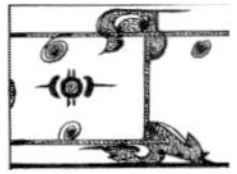 长沙杨家湾M6：47樽（四期七段）	 马王堆M3：西22壶（五期八段）	

表10　人物故事类纹饰

装饰内容	战国早期	战国中期	战国晚期	西汉早期	西汉中、晚期
人物故事纹		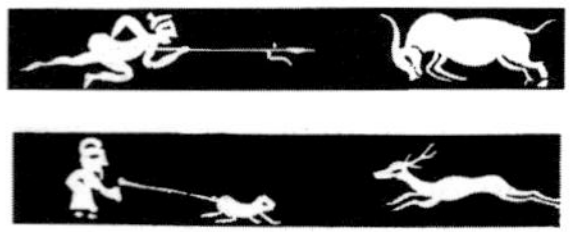 长沙颜家岭乙M35：16樽 （三期五段）		 长沙砂子塘M1奁（五期八段）  马王堆M3：北160奁 （五期八段）  马王堆M1黑地彩绘棺 （五期八段）	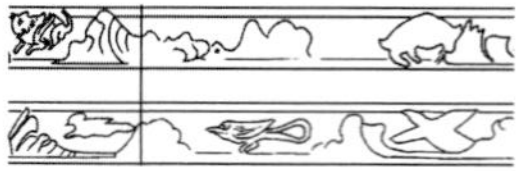 长沙望城风篷岭M1：145盒 （六期十段） 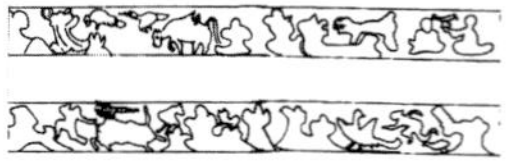 永州鹞子岭M2：63卮 （六期十段）

结语　湖南楚汉漆器若干问题的启示

当笔者怀着敬畏之心，全面梳理湖南楚汉墓葬考古发现、漆器实例、铭文和简帛资料，并对一些重大问题进行研讨，其用心良苦所在，致力于湖南地区战国秦汉时期漆器手工业发展脉络的概括性总结，试图勾勒出湖南地域楚汉漆工艺在形成发展中的形态特征、生产状态、传承与变异的原因。但意犹未尽之余，仍感于太多的启示……

第一节　湖南楚汉漆器发展的历史与社会原因

中国古代漆器自新石器时代起直至今日，延绵数千年，历史悠久，源远流长。并深深地影响了除中国以外的周边区域的漆文化，形成了一种“千文万华，纷然不可胜识”耐人寻味的东方漆工艺体系，在世界漆工艺史上独树一帜。而楚地漆器又是中国悠悠七千年漆工艺史上一颗璀璨的明珠，随着楚人开疆拓土不断南下，髹漆工艺也随之在湖南的湘、资、沅、澧四水区域迅速发展，湖南春秋中晚期楚墓开始出土漆器，战国时期楚墓中更有大量漆器出土，就是最好的例证。南楚漆器品种很多，制作工序繁复，造价高昂，春秋战国时期主要流行于高级贵族阶层，并有取代铜器之势，可见南楚地方势力之雄厚。湖湘之地丰富的木、漆、朱砂资源提供了优越的条件，对祖先崇拜的传统风俗奠定了漆器艺术尚赤崇黑的鲜丽主调，道学与巫风的融会孕育出漆器艺术恢诡谲怪的造型及飘逸生动的图案。早期漆器仿青铜礼器的特点，反映先秦时期“礼”制的无所不在，战国漆器逐渐走出青铜造型及装饰风格的窠臼，表现出楚人对木质材料的深刻感悟与非凡巧工，突出南方席地起居的生活方式以及“饭稻羹鱼”、“瑶浆蜜勺”的饮食特点，成为展现楚人浪漫情韵和艺术风韵的物质载体。

在中国古代漆器工艺史上，西汉漆工艺正处于一个承前启后、空前繁荣的时期，它不仅继承了先秦漆器制造工艺的优良传统，又开拓了新的漆工艺领域，形成了独特工艺特征。西汉时期的湖南大部分地区属长沙国，这时期的王、侯及其家族的高级贵族墓葬出土了大量漆器，数量众多，品类齐全，保存完整，为研究西汉漆器工艺提供了珍贵的材料。当我们对这些漆器进行研究时，发现它们经历了一个承上启下、继往开来的发展与变化的过程，既有先秦遗风的传承，又显现了其受外界环境诸多因素影响而发生的变异。的确，一种文化在调整或适应的过程中，不可避免地产生相对的文化传承性，而维系稳定作用的是中华文脉的延续与发展。作为湖湘文化的源头楚文化，一脉传承迄汉，传统的观念和文化一方面依稀或明显地留在汉代漆器工艺创作形式中，另一方面则反映在人们进行漆工艺创作行为时的心理上，作为一种古老的情感因素被湖湘先民们自然传袭和接受。这大批漆器主要出于楚旧地的湖南，原有楚文化对汉初漆器的影响或许比其他地域更为强烈，成为解读汉初漆器工艺发展状况的上好材料。至西汉中、晚期后，汉武帝时期，加强了中央对地方制漆业的控制，加之丝路畅通，促进了中西文化的交流，西汉漆器工艺在社会经济环境和外来异质文化的激发下，出现了一些新的因素，漆器的胎质、装饰工艺、色彩风格、纹饰图案、铭文标记都发生了很大的变化，湖南西汉中、晚期贵族墓所出漆器，正好折射出这段时期漆器变异的发展历程，成为西汉时期漆器工艺空前繁荣的缩影。

所谓历史原因，就是湖湘地区盛产生漆和漆器制品的历史，当由来已久。自河姆渡文化发现最早漆碗以来，木作技术日益成熟和发达，人们已熟练地运用榫卯结合，掌握了犀利的工具，学会了斫削和雕凿法。考古发现，湖南及其周边地区早在新石器时代就有诸多木器和漆器出土。如澧县八十垱新石器早期遗址、澧县梦溪三元宫遗址、澧县优周岗新石器遗址、岳阳对门山商代遗址等都发现了许多木器，这些木器上不排除髹漆的可能性。此外，在靠近湖南的湖北荆州阴湘古城址大溪文化壕沟内出土了漆器，黄陂盘龙城商代遗址发现了涂朱、涂黑的雕花椁板。湖南及其周边地区，在新石器时代早期，髹漆工艺就已崭露头角，至商、周时期，漆器工艺技术已趋成熟。南楚漆器工艺的兴起还受到了中原先进文化的影响。这些都是湖南战国晚期漆器手工业发展一个历史原因。

所谓社会原因，东周时期，湖南地区特别是长沙地区已成为楚人开发的江南重地。考古资料表明，湖南是漆器发现最为集中的省份之一，尤以战国漆器最多。从楚灭越至公元前223年秦灭楚100多年的时间，湘水、沅水等地处于一个相对和平稳定的时期，虽然在公元前278年楚郢城被秦攻占，但秦主力追击楚王室，无暇顾及楚国南方，湖南的发展和繁荣，因郢城内不能随王室东迁的大批工匠和商贾纷纷南下而更加繁荣。之后，湖南先民又发挥了南楚之地多竹木和漆源的自然条件优势，使漆器工艺兴旺发达，并在发展中形成了有南楚自身特征的漆器工艺系统，里耶秦简和漆器的出土，让世人看到战国晚期至秦代湖南地区制漆手工业的繁荣。战国时期湖南地方性的制漆业为汉初长沙国漆器制造业奠定了基础。在西汉王朝统治的近两百年间，长沙国始终居于控制湖南地区政治、经济、文化诸多方面的中心地位。长沙国的政治稳定带来经济上的繁荣，地方性制漆手工业也随之发展起来，官营和民营制漆业如雨后春笋空前发展。这就是湖南楚汉时期漆器手工业发展一个重要社会原因。

第二节 湖南楚汉漆器在考古学上的意义

李学勤先生指出："重大的考古发现应当对人们认识古代历史文化起重要影响，改变大家心目中一个时期，一种文化以至一个民族的历史面貌。只有这样，才称得上是必须载入考古史册的重大发现。"[①]应该说，湖南楚墓和马王堆汉墓等大批汉墓的发掘是当之无愧的，其中尤以马王堆汉墓出土数以百计的漆器更具有代表性。从考古学的角度看来，湖南楚汉漆器的重大意义在于：

其一，以往人们对湖南战国秦汉时期器物的年代分期研究，主要是依据陶器和青铜器的组合、器形与纹饰等特征的演变规律进行分析，这是因为其易保存，器形的变化较敏感，且有数量上的优势。而漆器文物色彩与造型很难保存原状，其破损程度会日益加剧，这也是人们不将漆器作为年代分期的依据的理由之一。然而，湖南出土的楚汉时期漆器的数量和器类并不少见，从年代来说，上自战国早期，下至西汉晚期，至今已在湖南省20多个县市发现了楚汉墓葬所出漆器，其中见诸公开报道的就有1000多座，累计出土漆器逾万件，众多的珍贵漆器文物为湖南楚汉墓葬分期提供了丰富的实物资料，只是以前未予系统整理研究，使人

①傅举有、陈松长：《马王堆汉墓文物·序》，湖南出版社，1992年。

们忽略了它也是作为器物分期断代的重要依据。那么，充分利用丰富的考古资料，对楚墓所出漆器进行分区研究，对西汉高级贵族墓葬所出漆器进行对比研究，对典型墓葬所出漆器的年代分期及器形与纹饰演变规律作些探讨，可为我们辨识楚汉墓葬所出同类器提供“标准器”，还为湖南其他楚汉漆器的类型、纹饰的演变规律提出更准确的年代序列依据。

其二，湖南楚漆器的形成和发展与南楚的政治、经济、文化的联系是密不可分的，是当时社会生活的一个缩影。关于楚国的礼制，文献记载皆只鳞片爪，语焉不详。但是，我们可以从湖南楚墓出土的与礼制有关的漆木器群，看到由于当时“礼”的无所不在造成生活用具格局的等级现象，窥视到南楚的生活习俗之礼，进而理清楚礼与周礼的关系。如南楚墓出土的漆俎与豆，这与先秦时期的礼仪活动密切相关。“俎”和“豆”是先秦宴飨时用以盛载肉食的器具，也是各种祭祀活动中配套使用的重要礼器。漆俎从数量来看，随葬数多为奇数；从形制看有“梡俎”和“房俎”；从形态发展来看，受中原文化的影响强烈；从墓葬规格来看，南楚墓中有鼎并不一定有俎，只有士以上加牲之祭才设俎；南楚士墓很少见俎，多见于地位在卿大夫之列的墓内。在南楚墓中常以奇数鼎和俎表示身份等级，以偶数豆的多寡表示荣华富贵，故而又有“鼎俎奇而笾豆偶”的说法，这在一定程度上反映了南楚人对周礼的遵从。此外，长沙楚墓漆几从装饰、绘色上体现了五种几的区别，说明南楚人使用几时是遵从周礼中的五几之制。然而，周礼的实质是等级制度，在楚系卿上大夫一级贵族墓里以奇数的列鼎和俎表示身份、地位，除“鼎俎奇”之制外，还有合于周制的墓地制度、饰棺制度及夫妻、父子均不同制等周制。

其三，西汉长沙国高级贵族墓葬出土了大量漆器，尤其马王堆等大批汉初墓葬所出最为精美。而马王堆汉墓出土漆器的重要意义在于它绝对年代明确、墓主见于史书记载。出土的成套棺椁、漆鼎等漆器文物为研究当时西汉丧葬制度、用器制度以及文化因素分析等方面提供了珍贵的实物材料，反映了历史转折时期制器之道所表现出来的传承与变异。如用鼎制度，马王堆1号墓遣策中记载的用鼎数为大祭时的实用礼器，只用于祭祀不用于随葬，体现了汉初的明器制度，说明汉代在承传先秦礼制的同时出现了变异，湖南西汉后期墓葬根本不见漆鼎。而漆匜、漆盘同出说明继承了先秦沃盥之礼，几杖同出继承了先秦遗制，这些现象不见于西汉中晚期墓葬。有些学者认为马王堆汉墓棺椁制度、漆器组合、偶人等令人感受到浓厚的楚文化气息[①]，也有学者认为马王堆汉墓漆器生动的猫、鱼等写实图案是秦文化因素的继续[②]，马王堆汉墓漆器所包含的多种文化因素的分析，有助于人们对汉初长沙地区葬制特点的深入认识。“对于马王堆汉墓中文化因素的分析，是一个比较复杂的问题，因为牵涉到一些文化因素本身民族属性的变化和认定……应该看到，这种研究对深入探讨汉初长沙地区葬制确实能起到一定的推动作用”[③]

其四，湖南楚汉漆器铭文集烙印、刻画、漆书和盖印章等形式于一体，内容涉及制造者标记和物主标记等类别，丰富的铭文史料为我们探寻湖南楚汉时期官营与私营漆器生产、管理和制地

①高至喜：《马王堆汉墓的楚文化因素分析》，载《湖南省博物馆文集》，岳麓书社，1991年。

②郭德维：《试论马王堆汉墓中的秦文化因素》，载《马王堆汉墓研究文集》，湖南出版社，1994年。

③何介钧：《马王堆汉墓文物》，文物出版社，2004年。。

诸问题提供了可靠的史料，为重建湖南早期手工业生产的历史原貌提供了确凿的证据。

第三节　湖南楚汉漆器在中国艺术史上的地位

多少年来，就在人们无时不在感叹，无情的岁月可以使灿烂的楚汉文明从地上灰飞烟灭数千年之时；人们又不得不赞美道，多情的岁月也可以使埋藏地底数千年却依然目眩神迷的古代艺术品突然重现于世，使世人惊叹不已，湖南楚汉墓葬发掘的漆器艺术品就是这样。在中国古代漆工艺的文化遗存中，湖南楚汉漆工艺可以说是极小的部分，但对古代艺术史的研究，具有极其重要的意义和价值，在中国艺术史上占有重要地位。

1. 是中国上古时期艺术的重要遗存

20世纪30年代长沙楚漆器艺术遗存出土之后，楚漆器艺术那种崇尚自由的文化精神和奇玮谲诡的艺术风格，使"世界看到是一种与中国后期封建社会的艺术中那些寓动于静、以静制动、冷漠超然、高蹈远引的艺术表现绝然不同的艺术风格"[①]，著名英国艺术史学者苏立文（Michael Sulivan）甚至说："看了这些遗物，我们不禁会想到如果纪元前223年的战争，胜利者不是西方野蛮的秦国，而是有高度文化与自由思想的楚国，那么中国文化又将是何种面目？"[②]可见，楚漆器艺术之所以受到世界范围的关注，"除了它那独特的魅力，它的艺术价值和文化价值外，还因为它代表了华夏民族文化中被两千多年的历史沉积物所掩盖了的一种

①皮道坚：《楚艺术史》，湖北教育出版社，1995年。

②［英］苏立文：《中国艺术史》，南天书局，1999年，第57页。

传统和一种精神——楚骚、楚韵传统及其所体现的积极进取、发扬踔厉的文化精神”[①]。

如皮道坚先生所言，我们惯用的一些解释艺术作品的方法，其实不具有普遍性，至少，我们还缺乏视觉样式史方面的研究，有待于发展纯视觉方面的理论。而楚漆器等艺术品提供了许多别具一格的视觉样式，它不仅反映了古代楚人艺术追求倾向，同时凸显着中国艺术在上古时期的一些观察性和艺术感觉，以扩展我们对中国艺术传统的认识和理解[②]。

换言之，作为中国上古时期艺术重要遗存——湖南楚汉漆器的面世，向世人表明中国艺术的精神不只表现在中国后期封建社会的山水花鸟中，也表现在先秦楚漆器和汉代漆器艺术等实用工艺美术之中。如果具体细致地研究和观察湖南楚汉漆器艺术品，可以看到楚艺术的某种超越性的文化价值。例如在纹饰上，湖南楚漆器摒弃以前商周器物中以兽面纹、龙凤纹为主体，以细密规则的云雷纹为底的威严狰狞的程式化作风，而代之以一种活泼洒脱的新风格，如长沙仰天湖14号楚墓笭床，几何纹图案之间画出了肢解凤鸟纹，有凤首、凤翅，这些凤鸟虽抽象，但凤鸟的嘴、冠、尾等却还相当具象。临澧九里1号墓所出漆案，案面写实的凤鸟与云纹、几何纹混为一体，是凤鸟的目、羽、爪之类拆开变形后重新组合的一种新图案，造就一种全新的艺术境界和神韵。再如，针对当时室内陈设平铺直叙的低矮性特点，以及器具当面首先映入人们视线的特性，工匠们将漆器食具当面装饰得十分醒目，以红、黑为鲜丽主调，使得这些漆器不但具有实用价值，而

①②皮道坚：《楚艺术史》，湖北教育出版社，1995年。

且兼有观赏的审美价值。在造型处理上突出变化，对形象常作过分的夸张和变形，一会是鱼大于人，一会是人小于耳杯，让人目不暇接，一方面显得体拙而幼稚，一方面又显得古朴而有气势，这恰恰是湖南楚汉漆器艺术的魅力所在。

此外，湖南楚汉漆器从个体看，乃是一种三维空间的立体艺术，它作为日用器，有轻便、易洗、无异、耐酸碱、隔热等许多优于铜器的特点，在陈设观赏方面又因其绚丽多彩更使青铜器无法比拟。湖南楚汉漆器作为一种独具特色的艺术品，为众多文人和艺术器市场所追捧，特别是当代大批漆艺家直接从湖南楚汉漆器造型和纹饰中吸取营养和灵感。所以说，湖南楚汉漆器的另一个艺术价值是，他为中国漆工艺的园地和历史，提供了许多成功而可资借鉴的范例。

2．是战国秦汉时期艺术风格转变的物化反映

中国漆器工艺史源远流长，随着历史的变迁，人们在追求其实用功能完美的同时不断追求其审美意义上的精神功能，于是漆器渐渐成为一种文化形态，一种具有深厚文化底蕴的物质载体，蕴藏着中华民族的审美观念，成为不同时尚审美观念和意识形态的物化反映。

起源于新石器时代绵延至汉代的漆器工艺，在中国传统的文化环境中，经历了龙飞凤舞的远古图腾时代，“受天有天命”等级森严的青铜时代，儒道互补、“天人合一”的先秦理性时代和与之相交织的荆楚浪漫时期。至此，以孔子为代表的儒家美学，以庄子为代表的道家美学和具有深奥哲学思想的《周易》美学成为贯穿这一时期的总思潮，由此奠定了中华民族文化的心理结构，中国传统漆器就是在这百家争鸣的文化环境中造就了一种独特的艺术风格。早在春秋战国变革时期，意

识形态领域，百花齐放、百家争鸣的局面，诸子百家摆脱了原始宗教神秘境界，用理性主义来解释世界，形成了我国思想解放的第一次高潮时期。反映在文化上，就是从神秘恐怖的“鬼神”的重负下寻求解脱，追求人身的价值，在这里神已不再是神秘的具有恐怖感，也不再是人的主宰，它仅仅是人们对死后能永生的一种寄托，是建立在肯定人世的基础上，所以神的世界和人的世界是可以沟通的。湖南战国中期楚墓随葬器物中日常生活用器多于沟通神明的礼器，墓中赋予特殊含义的漆木礼器和漆器图案所表达的是生者希望死者能得到神灵的保护，借助神的力量引导升天。这种现实主义思想，也反映在审美情趣的转变上。湖南楚漆器至汉代漆器器形越来越轻薄，造型实用，纹饰简单，线条流畅，所洋溢的是更多的青春气息，更多的虎虎生机。费时费工的目的，就是为了追求器轻、实用、美观；不仅造型实用，纹样流畅，而且还使用锥画、戗金、堆漆、雕镂、金箔贴花、羽毛贴花、釦器、镶嵌、百宝嵌等各种装饰工艺，追求色彩艳丽、装饰繁缛。马王堆汉墓黑底彩绘棺上，仙人怪神随着急转动飞的云气翩跹起舞，有的摇身执板，舞态轻盈；有的置瑟于膝，紧拨瑟弦；有的细腰长袖，且摇且舞……图正中位老妪已露半身，可能为死者，迎接她的是一个翘袖折腰之舞的五彩缤纷世界，在这里成为了神话、历史与现实的三重奏。这些反映了当时人们的审美意向已从庄严刻板向轻松舒展的方向转化。诚然，“马王堆汉墓的发掘，确实使我们对汉初的历史文化观感一新”[①]。漆器器轻、实用、耐久、色

---

①傅举有、陈松长：《马王堆汉墓文物·序》，湖南出版社，1992年。

彩斑斓的长处均优于其他器物，正好适应转折时期人们的审美观念。

随着时代的发展，社会意识形态发生了变化，漆器审美观念也跟着不断发生变化，人们可以通过漆器这种物质来反映当时人们的思想意识和审美观念。实际上，湖南楚汉漆器处在封建社会的开创和开拓时期，在漆工艺史上，许多方面常常是战国开花而在汉代结果，从而形成了具有鲜明地域特点的湖南汉代漆器艺术的新风格。

3. 是中国漆工艺发展史研究的重要资料

随着湖南楚汉墓葬中出土漆器实物的增多，无论是想了解楚汉漆艺文明概貌的布衣平民，还是想深入研究楚汉漆艺文明的艺术史学家，无不将其视线和精力投向长沙楚墓和马王堆汉墓，投向20世纪以来屈指可数的中国重要的考古发现。湖南楚汉漆器从战国早期到西汉晚期，前后年代跨度600多年，不乏完好之作，代表各个时期髹漆工艺和纹饰风格。李学勤先生曾概括南北两种风格，指出北方虽有特色，但因材料仍嫌不足，难以深论，南方的特点呈楚风，并渗有秦文化的特点，是研究早期漆器艺术的基本依据①。湖南楚汉漆器纹饰涉及面很广，主要纹样有动物纹和超自然力的神兽纹、几何纹、植物纹、自然景物纹、人物故事纹和神话传说等，有写实，有写意，有具体，有抽象，有富于浪漫主义色彩，有反映现实生活，人间天上无一不在漆器纹饰上表现出来；漆器装饰手法非常多，有油漆绘画、锥画、戗金、堆漆、雕镂、金箔贴花、银箔贴花、羽毛、

①李学勤：《东周与秦汉文明》，文物出版社，1985年。

锦绣贴花、釦器、镶嵌、百宝嵌等，这种种重要发现集中在一个地区的漆艺上，在艺术史和考古学上亦属罕见，这些均为人们研究中国漆艺发展史提供了丰富的形象资料。尤其是马王堆汉墓出土整套汉代初年的精美漆器，其品类包括礼器、乐器、兵器、葬具以及各种生活日用品和杂物玩具等，这无疑为楚汉艺术史的深入研究提供了翔实可信的崭新史料，它的出土曾引起了世界范围内的艺术史学的广泛关注和专门研究。近年来，随着人们研究视野转向了艺术史和思想史的深层面，中外学者们开始在繁复的漆画图像中探讨当时的社会风尚、思想观念和信仰习俗。许多境外艺术史学家运用综合研究方法，比对马王堆汉墓黑底彩绘棺和朱底彩绘棺图像资料，阐释其深刻的文化内涵。

4. 是战国秦汉时期湖湘地区信巫好祀风俗的历史见证

信巫好祀习俗为整个楚族之大俗，昔日南楚之地巫风又特盛，为历代史家所公认，王逸《楚辞章句》云："昔楚国南郢之邑，沅、湘之间，其俗信鬼而好祠。"楚汉时期的湖南居民多相信灵魂之说，他们认为灵魂可以不死，鬼神是人死之后脱离了人体的灵魂，他们确信存在一个"神鬼世界"，这些神鬼除给人降落灾害外，还会造福于人，所以要驱鬼除邪、尊奉祖先。于是民间产生招魂习俗，请巫师，巫师们通过神秘的仪式如舞蹈招回游魂。这种习俗，直到近代广泛流行于湖南民间。同时，当时人们还希望死后自己的灵魂可以升天，所以他们除随葬各种生前用具和为阴间准备的明器外，还要随葬特殊器物如镇墓兽、虎座凤架鼓等，这些是北来楚族人的习俗，湖南地区先民们延续了这种习俗。众多湖南楚墓的随葬器物充分反映出南楚地区信巫好祀之盛，"灵魂不死和灵魂升天的信仰在当地湖南民间极为流行”[1]。

大量考古资料表明，湖南境内所出土的大中型楚墓都出土了镇墓兽，镇墓兽在墓中非一般实用器，是据楚人敬奉鬼神的迷信所制作的一种偶像。与荆楚之地单头、双头镇墓兽造型不同之处，湖南楚墓出土的镇墓兽主要有三种类型，一是兽面式，二是人面式，三是操蛇和噬蛇式，这种亦兽亦人、操蛇、噬蛇的镇墓兽，当与这时湖湘地区蛮、越土著民族信奉众神庞杂、神与鬼混淆不清有关。这在1942年出土于长沙子弹库楚墓的《帛书》中得到体现，而将不同动物长处及特征集于一身，把人和动物综合成“人首蛇身”、“虎首人身”之类的镇墓兽。如湘乡牛形山楚墓操蛇、噬蛇的镇墓兽，益阳战国楚墓口吐长舌、造型怪异的镇墓兽，当是多神的结合体，是楚人南进中楚文化与土著文化相互交融和渗透的结果。这种浓厚的巫文化因素在西汉初年马王堆汉墓中得到延续，马王堆汉墓斜坡墓道的“偶人”跪坐，头上插鹿角。偶人设置应是用以镇墓避邪、保护死者，这正是湖南楚墓常见的镇墓兽发展演变而来。

湖南楚墓随葬品中数量仅次于镇墓兽的是虎座凤架鼓。出于图腾崇拜的遗风，楚人莫不尊凤。凤虎相斗也是楚国美术作品中一个屡见不鲜的主题，结局自然是凤胜虎败，他们相信其中必定有某种魔力，使邻族永世臣服。凤龙相斗，鸟蛇相斗，其巫术寓意与其近似。

《汉书·地理志》说“楚地信巫鬼，重淫祀”，王逸说“其祠，必作歌乐鼓舞以乐诸神”。湖南楚墓中常常随葬虎座

①伍新福：《湖南通史》（古代卷），湖南出版社，1994年。

凤架悬鼓、瑟、鼓、琴、鼓槌、钲槌和乐俑，反映了“作歌乐鼓舞以乐诸神”思想观念。湖南楚墓中出土10多件笭床，其图案多以龙、凤为题材，木雕的龙、凤形象抽象而古朴，极富想象力。在墓主躺卧的“笭床”上刻绘龙、凤图案，无疑具有一定的巫术意义，它旨在乘龙凤导引死者的灵魂升天。总之，湖南楚汉漆器作为一种精神的物化载体，反映了南楚地区先民们信鬼好祀的风俗。

附录　征引文献目录

著作目录

［日］关野贞等：《乐浪郡时代之遗迹》，总督府古迹调查特别报告第四册，1926年。

［日］原田淑人、田泽金吾：《乐浪》，东京，1930年。

容庚：《汉金文录》卷3，中央研究院历史语言所，1931年。

郑师许：《漆器考》，中华书局，1936年。

商承祚：《长沙古物闻见记》，哈佛燕京学社印行，1939年。

［日］梅原末治：《支那汉代纪年铭漆器图说》，京都桑名文星堂，1943年。

蒋玄佁著：《长沙楚民族及其艺术》（第一卷漆器），美术考古学社，1949年；《长沙楚民族及其艺术》（第二卷图胜遗迹、绢画、雕刻），美术考古学社，1950年。

北京历史博物馆编：《长沙出土古代漆器图案选集》，人民美术出版社，1954年。

邓之诚：《骨董琐记全编》（原书1933年印行），北京出版社，1955年。

中国科学院考古研究所编著：《长沙发掘报告》，科学出版社，1957年。

商承祚：《长沙楚漆器图录》，中国古典艺术出版社，1957年。

陈直：《两汉经济史料论丛》，陕西人民出版社，1958年。

［日］梅原末治：《蒙古ノィン?ゥヲ 见の遗物》，东京，1960年。

［汉］班固：《汉书》，中华书局，1962年。

湖南省博物馆编：《湖南汉代漆器图案录》，湖南人民出版社，1963年。

［汉］许慎：《说文解字》，中华书局影印，1963年。

甘肃省博物馆、中国科学院考古研究所编著：《武威汉简》，文物出版社，1964年。

湖南省博物馆等：《长沙马王堆一号墓发掘简报》，文物出版社，1972年。

湖南省博物馆等：《长沙马王堆一号汉墓》，文物出版社，1974年。

睡虎地秦墓竹简整理小组：《睡虎地秦墓竹简》，线装本第一册，文物出版社，1977年。

中国社会科学院考古研究所、河北省文物管理处：《满城汉墓发掘报告》，文物出版社，1980年。

湖北省博物馆：《曾侯乙墓》，文物出版社，1980年。

云梦睡虎地秦墓编写组：《云梦睡虎地秦墓》，文物出版社，1981年。

罗振玉：《三代吉金文存》卷4，中华书局，1983年。

王世襄：《髹饰录解说——中国传统漆工艺研究》，文物出版社，1983年。

楚文化研究会编：《楚文化考古大事记》，文物出版社，1984年。

王仲殊：《汉代考古学概说》，中华书局，1984年。

湖北省荆州地区博物馆：《江陵雨台山楚墓》，文物出版社，1984年。

中国考古学会编：《中国考古学年鉴》（1985），文物出版社，1985年。

李学勤：《东周与秦汉文明》，文物出版社，1985年。

湖北省荆州地区博物馆：《江陵马山一号楚墓》，文物出版社，1985年。

河南省文物研究所：《信阳楚墓》，文物出版社，1986年。

马林诺夫斯基：《巫术·科学·宗教与神话》，中国民间文艺出版社，1986年。

［美］托马斯·哈定：《文化与进化》，浙江人民出版社，1987年。

谢桂华等：《居延汉简释文合校》，文物出版社，1987年。

李正光编绘：《汉代漆器艺术》，文物出版社，1987年。

罗福颐：《古玺汇编》，文物出版社，1987年。

广西壮族自治区博物馆：《广西贵县罗泊湾汉墓》，文物出版社，1988年。

博厄斯：《原始艺术》，上海文艺出版社，1989年。

［战国］韩非子：《韩非子》，上海古籍出版社，1989年。

广州市文物管理委员会：《西汉南越王墓》，文物出版社，1991年。

河南省博物馆：《淅川下寺春秋楚墓》，文物出版社，1991年。

［清］钱绎撰集：《方言笺疏》（本书是为西汉扬雄《方言》及晋代郭璞《方言注》所做的详注），中华书局，1991年。

湖北荆沙铁路考古队：《包山楚墓》，文物出版社，1991年。

沈福文：《中国漆艺美术史》，人民美术出版社，1991年。

孙机：《汉代物质文物资料图说》，文物出版社，1991年。

后德俊：《湖北科学技术史稿》，湖北科学技术出版社，1991年。

湖北省宜昌地区博物馆：《当阳赵家湖楚墓》，文物出版社，1992年。

伍新福：《湖南通史》（古代卷），湖南出版社，1994年。

宋公文、张群：《楚国风俗志》，湖北教育出版社，1995年。

后德俊：《楚国的矿冶髹漆和玻璃制造》，湖北教育出版社，1995年。

湖南省地方志编纂委员会编：《湖南省志》第二十八卷《文物志》，湖南出版社，1995年。

皮道坚：《楚艺术史》，湖北教育出版社，1995年。

刘玉堂：《楚国经济史》，湖北教育出版社，1995年。

中国社会科学院考古研究所：《汉长安城未央宫》，中国大百科全书出版社，1996年。

商承祚：《长沙古物闻见记续记》，中华书局，1996年。

湖北省文物考古研究所：《江陵望山沙塚楚墓》，文物出版社，1996年。

高至喜：《楚文化的南渐》，湖北教育出版社，1996年。

国家文物局主编：《中国文物地图集·湖南》，湖南地图出版社，1997年。

黄纲正：《湘城沧桑之变》，湖南文艺出版社，1997年。

［英］苏立文：《中国艺术史》，台北南天书局，1999年。

湖南省博物馆、湖南省文物考古研究所、长沙市博物馆、长沙市文物考古研究所：《长沙楚墓》，文物出版社，2000年。

湖北省荆州博物馆：《荆州高台秦汉墓——宜黄黄公路荆州段田野考古报告之一》，科学出版社，2000年。

聂菲：《中国古代家具鉴赏》，四川大学出版社，2000年。

乔十光：《中国艺术教育大系美术卷·漆艺》，中国美术学院出版社，

2000年。

陈松长编著：《马王堆简帛文字编》，文物出版社，2001年。

汤睐惠主编：《战国文字编》，福建人民出版社，2001年。

聂菲：《中国古代漆器鉴赏》，四川大学出版社，2002年。

胡玉康：《战国秦汉漆器艺术》，陕西人民美术出版社，2003年。

陈松长：《湖南古代玺印》，上海辞书出版社，2004年。

何介钧：《马王堆汉墓》（20世纪中国文物考古发现与研究丛书之一），文物出版社，2004年。

路甬祥、乔十光：《中国传统工艺全集·漆艺》，大象出版社，2004年。

湖南省博物馆、湖南省文物考古研究所编著，何介钧主编：《长沙马王堆二、三号汉墓发掘报告》，文物出版社，2004年。

张荣：《古代漆器》，文物出版社，2005年。

洪石：《战国秦汉漆器研究》，文物出版社，2006年。

湖南省文物考古研究所：《里耶发掘报告》，岳麓书社，2007年。

王立华主编：《长沙馆藏文物精华》，湖南美术出版社，2007年。

陈直：《汉书新证》，中华书局，2008年。

李泽厚：《历史本体论·己乙卯五说》（增订本），三联书店，2008年。

杨晓能：《另一种古史：青铜器纹饰、图形文字与图像铭文的解读》，三联书店，2008年。

益阳市文物管理处、益阳市博物馆编著：《益阳楚墓》，文物出版社，2008年。

巫鸿：《时空中的美术：巫鸿中国美术史文编二集》，三联书店，2009年。

湖南省常德市文物局编著：《沅水下游楚墓》，文物出版社，2010年。

《四部备要·经部·礼记》，上海中华书局据相台岳氏家塾本校刊。

（注：著作按年代先后排列）

论文目录

［法］卡科·C（Karkow C.）：《马王堆一号墓三件彩绘漆棺》（Three Decorated Lacquer Caskets from Tomb No 1， Mawangtui），纽约《东方艺术》（Oriental Art）1989年第1期。

［日］梅原末治著、刘厚滋译：《汉代漆器纪年铭文集录》，考古学社社刊《考古》第6期，1937年，上海书店，1981年影印本。梅文原载《东方学报》第5册，京都，1934年。

［日］内藤湖南著、容庚译：《乐浪遗迹出土之漆器铭文》，载《北大国学月刊》第一卷第一号，1926年。

［日］原田淑人：《乐浪出土漆器之铭文中所见之洀工》，《史学杂志》37编8号，1926年。

［日］原田淑人：《再论乐浪出土漆器之铭文中洀字并牢字》，《史学杂志》38编6号，1927年。

安徽省文物工作队、阜阳地区博物馆等：《阜阳双古堆西汉汝阴侯墓》，《文物》1978年第8期。

安徽省文物考古研究所等：《安徽马鞍山东吴朱然墓发掘简报》，《文物》1986年第3期。

《被美帝盗走陈列在美国克利夫兰城克利夫兰美术馆内的长沙出土战国彩绘木雕双蛇座对鹤》，《文物》1960年第3期。

蔡季襄：《西汉长沙王建德王后墓考》，未刊稿，存湖南省博物馆。

曹学群：《汉初长沙国地理四题》，载《湖南省博物馆馆刊》（第四辑），岳麓书社，2007年。

长江流域第二期文物考古工作人员训练班：《湖北江陵凤凰山西汉墓发掘简报》，《文物》1974年第6期。

长沙市文化局文物组：《长沙咸家湖西汉曹嫘墓》，《文物》1979年第3期。

长沙市文物工作队：《长沙留芳岭战国墓发掘简报》，《湖南文物》1986年第一辑。

长沙市文物工作队：《长沙市荷花池1号战国木椁墓发掘报告》，载《湖南考古辑刊》（第五集），《求索》增刊，1989年。

长沙市文物工作队：《长沙市五里牌战国木椁墓》，载《湖南考古辑刊》（第一集），岳麓书社，1982年。

长沙市文物考古研究所、长沙简牍博物馆：《湖南长沙望城坡西汉渔阳墓发掘简报》，《文物》2010年第4期。

长沙市文物考古研究所、望城县文物管理局：《湖南望城风篷岭汉墓发掘简报》，《文物》2007年第12期。

长沙市文物考古研究所：《长沙“12·29”古墓葬被盗案移交文物报告》，载《湖南省博物馆馆刊》（第六辑），岳麓书社，2010年。

长沙市文物考古研究所：《长沙市马益顺巷一号楚墓》，《考古》2003年第4期。

长沙市文物考古研究所：《长沙市茅亭子楚墓的发掘》，《考古》2003年第4期。

长沙市文物考古研究所：《湖南长沙三公里楚墓发掘简报》，《文物》2007年第12期。

《长沙仰天湖战国墓发现大批竹简及彩绘木俑、雕刻花板》，《文物参考资料》1954年第3期。

常德地区文物队：《临澧太山庙楚墓》，《湖南文物》1988年第三辑。

常德地区文物工作队、桃源县文化局：《桃源三元村一号楚墓》，载《湖南考古辑刊》（第四集），岳麓书社，1987年。

常德市博物馆：《湖南常德跑马岗战国墓发掘简报》，《江汉考古》2003年第3期。

常德市文物处：《湖南常德寨子岭一号楚墓》，载《湖南考古2002》（下），岳麓书社，2004年。

陈爱平：《从马王堆文物看汉代饮食文化》，载《马王堆汉墓研究文集——1992年马王堆汉墓国际学术讨论会论文选》，湖南出版社，1994年。

陈公柔：《士丧礼、既夕礼中所记载的丧葬制度》，《考古学报》1956年第4期。

陈梦家：《汉简所见奉例》，载《汉简缀述》，中华书局，1980年。

陈瑞林：《傩面具与巫文化兼谈对民间美术的一点认识》，《装饰》1988年第4期。

陈松长：《汉初神仙信仰、艺术风尚的形象图示——马王堆汉墓文物艺术特色扫描》，《故宫文物月刊》（台北）2000年第11期。

陈松长：《马王堆锥画漆奁盒上的狩猎纹图像解读》，《江汉考古》2008年第3期。

陈振裕、李天虹：《“洀”与“洀工”探析》，载《于省吾教授百年诞辰纪念文集》，吉林大学出版社，1996年。

陈振裕：《试论楚墓出土漆器的产地问题》，载《楚文化研究论集》（第二集），湖北人民出版社，1991年。

陈振裕：《西汉漆器的制作工艺综论》，载《湖南省博物馆馆刊》（第三期），岳麓书社，2006年。

陈直：《长沙马王堆一号汉墓若干问题考述》，《考古》1972年第9期。

陈直：《两汉纺织漆器手工业》，《西北大学学报》（人文科学版）1957年第2期。

单先进：《西汉“黄肠题凑”葬制初探》，载《中国考古学会第三次年会论文集》，文物出版社，1984年。

杜迺松：《对“君幸酒”、“君幸食”的解释》，《文物》1973年第9期。

符钰：《汉代漆器文字综述》，载《湖南省博物馆四十周年论文集》，湖南教育出版社，1996年。

傅举有：《长沙国述略》，《求索》1984年第3期。

傅举有：《东方“维纳斯”——马王堆汉墓出土的木俑》，《学习导报》2005年第7期。

傅举有：《汉代的“家”和家吏》，《考古与文物》1984年第3期。

傅举有：《汉代漆器的装饰手法》（上），《中国文物世界》1995年总第121期；傅举有：《汉代漆器装饰》（中）、《汉代漆器装饰》（三）、《汉代漆器装饰》（四），《中国文物世界》1997年总第137、139、142期。

傅举有：《论秦汉时期的漆博具、博戏兼及博局纹镜》，《考古学报》

1986年第1期。

傅举有：《中国古代漆器的锥画艺术和戗金艺术》，《故宫博物院院刊》2007年第4期。

傅举有：《中国古代漆器研究》，载《湖南省博物馆馆刊》（第三期），岳麓书社，2006年。

傅举有：《中国漆器的巅峰时代——汉代漆工艺综述》，载《中国历史暨文物考古研究》，岳麓书社，1999年。

傅熹年：《记顾铁符先生复原的马王堆三号墓帛书中的小城图》，《文物》1996年第6期。

甘肃省博物馆：《武威磨嘴子三座汉墓发掘简报》，《文物》1972年第12期。

高崇文：《楚器使用礼制考》，载《楚文化研究论集》（第四集），河南人民出版社，1994年。

高崇文：《浅谈楚墓中的棺束》，《中原文物》1990年第1期。

高崇文：《西汉“黄肠题凑”葬制再研究》，《文物研究》2008年第10期。

高明：《长沙马王堆一号汉墓“冠人”俑》，原载《考古》1973年第4期；后载湖南省博物馆编：《马王堆汉墓研究》，湖南人民出版社，1981年。

高天麟、张岱海、高炜：《龙山文化陶寺类型的年代与分期》，《史前研究》1984年第3期。

高炜：《陶寺龙山文化木器的初步研究》，载《中国考古学研究——夏鼐先生五十年纪念论文集》（二），科学出版社，1986年。

高至喜：《长沙烈士公园3号木椁墓清理简报》，《文物》1959年第10期。

高至喜：《楚人入湘的年代和湖南越楚墓葬的分辨》，《江汉考古》1987年第1期。

高至喜：《从湖南楚墓看楚国的葬制》，载《湖南考古辑刊》（第四集），岳麓书社，1987年。

高至喜：《论楚笭床》，《中国文物世界》2002年第195期。

高至喜：《马王堆汉墓的楚文化因素分析》，载《湖南省博物馆文集》，岳麓书社，1991年。

顾丞峰：《镇墓俑兽形制演变析》，载《楚文艺论集》，湖北美术出版社，1991年。

顾铁符：《马王堆帛书〈天文气象杂占〉内容简述》，载《马王堆汉墓研究》，湖南人民出版社，1981年。

《关于凤凰山168号汉墓座谈纪要》，《文物》1975年第9期。

贵州省博物馆：《贵州清镇平坝汉墓发掘报告》，《考古学报》1959年第1期。

郭德维：《楚墓出土虎座飞凤图象考释》，载《楚艺术研究》，湖北美术出版社，1991年。

郭德维：《试论马王堆汉墓中的秦文化因素》，载《马王堆汉墓研究文集》，湖南出版社，1994年。

郭胜斌：《湘江下游楚文化早期遗存探索》，载《湖南省博物馆四十周年纪念论文集》，湖南教育出版社，1996年。

郭胜斌：《岳阳出土三件铭文铜器的相对年代与文化性质兼及高泉山M1墓主的族属》，载《湖南省博物馆馆刊》(第四辑)，岳麓书社，2007年。

郭胜斌：《岳阳先秦考古概述》，载《巴陵古文化探索》，华夏出版社，2003年。

郭伟民：《湖南楚墓分区探索》，载《楚文化研究论集》（第四集），河南人民出版社，1994年。

郭伟民：《沅陵虎溪山一号汉墓葬制及出土竹简的初步研究》，载《新出简帛研究》，文物出版社，2004年。

郭学仁：《马王堆汉墓葬俗研究》，《四川文物》1995年第2期。

郭勇：《山西省右玉县出土的西汉铜器》，《文物》1963年第11期。

何豪亮：《〈中国漆器全集〉读后记》，《文物》2003年第4期。

何豪亮：《汉代漆器“汭工”再说》，载《湖南省博物馆馆刊》（第四辑），岳麓书社，2007年。

何佳、黄朴华、何旭红：《望城风篷岭一号汉墓简介》，载《湖南省博物馆馆刊》（第四辑），岳麓书社，2007年。

何介钧：《湖南商周时期古文化的分区探索》，载《湖南考古辑刊》（第二集），岳麓书社，1984年。

何旭红：《对望城县风篷岭汉墓发现铭文的初步认识》，载《湖南省博物馆馆刊》（第五辑），岳麓书社，2009年；《对长沙谷山被盗汉墓漆器铭文的初步认识》，载《湖南省博物馆馆刊》（第六辑），岳麓书社，2010年。

何旭红：《湖南望城风篷岭汉墓年代及墓主考》，《文物》2007年第12期。

贺刚：《楚墓出土"笭床"研究》，载《楚文化研究论集》（第三集），湖北人民出版社，1994年。

贺刚：《湖南永州鹞子岭一号汉墓的墓主及相关问题》，载《湖南省博物馆四十周年纪念论文集》，湖南教育出版社，1996年。

贺润坤：《从云梦秦简〈日书〉看秦国的农业水利等有关状况》，《江汉考古》1992年第4期。

贺西林：《从长沙楚墓帛画到马王堆一号汉墓漆棺画与帛画——早期中国墓葬绘画的图像理路》，载《艺术史研究》（第五辑），中山大学出版社，2003年。

后德俊：《"汧"及"汧工"初论》，《文物》1993年第12期；后德俊：《"汧工"的性质及秦汉漆器制造工序的形成》，载《湖南省博物馆馆刊》（第一期），《船山学刊》杂志社，2004年。

后德俊：《楚国漆器与秦国漆器的关系》，载《楚文化研究论集》（第七集），岳麓书社，2007年。

后德俊：《马王堆汉墓出土漆器与楚国漆工艺的关系》，载《马王堆汉墓研究文集》，湖南出版社，1994年。

湖北省博物馆等盘龙城发掘队：《盘龙城一九七四年度田野考古纪要》，《文物》1976年第2期。

湖北省荆州地区博物馆：《江陵天星观一号墓》，《考古学报》1982年第1期。

湖北省文物考古研究所：《湖北枣阳市九连墩楚墓》，《考古》2003年第7期。

湖北省宜昌地区博物馆：《当阳金家山春秋楚墓发掘简报》，《文物》1982年第11期。

湖北省宜昌地区博物馆：《湖北当阳赵巷4号春秋墓发掘简报》，《文物》1990年第10期。

湖北省宜昌地区博物馆：《湖北当阳赵巷楚墓第二次发掘简报》，《江汉考古》1991年第1期。

湖南省博物馆、常德地区文物工作队：《临澧九里楚墓发掘报告》，载《湖南考古辑刊》（第三集），岳麓书社，1986年。

湖南省博物馆：《安乡划城岗新石器时代遗址》，《考古学报》1983年第4期。

湖南省博物馆：《长沙楚墓》，《文物参考资料》1957年第7期。

湖南省博物馆：《长沙浏城桥一号墓》，《考古学报》1972年第1期。

湖南省博物馆：《长沙柳家大山古墓葬清理简报》，《文物》1960年第3期。

湖南省博物馆等：《长沙马王堆二、三号汉墓发掘简报》，《文物》1974年第7期。

湖南省博物馆：《长沙砂子塘西汉墓发掘简报》，《文物》1963年第2期。

湖南省博物馆：《长沙汤家岭西汉墓清理报告》，《考古》1966年第4期。

湖南省博物馆：《长沙象鼻嘴一号西汉墓》，《考古学报》1981年第1期。

湖南省博物馆：《长沙杨家山304号汉墓清理简报》，载《考古学集刊》，中国社会科学出版社，1981年。

湖南省博物馆：《湖南长沙黄土岭魏家大堆战国墓》，《文物资料丛刊》1980年第3期。

湖南省博物馆：《湖南常德德山楚墓发掘报告》，《考古》1963年第9期。

湖南省博物馆：《湖南湘乡牛形山一、二号大型战国木椁墓》，《文物资料丛刊》1980年第3期。

湖南省博物馆：《湖南溆浦战国、西汉墓》，载《文物资料丛刊》（第10集），文物出版社，1987年。

湖南省博物馆：《澧县梦溪三元宫遗址》，《考古学报》1979年第4期。

湖南省博物馆：《澧县新洲一号墓发掘简报》，《考古》1988年第5期。

湖南省文物管理委员会：《长沙出土的三座大型木椁墓》，《考古学报》1957年第1期。

湖南省文物管理委员会：《长沙发现保存完整的战国木椁墓》，《文物参考资料》1954年第6期。

湖南省文物管理委员会：《长沙广济桥第五号战国木椁墓清理简报》，《文物参考资料》1957年第2期。

湖南省文物管理委员会：《长沙杨家湾M006号墓清理简报》，《文物参考资料》1954年第12期。

湖南省文物管理委员会：《长沙仰天湖第25号木椁墓》，《考古学报》1957年第2期。

湖南省文物管理委员会：《长沙左家公山的战国木椁墓》，《文物参考资料》1954年第12期。

湖南省文物考古研究所、慈利县文物保护管理研究所：《湖南慈利县石板村战国墓》，《考古学报》1995年第2期。

湖南省文物考古研究所：《临澧九里双峰包南包大墓发掘简报》，载《湖南考古辑刊》（第六集），《求索》（增刊），1994年。

湖南省文物考古研究所等：《湖南永州市鹞子岭二号西汉墓》，《考古》2001年第4期。

湖南省文物考古研究所等：《沅陵虎溪山一号汉墓发掘简报》，《文物》2003年第1期。

湖南岳阳地区文物工作队：《华容车轱山新石器时代遗址第一次发掘简报》，载《湖南考古辑刊》（第三集），岳麓书社，1986年。

黄纲正：《长沙出土的战国虎子及有关问题》，《文物》1986年第9期。

黄纲正：《湖南楚墓出土的漆奁和漆樽研究》，载《楚文化研究论集》（第三集），湖北人民出版社，1994年。

黄展岳：《汉代诸侯王墓论述》，《考古学报》1998年第1期。

赖德霖：《从宏观的叙述到个案的追问：近15年中国近代建筑史研究评述——献给我的导师汪坦先生》，《建筑学报》2002年第6期。

李纯一：《汉瑟和楚瑟调弦的探索》，载《马王堆汉墓研究》，湖南人民出版社，1981年。

李鄂权：《长沙出土漆器铭文“门浅”考释及相关问题探讨》，《中国文物报》2010年6月23日。

李建毛：《楚汉木雕》，《美术史论》1995年第3、4期。

李晶寰：《马王堆一号汉墓漆器的装饰艺术及文化内涵》，《考古与文物》1996年第3期。

李行之：《长沙古城初探》，《湖南地方志通讯》1985年第1期；《长沙古城再探驳议》，《长沙史志通讯》1986年第4期。

李学勤：《论楚帛书中的天象》，载《湖南考古辑刊》（第一集），岳麓书社，1982年。

李学勤：《论美澳收藏的几件商周文物》，《文物》1979年第12期。

李学勤：《再论帛书十二种》，载《湖南考古辑刊》（第四集），岳麓书社，1987年。

李学勤：《战国时代的秦国铜器》，《文物》1957年第8期。

李正光：《长沙马王堆一号汉墓黑地彩绘棺的艺术成就》，载《湖南考古辑刊》（第一集），岳麓书社，1982年。

澧县博物馆：《湖南澧县皇山岗楚墓发掘报告》，载《湖南考古辑刊》（第七集），《求索》（增刊），1999年。

林巧玲：《从马王堆一号墓之双层九子奁到汉代妇女梳妆》，《故宫文物月刊》（台北）2001年总第214期。

临沂地区文物组：《山东临沂西汉刘疵墓》，《考古》1980年第6期。

零陵地区文物工作队：《湖南永州鹞子山西汉刘彊墓》，《考古》1990年第11期。

刘敦愿：《论长沙马王堆一号汉墓黑地彩绘图象及有关问题》，《湖南文物》1986年第一辑。

刘敏：《读巫鸿先生“马王堆再思”札记》，天涯社区“四川博物院典藏部”博客，2010年11月16日。

刘雨：《信阳楚简释文与考释》，载《信阳楚墓》，文物出版社，1986年。

刘振东：《题凑与黄肠题凑》，载《新世纪的考古学——王仲殊先生八十华诞纪念论文集》，科学出版社，2005年。

龙朝彬：《湖南常德出土“秦十七年太后”扣器漆盒及相关问题探讨》，《考古与文物》2002年第5期。

卢兆荫：《关于满城汉墓漆盘铭文及其他》，《考古》1974年第1期。

陆锡兴：《“汧”与有关的秦汉漆器工艺问题》，载《湖南省博物馆馆刊》（第四辑），岳麓书社，2007年。

罗运环：《论郭店一号楚墓所出漆耳杯文及墓主和竹简的年代》，《考古》2000年第1期。

聂菲、姚湘君：《从汉画看汉代家具及陈设》，《南方文物》2002年第3期。

聂菲：《“䏍”字铭文研究述略——马王堆汉墓漆器研究综述之一》，载《湖南省博物馆馆刊》（第四辑），岳麓书社，2007年。

聂菲：《楚系墓葬出土漆案略论》，《南方文物》1996年第1期；《“木辟邪”应为凭几考》，《文物》2006年第1期；《楚式俎研究》，《文物》1998年第6期；《楚系墓葬出土漆豆及相关问题的探讨》，载《楚文化研究论集》（第六集），湖北教育出版社，2005年；《楚系禁研究》，载《楚文化研究论集》（第七集），岳麓书社，2007年。

聂菲：《楚系墓葬出土漆木几研究》，《中国历史文物》2004年第5期。

聂菲：《从湖南西汉贵族墓出土漆器审度汉初漆器功能工艺的传承与变异——兼论湖南汉初漆器产地问题》，载《湖南省博物馆馆刊》（第一期），《船山学刊》杂志社，2004年。

聂菲：《关于湖南地区楚汉漆器的生产、管理和产地问题的再讨论——马王堆汉墓漆器研究之三》，载《湖南省博物馆馆刊》（第五辑），岳麓书社，2009年。

聂菲：《湖南楚墓出土漆器分区及相关问题探讨》，载《湖南省博物馆馆刊》（第六辑），岳麓书社，2010年。

聂菲：《马王堆汉墓家具论述》，载《马王堆汉墓研究文集——1992年马王堆汉墓国际学术讨论会论文选》，湖南出版社，1994年；《先秦家具与汉代家具的比较研究》，载《湖南省博物馆文集》（第四辑），《船山学刊》杂志社，1998年；《楚风汉韵 绚丽神奇——马王堆汉墓家具汉初家具造型的缩影》，《历史文物月刊》（台北）2001年第6期。

聂菲：《马王堆汉墓漆器与汉初长沙地区风俗习惯》，载《马王堆汉墓研究文集》，湖南出版社，1994年。

聂菲：《马王堆汉墓艺术品与巫文化》，载《湖南省博物馆文集》，岳麓书社，1991年。

聂菲：《先秦、两汉夹纻胎漆器考述》，载《湖南省博物馆馆刊》（第四辑），岳麓书社，2007年。

裴安平：《洞庭湖地区新石器早期文化研究又获重大突破》，《中国文物报》1998年2月8日。

潜斋：《试从考古资料探窥先秦之漆工艺》，台北《故宫学术季刊》第五卷第三期。

邱东联、潘钰、李梦璋：《简析长沙市博物馆2009年度征集的一批西汉漆耳杯》，载《湖南省博物馆馆刊》（第六辑），岳麓书社，2010年。

邱东联：《“镇墓兽”辨考》，《江汉考古》1994年第2期。

邱东联：《长沙西汉“渔阳”王后墓“偶人”及相关问题》，载《湖南省博物馆四十周年纪念论文集》，湖南教育出版社，1996年。

邱东联等：《长沙市东周夯土城墙》，载《中国考古学年鉴》（2001），文物出版社，2002年。

裘锡圭：《从马王堆一号汉墓“遣策”谈关于古隶的一些问题》，载《马王堆汉墓研究》，湖南人民出版社，1981年。

裘锡圭：《战国文字中的“市”》，《考古学报》1980年第3期。

容庚：《乐浪遗迹出土之漆器铭文考》，载《北大国学月刊》第一卷第一号，1926年。

史树青：《漆林识小录》，《文物》1957年第7期。

四川省博物馆等：《青川县出土秦更修田律木牍——四川青川县战国墓发掘简报》，《文物》1982年第1期。

四川省文管会等：《四川荥经曾家沟战国墓群第一、二次发掘》，《文物》1984年第12期。

四川省文物管理委员会：《成都羊子山第172号墓发掘报告》，《考古学报》1956年第4期。

宋少华、李鄂权：《西汉长沙王室墓》，载《中国考古学年鉴》，文物出版社，1994年。

宋少华：《长沙西汉渔阳墓相关问题刍议》，《文物》2010年第4期。

孙机：《关于汉代漆器的几个问题》，《文物》2004年第12期。

孙作云：《长沙战国时代楚墓出土帛画考》，《开封师范学院学报》1960年第5期。

孙作云：《马王堆一号汉墓漆棺画考释》，载《马王堆汉墓研究》，湖南人民出版社，1981年。

谭远辉：《澧水下游楚墓论述》，载《湖南考古2002》，岳麓书社，2004年。

唐兰：《长沙马王堆汉轪侯妻辛追墓出土随葬遣策考释》，载《文史》第十辑，中华书局，1980年。

汪悦进：《"引魂升天"何为"天"——马王堆汉墓棺绘与帛画新论》，载《马王堆汉墓：长沙国的艺术与生活》，岳麓书社，2008年。

王纪潮：《战国秦汉漆器在中国艺术史上的地位》，《美术史论》1995年第3、4期。

王劲：《江汉地区新石器时代文化综述》，《江汉考古》1980年第1期。

王立华：《试论楚墓木椁中的门窗结构及反映的问题》，载《楚文化研究论集》（第三集），湖北人民出版社，1994年。

王宜飞：《马王堆1号汉墓朱地彩绘棺白色颜料变色问题探析》，载《湖南省博物馆馆刊》（第三期），岳麓书社，2006年；《国内饱水竹木漆器类文物脱水技术综述》，载《湖南省博物馆馆刊》（第四辑），岳麓书社，2007年；《马王堆汉墓漆器颜料分析测试研究报告》，载《湖南省博物馆馆刊》（第六辑），岳麓书社，2010年。

王宜飞：《马王堆汉墓漆器用材树种鉴定》，载《湖南省博物馆馆刊》（第七辑），岳麓书社，2011年。

王育成：《楚"几"研究》，《中国历史文物》1993年第1期。

王振铎：《论汉代饮食器中的卮和魁》，《文物》1964年第4期。

巫鸿：《礼仪中的美术——马王堆再思》，载《礼仪中的美术——巫鸿中国古代美术史文编》，三联书店，2005年。

吴铭生：《长沙楚墓出土的漆器》，《文物参考资料》1957年第7期。

吴铭生：《桃源县三元村战国楚墓》，载《中国考古学年鉴》（1986），文物出版社，1986年。

吴荣曾：《西汉骨签中所见的工官》，《考古》2000年第9期。

吴松庚：《关于〈新书〉的整理者及“君幸食”、“君幸酒”铭文释义两个问题的考辨》，《船山学刊》2007年第4期。

吴振武：《〈古玺汇编〉释文订补及分类修订》，载《古文字论集》初编，香港中文大学，1983年。

夏鼐（笔名史为）：《长沙马王堆一号汉墓的棺椁制度》，原载《考古》1972年第6期；后载湖南省博物馆编：《马王堆汉墓研究》，湖南人民出版社，1981年。

萧兵：《引魂之舟——楚帛画新解》，载《湖南考古辑刊》（第二集），岳麓书社，1984年。

熊传薪：《常德市德山战国木椁墓》，载《中国考古学年鉴》（1984），文物出版社，1984年。

熊传薪：《对照新旧摹本谈楚国人物龙凤帛画》，《江汉论坛》1981年第1期。

熊传薪：《临澧县发掘一座大型战国木椁墓》，《湖南日报》1980年12月13日第3版。

熊传薪：《湖南临澧九里一号大型楚墓发掘简报》，载《湖南省博物馆馆刊》（第八辑），岳麓书社，2012年。

熊传薪：《马王堆汉墓的漆器》，载《马王堆汉墓研究》，湖南人民出版社，1979年。

徐苹芳：《中国历史考古学分区问题的思考》，《考古》2000年第7期。

徐则林：《试谈长沙出土战国漆器工艺图案》，《文物参考资料》1957年第7期。

扬州博物馆、邗江县图书馆：《江苏邗江县杨寿乡宝女墩新莽墓》，《文物》1991年第10期。

杨启乾、李文涓：《常德楚墓出土的两件战国漆器考》，载《湖南省博物馆馆刊》（第四辑），岳麓书社，2007年。

杨哲峰：《汉墓研究中的七种区域选择类型》，《中国文物报》2004年11月19日。

杨宗荣：《战国漆器花纹与战国绘画》，《文物参考资料》1957年第7期。

叶定侯：《长沙楚墓出土“雕刻花板”名称的商讨》，《文物参考资料》1956年第12期。

益阳地区文物工作队：《益阳羊舞岭战国东汉墓清理简报》，载《湖南考古辑刊》（第二集），岳麓书社，1984年。

益阳市文物管理处：《湖南桃江腰子仑春秋墓》，《考古学报》2003年第4期。

殷玮璋：《记北京琉璃河遗址出土的西周漆器》，《考古》1984年第5期。

尹吉男：《开放的艺术史丛书总序》，载巫鸿著：《礼仪中的美术：巫鸿中国古代美术史文编》，三联书店，2005年。

于省吾：《关于长沙马王堆一号汉墓内棺棺饰的解说》，原载《考古》1973年第2期；后载湖南省博物馆编：《马王堆汉墓研究》，湖南人民出版社，1981年。

俞伟超、李家浩：《马王堆一号汉墓出土漆器制地诸问题——从成都市府作坊到蜀郡工官作坊的历史变化》，载《马王堆汉墓研究》，湖南人民出版社，1981年。

俞伟超：《汉代“亭”、“市”陶文》，《文物》1963年第2期。

俞伟超：《汉代诸侯王与列侯墓葬的形制分析》，载《先秦两汉考古学论集》，文物出版社，1985年。

俞伟超：《马王堆一号汉墓棺制的推定》，载《湖南考古辑刊》（第一集），岳麓书社，1982年。

俞伟超：《座谈马王堆一号汉墓·关于用鼎制度问题》，原载《文物》1972年第9期；后载湖南省博物馆编：《马王堆汉墓研究》，湖南人民出版社，1981年。收录时编者加标题为《马王堆一号汉墓用鼎制度考》，作者略作修改。

袁建平：《略论湘乡枫树仑三座有打破关系的楚墓》，载《湖南省博物馆文集》，岳麓书社，1991年。

阮文清：《楚与秦汉漆器的几个问题》，《江汉考古》1987年第3期。

岳阳文物工作队：《湖南省岳阳县凤形嘴山一号墓发掘简报》，《文物》1993年第1期。

张广立：《漫话西汉木俑的造型特点》，《文物》1982年第6期。

张明华：《长沙马王堆汉墓桃人考》，载《文史》第七辑，中华书局，1979年。

张湘辉：《寂寞山林，寻找湖南最后的漆农——湘西北、鄂西生漆采割野外调查》（上、下），《潇湘晨报》2009年9月13日；《国漆之忧，期待一棵漆树的突围》（最后的漆农系列下），《潇湘晨报》（湖湘地理）2009年9月29日。

张一兵：《长沙市荷花池战国木椁墓》，载《中国考古学年鉴》（1987），文物出版社，1988年。

张正明、滕壬生等：《凤斗龙虎图象考释》，《江汉考古》1984年第1期。

张正明：《巫、道、骚与艺术》，《文艺研究》1992年第2期。

郑曙斌：《楚墓帛画、镇墓兽的魂魄观念》，《江汉考古》1996年第1期。

郑曙斌：《试论马王堆汉墓丧葬用鼎》，载《湖南省博物馆文集》（第四辑），《船山学刊》杂志社，1998年。

中国科学院考古研究所湖北队：《湖北圻春毛家嘴西周木构建筑》，《考古》1962年第1期。

中国社会科学院考古所山西队等：《1978—1980年山西襄汾陶寺等墓地发掘简报》，《考古》1983年第1期。

中国社会科学院考古研究所琉璃河考古队等：《1981年—1983年琉璃河西周燕国墓地发掘简报》，《考古》1984年第5期。

中国社会科学院考古研究所满城发掘队：《满城汉墓发掘纪要》，《考古》1972年第1期。

周世荣、文道义：《57长·子·17号墓清理简报》，《文物》1960年第1期。

周世荣：《〈湖南常德寨子岭一号楚墓〉质疑》，载《楚文化研究论集》（第七集），岳麓书社，2007年。

周世荣：《长沙出土西汉印章及其有关问题研究》，《考古》1978年第4期。

周世荣：《长沙烈士公园清理的战国墓葬》，《考古简讯》1958年第6期。

周世荣：《汉代漆器铭文"汧工"考》，《考古》2004年第1期；《汉代漆器铭文"汧工"质疑，兼谈马王堆汉墓漆器"髹汧"的主要特点》，载《湖南省博物馆馆刊》（第四辑），岳麓书社，2007年。

周世荣：《湖南的战国漆器》，载《楚文化研究论集》（第一集），荆楚书社，1987年。

朱德熙、裘锡圭：《马王堆一号汉墓遣策考释补正》，载《文史》第十辑，中华书局，1980年。

（注：论文作者按国外、国内及姓氏音序排列）

期刊、报纸目录

《北大国学月刊》［日］
《长沙史志通讯》
《船山学刊》
《东方学报》［日］
《东方艺术》［美］
《故宫博物院院刊》
《故宫文物月刊》（台北）
《故宫学术季刊》（台北）
《湖南地方志通讯》
《湖南考古辑刊》
《湖南日报》
《湖南文物》
《江汉考古》
《江汉论坛》
《开封师范学院学报》
《考古》
《考古简讯》
《考古学报》
《考古与文物》
《历史文物月刊》（台北）
《美术史论》
《南方文物》
《求索》
《史前研究》
《史学杂志》［日］
《四川文物》
《文史》
《文物》
《文物研究》
《文艺研究》
《西北大学学报》（人文科学版）
《潇湘晨报》
《学习导报》
《中国历史文物》
《中国文物报》
《中国文物世界》
《中原文物》
《装饰》

Abstract

If we consider the time frame from the earliest discovery of Chu-State lacquer objects in Changsha in the 1930s, the 20 strong counties and cities of Hunan Province have yielded over ten thousand pieces of lacquer artifacts. It is no wonder that the British art historian Michael Sulivan said that "after seeing these artifacts, we have to wonder what would have happened to the Chinese culture if the winner of the 223 B.C.E War were not the barbaric Qin State from the west but the Chu State with its highly-developed culture and libertinism?" Indeed, the lacquer objects of the Chu State have enabled people to see an artistic style that completely differed from the serene and profound literati painting style that people are familiar with. In fact, in Chinese archaeological studies, the curation and research of lacquer materials started with the lacquer objects unscientifically excavated from Chu tombs in Changsha 70 years ago. For over half a century, the art of Chu-State and Han Dynasty lacquerware in Hunan Province has always drawn attention from the whole world.

Because of this, on the basis of the past and contemporary scholarship, this book absorbs the widest archaeological materials, visual examples, and documentary information from different regions in Hunan Province. By taking chronological seriation, spatial logical analysis and regional extension, this research not only uses the Chu-State and Han-Dynasty lacquer materials unearthed in Hunan as the main line, but also covers several centuries from pre-Qin times to the two Han dynasties. The book deciphers the deeper issues hidden behind the cultural development and recoustructs the original conditions of the Hunan region from the Warring States Period to the Qin and Han dynasties. The book has the following features:

1, In the selection of localities, the focuses are laid on the Chu people' s view of geographic division and the progress of the Chu State' s conquest of Hunan. The selection offers a complete organization of lacquer objects unearthed from Chu-State tombs in Hunan according to their regions and times Moreover, it reconstructs the development of lacquerware by promulgating the regional characteristics of and the historical reasons for the style from a dynamic point of view.

2, By using lacquer objects unearthed from the tombs of Western Han aristocrats and analyzing the lacquer art history, local history and cultural development mechanism, the book explores the function of Han Dynasty lacquer objects in Hunan and the continuation and variation as well as the causes in the development of craftsmanship.

3, It uses as much as possible the information from inscriptions on lacquer objects and from books copied on bamboo slips and silk to bridge the gap in history books. It also explores issues such as official and private lacquer production, management and production locality in Hunan during the Chu-State and Han-Dynasty period, in attempt reconstruct the original condition of early handcraft production in Hunan.

4, It analyzes major techniques of craftsmanship through the use of scientific test results. This helps people to better understand the lacquer craftsmanship of that time.

5, It selects major objects with great differences from representative tombs, and provides an overview of the types of objects and the varieties of artistic information. It focuses on the shapes, the patterns and the craftsmanship of these objects and explores the development of lacquerware from archaeological point of view. By grouping different categories of lacquer objects, and analyzing their position in the time frame, symbols and Chinese characters on them, and their craftsmanship and designs, the book draws a overall outline of the development of Chu-State and Han-Dynasty lacquer objects.

The book discusses rich wood, lacquer and zinnober resources of Hunan, the historical and social reasons for the development of Chu and Han lacquerware, the archaeological significance of Chu and Han lacquer objects, and the position of these objects in the art history of china.

The book summerizes the past research results of Han tombs in Hunan and explains the basic philosophy, research methods, time frame, territorial scope and the concept of "Chu and Han lacquer objects of Hunan" .

Furthermore, the book provides sources of lacquer objects of different historical periods for the convenience of reference. Objects with different shapes are all accompanied with either line drawings or color photos,thus greatly enhancing the readability of the book.

At last, I would like to take this oppotunity to express my gratitude to the understanding and support from Zhang Qinghai and my family, and to Zhang Xi, my daughter, Art History Ph.D. student at the University of Chicago for proofreading this book. Many thanks to the Editing Committee of Series Books on Hunan Culture for warmly inviting me to contribute to this book.

Nie Fei

Sept.2012

图书在版编目(CIP)数据

湖南楚汉漆木器研究/聂菲著.—长沙:岳麓书社,2013.10

ISBN 978-7-5538-0171-1

Ⅰ.①湖…　Ⅱ.①聂…　Ⅲ.①漆器(考古)—研究—湖南省—秦汉时代　Ⅳ.①K876.74

中国版本图书馆 CIP 数据核字(2013)第 177573 号

HUNAN CHUHAN QIMUQI YANJIU

湖南楚汉漆木器研究

作　　者:聂　菲

责任编辑:管巧灵　王文西

责任校对:舒　舍

封面设计:吴颖辉

岳麓书社出版发行

地址:湖南省长沙市爱民路 47 号

电话:0731—88885616(邮购)

邮编:410006

网址:www.yueluhistory.com

2013 年 10 月第 1 版第 1 次印刷

开本:787×1092　1/16

印张:29.5

字数:349 千字

印数:1—900

ISBN 978-7-5538-0171-1/K·364

定价:200.00 元

承印:长沙超峰印刷有限公司

如有印装质量问题,请与本社印务部联系

电话:0731—88884129